◎中等职业教育计算机专业系列教材

现代办公综合实训

（第二版）

XIANDAI BANGONG ZONGHE SHIXUN

主　编　邓　涛　谌　莉
编　者（以姓氏笔画为序）
马才绒　邓　涛　刘清太
李宇晖　李英哲　肖　凌
周　潇　姜育才　柳志扬
谌　莉　粟　洁　蒲　晋

重庆大学出版社

内容提要

本书以 Windows XP 为操作平台,分 7 章介绍办公室工作的常用技巧。第 1 章介绍办公室中的常用礼仪、人际关系等技巧;第 2 章介绍有关计算机使用和维护的相关知识;第 3 章介绍办公室常用的硬件设备;第 4 章介绍办公室中常见的网络应用;第 5 章介绍 Word 2007 的高级应用;第 6 章介绍 Excel 2007 的高级应用;第 7 章介绍现代办公中常用的几个软件,包括 PowerPoint 2007、Project 2007、Adobe Reader 等。

图书在版编目(CIP)数据

现代办公综合实训 / 邓涛,谌莉主编. —2 版.
—重庆:重庆大学出版社,2016.1(2020.8 重印)
中等职业教育计算机专业系列教材
ISBN 978-7-5624-9562-8

Ⅰ.①现… Ⅱ.①邓… ②谌… Ⅲ.①办公自动化—
中等专业学校—教材 Ⅳ.①C931.4

中国版本图书馆 CIP 数据核字(2015)第 288308 号

中等职业教育计算机专业系列教材
现代办公综合实训
(第二版)
总主编 龙天才
副总主编 何长健 卢启衡
主 编 邓 涛 谌 莉
策划编辑:王海琼
责任编辑:王海琼 版式设计:王海琼
责任校对:邹 忌 责任印制:赵 晟
*
重庆大学出版社出版发行
出版人:饶帮华
社址:重庆市沙坪坝区大学城西路 21 号
邮编:401331
电话:(023) 88617190 88617185(中小学)
传真:(023) 88617186 88617166
网址:http://www.cqup.com.cn
邮箱:fxk@cqup.com.cn(营销中心)
全国新华书店经销
POD:重庆新生代彩印技术有限公司
*
开本:787mm×1092mm 1/16 印张:18.5 字数:362 千
2015 年 11 月第 2 版 2020 年 8 月第 6 次印刷
印数:13 001—14 000
ISBN 978-7-5624-9562-8 定价:33.00 元

编委会 BIANWEIHUI

序 XU

2010年，我国中等职业教育进入了一个新的时期，国家中长期教育改革和发展规划纲要明确指出了我国职业教育的发展方向。国务院要求各地要以落实国家中长期教育改革和发展规划纲要为契机，以服务为宗旨，以就业为导向，以提高质量为重点，改革人才培养模式，实行工学结合、校企合作、顶岗实习，使行业和企业真正参与教育教学环节，促进职业教育更加适应经济社会的发展需求。经过多年的努力，职业教育有了长足的进步，不少教师已摆脱传统教学方式，采用学生喜欢且易于接受的方式，结合学生就业，将工作过程引入课堂，以“项目”为教学驱动，让学生从感性到理性，不急于让学生知道为什么，先让他们感受怎么做，再回到为什么这么做。

在编写本套丛书之前，我们召集了四川、重庆、云南、湖南、江西、浙江等省一线教师和教育专家进行了多次座谈，对老师们的教学思想和实际教学情况进行总结。应老师们的要求，积极联系行业企业，将很多对学生学习有用的实际工作案例与老师们分享。

本套丛书就是根据现代职业教育的“以学生为主体，以能力为主导，以就业为导向”总体教育理念的要求，结合中等职业学校学生学习现状及学生就业职业能力的要求编写而成，在设计“项目”和“案例”时，尽可能结合行业、企业中的实际工作，同时还参考了劳动和社会保障部全国计算机信息高新技术考试大纲，方便学生学习后也能顺利获取“职业资格证”。

本套丛书作为中等职业学校计算机应用专业教材，突出技能，在学生完成项目后能了解到工作过程，并在实施项目的过程中培养团队精神。丛书编写风格一致，从场景引入，激发学生学习兴趣，并通过项目分析、实施过程及拓展提高等栏目逐步提高学生的实际操作能力。

由于编者水平有限，加之与行业企业交流深度还不够，不妥之处还请有关专家、教师们指正，争取在教材修订时有新的变化。

丛书编委会

2010年6月

前言 QIANYAN

能进入办公室工作是很多人的梦想,但办公室作为一个公司的“脸面”,对其员工的工作能力提出了更高的要求。它不仅要求员工有敏捷的思维和处变不惊的应变能力,而且还必须有扎实的工作能力。计算机作为办公室里最常使用的工具,对其掌握的熟练程度直接影响办公室工作是否能顺利开展。本书针对办公室工作中可能遇到的各种问题进行分析,从计算机专业角度探讨了办公室工作中可能遇到的问题的相应解决方法,以期达到帮助读者掌握技能、更好地熟悉业务的目的。

在编写方式上,本书以一个个的实例、任务为依托,将日常工作中容易遇到的问题通过案例任务的方式进行呈现,使读者在参与任务完成的过程中掌握相关技能,为工作带来便捷。同时,本书着眼于计算机的高级应用,很多案例围绕平时常用,但老师不常教的应用展开。目的是让读者感受到本书能够带来的不一样的收获,真正达到学以致用。

教材编写目标

本书围绕办公室中关于计算机各方面的应用,着重培养读者在办公室中计算机的应用能力,增强读者在办公室工作中的信心,为工作的顺利开展打下良好基础。

教材内容组成

本书遵循第一版的编写思路,是在第一版基础上的修订版。全书以 Windows XP 为操作系统平台,分七章介绍了办公室工作的常用技巧。第 1 章是关于办公室中的常用的礼仪、人际关系等技巧方面的介绍,从第 2 章开始进入到计算机的应用,介绍了有关计算机使用和维护的相关知识,第 3 章是关于办公室常用的硬件设备认知,第 4 章是介绍了办公室中常用的网络应用,第 5、6 章主要是对 Office 2007 办公自动化软件的学习,包括 Word 2007 和 Excel 2007 的高级应用,第 7 章介绍了办公中常用的几种软件,包括 PowerPoint 2007、Project 2007、Adobe Reader、Snagit 等。

由于计算机技术在不断发展,办公中用到的软件也在不断更新中,因此,本书在第一版基础上,将第 2 章的瑞星杀毒软件换成了时下常用的 360

卫士软件，在第5章加入了样式的迁移和同一篇文档多个从1开始的页码设置内容，第7章加入了截屏软件 Snagit 介绍，并对某些相关内容进行了整合，更好地突出了软件的实用性。

教材编写特点

本书从实用性出发，将通常情况下办公室计算机应用过程中可能遇到的问题列举出来，并以案例任务的方式进行了分析，在操作步骤中以“图片 + 说明”的方式，直观地再现了操作流程。由于使用了大量的图片，读者可以在自己的计算机上进行步骤比对，避免了大量文字可能引起的歧义。

本书中的案例都经过精心挑选，每一章基本可以和实际办公室中的一个部门相对应，案例也都可以在办公室工作中找到原型，特别是每一章的案例以故事情节的方式展开，使读者在阅读中产生兴趣，在阅读中学到解决问题的方法。

本书的电子课件可在重庆大学出版社的资源网站（www. cqup. com. cn，用户名和密码：cqup）上下载。

教材编写人员组成

本书由四川省成都市计算机中心联组成员、高级教师邓涛、谌莉老师担任主编，具体编写分工为：成都财贸职业中学马才戎、陈义、姜育才老师（第1章），四川省成都市前进职业高级中学刘清太老师（第2章），托普职业中专学校肖凌老师（第3章），成都现代职业技术学校谌莉老师（第4章），成都财贸职业中学周潇、蒲晋老师（第5章），成都铁路运输中专学校李英哲、粟洁老师（第6章），成都礼仪职业中学柳志扬老师（第7章），由邓涛老师和谌莉老师担任统稿工作。第二版的修改内容由谌莉老师独立完成。

在这里，我们也要感谢本套丛书的总主编龙天才老师和重庆大学出版社，是你们给了我们职业教师一个发展平台，让我们能将平日教书中的点滴汇总起来，汇集成这本凝结各位老师心血的、具有实践意义的教材。

人无完人，书无完书，希望读者在本书使用过程中提出相关意见或建议并反馈给我们，以便进一步完善和改进书的内容。

《现代办公综合实训》全体编委

2010年4月

目录 MULU

目录 MULU

1 办公室文员的职业素养

作为一名在办公室工作的文员来讲，如果希望能在本职工作上有所成就，除了扎实的专业知识和细致认真的工作态度外，文员所应具备的职业道德和职业规范都是必不可少的。如何培养工作中的职业素养将是本章讨论的重点。

学习目标

明确办公室文员的基本职业道德和职业规范；
掌握办公室中行政公文的写作格式；
掌握办公室中事务性公文的写作格式；
熟悉社交礼仪公文的写作格式。

案例1.1 办公室文员的职业道德和职业规范

任务 1 认识办公室文员的职业道德

小江接到公司的录用通知，在兴奋之余，她也感到很紧张。怎样干好自己的本职工作、怎样与上级以及同事处好关系等一系列的问题摆在了小江的面前。为了自己能尽快适应公司的生活方式，小江学习了有关职业道德方面的知识。

■ 任务要求

- 了解一般道德与职业道德的区别；
- 认识作为一般文员所应具备的基本职业道德。

■ 任务解析

1. 认识职业道德的特点

(1)范围上的特殊性。各种行业的职业道德都是约束本行业的从业人员，并不具有普遍性、适用性。

(2)内容上的稳定性和连续性。职业道德往往表现为世代相袭的职业传统，使人们形成比较稳定的职业心理和职业习惯，养成比较特殊的职业品质和职业风格。

(3)形式上的多样性。各个行业为了较好地规范和约束从业人员的职业行为，都往往从本行业的活动、要求以及交往的内容和方式出发，根据本行业的客观环境、职业特点及从业人员的接受能力，采用一些简便易行的、能为本行业人员所接受的形式如规章制度、工作守则、服务公约、条例、誓词、须知、保证等，来体现职业道德的要求，把职业道德规范具体化和条理化，有利于养成良好的职业道德习惯，促进工作态度的改善，提高工作效率和服务质量。

2. 一般文员所应具备的基本职业道德

(1)忠于职守，自觉履行各项职责。办公室文员忠于职守就是要忠于工作岗位，自觉履行文员的各项职责，认真辅助领导做好各项工作。要有强烈的事业心和责任感，不擅权越位，不掺杂私念，不渎职。

(2)兢兢业业，甘当无名英雄。要围绕领导的工作来展开活动，要求招之即来，来之能干，在具体而紧张的工作中，脚踏实地，密切联系实际和群众，不计个人得失，有着

吃苦耐劳甚至委曲求全的精神。

（3）谦虚谨慎，办事公道，热情服务。

（4）遵纪守法，廉洁奉公。遵纪守法是指办公室文员要遵守职业纪律和与职业活动相关的法律、法规。廉洁奉公要求办公室文员在职业活动中要坚持原则，不利用职务之便假借领导名义以权牟取私利。

（5）恪守信用，严守机密。办公室文员恪守信用，就是要遵守信用、遵守时间、遵守诺言，言必信，行必果。严守机密是办公室工作的一个显著特点，要求文员必须具备严守机密的职业道德，自觉加强保密观念。

（6）实事求是，勇于创新。办公室文员工作的各个环节都要求准确、如实地反映客观实际，从客观存在的事实出发。办公室文员无论是搜集信息、汇报情况、提供意见、拟写文件，都必须端正思想，坚持实事求是的原则。办公室文员应具有强烈的创新意识和务实精神，不空谈、重实干，不断提出新问题，研究新方法，走出新路子。

（7）刻苦学习，努力提高思想、科学文化素质。办公室工作头绪繁多、涉及面广，要求办公室文员有尽可能广博的知识，做一个“通才”和“杂家”。

（8）钻研业务，掌握办公室文员工作各项技能。从发展的角度看，新时期的办公室文员，必须了解和懂得与办公室文员工作有直接或间接关系的各项技能。

3. 提高办公室文员职业道德水平的方法和途径

（1）学习先进典型，提升职业精神。孔子云：“见贤思齐焉，见不贤而内自省也。”（《论语》）的确，榜样的力量是无穷的。发挥榜样、先进典型的示范作用，是行之有效的思想教育方法。

（2）倡导自制、“慎独”，完善自我操守。能否自制是一个人心理上是否成熟的主要标志之一。在外部环境的诱惑和冲击面前，要努力控制和把握自我，力争成为欲望和困难的驾驭者，而不要让欲望和困难牵着鼻子走而成为它们的俘虏。

办公室文员应该在思想上做到心诚意正，对办公室文员职业道德怀有严肃认真的态度，能认识其正当性、合理性，并用以约束自己不正当、不合理的思想与行为，随时矫正自己的行为与动机，并通过自我肯定、自我否定达到更高层次的坚信不疑的境界。在职业活动中，办公室文员要能做到谨言慎行，言行举止规范、谨慎，将其所认知的职业道德内化成信念，以组织系统管理者的宏观眼光创造性地完成各项职能工作。

实践与拓展

案例描述：员工越敬业，公司越有竞争力

在美国标准石油公司，有一位名叫阿基勃特的小职员。他每次远行住旅馆时，总会在自己签名的下方写上“每桶四美元的标准石油”，而且在书信及收据上也不例外，签了名后，总不忘写上那几个字。公司董事长洛克菲勒知道此事后，大为感叹：“没想到竟有如此敬业的员工，我要见见他。”洛克菲勒卸任后，阿基勃特便成为了该公司的第二任董事长。

思考讨论：

(1)阿基勃特成功的原因是什么？

(2)阿基勃特对自己的职业持一种什么样的态度？这一态度对他一生事业的发展产生了什么样的影响？

(3) 如果你目前对办公室文员这一职业还没有多少好感，你觉得应该怎样调整自己的心态才能更有创造性地完成办公室文员工作？

任务 2 学习办公室文员行为规范

小江思想上有了认识之后，她知道想干好文员这份工作，还需要从规范上对自己进行要求。于是，她又开始了新的学习。

■ 任务要求

- 认识办公室文员行为规范的重要性；
- 了解办公室文员行为规范的具体内容。

■ 任务解析

1. 办公室文员行为规范的重要性

“没有规矩不成方圆”，对于组织系统管理者而言，要有效实施管理行为，达到管理的目的目标，提高管理的效益，一项非常重要的基础性工作就是制订各个层面的规章制度、岗位职责。办公室文员职业规范就是对办公室文员具体职业行为加以约束的显性与隐性规章制度的总和。显性规章制度是指有关办公室文员业务工作方面的明文规定，隐性规章制度是指尚未形成文字规定但实际工作中确有约定俗成的“潜”规定、“前”规定。我们从四个方面加以分析：

(1)科学的办公室文员行为规范能够保证组织机构运转的正常和高效。由于办公室文员与领导者之间的特殊关系使办公室文员常常有机会扮演一些非常重要的角色。制订明确、科学的办公室文员行为规范可以明确办公室文员履职要求、规范办公室文员履职行为，可以有效地加强组织管理，维护组织良好形象，创造和谐的企业文化氛围。

(2)体系化、标准化的办公室文员行为规范是办公室文员职业趋于成熟的主要标志。为现代职业办公室文员制订科学可行的、体系化的行为规范，从某种意义上来说等于是为办公室文员职业制订相应的行业质量控制标准。体系化、标准化的行为规范的制订与实施势必对办公室文员职业化道路产生深远影响，并将成为办公室文员职业趋于成熟的主要标志之一。

(3)办公室文员行为规范能带动社会整体管理水平的提高。事实上,职业办公室文员实施辅助管理的水平反映了一个组织系统的整体管理水平。具有较强操作性、科学性、系统性的办公室文员行为规范的制订与实施,既能使该种职业和行业受益,也必然带动整个社会各类行业、各种组织整体管理水平的提高。

(4)办公室文员行为规范能有效维护办公室文员群体的合法权益。办公室文员行为规范对于办公室文员个体的具体职业行为起着一种约束作用。权威的办公室文员行为规范为文员的行为提供了科学的评价标准,将较好地改变目前普遍存在的对办公室文员具体职业行为评价的弹性、模糊性与主观随意性等诸多弊端。

2. 办公室文员行为规范的基本内容

从内容牵涉面大小来看,办公室文员行为规范可划分为两个方面:一是宏观性行为规范,二是微观性行为规范。前者是指职业办公室文员在本职岗位上体现出来的综合性规范,是职业办公室文员素质和素养的综合体现;后者是指各种具体职能活动中微观层面的具体行为规范与要领,可体现为针对某一具体履职行为而制订的行为规则与操作标准,是对办公室文员职业能力与职业水平的直接规定,也是职业办公室文员业务能力、业务水平的直接体现。

从内容与性质来看,办公室文员行为规范可分为程序性规范和技术性规范两种。前者指办公室文员从事职能活动应该遵循的先后顺序,即先做什么,后做什么,这种程序和程式是约定俗成的,不可颠倒,也不能混淆;后者是办公室文员正确处理具体业务应该具备的业务知识和业务能力,是确定“做什么”之后的“怎么做”“做到什么程度”等。

根据办公室文员内部业务分工不同,办公室文员行为规范可分为办公事务处理规范、行政事务处理规范、商业事务处理规范和智能事务处理规范等。

从办公室文员进入行业的过程来看,它又可分为求职规范、入职规范、履职规范和离职规范等。

3. 办公室文员行为规范具体内容

办公室文员行为规范主要体现在:员工在履职过程中高尚职业道德的外在体现与自然流露,表现为综合性精神风貌与处事风范,包括职业与职务活动过程中的形象规范、气质规范、行为举止规范、礼貌与礼仪规范、心理调适规范等。具体内容有:

(1)尽职尽责,小中见大。办公室文员的忠诚,体现在行为上就是尽职尽责。它要求办公室文员能够做到勤勉尽职,能够不折不扣、任劳任怨地完成职责范围内的各项工作。

细节决定成败。办公室文员工作无小事,一件小事往往能折射出办公室文员对职业的全部理解,能反映办公室文员的精神风貌。

守时、准时如果是对所有职场人的共同要求的话,那么对职业办公室文员则要求更高。为了完成领导临时交办的工作事项,办公室文员加班、牺牲一些个人的时间也是必要的。

办公室资深文员常常对新文员提出这样的忠告:要做好本职工作,关键是做到一个“勤”字。具体来说,有“五勤”,即眼勤——勤于观察;耳勤——勤于收集意见;脑勤——勤于思考;手勤——多做、多干、多写;腿勤——多跑。

(2)热忱有礼,拒绝有法。这包括形象规范、气质规范、行为举止规范、礼貌规范、拒绝规范和道歉规范等。

作为单位的形象代言人,办公室文员是组织的“窗口”,因此要求其职业行为能够达到“窗口”展示的要求,能有良好的行为举止、形象气质和服务规范。如处理来访、来电、来信时要热情、礼貌、诚恳,借以展示组织系统的良好公众形象;在做好三个“服务”(服务领导、服务各职能部门、服务员工)的过程中能够做到热忱服务,平等待人,以礼待人。

职场对办公室文员行为、举止、仪容、仪表有约定俗成的规范和准则。办公室文员行为要求举止端庄、稳重,仪表要求整洁、大方、得体、美观。由于职业需要,办公室文员穿着应展现出稳重、大方、干练、富有涵养的职业形象。不同的场合有不同的气氛,因此一般把办公室文员着装规范归纳为“TPO 原则”。“TPO”是三个英语单词的缩写,分别代表时间(Time)、地点(Place)和场合(Occasion),说的就是办公室文员着装要符合不同时间、不同地点和不同场合的不同着装特点。

在职业生涯中,办公室文员经常会面对某些正当或不正当的要求,办公室文员要掌握必要的拒绝艺术与规范。办公室文员拒绝的原则是不轻易拒绝他人,在不得不拒绝时,也要注意维护对方尊严,不伤害对方自尊,尽量降低拒绝产生的负面效应。这里,介绍几种拒绝的艺术:

①替代法:“真对不起,这件事我实在爱莫能助了,不过,我可帮你做另一件事!”

②先发制人法:“公司在这方面有规定,我们会严格执行的。”

③谢绝法:“对不起,谢谢,这样做可能不合适。”

④婉拒法:“哦,是这样,领导今天不在,我转告一下再答复吧。”

⑤不卑不亢法:“哦,我明白了,可是你最好找××,好吗?”

⑥幽默法:“啊!对不起,今天我还有事,只好当逃兵了。”

⑦无言法:运用摆手、摇头、耸肩、皱眉、转身等身体语言和否定的表情来表示自己拒绝的态度。

⑧缓冲法:“哦,我再和朋友商量一下,你也再想想,过几天再决定好吗?”

⑨回避法:“今天咱们先不谈这个,还是说说你关心的另一件事吧……”

⑩借力法:“你问问他,他可以作证,我从来不干这种事!”

⑪自护法:“你为我想想,我怎么能去做没把握的事?你让我出洋相啊。”

⑫严词拒绝法:“这可不行,我已经想好了,你不用再费口舌了!”

(3)彼此尊重,化解矛盾。办公室文员所处职能地位决定了办公室文员要注意做好上下联系、内外沟通,加强与各部门、各基层单位和上级单位之间的联络,做好上情下达和下情上达工作。要妥善协调各方利益和立场,以积极态度努力寻求解决矛盾和争执的办法,积极解决职能范围中的各种问题。办公室文员作为现代管理团队的辅助管理者，要承担起主动沟通和组织交流的职责，主动关照各个环节的工作及其进程，及时发现苗头性、倾向性问题，进而寻求具体的解决办法。

(4)低调内敛，内外有别。低调处事是办公室文员传统的基本行为准则，不张扬，不追求轰动效应从一定角度反映了办公室文员职业的基本行为规范和行为特征。保密工作既是办公室文员职业道德的要求，也是行为规范的具体内容。办公室文员保密行为规范，是指办公室文员在处理或者涉及国家秘密、工作秘密和商业秘密的一切职业活动以及日常生活中，必须遵循的保密工作程序、规则、标准和纪律，其具体内容体现在国家相关的法律、法规、规章和所在组织、单位的规章制度之中。

实践与拓展

(1)和你同一部门的小王比你早到公司两年，请问你应该如何与她相处？

(2)公司将迎接上级部门的检查，作为办公室文员的你应该做些什么？

案例1.2 办公室的行政公文写作

任务1 认识公文

小江工作了半个月，发现有很多的公文由自己的部门发出，为了提高自己的业务水平，小江认真学习了公文的写作规范。

任务要求

- 理解公文的概念及特点；
- 明确公文的语言特点与表述方式；
- 了解公文的语言特点；
- 掌握公文的语言表述方式。

任务解析

1.理解公文的概念和特点

公文是在管理国家机关政务和企事业单位事务过程中形成和使用的具有法定效力和规范体式的公务文书。它具有以下特点：

(1)宗旨的政治性、政策性。公文具有鲜明的政治性，它是执政者意志法制化的书面表现。公文具有很强的政策性，凡是党和国家的方针、政策、法律、法令，都要通过公文的形式去宣传和贯彻。

(2)作者的法定性。公文必须由法定的作者制成和发布。“法定的作者”，是指依法成立并能以自己的名义行使法定的权利和承担义务的组织或个人。

(3)内容的权威性、时效性。公文传达法定机关的指挥意志和领导意图，在法定机关职权范围内，对人们的思想、行为、工作等加以规范，具有法定权威和效力。

公文还具有一定的时效性，每一份公文都在特定的时间范围内产生效力。

(4)体式的规范性。为了维护公文的严肃性和权威性，国家规定了统一的公文体式。每一种公文，都有其特定的适用范围、表现内容、使用格式，不能别出心裁，标新立异。

2.学习公文的语言特点与表述方式

1)公文的语言特点

公文的语言体式是公文事务语体，它最鲜明的特征是准确、简明、朴实、庄重。这种语体，只对客观情况作如实说明，表明作者意图，不追求表达的艺术化，排斥想象夸张，力求质朴无华，言止意尽。

2)公文的语言运用

(1)广泛运用公文惯用语。常用的公文惯用语如下所列。

开头语：根据，为了，按照(依照、遵照)，现将，兹因(兹有、兹定于)，经研究，鉴于等。

承接语：为此，据此，有鉴于此，综上所述，提出如下，答复如下等。

结束语：此(复、令、布)，特此(通知、通告、公告、函复、函达)，为(要、盼、感)，希(研究执行、贯彻执行、遵照办理、参照执行)，“以上报告，请审查”，“以上意见当否，请批复”，“敬请函复”等。

称谓语：第一人称用“本”，“我”；第二人称用“你”，“贵”；第三人称用“该”，“他”等。

(2)恰当使用模糊词语。公文写作中，在表达某些模糊概念和不便准确表达的对象的时候，往往又需要保留某些内容，使问题阐述有回旋余地，或高度概括以避免冗长的文字，因此，恰当地运用一些模糊词语能收到积极的表达效果，这也是公文语言的一大特点。公文中运用的模糊词语主要有：

表示时间的，如：最近、一直、一度、正在、将要、适当时候、一段时间等。

表示程度的，如：很、极、特别、显著、逐步、有所、普遍、比较、相当、十分、进一步、大体上等。

表示范围的，如：个别、有的、部分、少数、一些、某种、许多、以上、以下等。

表示频率的，如：多次、经常、往往、不断、反复、一再、三令五申等。

(3)因文而异，精选妥帖的词语。公文写作中，选用词语要因文而异。政策性、指导性强的公文，如命令、指示、决定、通知等，多选用概括性词语。公告、通告等公布性公文,常选用说明性词语,语言力求简明扼要、通俗化。报告、请求等报请性公文要选用陈述性和说明性词语,做到恳切明白。用于单位之间联系工作、沟通信息的函,要选用商洽性、征询性词语,不亢不卑,措辞得体。

(4)选择规范周密的句式。根据公文内容表达的需要以及公文事务语体的特点,公文多用陈述句、判断句,不用或少用疑问句、感叹句;多用长句,少用短句。采用介词结构作修饰语的长句,能够使句子表意更为严密。

3)公文常用的表述方式

公文中常用的表述方式有叙述、议论、说明这三种,它们在公文中的运用有其独特的地方。

(1)叙述:公文中的叙述是依据客观的时间顺序、事物自然发展的脉络而对人和事物进行介绍和交代的一种表述方式。公文中叙述事件的过程、情况时,多用顺叙,不用倒叙、插叙、补叙,以简约为特征,简而不漏;公文中三种人称都可用,但多以第三人称为主;公文的叙述线索讲究单纯、紧凑,忌讳多头、跳跃。

(2)议论:公文中的议论与一般文章中的议论有所不同,它客观冷静,不偏不倚。公文中议论的方法主要分为引据论说、事实论说、推理论说。

(3)说明:说明是用简明的语言告诉人们某种事物,使人们对其特点、用途、使用方法、结构等有所了解。说明这种表达方式在公文中使用频率较高。常用的说明方法有四种:定义法、举例法、分类法、数字法。

实践与拓展

理解公文应用的场合,说说作为一个家庭会不会运用到公文?

任务 2 学习法定行政公文的写作

小江结合自己工作,发现法定行政性的公文在其工作中使用频率最高。法定行政公文主要包括通知、通报、请示和会议纪要。

任务要求

- 了解通知、通报、请示、会议纪要的概念;
- 掌握通知、通报的区别;
- 掌握通知、通报、请示、会议纪要的写作格式。

任务解析

1. 通知

1）通知的概念与作用

通知就是把需要告诉有关单位和人员的事项用文字形式表现出来的一种公文。它适用于传达上级机关的指示，明确下级机关需要办理或者需要知道的事项，批转下级机关的公文或者转发上级机关、同级机关和不相隶属机关的公文。

2）通知的分类

通知分为四类：指示性通知、转发性通知、事务性通知和告知性通知。

3）常用通知的写作方法

（1）标题：它一般包括发文机关、公文事由、公文文种三部分。例如《国务院关于取消铁路地方建设附加费的通知》这个标题中，发文机关是“国务院”；公文事由是“关于取消铁路地方建设附加费”；公文文种是“通知”。有时也可省略发文机关，标题可写为“关于××××的通知”。如果内容简单，标题也可以不写“通知”二字。标题中除法规、规章等名称加书名号外，一般不用标点符号。标题太长需要换行，不要把一个词语拆开，第二行仍应居中对称书写。如果事情重要或紧急，可在“通知”前标明，如“重要通知”或“紧急通知”等。

（2）发文字号：重要的通知作为文件下发，要有发文号。发文号由三部分组成：机关代字、年份、顺序号，如国办发〔1999〕69 号。如果不是作为文件下发的通知，可以没有发文号。

（3）主送机关：在标题下一行顶格书写接收通知的机关名称，后面用冒号。主送机关不止一个时，各种机关名称之间用逗号，同种不同类机关之间用顿号，换行仍然顶格写。

（4）正文：另起一行空两格写正文。用简洁的语言把通知内容写清楚，要求具体、明确。内容较多的，可以分条或分段写。内容重要的通知可在通知内容前写清楚来由，内容中可说清为什么要这样做或怎样做，但一般不做理论上的阐述与论述。

（5）落款：正文右下方写上发通知单位名称，在下一行的同一位置写上日期。必须注意，日期指的是成文日期，也即公文生效的日期，要以发文机关的负责人签发的时间为准，用汉字写明年、月、日。然后加盖机关印章，印章要压盖在日期上，所谓“骑年盖月”。

（6）主题词：主题词是根据公文内容概括出的表达主题的规范化名词或名词性短语，以便公文的归档和检索。主题词少则用两三个词语，最多以七个词语为限，依词语所表达的意义的重要程序排列，标出公文内容的种类属别，最后一个词语为文种即“通知”。主题词写在文尾分栏线上一行，顶格书写，两词之间各空一格，不用标点符号。一般的通知，这一项也可以没有。通知的格式如图 1.1 所示。

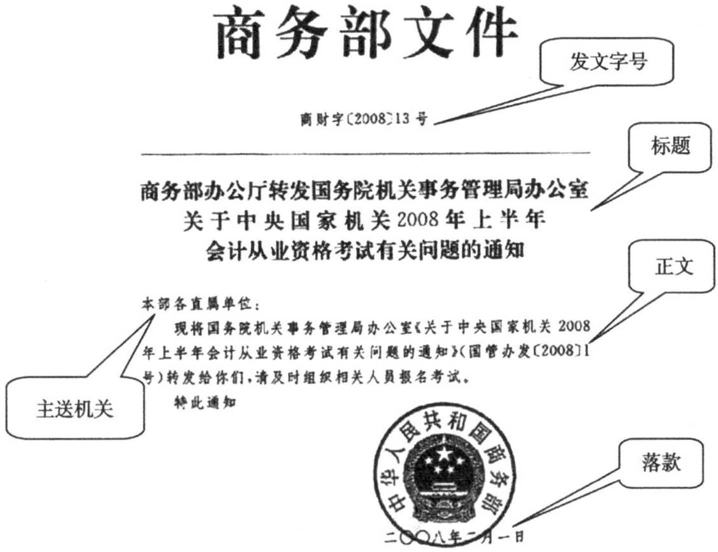

图1.1　通知

2. 通报

1)通报的概念和作用

通报是用来表彰先进、批评错误、传达重要精神或交流重要情况的公文。

2)通报的分类

从不同角度可以把通报分成各种不同的类型:从发文机关分,可分为单独通报与联合通报;从业务范围分,可分为专业通报和公务通报;从内容的表达形式分,可分为直述性通报和转发性通报;但通常最常用的是从内容的性质分,可分为表扬性通报、批评性通报、传达重要情况的通报。

3)通报的写作方法

通报的格式如图1.2所示,一般由标题、正文、发文机关、发文日期构成。有的在标题下写上发文字号,有的还带附件。

通报标题的写法与通知的标题相似,具有发文机关、事由、文种三要素,如《国务院关于一份国务院文件周转情况的通报》。有的不写发文机关而只写事由和文种,如《关于情况的通报》,但必须在落款处有发文机关。

正文的写法通常由主要事实、指明其意义、提出要求三部分组成,但不同类的通报对此又有不同的要求。表扬性通报的正文可由缘由、内容、希望和要求三部分构成;批评性通报的正文可由缘由、提出意见和要求两部分构成;传达重要情况的通报,要分别写清情况、分析和要求,通常可以综合在一起分为几个问题阐述。

4)写通报的注意事项

(1)按照国家的法律、法令和党的方针政策办事,根据本部门相关的规章制度办事,绝不能以个人好恶左右通报内容,造成消极影响。

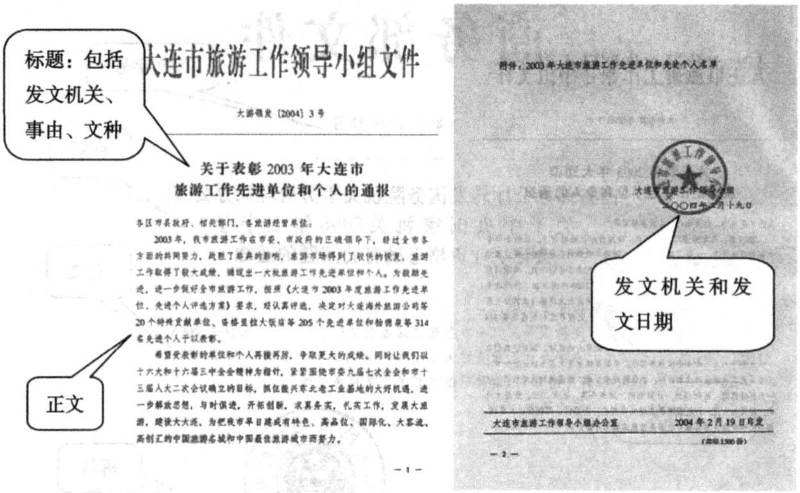

图 1.2　通报

(2)要有普遍意义和教育意义的典型,不管是正面的还是反面的典型,在通报前对事实本身及有关问题必须一一核实、查清。

(3)通报的开头不能冗长,应把重点与篇幅较多地让给典型事件的叙述。事件的陈述要简洁明了,交代人与事等要清楚,语气要庄重。

(4)通报中总结性、指导性的意见、观点和要求必须放在事实或处理措施之后,否则就不符合“先事实后结论”的逻辑规律,同时也削弱了通报的指导作用和教育作用。

(5)通报中对问题定性的部分,用语必须谨慎准确,不能言过其实,要恰如其分,以免给工作造成被动或不良影响。

3.请示

1)请示的基本概念

请示是下级机关或部门向上级机关或部门请求批示、批准事宜,并要求予以答复的公文。

2)请示的基本格式及写法

(1)标题:写明发文机关、事由和文种,也可省略发文机关。

(2)正文:由请示起因、请示事项和请示结尾三部分组成。

①请示起因。这是行文重点,要交代请示事项产生的背景和原因,阐述请示的理由要充足,依据要充分,道理要讲透。只有这样,才能显示出请示事项的可行性,便于上级批复。

②请示事项。这是行文的落脚点,必须写得具体明确,一目了然,易于上级决策、判断。

③请示结尾。另起一行,用“以上请示当否,请批复”等惯用语收束全文。

(3)落款:写明发文机关(如标题中已出现发文机关,可省去)和时间。

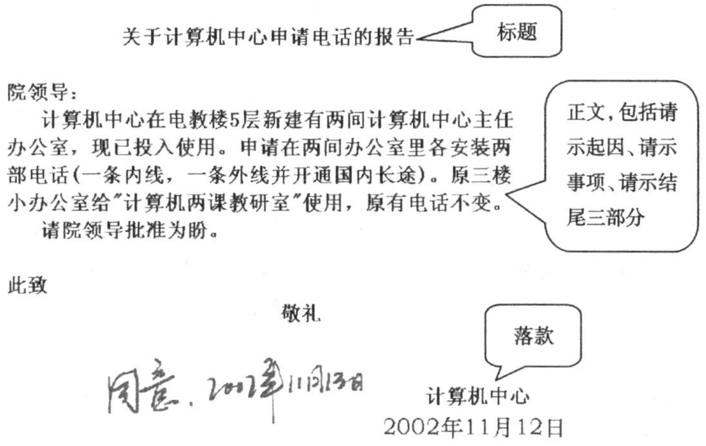
关于计算机中心申请电话的报告

院领导：

计算机中心在电教楼5层新建有两间计算机中心主任办公室，现已投入使用。申请在两间办公室里各安装两部电话（一条内线，一条外线并开通国内长途）。原三楼小办公室给"计算机两课教研室"使用，原有电话不变。

请院领导批准为盼。

此致

敬礼

同意. 2002年11月13日

计算机中心

2002年11月12日

图1.3 请示报告

3）拟写请示的基本要求

（1）请示写作必须一文一事，不能一文数事，否则会影响请示事项的及时解决。

（2）请示只能报一个上级主管机关。如涉及其他机关，可用抄报的形式。

（3）请示一般不能越级，如果情况特殊而必须越级时，则应同时抄报被越级的机关。

（4）如果是几个单位联合请示，联合单位要充分商量，统一意见，搞好会签，联合行文。

4. 会议纪要

1）会议纪要的概念和作用

会议纪要是记载和传达会议情况与议定事项的公文。会议纪要对上级机关、单位可作情况汇报；对下属机关、单位可作工作指导；对与会机关、单位可作为开展工作的依据，要求共同遵守、执行；对友邻机关、单位可起到互通情报的作用。

2）会议纪要的基本格式和写法

会议纪要一般由标题和正文两部分组成。

（1）标题（通常有四种形式）：

①会议名称加文种，如《全国农村工作会议纪要》。

②与会单位加会议名称加文种，如《××学校德育工作会议纪要》。

③制文单位加会议名称，如《教育部职业教育布局调整会议纪要》。

④正题和副题组成。正题揭示会议主题，副题交代会议名称和文种，如《以三个面向为指针，深化教育改革——北京市部分教育工作者学习"三个面向"座谈会会议纪要》。

（2）正文（通常由开头、主体、结尾三部分组成）：

①开头一般写会议概况，包括会议的背景、依据和目的，会议名称、时间、地点、与会人员和主持者、领导人出席会议的情况，会议的议程、议题、结果及评价。

②主体写会议主要精神、研究的问题、讨论的意见、提出的任务要求等。常用的写法有以下三种：

综合概述法：这种写法把会议讨论研究的主要问题、与会人员统一的认识和看法、议定的有关事项综合起来，用概括叙述的方式进行整体的阐述和说明。这种写法常用于小型会议，讨论的问题比较单一，篇幅较短。

发言摘要法：这种写法是把会议上具有典型性、代表性的发言加以整理并提炼出精华，按发言顺序或内容类别加以阐述，适用于座谈会、讨论会、研究会的纪要。

归纳分析法：这种写法是把会议内容分门别类地加以整理归纳为几个方面或小标题，或分条叙述。这种写法适合于大型会议，内容多，篇幅较长。

③结尾：结尾一般可指明方向、发出号召或提出希望，但也可不写结尾。

会议纪要的基本格式如图 1.4 所示。

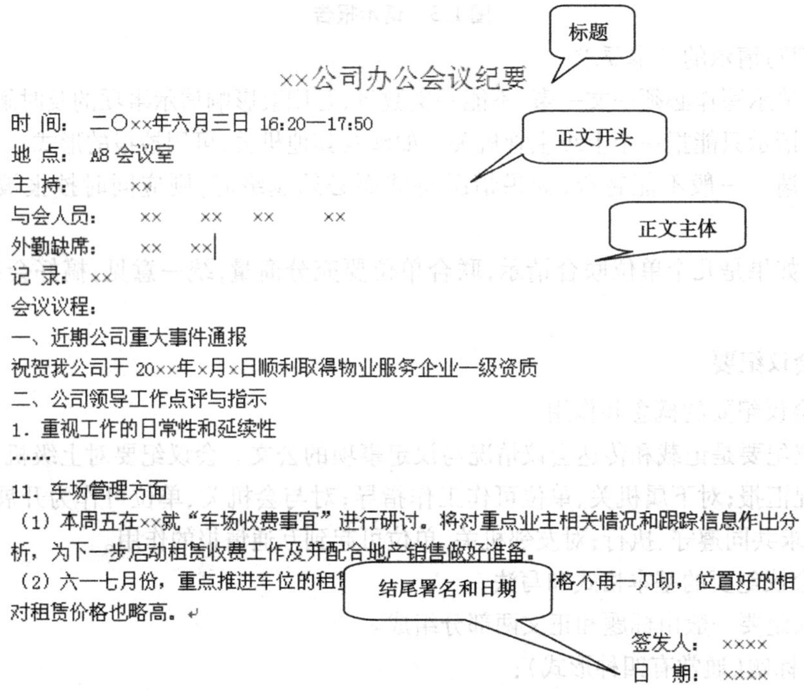

××公司办公会议纪要

时 间： 二〇××年六月三日 16:20—17:50
地 点： A8 会议室
主 持： ××
与会人员： ×× ×× ×× ××
外勤缺席： ×× ××
记 录： ××
会议议程：
一、近期公司重大事件通报
祝贺我公司于 20××年×月×日顺利取得物业服务企业一级资质
二、公司领导工作点评与指示
1．重视工作的日常性和延续性
……
11．车场管理方面
（1）本周五在××就“车场收费事宜”进行研讨。将对重点业主相关情况和跟踪信息作出分析，为下一步启动租赁收费工作及并配合地产销售做好准备。
（2）六一七月份，重点推进车位的租… …格不再一刀切，位置好的相对租赁价格也略高。

签发人： ××××
日 期： ××××

图 1.4 会议纪要

实践与拓展

(1)请拟一篇公司春游活动的通知。

(2)公司销售部门评选出了一季度的销售冠军，请草拟一份通报表扬稿。

(3)公司需要购买一批办公用品，请草拟一份请示。

(4)为你参加的公司周例会做一份会议纪要，要求严格按照会议纪要的格式来书写。

案例1.3 事务性公文的写作

任务 1 学习计划和总结的写作

公司经常有各种活动,每次活动前都会要求拿出计划,活动结束后要求写总结。规范的计划和总结应该如何来写呢,小江又进行了学习。

任务要求

- 了解计划、总结的概念和种类;
- 掌握计划、总结的区别并掌握它们的写作格式。

任务解析

1. 计划

1)计划的概念

计划是人们在一定时期内的学习或工作的打算。它是一种预先拟订目标、步骤,提出具体要求,制订相应措施的应用文书。

2)计划的种类

从性质、内容、时间等角度,计划可划分出不同种类,从形式上可分为以下三种。

(1)文件式计划:分目标、要求、措施、步骤等环节,写作严谨具体,内容重大并有一定篇幅;

(2)条文式计划:以列出任务为主,较少涉及措施、步骤等;

(3)表格式计划:通常用于项目较多又具共性的内容,有时辅之适当文字说明,使计划简洁明了。

计划根据内容可分为生产计划、工作计划、教学计划、财务计划、学习计划、科研计划等。此外,还有年度计划、季度计划、月份计划和个人计划等。

3)计划的格式与内容

计划的写作格式一般包括以下三个部分:

(1)标题。计划标题一般由制订计划的单位名称、计划内容、计划名称三个要素组成。如属个人计划,标题只需计划内容加计划名称即可。如计划不成熟或者还没有正式通过,一般在标题后面用括号注明“草案”“讨论稿”“征求意见稿”等字样。

(2)正文。计划的正文,一般包括基本情况、任务要求、方法步骤三个方面的内容。

(3)结尾。计划一般采用简单的结束语,并署上制订计划的时间。

计划的基本格式如图1.5所示。

标题

××公司办公室工作人员培训工作计划

为了适应本公司业务发展的需要,急需提高在职办公室人员的专业知识和业务水平,以提高企业的经营管理水平,经报请公司领导批准,拟举办办公室相关人员培训班。通过短期学习,使没有经过系统专业学习的中青年办公室工作人员工作更加专业化、规范化,能正确地处理相关业务。

正文:基本情况和任务要求

1. 组织领导:由公司人事处建立培训班领导小组,由办公室主任主持。

2. 培训对象:

(1) 本公司所属各分公司在职办公室人员。

(2) 从现有在职干部中抽调的准备培养补充的办公室人员。

年龄在30岁以上,具有高中毕业文化水平,身体健康,作风正派,能坚持业余学习而本人又自愿学习的,经组织同意均可报名,经过考试,择优录取。

正文:方法步骤

3. 培训方式:采用半脱产业余学习的办法。

4. 学制:定为一年。每周一、三、五下午上课,每次上课4小时,利用工作时间,每周共12小时;另外,利用业余时间8至12小时进行自学、辅导、作业、讨论和教学实习等活动。

5. 课程设置:

(1)《普通话》;

(2)《办公自动化》;

(3)《办公室文员礼仪》;

(4)《应用文写作》;

(5)《办公室文员基础》;

(6)《档案基础》。

6. 教材和教师:教师由领导小组在公司和文秘学校聘请,一律为兼职。教材由任课教师推荐或自编,领导小组同意后使用。

7. 考核:每学期每门课程结束后,进行考核,以巩固学员学到的知识,检查教学效果,提高教学质量。学员五门课程考试均及格者,由培训班发给结业证书,证明在本门业务上具有中专毕业的同等资格。

结尾

8. 时间安排:第一期××年×月至×月,分为两个学期,每期20周,其中讲课18周,复习考试一周,机动一周。

××××年×月×日

图1.5　文字叙述式计划

除此之外,还可运用"图表式"来制订计划。图表式计划,即通篇都采用图表形式,一般可以设置若干栏目,如项目、任务、要求、执行人、完成期限等,在图表后面也可以加上一些简洁的文字说明。图表式计划制作简便,使用明了,在现实生活中已越来越受欢迎。下面是一个图表式计划的例子,如图1.6所示。

4)计划的写作要求

(1)注意协调。大到单位,小到个人,无论是长期计划,还是短期计划,凡涉及其他单位或部门的都要注意协调,即进行协商并取得一致意见,共同保障社会效益。

(2)主次分明。一段时期内的事情往往很多,做什么,不做什么;先做什么,后做什么;主要做什么,次要做什么等,都要在计划的制订中有所体现。只有主次分明,才能重点突出,并通过以点带面,最终完成预订计划。

(3)随机应变。毫无疑问,计划是事先定好的,但这并不等于一成不变。事实上,

	界定职位工作职责	设定关键绩效指标	设定工作目标	分配权重	指标检验
主要目的	理解所涉及职位关键业务内容及主要工作成果	结合企业战略重点，设定可衡量的具有代表性的关键绩效指标	根据工作内容与职责，设定工作目标，考核难以量化的关键工作领域，作为关键绩效指标的补充	根据各关键绩效指标及工作目标的战略重要性，以及员工对结果的影响力大小确定权重	检查目标分解情况的延续性、一致性、支持性
所需信息	组织结构图、部门职责、业务流程、工作内容	企业战略、业务流程及经营计划、职位工作职责描述	企业战略、业务流程与经营计划、职位工作职责描述	企业战略、业务流程及工作计划、职位工作职责描述	企业战略、业务流程及经营计划、职位工作职责描述
参与者	高层规划，人力资源部组织	上下级员工共同参与	上下级员工共同参与	上下级员工共同参与	人力资源部组织进行

图1.6　图表式计划

常常是变化比计划还快，在这种情况下，必须随机应变，根据新出现的情况对原计划进行必要的修订和补充。

2. 总结

1）总结的概念

总结是一种应用文体，它是对过去一个阶段学习、工作的情况，或者是某一项具体工作完成后，进行全面系统地回顾、分析与评价，归纳经验教训，从中得到一些规律性的认识，用以指导今后的实践。

2）总结的格式与内容

从结构上看，总结分为标题、正文和落款三个部分。

（1）标题。标题一般有两种方法：一种是包括个人或单位名称、时间、内容及文种名称。另一种用一名句或形象生动的话，突出总结的主要内容。为明确起见，在正标题之外可再加上一个副标题，说明是什么人或什么单位、什么内容的总结。

（2）正文。正文部分是总结的主体。由于学习与工作的情况不完全相同，总结的内容就不可能千篇一律。一般来说，总结的正文包括以下四个方面：

①基本情况。任何总结，都必须有情况的叙述，所不同的只是有的比较简单，有的比较详细。情况的概述或详述，都是要对学习或工作的主客观条件，有利或不利因素，以及学习或工作的基础等进行分析。

②成绩和缺点。这是总结的中心或重点。总结的目的就是要肯定成绩，找出缺点。成绩有多大，表现在哪些方面，是怎样取得的；缺点有多少，表现在哪些方面，是什么性质的，怎样产生的，这些都是总结中不可缺少的内容。

③经验和教训。取得成绩一定有经验，存在缺点一定有教训。为了巩固成绩、克服缺点，在总结时，须对以往学习或工作的经验和教训进行分析、研究、概括、集中，并

把它提升到理论的高度来认识，认作为今后学习或工作的借鉴。

④存在的问题和今后的努力方向。在总结中，既不能回避已经克服的缺点和已经解决的问题，也不能隐瞒尚未克服的缺点和尚未解决的问题，同时还应针对存在的问题提出今后的改进意见或努力方向。

(3)落款。总结的落款部分一般署单位名称或个人姓名以及年月日。如标题已包含了单位的名称，落款只需署上年月日即可。

总结的一般格式如图 1.7 所示。

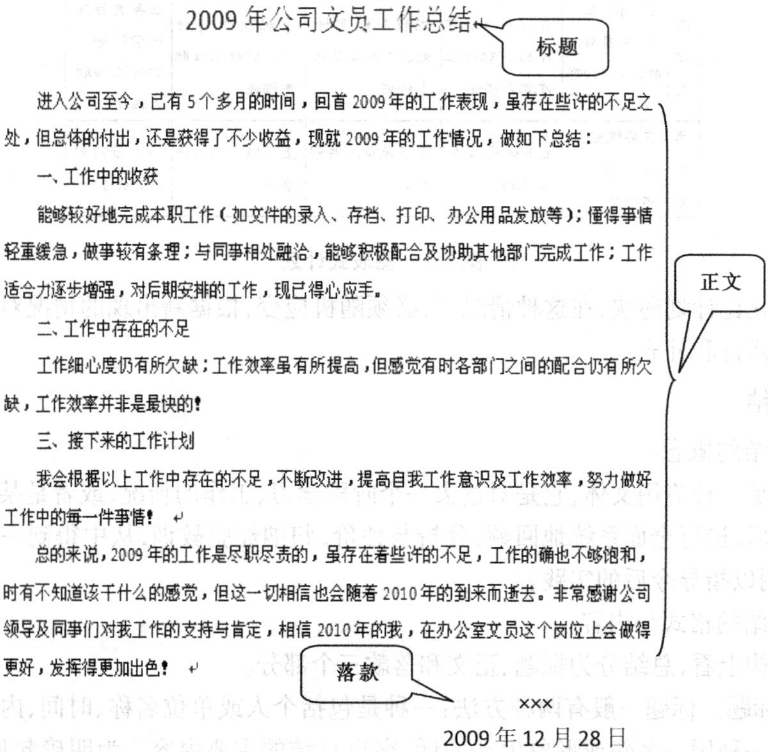

2009 年公司文员工作总结
标题
进入公司至今，已有 5 个多月的时间，回首 2009 年的工作表现，虽存在些许的不足之处，但总体的付出，还是获得了不少收益，现就 2009 年的工作情况，做如下总结：
一、工作中的收获
能够较好地完成本职工作（如文件的录入、存档、打印、办公用品发放等）；懂得事情轻重缓急，做事较有条理；与同事相处融洽，能够积极配合及协助其他部门完成工作；工作适合力逐步增强，对后期安排的工作，现已得心应手。
二、工作中存在的不足
工作细心度仍有所欠缺；工作效率虽有所提高，但感觉有时各部门之间的配合仍有所欠缺，工作效率并非是最快的！
三、接下来的工作计划
我会根据以上工作中存在的不足，不断改进，提高自我工作意识及工作效率，努力做好工作中的每一件事情！
总的来说，2009 年的工作是尽职尽责的，虽存在着些许的不足，工作的确也不够饱和，时有不知道该干什么的感觉，但这一切相信也会随着 2010 年的到来而逝去。非常感谢公司领导及同事们对我工作的支持与肯定，相信 2010 年的我，在办公室文员这个岗位上会做得更好，发挥得更加出色！
正文
落款
×××
2009 年 12 月 28 日

图 1.7　工作总结

3)总结的写作要求

总结是一种常见的应用文体，写作时要注意以下五点。

(1)处理好以下几个关系：

①材料与观点统一；

②写成绩与问题要实事求是；

③典型与一般的关系。

(2)写出特色。

(3)突出重点。

(4)条理清晰。

(5)重视准备阶段和定稿阶段的工作。

4）总结与计划的关系

计划是在工作开始以前对所要做的工作的打算，总结是在工作结束以后对计划完成情况的鉴定。

总结与计划既有区别，又相互联系。

（1）相互制约，相互依赖。一般地讲，下一段工作的计划要根据上一段工作的总结来制订。没有系统、全面、深刻的总结，不可能制订出符合实际、切实可行的计划。反之，总结要以计划为依据，要检查计划的执行情况，要检验计划的准确程度。

（2）相互促进，不断提高。计划—实践—总结—再计划—再实践—总结……周而复始，循环无穷。这种循环不是简单的重复，而是不断提高不断发展的。假定以第一次总结为基点，那么根据第一次总结制订出来的计划，要比第一次总结以前的计划提高一步；第二次总结也要比第一次总结提高一步。它们是相互促进、不断提高的，实际上也是同一事物的两个方面。

知识拓展

1. 办公室文员的工作职责?

（1）接听、转接电话；接待来访人员。

（2）负责办公室的文秘、信息、机要和保密工作，做好办公室档案收集、整理工作。

（3）负责总经理办公室的清洁卫生。

（4）做好会议纪要。

（5）负责公司公文、信件、邮件、报纸杂志的分送。

（6）负责传真件的收发工作。

（7）负责办公室仓库的保管工作，做好物品出入库的登记。

（8）做好公司宣传专栏的组稿。

（9）按照公司印信管理规定，保管使用公章并对其负责。

（10）做好公司食堂费用流水账登记，并对餐费进行统计及负责餐费的收纳、保管。

（11）做好每月环保报表的邮寄及社保的打表工作。

（12）管理好员工人事档案材料，建立、完善员工人事档案的管理，严格借档手续。

（13）做好员工社会保险的投保、申领工作。

（14）统计每月考勤并交财务做账，留底。

（15）管理办公各种财物，合理使用并提高财物的使用效率，提倡节俭。

（16）接受其他临时工作。

2. 职场礼仪——迎送礼仪

当客人来访时，你应该主动从座位上站起来，引领客人进入会客厅或者公共接待区，并为其送上饮料。如果是在自己的座位上交谈，应该注意声音不要过大，以免影响周围同事。切记，始终面带微笑。

实践与拓展

(1)按照公司领导指示,拟订出下周的公司工作计划。

(2)写一份你所在部门的上月工作总结,并在月例会中提交经理。

任务 2 学习日志与记录的写作

小江发现办公室里每天都有一些固定的工作和一些临时性的工作,慢慢地,小江形成了自己的工作方式。小江决定用规范的日志和记录方式将自己的工作记下来,便于以后查阅和总结。

任务要求

- 了解日志与记录的区别;
- 掌握日志与记录的写作格式。

任务解析

1. 日志

1)日志的概念和作用

人们在一天的工作、学习中,觉得有些事情、内容、想法有必要记下来,供自己或别人以后参考,这样形成的记录性文字就是日志。

日志是人们最常用的文体之一,它的作用主要有:

(1)查考作用。它与正式的应用文不同,没有发布功能,一般无须打印散发,它的读者往往限于与这项工作有关的人员以及相关负责人。作为一种原始记录,日志具有纪实性和不可更改性,否则就失去了查考价值。

(2)研究作用。日志具有连续性。在零星的文字材料中,研究者可以使全过程重现并把握所有的相关因素。

2)日志的分类

日志的种类一般有日记和工作日志。以作者为标准,它可以分为个人日志和集体日志。日记也是个人日志的一种。此外,还有如老师、警察等专业人员的数学、办案日志等。以内容为标准,它可以分为工作日志、学习日志、每日笔录等。

(1)日记:日记是关于个人生活、工作学习等方面的按日记载。

(2)工作日志:工作日志是有关某项工作进展情况的每日实录。它的内容限于本项工作以及直接有关的情况,由工作人员记录进程与相关现象,以作交接班记录及供技术人员、负责人参考。

工作日志通常分为:条款式,即按时间先后,把需要记录的事或现象写入日志;综合式，即把一天情况进行综合概述；还有表格式，有关情况分门别类列出，只要工作人员打勾画叉即可，不过一定要有个位置由工作人员自己记录情况或提出建议。

日志的一般形式如图 1.8 所示。

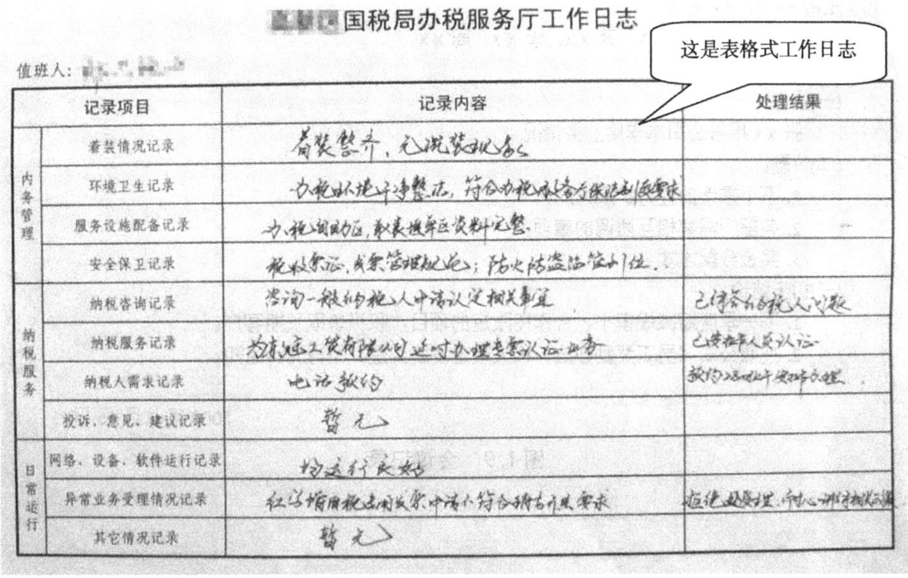

[redacted]国税局办税服务厅工作日志

值班人：[redacted]

记录项目		记录内容	处理结果
内务管理	着装情况记录	着装整齐，无违装现象	
	环境卫生记录	办税服务厅干净整洁，符合办税服务厅保洁制度要求	
	服务设施配备记录	办税咨询区，取表填单区资料完整。	
	安全保卫记录	税收宣传、收票管理规范；防火防盗措施到位。	
纳税服务	纳税咨询记录	咨询一般纳税人申请认定相关事宜	已答复纳税人问题
	纳税服务记录	为某运输有限公司进行办理专票认证业务	已安排专人认证
	纳税人需求记录	电话预约	[illegible]
	投诉、意见、建议记录	暂无	
日常运行	网络、设备、软件运行记录	均运行良好	
	异常业务受理情况记录	红字增值税专用发票申请不符合规定要求	[illegible]
	其它情况记录	暂无	

花费时间		工作活动内容	业务完成量	备注
开始	延续			
8：00	5	打电话到销售科	1	
8：05	2	接电话	1	
8：07	4	帮办事员登记材料	2 份	
8：11	4	帮办事员校对	5 页	
8：15	4	准备广告材料	1 页	
8：19	1	张厂长电话	1	
8：20	1	李厂长电话，要一封信	1	
8：21	6	和办事员商议工作	1	
8：27	5	找李厂长要的信	1	
8：32	5	安排当天的工作	1	
8：37	3	找王科长	1	
8：40	4	找工程师	1	
8：44	1	送李厂长要的信	1	
8：45	2	为张厂长打文件	1	
8：47	13	同张厂长商量，布置简报	1	
9：00	2	开始复印李厂长的材料	0	
9：02	10	把张厂长材料归档	3	
…				

这是条款式工作日志

图 1.8　日志

2. 记录

把别人说的话用文字记载下来，就叫记录。其目的是帮助我们记忆、整理、传达、存查，有时可以起到公文的作用。

常用的记录性文书有会议记录、报告记录、采访记录、电话记录、交往记录等。

记录的举例如图 1.9 所示。

XX公司第X次办公会议记录

时间：2004年6月16日

地点：第一会议室

主持人：张xx主任

出席人：赵XX、钱XX、孙XX、李XX、周XX

记录：周XX

(一)报告：

张xx报告公司本季度业务情况

(二)议题：

1. 下个季度的业务扩展方向；
2. 各部门需要相互协调的事项；
3. 奖金分配方式—。

(三)初步结论

1. 下一季度缩减规模小、合作期限短的项目，积极争取长期客户；
2. 按照公司《员工奖励办法》相关规定发放奖金，不再另行通知。

2004年6月16日

图1.9　会议记录

知识拓展

不同公司文员的职责：

(1)技术性公司文员职责：负责技术部文件的归档、管理，技术部文件的打印，绘制机械图纸，技术部环境卫生的管理及维护各种沟通信息的传达。

(2)推广公司文员职责：收集整理各地广告投放计划、广告预算、广告投放报表；与财务核对当月宣传推广品费用及与代理商核对宣传品发入数量；制作促销员销售报表及负责促销员管理费、培训费的报销等。

(3)传媒公司文员职责：管理一个数据库，负责把客户的资料分类、输入、核对、存档，负责查找资料，并把客户资料和供求信息投放在网上，协助设计人员排版和处理广告图片等。

(4)工程公司文员职责：负责跟客户、业务员、销售人员沟通打样的公差，材质、规格及样品的用途。开打样单，画图纸，查找技术资料并把资料归类存档。

(5)计算机公司文员职责：负责计算机软硬件售后、调试、维护、操作系统的安装及工具软件的使用，接待客户、接听电话，打印资料，起草合同，负责招聘及培训各学校计算机教师及教授计算机英语的工作。

实践与拓展

(1)建立你当月的工作日志。

(2)作好例会记录，并将其整理归档。

案例1.4 社交礼仪公文的写作

任务 1 学习欢迎词、欢送词、答谢词的写作

公司领导经常会被邀请成嘉宾上台讲话，小江由于文采好被指定为领导的“御用写手”，专门为领导草拟欢迎词、欢送词和答谢词。

任务要求

- 了解欢迎词、欢送词、答谢词的特点及写作要求；
- 能够写出主题明确、格式规范的欢迎词、欢送词、答谢词。

任务解析

1. 欢迎词、欢送词、答谢词的特点

(1)礼仪性。欢迎词、欢送词、答谢词都是出于礼仪的需要而使用的，它建立在双方互相尊敬的基础之上，用语尤其讲究典雅、热情，在称谓前一般冠以“尊敬的”“敬爱的”“亲爱的”等敬语词。

(2)委婉性。欢迎词、欢送词、答谢词都是用于交际应酬的讲话文稿，讲话中，既要向对方表示友好，又要坚持原则立场，维护自身利益。因此，这类文体一般不直接涉及双方有争议的观点和看法，而是以委婉的形式，用虚拟、假设等曲折的言辞方式获得社交成功。有些问题不便直接说明，就使用一些相应的同义语婉转曲折地表达出来。

2. 欢迎词、欢送词、答谢词的基本格式

欢迎词、欢送词、答谢词的行文格式基本相同，一般由标题、称谓、正文、祝语四部分构成。

(1)标题：在文稿首行中间只写上“欢迎词”“欢送词”“答谢词”，有时写作“××的欢迎词”“××的答谢词”“在××××举办的宴会上×××的答谢词”，这种标题方式主要为文稿散发或发表时用。

(2)称谓：欢迎词、欢送词、答谢词的称谓有专称和泛称两种。专称要写明宾客(或主人)的姓名，前面加上职务、头衔和表示尊敬、亲切的词语；泛称有“女士们”“先生们”“同志们”“朋友们”等，用以表示对所有到场者的尊重。

(3)正文：正文是欢迎词、欢送词、答谢词中的主体，这部分内容要针对致辞的对

象，将最想表达的情感写出来。

①表示诚挚友好欢迎或祝贺之情，与友好的欢送或答谢之意。

②回顾相互之间合作的往昔，以及工作中取得的成绩与值得记忆的友谊。

③向对方表示良好祝愿和意愿与对方继续合作之意。

(4)祝语：欢迎词一般写上对客人表示再次欢迎的话；答谢词一般写上表示祝颂谢意的话；欢送词一般写上“祝××先生一路平安”等表示祝愿的话，并提出希望对方再次光临。

3. 例文赏析

欢迎词、欢送词、答谢词例文如图 1.10 和图 1.11 所示。

×××集团公司开业典礼欢迎词

×××集团公司开业典礼欢迎词

尊敬的各位领导、各位来宾、各位同事、各位朋友：

大家上午好！

风雨送春归，飞雪迎春到。值此中国人民的传统佳节——春节来临之际，××省×××实业有限公司今天在风景秀丽的××县科技工业园举行开业典礼。首先，我代表×××集团董事会对各位领导、各位供应商、各位经销商的到来表示热烈的欢迎！对各位长期以来对×××集团的关心、支持和厚爱表示衷心的感谢！在此，我要特别感谢××县粮食局戴水清局长，是他首先引荐我们来到××，然后才有今后的开业典礼。

×××集团是中国大型饲料企业，现有江西金苹果农业发展有限公司、江西×××饲料有限公司、江西×××实业有限公司、广西×××饲料有限公司等下属公司，具有年120万吨饲料生产能力，拥有固定资产1亿元。××××年，×××集团完成饲料产品销售30万吨，实现销售收入8亿元，产销量连续第六年名列江西省饲料行列第一。

国家专利产品、江西名牌产品——×××乳猪料是一个划时代的产品。该产品虽然××××年8月才上市，但通过我们一系列的大胆创新，如今已引领了中国乳猪料发展的潮流，我们的产品开发思路、市场营销方法、企业文化建设等等都成为了饲料行业纷纷研究、仿效的对象。经过短短的一年多时间，×××乳猪料就畅销××、××、××、××等××多个省区市场，如今的月销量突破了×万吨，月销售收入突破了××××万元，无可争议地成为了中国乳猪料的第一品牌，同时还造就了一大批懂经营、善管理的优秀人才。凭借×××强势的品牌、人才优势，从××××年下半年开始我们就大胆实施对外扩张战略，×月××日办起了第一个分公司——×××××饲料有限公司，仅仅×个月时间，××省×××分公司月销量就做到××××吨。×月××日，我们成功地收购××永大饲料厂，成立××省×××实业有限公司，并投入×××多万元对设备进行大规模的技术改造，届时这里的年产量由过去的×万吨上升到××万吨。我们的目标是，到××××年××月份，××省×××实业有限公司的月销量要做到×万吨以上。此外，为了使产品的品质提升到一个新的水平，去年底×××集团总部投资××××多万元从国外引进了一条时产××吨的现代化生产线，预计下个月就可投产；同时投资×××多万元，新建了一条浓缩料生产线和一条预混料生产线。

是雄鹰就要搏击长空，是蛟龙就要遨游大海。×××集团××××年的目标是，巩固原有市场，开发大西南市场，全年完成饲料销售××万吨，实现销售收入××亿元。我们的短期目标是，在未来×年内把×××办成年饲料销售×××万吨，年销售收入××亿元的全国知名企业集团。我们坚信，只要大家一如既往地关心、支持和帮助我们，只要我们继续保持高昂的斗志和顽强的作风，我们的目标就一定能够实现！

最后，借此机会向大家拜个早年，祝大家在新的一年里身体健康，事业发达，财源广进，万事如意！

谢谢大家！

欢送词

尊敬的女士们、先生们：

首先，我代表 XXX，对你们访问的圆满成功表示热烈的祝贺。

明天，你们就要离开 XX 了，在即将分别的时刻，我们的心情依依不舍。大家相处的时间是短暂的，但我们之间的友好情谊是长久的。我国有句古语：“来日方长，后会有期”。我们欢迎各位女士、先生在方便的时候再次来 XX 作客，相信我们的友好合作会日益加强。

祝大家一路顺风，万事如意！

图 1.10　欢迎词和欢送词例文

答谢词

尊敬的各位夫人、尊敬的各位先生、尊敬的全体××人的至爱亲朋们：

大家晚上好！

羊年的脚步渐渐远去，猴年的春风扑面而来。

又是三百多个日日夜夜，和着我们一百多个××人的脚步与心声跌宕而去。真的是光阴似箭，事业如虹；爱情似火，生命如歌。看我们的国家，改革大潮激荡，开放热浪滚滚，发展雄风更劲。看全体××人，崇尚公正，追求卓越，求真务实，殚精竭虑。一千多个案件凝聚着我们的智慧，两千多万的收费浸透着我们的心血，参政议政的真知灼见为法制建设助起一股浩然东风，××又取得了经济效益和社会效益的双丰收。

一年又一年，风雨兼程，××已经走过了十年。十年里，××从小到大，由弱到强，人才辈出，奖牌频加，创造了一个又一个光辉的业绩，夺取了一次又一次重大的胜利。××的发展离不开全体××人的努力和执着，××的发展更离不开各位亲人的关怀和奉献。

忘不了，当我们奔波于城里乡间调查取证时，是你们承担着繁重的家务；忘不了，当我们通宵达旦整理法律文书时，是你们忍受着无眠的孤独；忘不了，当我们远在他乡执行公务时，是你们照看着幼小的儿女；忘不了，当我们专心致志投入工作时，是你们孝敬着年迈的父母……我们为拥有你们而骄傲，我们为拥有你们而自豪。你们不愧为每个小家庭的坚强支柱，你们不愧为××大家庭的强大后盾。在此，我谨代表全体××人真诚地向你们道一声：你们辛苦了！我们感谢你们！同时，也请代我们向家中的长辈们请安，向孩子们问好！

尊敬的各位亲朋好友，新年的钟声即将敲响，催赶着我们前进的步伐。十年的时光不算短，我们用辛勤的汗水打造了一个响当当的××品牌，它凝聚着××人的追求和努力，也包含着你们的理解和支持，军功章里有我们的一半，也有你们的一半；十年的时光又不算长，百年××刚刚走出了第一步，我们将以更大的成就，更大的跨越，描绘××更加美好的明天。实现这一切，离不开你们一如继往的关心和理解，离不开你们一如继往的支持和帮助。付出总有回报。你们的心血和汗水将记载于百年××的史册上！你们的理解和支持将铭记在全体××人的心坎儿中！你们的真情和奉献将换来我们加倍的爱！

最后，让我们衷心祝愿各位亲人新春愉快，身体健康！爱情激荡，阖家幸福！

让我们衷心地祝愿掌声、笑声相伴永远！

图 1.11　答谢词例文

实践与拓展

(1)拟订一份欢迎词,欢迎办公室的新成员。

(2)公司有三位老师傅正式退休,拟订一份欢送词。

任务 2 学习祝词的写作

同事都知道小江文采好,于是重要场面的祝贺用语都拜托小江来写,小江顺带把祝词的写法也作了留意。

任务要求

- 了解祝词的概念、分类;
- 掌握祝词的特点及写作要求。

任务解析

1. 祝词的概念与分类

祝词是对人或事表示良好祝愿的言辞、文章或讲话稿。它是人际间表达一种美好愿望的重要手段和工具。根据祝愿的对象，祝词可分为三种：

(1)节日祝词：如新年献词、国庆讲话、春节祝词等。

(2)寿诞祝词。

(3)事业祝词：这类祝词兼有贺意。事业祝词的对象，既可以是个人，祝其事业有成；也可以是单位或集体，祝其事业发达。

2. 祝词的基本格式

祝词一般由标题、称谓、正文、结语、落款五个部分组成。

(1)标题：祝词的标题要写在正文的上方居中，如"新年祝辞"；也有用文章标题式的，如正标题"殷切的期望"，副标题"在共青团第十一次全国代表大会上的祝词"。

(2)称谓：在标题之下顶格写称谓。具体怎样称呼祝词的对象更合适，要根据对象的性别、职业以及身份地位等而定。

(3)正文：祝词的正文要根据祝贺对象、事由，分成几个层次来写。一般表示热烈的祝贺、赞扬，提出希望，激励前进，也有的表示向对方学习的愿望。

(4)结语：这部分主要写敬语，如"祝×××健康长寿""祝第六届中国艺术节圆满成功""祝大家新年愉快，万事如意"等。

(5)落款：结语右下方写祝贺者的单位或个人姓名的全称，并写上发出祝贺的日期。

祝词的基本格式如图 1.12 所示。

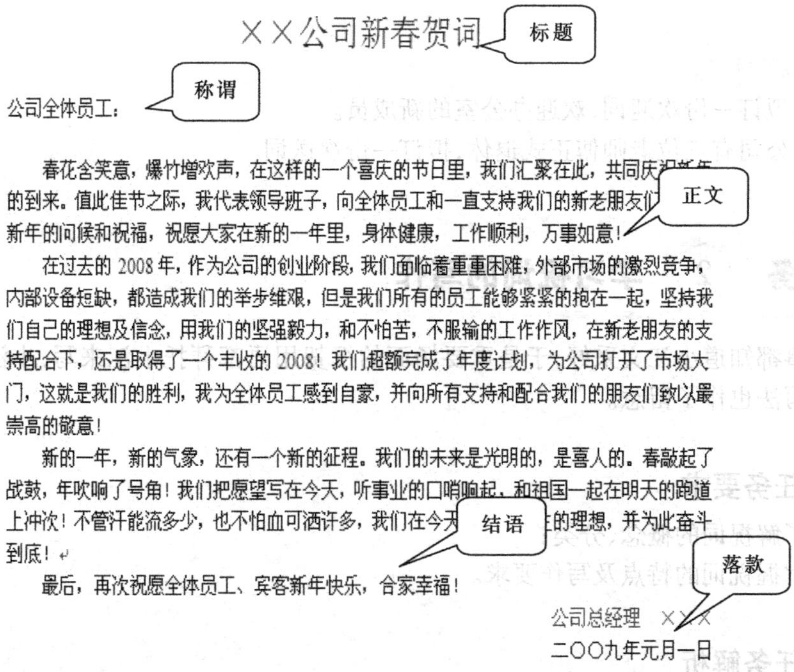
××公司新春贺词

公司全体员工：

春花含笑意，爆竹增欢声，在这样的一个喜庆的节日里，我们汇聚在此，共同庆祝新年的到来。值此佳节之际，我代表领导班子，向全体员工和一直支持我们的新老朋友们……新年的问候和祝福，祝愿大家在新的一年里，身体健康，工作顺利，万事如意！

在过去的 2008 年，作为公司的创业阶段，我们面临着重重困难，外部市场的激烈竞争，内部设备短缺，都造成我们的举步维艰，但是我们所有的员工能够紧紧的抱在一起，坚持我们自己的理想及信念，用我们的坚强毅力，和不怕苦，不服输的工作作风，在新老朋友的支持配合下，还是取得了一个丰收的 2008！我们超额完成了年度计划，为公司打开了市场大门，这就是我们的胜利，我为全体员工感到自豪，并向所有支持和配合我们的朋友们致以最崇高的敬意！

新的一年，新的气象，还有一个新的征程。我们的未来是光明的，是喜人的。春敲起了战鼓，年吹响了号角！我们把愿望写在今天，听事业的口哨响起，和祖国一起在明天的跑道上冲次！不管汗能流多少，也不怕血可洒许多，我们在今天……的理想，并为此奋斗到底！

最后，再次祝愿全体员工、宾客新年快乐，合家幸福！

公司总经理 ×××
二OO九年元月一日

图 1.12 祝词例文

3. 祝词的写作要求和技巧

(1)了解对象,祝贺及时。

(2)言辞热烈而恰当。

(3)紧扣中心,简洁凝练。

4. 商务祝酒词的写法

(1)含义:祝酒词是在重大庆典、友好往来的宴会上发表的讲话。宴会上祝酒,是招待宾客的礼仪。一般来说,主宾均要致祝酒词。主方的祝酒词主要是表示对来宾的欢迎;客方的祝酒词主要是表示对主方的谢忱。如果出于某种需要,也可在祝酒词中作出符合宴会氛围的深沉、委婉或幽默的表达。祝酒词因以酒为媒介,加之以热烈的语言,会为酒会平添友好的气氛。

(2)特点:祝酒词的主要特点是祝愿性。祝愿事情的成功或祝愿美好、幸福。祝酒词因其使用场合比较隆重或热闹,因此不宜太长,语言要简洁而有吸引力。

(3)写法:开头部分或表欢迎、问候或表感谢。主体部分根据宴请的对象、宴会的性质,简略地表述主人必要的想法、观点、立场和意见,既可以追述已经获得的成绩,也可以叙友情发展的历史,还可以展望未来。结尾可用"让我们为……干杯"或以"为了……让我们干杯"表达礼节性的祝愿。写作上的要求也大致与欢迎词、欢送词相同。

祝酒词例文如图 1.13 所示。

【公司年会祝酒词】

尊敬的嘉宾、朋友和××的全体同仁们:

大家晚上好!

首先,我代表××公司感谢各位嘉宾、各位朋友对××一贯的支持和帮助!

其次要感谢××的全体员工!是你们的努力和敬业使××取得了今天的成绩。还要感谢你们的家人,是他们在背后默默的支持、鼓励和帮助,使你们能全身心的投入工作,他们是当之无愧的幕后英雄。值此新春来临之际,祝你们家庭和睦!身体健康!新春快乐!幸福如意!

在过去的一年,我们涌现了大批的优秀员工,我感谢他们在各自的岗位上做出的榜样!祝愿他们在新的一年再接再厉,取得更大的成绩!还要感谢战斗在全国各地、异地他乡的一线员工,是他们的努力使我们××的产品走进了千家万户,在这里,我要对他们说声:你们辛苦了。

2004 年,在各届朋友的大力支持下,在全体员工的共同努力下,××公司取得了可喜的成绩,可以说是一个丰收年:国际业务零的突破,全国统一服务热线 95105895 的推出,ISO 最高奖项"管理卓越奖"的获得,新厂房的落成……无不见证着我们的成功。

××的未来是非常美好的,让我们携手共进,打造出一个欣欣向荣的国际型企业!

最后

请大家举杯,

为××美好的明天!

为在座各位的健康!干杯

图 1.13 祝酒词例文

知识拓展

职场礼仪——握手的礼仪

愉快的握手是坚定有力，这能体现你的信心和热情，但不宜太用力且时间不宜过长，几秒钟即可。如果你的手脏或者很凉或者有水、汗，不宜与人握手，只要主动向对方说明不握手的原因就可以了。女士应该主动与对方握手，同时不要戴手套。另外，不要在嚼着口香糖的情况下与别人握手。

实践与拓展

公司同事50大寿，拟写一份生日酒宴上的祝词。

案例1.5　商业性公文的写作

任务 1 学习商业信函的写作

小江在处理公司的对外联系事务时，经常会收到或邮寄一些商业信函，从工作中小江也学习到了不少的商业信函的写作技巧。

任务要求

- 了解商业信函的概念及写作格式；
- 明确商业信函的写作要求，掌握商业信函的写作方法。

任务解析

1. 商业信函的概念及特点

商业信函是以信函为载体，利用邮政自身或用户提供的数据信息，通过邮政的渠道，有针对性地选择目标客户进行发寄的一种广告信函，是向指定的单位或个人传达商务广告信息，以期达到一定目的的信息传播活动。

2. 商业信函格式

同其他信函一样，商业信函也是一种具有习惯格式的文体，它通常由信封、信文及附件三部分构成。前两部分是必不可少的,而后者则需视具体情况而定。

1)信封

信封的格式如图1.14所示。

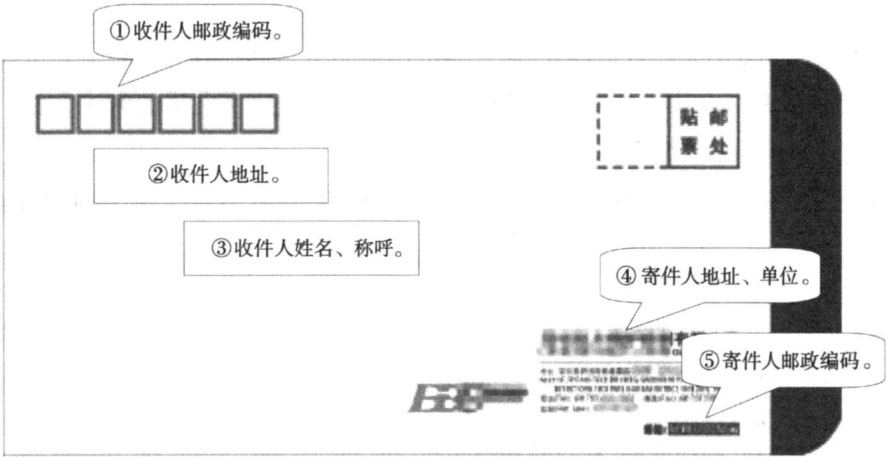

图1.14　信封的格式

2)信文

信文又称信笺。它记载商业业务的具体事宜,是商业信函的核心部分。信文内容多种多样,其表达既灵活,又有一定的格式。一般分为开头、正文、结尾、署名、日期五个部分。

(1)开头:开头写收信人或收信单位的称呼。称呼单独占行、顶格书写,称呼后用冒号。

(2)正文:信文的正文是书信的主要部分,一般叙述商业业务往来联系的实质问题,通常包括:

①向收信人问候。

②写信的事由,例如何时收到对方的来信,表示谢意,对于来信中提到的问题答复等。

③该信要进行的业务联系,如询问有关事宜,回答对方提出的问题,阐明自己的想法或看法,向对方提出要求等。如果既要向对方询问,又要回答对方的询问,则先答后问,以示尊重。

④提出进一步联系的希望、方式和要求。

(3)结尾:结尾往往用简单的一两句话写明希望对方答复的要求,如"特此函达,即希函复。"同时写表示祝愿或致敬的话,如"此致敬礼""敬祝健康"等。祝语一般分为两行书写,"此致""敬祝"可紧随正文,也可和正文空开。"敬礼""健康"则转行顶格书写。

(4)署名:署名即写信人签名,通常写在结尾后另起一行(或空两行)的偏右下方位置。以单位名义发出的商业信函,署名时可写单位名称或单位内具体部门名称,也可同时署写信人的姓名。重要的商业信函，为郑重起见，也可加盖公章。

(5)日期：写信日期一般写在署名的下一行或同一行偏右下方位置。商业信函的日期很重要，不要遗漏。

3)附件

商业信函常见的附件有报价单、产品介绍或说明书、订购合同、发货通知单、产品质量检验书等，用以证实信文所写的各种论点，或作为商业业务往来的确认手续。

3. 商业信函的写作要求

商业信函不同于文学创作。文学作品忌显不忌隐，忌直不忌曲，而商业信函应清楚明确，不隐不曲。商业信函的写作要求是：

(1)主题突出，观点明确。

(2)面向对方，态度诚恳。

(3)实事求是，谦恭有礼。

(4)结构严谨，首尾圆合。

(5)语气平和，用词准确，标点使用规范。

(6)清楚简洁，注意修辞。

4. 几种常见的商业信函

1)建立经销往来关系的信函

建立经销往来关系是拓展业务、获得买卖机会的首要步骤。通常可通过报刊、电视广告、第三者介绍和市场调查等途径，获取商业信息，找到商品出售或采购的潜在对象。然后便可写信寻求与对方建立联系的机会。

写作要点：

(1)自我介绍如何有机会得知对方的信息。

(2)写明本企业的意图与目标，欲建立哪些方面的经销关系，并简要介绍本公司的组织机构、经营范围、服务方向等。

(3)希望对方提供有关资料，如商品目录、价目表、样品等。若推销产品，则主动向对方提供上述资料。

(4)表示希望今后互相合作的意向，并希望很快得到对方的答复。

建立商业经销关系书信的主题是多种多样的，如推荐或自荐建立经销关系，征求代销商，要求提供或寄出商品报价表，要求提供或寄出样品等。

[例文]

敬启者：

日前参观贵公司在成都国际展览中心展出的产品时，由于贵公司产品价廉物美，给我留下了深刻的印象。

作为贸易公司，我方非常愿意为贵公司提供服务。在贸易方面，我们有良好的关系，对此类产品进口业务更具有丰富的经验。

另外，我公司拥有自己的广告公司，善于运用最新的营销手段促销。如果愿给予我方贵公司产品在中国内地的销售权，我方可以保证贵公司的营业额可大量增加。

盼复

××× 敬上

×××× 年 ×× 月 ×× 日

2) 询价与报价信函

买卖双方在进行交易前，必须就商品情况、销售条件、售后服务、商品价格达成协议。为此，买方要向卖方询问货价，而卖方则向买方报价。

卖方的报价书信，应包括货品名称、数量、规格、包装条件、价格、付款条件、交货期限和有效期限。

询价与报价书信的主要目的是询价与报价，但也可提出自己对价格的设想与购货计划，提供各种资料或样品，指出自己经常押汇的银行。

[例文]

敬启者：

贵方七月五日来函询问一事，敬悉，谢谢。阁下已在《××产品》杂志上阅读了本公司刊登的广告，志愿欣慰。

函中要求我方在价目表中再减少 5% 别优惠，我们除感激贵方订购外，另外必须提出，我们价目表内之定价，业已减至最低限度，如此价格在其他地方不可能购得。

若贵方订购量达到 150 000 件时，本公司就同意贵方减 5% 要求。订购前，本公司盼贵方来函确认。

谨致问候之意。

发函者

200× 年 ×× 月 ×× 日

3) 推销商品信函

推销商品是商业业务中最基本的活动之一。推销商品的方式很多，如向各地派出推销员，但由于人力、财力和时空条件的限制，推销员不可能接触到所有潜在的用户；而通过各种宣传工具做广告，虽对推销商品有很大作用，但其宣传面也是有限的。比较起来，通过信函推销商品是一种经济而有效的方式。

写作要点：

(1) 吸引对方对推销商品的注意力。推销商品的信函在很大程度上带有尝试性，对方往往不予重视，甚至看一眼就放下了。因此，信函的开头很重要，应力求使对方产生读下去的愿望，进而对推销的商品感兴趣。

(2) 为了使对方对所推销的商品发生浓厚的兴趣，并产生购买的动机，就需要简单地介绍商品的优点，如特殊的性能、优惠的价格、周到的售后服务等。随信附寄产品目录、精美的商品图片或样品，则更有助于对方了解该商品。

(3) 诱发对方的购买行为。对方看了推销商品信函后，有时可能犹豫不决，甚至拖延下来。对此，推销商品的信函应抓住用户或顾客的心理，用肯定的口气，促使对方下决心购买商品。

(4)不要轻易放弃推销机会。第一封信发出后没有回音,可能是由于对方工作太忙未来得及处理,或是一时难下决心,这时可再写信,强调机会难得,促使对方下决心。

[例文]

敬启者:

今天本公司已将一瓶新上市的样品美酒邮赠阁下,以示对阁下之敬意。并盼阁下在府上尝试一番。您如果尝试,一定会认为此酒是每一位家庭主妇选购餐食的必需品。

这种酒是甜酒和酒精的最佳混合,喝上几杯,就会发出一种醇厚而馥郁的味道,对激发食欲特别有效。这种上等酒是从悉尼运来,包括运费在内每打美金20元。

以一般信用证,给予的贸易折扣为20%。兹随本函附上特制卡式订单表,请贵方将其填妥后投入信箱,以便我方处理。

发函者

200×年××月××日

4)订购商品信函

订购商品信函往来是商业业务中比较普遍的例行手续。除当面签订合同外,买卖双方通过电话、电报谈妥的交易,也要通过信函进行确认,以免发生误会,并便于存档备查。

写作要点:

(1)写明商品的名称、规格、价格及所依据价目表的编号或名称;

(2)写明发货要求,如发货时间、地点、运输方式、保险等;

(3)写明付款办法或确认事先议定的付款条目;

(4)写明买卖双方应遵守的义务。

订购商品书信的写作要求是准确、清晰,主要项目不得遗漏,否则可能导致日后的纠纷。

[例文]

××陶瓷厂供销科:

×月×日来信收到。根据贵厂提供的价目表,我公司决定订购下列商品:

产品号	产品名称	数　量	出厂单价
C—101	山水茶杯	3 000个	1.25元
C—104	花鸟茶杯	1 000个	1.15元

以上商品希于19××年×月末在上海交货。由于该批商品将由我公司出口日本,故要求品质优良、包装符合出口标准,必须保证按时交货,以免延误船期。至于贷款,我公司将在收货后立即支付,并按惯例向贵厂提供货款总额1%的外汇额度。

此致

敬礼

×××公司

20××年××月××日

5)信用调查书信

买卖双方过去可能素不相识,货款往来难以相互依赖。为此,卖方通常希望银行居中服务,对买方作信用调查,并向卖方开出信用状,证实买方在指定时间内对所购商品有付款能力,以便双方能放心地达成交易。

信用状通常是由买方向所在地银行申请开发给卖方的,说明买方同意付款给售货人,但必须符合事先规定的各种条件。有时也可由买方提供信用银行,由卖方向银行询问信用情况。而开信用状的银行,则由买方企业往来账户中获得其信用状况的资料,银行出具的证明被列为机密文件。有了信用状,买方收货后确认符合信用状所列条件即可付款。

写作要点:

(1)写明委托调查单位即卖方请第三者(银行、代理商或其他单位)对买方进行信用调查的理由,调查的项目,被调查单位即买方的全称、详细地址。

(2)写明调查单位对提供的调查材料不承担责任,委托调查单位保证对调查材料保密。

(3)请调查单位介绍被调查单位的基本情况,对其信用状况发表意见并指出其根据,重申调查书信必须保密。

[例文]

××银行国外业务部:

最近我公司接到××贸易公司一笔订货,但不知该公司的信用状况如何,故拟通过贵行了解该公司的经营范围及财务等状况,以便获得决策所需的可靠资料。该公司的全称及地址如下:South seas General Trading Co。

我公司对贵行提供的全部信息将按绝密资料处理,决不外泄,贵行无须为所供资料负责。

麻烦之处,谨致谢意。

此致

敬礼

××机械设备公司

200×年10月5日

6)发货通知信函

发货通知信函是卖方将货物交通运输部门后,将发货情况通知买方的信件。

写作要点:

(1)将发货的详细情况通知买方,如货物名称、数量、包装情况、发货日期、装船名称、保险情况等,并附托运单、发货票或其他凭证。

(2)遇不能按合同规定发货或发货与运输中出现非常情况时,应写明延期发货、运输方式变更、货物遗失、需要中转或船期延误等详细情况,并应说明原因,表示歉意,提出补救措施,以取得买方的谅解与同意。

(3)声明发货的责任,要求收货方及时开箱验货,并按时付款。

(4)买方在收货后,将提货及付款情况通知卖方。

[例文]

××公司采购部:

你的车床设备已按订单发货,××物流公司负责运送,物流号××××××××,请注意查收。

××机械设备公司

200×年10月5日

7)付款及索款信函

写作要点:

(1)写明付款内容、付款金额及付款方式;

(2)写明对卖方付款通知中货款计算错误的声明及更正;

(3)写明拒付卖方全部或部分货款的理由及原因。

索款信函内容应掌握分寸,要适可而止,不要写"逼债信",以免损害双方今后的买卖合作关系。

[例文]

××瓷器厂:

收到贵厂于今年10月5日寄来的账单及催款通知。经核对有以下错误:

在贵厂10月5日开出的账单中,未考虑我店返回空包装箱的款额50元,这笔款额应从贷款中扣除。

扣除误款50元,剩余8 000元一次付清。现寄去转账支票人民币8 000元,请查收。

此致

敬礼

××瓷器商场

200×年12月5日

8)异议投诉信函

在买方收到卖方发出的货物后,如发现货物质量、数量等与合同不符,甚至没有按合同规定的日期到货,则可向卖方提出投诉。

写作要点:

(1)指出投诉的内容、理由及后果。

(2)提出赔偿要求或其他补偿办法,如补缺退余,退换损坏物品或折价处理,调换劣质货品,甚至取消交易等。

鉴于投诉是有期限的,买主若有异议,应及早提出,逾期失效。同样,卖方对投诉的答复也应及时,并采取相应的补救措施。

[例文]

××服装公司:

我们在贵公司订购的一批时装(合同号为850245)已收到,经开箱检验,发现质量与贵公司提供的样品不符,部分服装用料的质量很差,不禁使我们深感遗憾。

鉴于这批服装的质量低劣,我们要求贵公司予以调换,按订货要求供给用料优良的服装,并在合同规定期内发货,否则我们不得不中止合同。

请将贵公司处理意见及早告诉我们。

此致

敬礼

××贸易公司

200×年11月8日

9)确认业务信函

确认业务信函,是指收到对方订单、支票、电报、信用状后,回复对方的信函。

写作要点:

(1)写明对方寄来的订单、支票、电报、信用状或其他凭证单据已收到,表示感谢。

(2)写明对这些凭证单据处理的打算。

(3)提出希望。

[例文]

敬启者:

我们如期收到您5月27日函和附来的150美元的汇票,谢谢。

本商品将于12月最后一班轮船付运,货到时请惠于告知。

谨致问候之意。

发函者

200×年××月××日

实践与拓展

公司决定在年底的客户团拜会上作新产品的展示,请拟订客户邀请函。

任务 2 学习合同拟订

小江的工作性质决定了他会经常经手各式各样的合同,他不禁对合同的格式和写作方法产生了兴趣。

任务要求

- 了解合同的概念和特点;
- 明确合同的写作要求。

■ 任务解析

1. 理解合同的概念和特点

合同是平等主体的自然人、法人、其他组织之间设立、变更、终止民事权利义务关系的协议。这里所说的自然人、法人、其他组织是合同的当事人，是能依法履行民事责任的公民或组织。合同签订后由双方或数方各执一份，作为执行和检查的凭证。

合同具有合法性、合意性、计划性的特点。合同必须符合国家的有关法律、法规、规章，凡法律禁止的行为是不能制订合同的。合同的各方必须对合同的每项内容都表示同意并承担责任和义务，否则不具备签订的合同的条件。对有些条项，合同各方需反复斟酌以求各方同意。合同一旦制订，当由各方按合同的要求有计划地执行，有时还可以在中途互相核查。

合同的作用是：有利于保证国家计划的完成；有利于发展生产，促进各级部门之间的协作关系；有利于加强国家对企业的管理和监督；有利于保护合同各方的合法权益。

2. 了解合同的种类

合同的分类一般要根据它的内容而定。《中华人民共和国合同法》规定的合同种类有 15 种：买卖合同，供用电、水、气、热力合同，赠予合同，借款合同，技术合同，建设工程合同，承揽合同，运输合同，保管合同，租赁合同，融资租赁合同，仓储合同，委托合同，行纪合同和居间合同等。

3. 合同的写作要求

（1）要合法。合同必须符合国家的法律、政策和计划的要求，否则不仅合同不能成立，有的还要受法律的制裁。合同关系是一种法律关系。合同具有强制性质，一经签订就对当事人具有约束力，违者要承担法律责任。

（2）要合理。合同必须贯彻平等互利、协商一致、等价有偿的原则，任何一方不能把自己的意志强加给对方。

（3）要合格。合同有其特定的写作格式和必备的主要条款。这种格式和主要条款如下：

①标题：写清合同的名称、性质，如协作合同、订货合同等。标题一般写在合同的第一行中间位置。

②写明双方单位的名称：名称第一次出现时要写全称，并在全称后加括号简化为“甲方”或“乙方”，或“买方”与“卖方”。甲、乙双方注明后，下文使用时不可混淆。

③正文：先简要写明签订合同的目的，然后详细写明各项条款。主要条款有：标的，数量和质量，价格、酬金，履行的期限、地点、方式，违约责任。此外，如有附件，应在正文后注明其名称及件数。

④结尾：在正文下方写明双方单位的全称及代表姓名并签名盖章。最后写明签订合同的日期。

（4）要完善。不仅格式和主要条款要完善，每一条款的内容也要周密严谨，避免疏漏。

(5)要明确具体。所有条款必须写得具体明确,避免歧义。许多合同纠纷,除了因为内容不完善外,还有因为用语不明确或规定不具体,含混不清,双方解释不一,使合同无法执行。

[例文]

合同制工人招聘合同

招聘方(简称甲方):________________

受聘方(简称乙方):________________

甲方招聘合同制职工,按有关规定,已报请有关部门批准。甲方已向乙方如实介绍涉及合同的有关情况;乙方已向甲方提交劳动手册。甲、乙双方本着自愿、平等的原则,经协商一致,特签订本合同,以便共同遵守。

第一条 合同期限

合同期限为____年(或____个月),从____年____月____日至____年____月____日止。

……

……

本合同于 年 月 日起生效。甲、乙双方不得擅自修改或解除合同,合同执行中如有未尽事宜,须经双方协商,作出补充规定。补充规定与本合同具有同等效力。合同执行中如发生纠纷,当事人应协商解决,协商不成时,任何一方可按( )解决:(1)依法向劳动合同的管理机关请求处理,(2)依法向人民法院起诉。

本合同正本一式二份,甲、乙双方各执一份;合同副本一式____份,报主管机关、劳动合同管理机关(本合同如经公证,则应交公证处留存一份)……单位各留存一份。

甲　方:____________　　　　乙　方:____________

代表人:____________　　　　代表人:____________

____年____月____日　　　　____年____月____日

实践与拓展

公司有一铺面需要对外出租,请你拟订一份租房合同。

2 计算机的使用和维护

文档管理、操作系统设置、计算机病毒防护、常用工具软件使用是一个办公室文员所应具备的计算机基础操作能力和素质。如何实现文件管理的科学、规范、系统、方便，使办公环境安全、高效、专业，是本章学习的重要内容。

学习目标

掌握 Windows XP 系统中文件、文件夹系统的属性设置，具备文件管理的能力；

掌握 Windows XP 系统的设置，创建好的工作环境；

掌握计算机病毒的防护知识，保证数据的安全；

掌握压缩软件、刻录软件、下载软件的使用。

案例 2.1　文件夹高级管理

本案例主要涉及 Windows 中文件夹高级属性设置，实现对文件夹存档和进行相应的保密设置。

任务 1　文件的归档

小董在工作中发现，将文件有序地存放不仅可以使计算机资源更加有效地分配，而且方便查找修改。因此，小董非常注意在工作中有意识地进行文件的归档操作。

任务要求

- 熟悉电子文档归档操作，以实现文档的科学及规范管理。

任务解析

电子文档的归档工作主要分为逻辑归档和物理归档。本案例主要讨论电子文档的逻辑归档，即日常的管理与规划，实现文档管理的科学规范，为最终的物理归档做好准备。

日常的电子文档，可按"年度—部门"的原则分类存放，如图 2.1 所示。

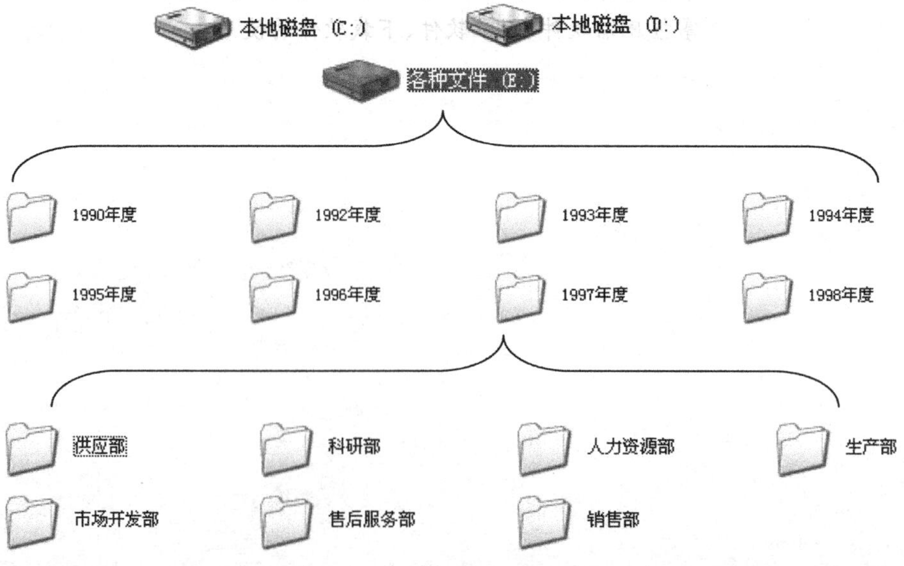

图 2.1　文档存放树形结构图

知识拓展

(1)电子文档的分类方式主要有:按年度分类、按保管期限分类、按机构分类、按问题分类等。

(2)归档的一般流程:价值鉴定→整理→排列→编号→分类→编制目录与索引→归档等。

实践与拓展

将你所使用计算机内的文件按时间和部门进行归档。

任务 2 设置文件夹的加密属性

小董在公司的计算机上建立了一个属于自己个人的文件夹,他希望其他用户在登录这台计算机时无法访问这个文件夹的文件内容,于是他对文件夹的属性作了 EFS 加密设置。

任务要求

- 掌握对文件夹的 EFS 加密设置;
- 了解 EFS 加密注意事项。

任务解析

1. 相关知识

EFS(Encrypting File System,加密文件系统)是 Windows 2000/XP 所特有的一个实用功能,对于 NTFS 卷上的文件和数据,都可以直接被操作系统加密保存,在很大程度上提高了数据的安全性。

2. 操作步骤

(1)打开"文件夹属性"对话框,如图 2.2 所示。

(2)在"高级属性"对话框中进行加密设置,如图 2.3 所示。

(3)检验加密设置的效果。

以其他用户的身份登录,访问该文件夹,检验加密是否成功,如图 2.4 所示。

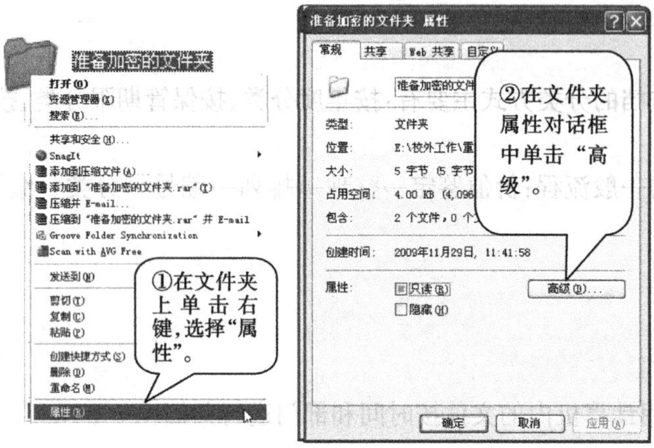

图 2.2　打开文件夹属性对话框

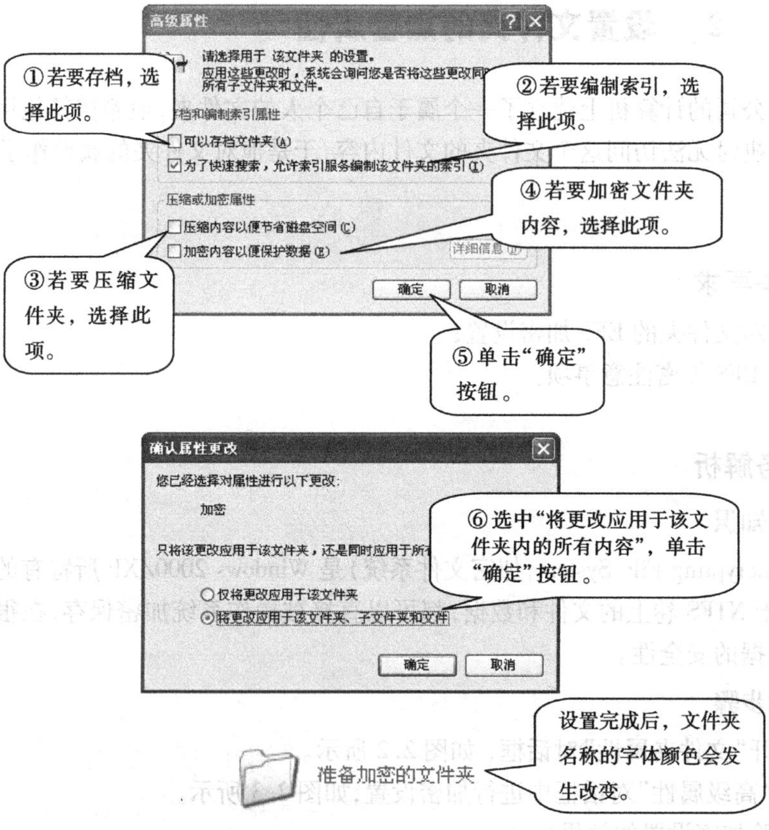

高级属性
①若要存档，选择此项。
②若要编制索引，选择此项。
③若要压缩文件夹，选择此项。
④若要加密文件夹内容，选择此项。
⑤单击“确定”按钮。
确认属性更改
⑥选中“将更改应用于该文件夹内的所有内容”，单击“确定”按钮。
准备加密的文件夹
设置完成后，文件夹名称的字体颜色会发生改变。

图 2.3　对文件夹应用加密设置

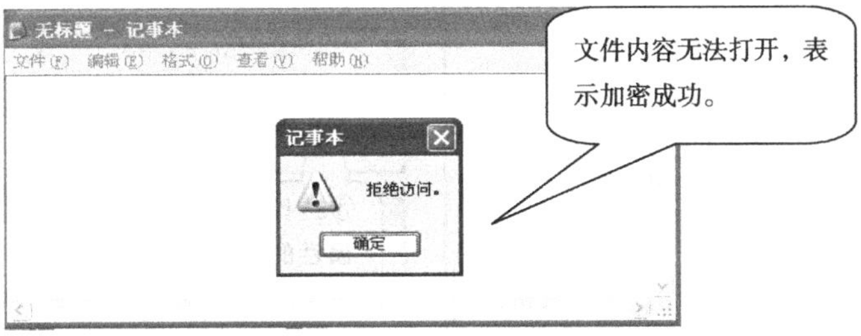

图 2.4　检验加密设置的效果

提示

使用 ESF 加密时一定要备份密钥。

在没有备份密钥的情况下，要对 EFS 解密几乎是不可能的，因为在 Windows 2000/XP 中，每一个用户都使用了唯一的 SID(安全标志)。第一次加密文件夹时，系统会根据加密者的 SID 生成该用户的密钥，并且会将公钥和密钥分开保存。如果在重装系统之前没有对当前的密钥进行备份，那就意味着无论如何都不可能生成此前的用户密钥，而解密文件不仅需要公钥，还需要密码，所以也就不能打开此前 EFS 加密过的文件夹。

知识拓展

对文件、文件夹进行“隐藏”属性的设置，如图 2.5 所示。

实践与拓展

为你的个人文件夹设置 EFS 加密，备份密钥，并将密钥存放入你的移动存储设备中，以便今后重装系统时解密使用。

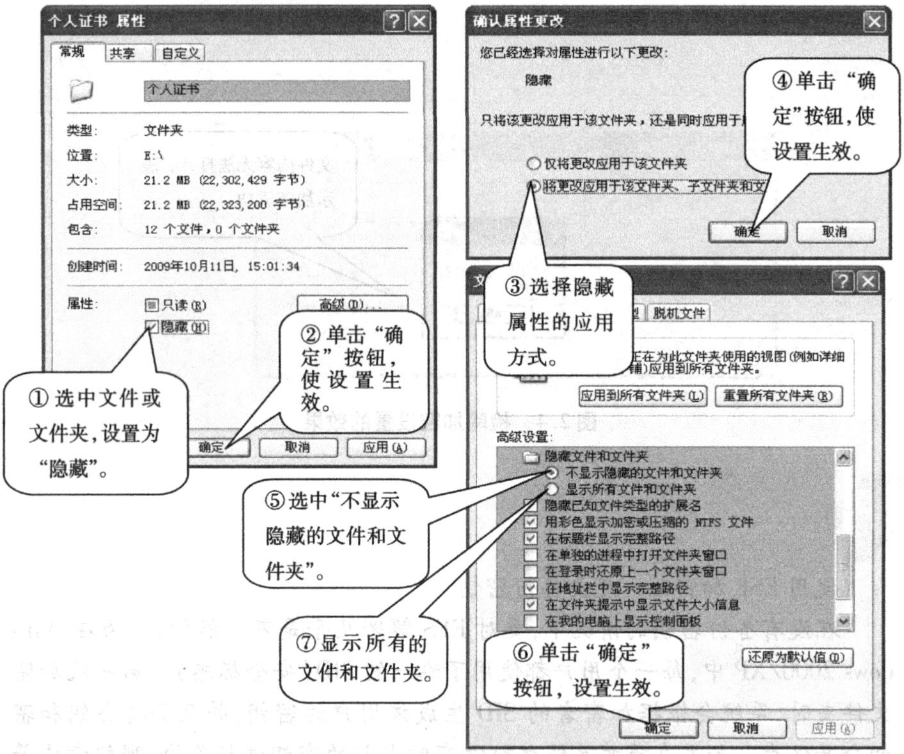

图 2.5　文件、文件夹安全属性设置

案例 2.2　计算机系统设置

任务 1 磁盘的优化

经过一段时间的使用，小董希望对磁盘进行优化操作，以提高磁盘的使用效率。

任务要求

- 掌握磁盘检查的方法；
- 掌握磁盘碎片整理的方法；
- 掌握磁盘清理的方法。

任务解析

1. 完成磁盘的检查操作

(1)原因:不正常的关机和系统错误都可能造成磁盘上的文件错误,降低磁盘的运行效率。

(2)方法:选中磁盘分区单击右键,选择"属性",在"磁盘属性"对话框中进行磁盘检查,如图 2.6 所示。

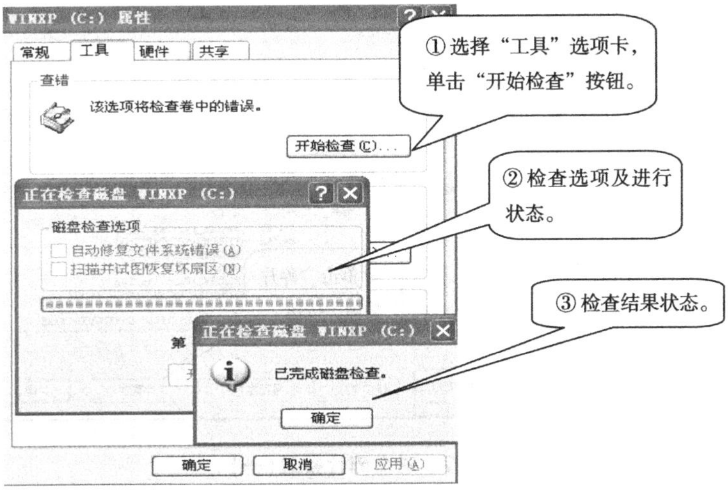

图 2.6 磁盘检查

2. 完成磁盘碎片整理

(1)原因:磁盘在使用一段时间后产生的磁盘碎片文件,会影响系统的正常运行,使运行速度变慢,这就需要对磁盘进行碎片整理。

(2)方法:选中磁盘分区单击右键,选择"属性",在"磁盘属性"对话框中进行磁盘碎片整理,如图 2.7 和图 2.8 所示。

3. 完成磁盘的清理

(1)原因:有效清除系统在使用过程中产生的垃圾文件,可提高磁盘的空间使用率。

(2)方法:选中磁盘分区单击右键,选择"属性",在"磁盘属性"对话框中进行磁盘清理,如图 2.9 所示。

实践与拓展

使用磁盘清理功能清理你的所有驱动器。

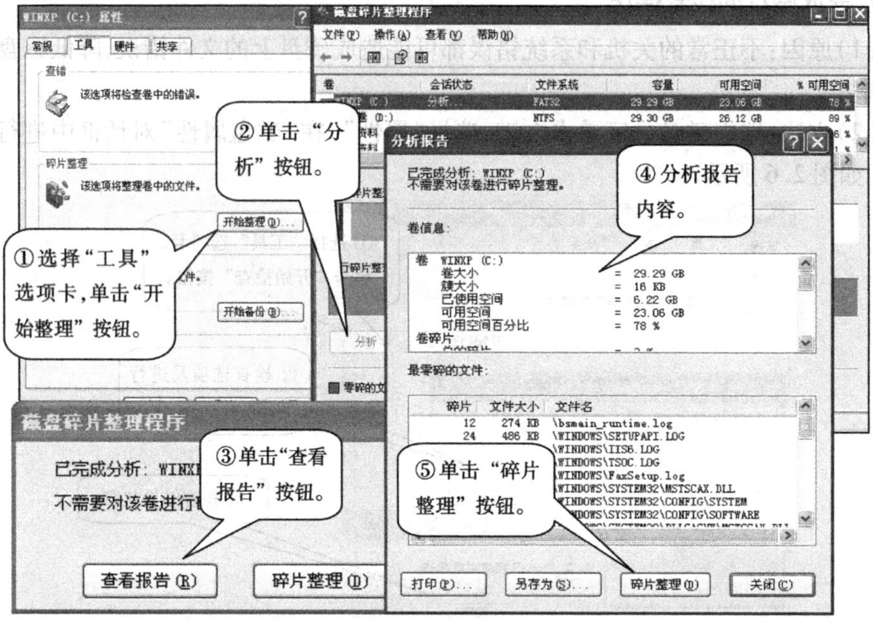

①选择“工具”选项卡，单击“开始整理”按钮。
②单击“分析”按钮。
③单击“查看报告”按钮。
④分析报告内容。
⑤单击“碎片整理”按钮。

图 2.7　磁盘碎片整理(一)

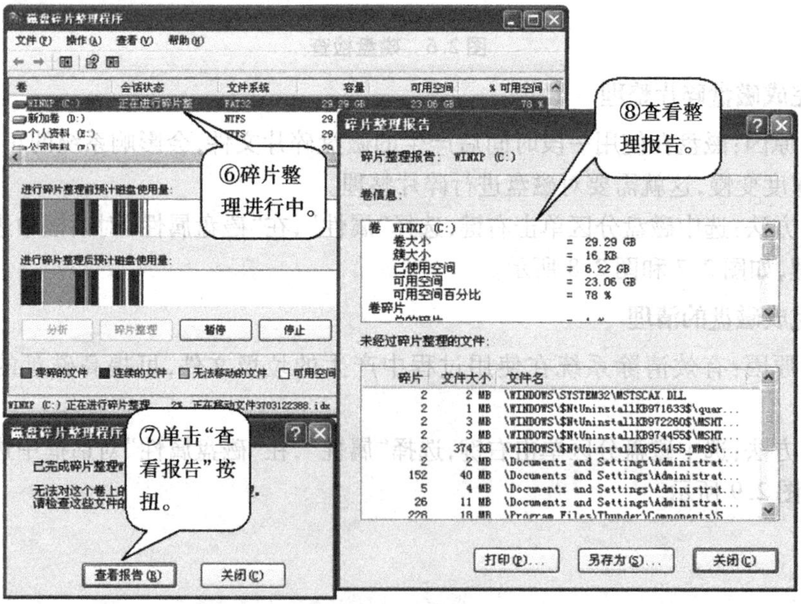

⑥碎片整理进行中。
⑦单击“查看报告”按扭。
⑧查看整理报告。

图 2.8　磁盘碎片整理(二)

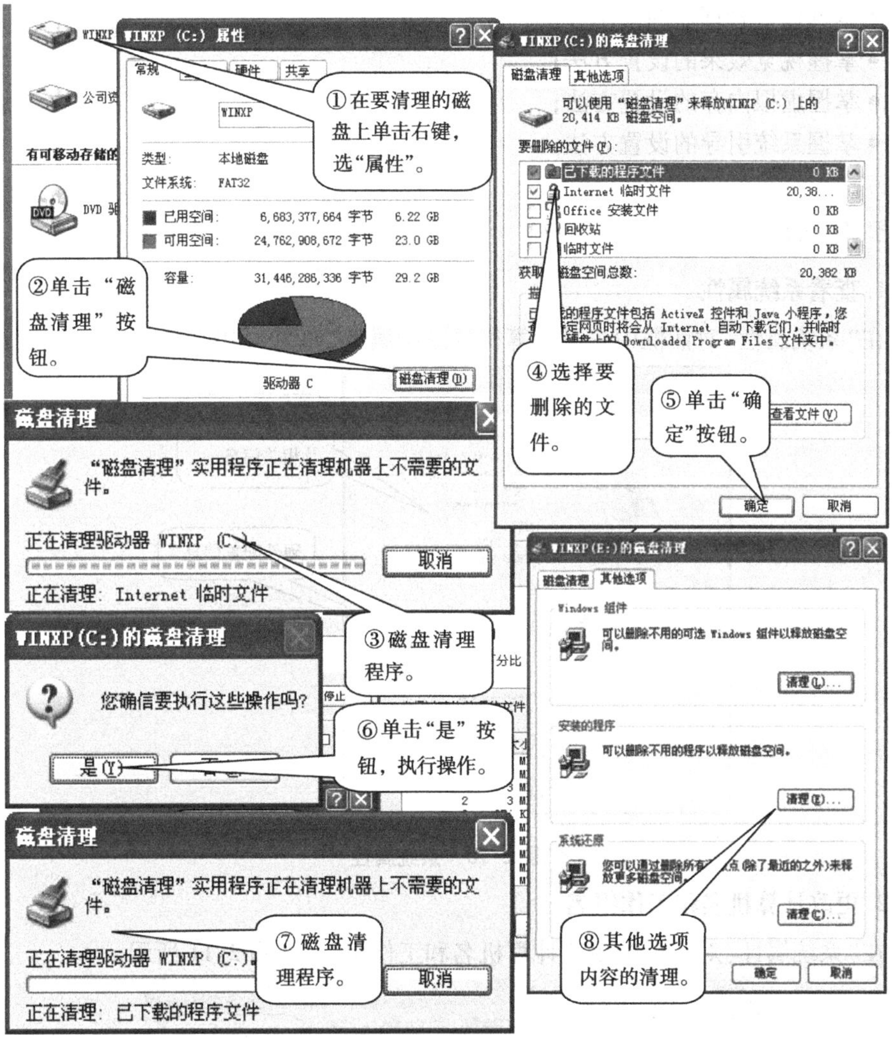

图 2.9　磁盘清理

任务 2 系统管理与设置

小董发现，“系统属性”对话框中有很多选项，不仅可以查看操作系统的相关设置，而且对硬件设备的相关信息也有显示。

任务要求

- 掌握系统属性的查看方法；
- 掌握计算机名和工作组名的更改；

- 掌握设备管理器的使用方法；
- 掌握视觉效果的设置方法；
- 掌握虚拟内存的设置方法；
- 掌握系统引导的设置方法。

任务解析

1. 查看系统属性

在“系统属性”对话框中查看计算机的系统属性，如图 2.10 所示。

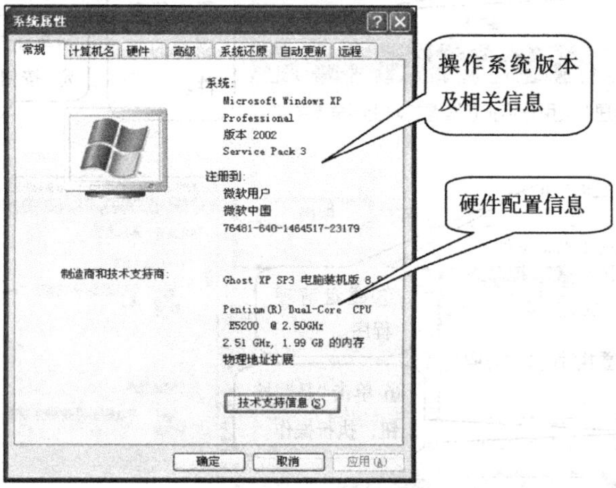

图 2.10　系统属性

2. 更改计算机名和工作组名

在“系统属性”对话框中更改计算机名和工作组名，如图 2.11 所示。

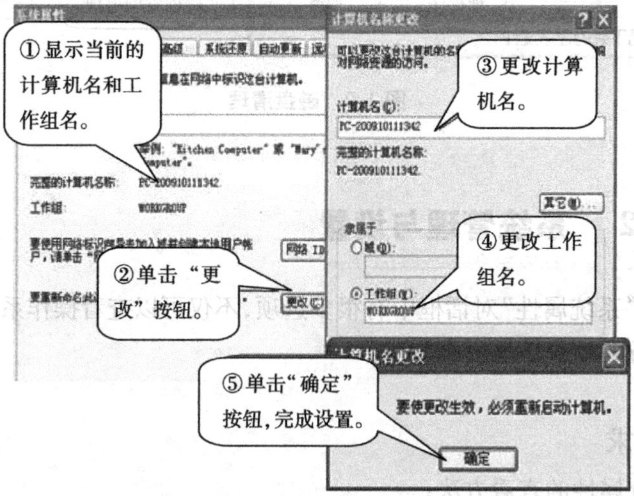

图 2.11　更改计算机名和工作组名

3. 使用设备管理器

在“设备管理器”窗口中查看计算机的相关信息，如图 2.12 所示。

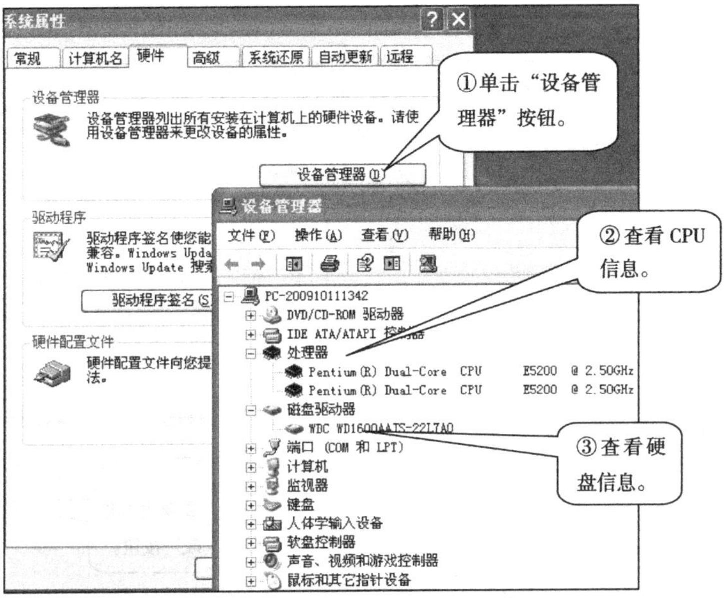

图 2.12 “设备管理器”窗口

4. 视觉效果的设置

可在“高级”选项卡中设置计算机的视觉效果，如图 2.13 所示。

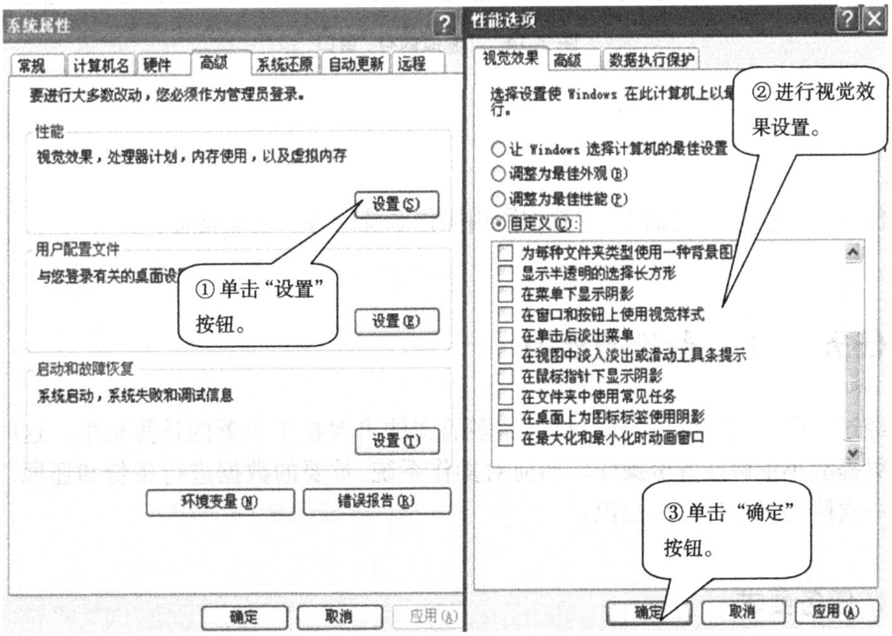

图 2.13 “视觉效果”对话框

5. **设置虚拟内存**

设置虚拟内存的步骤如图 2.14 所示。

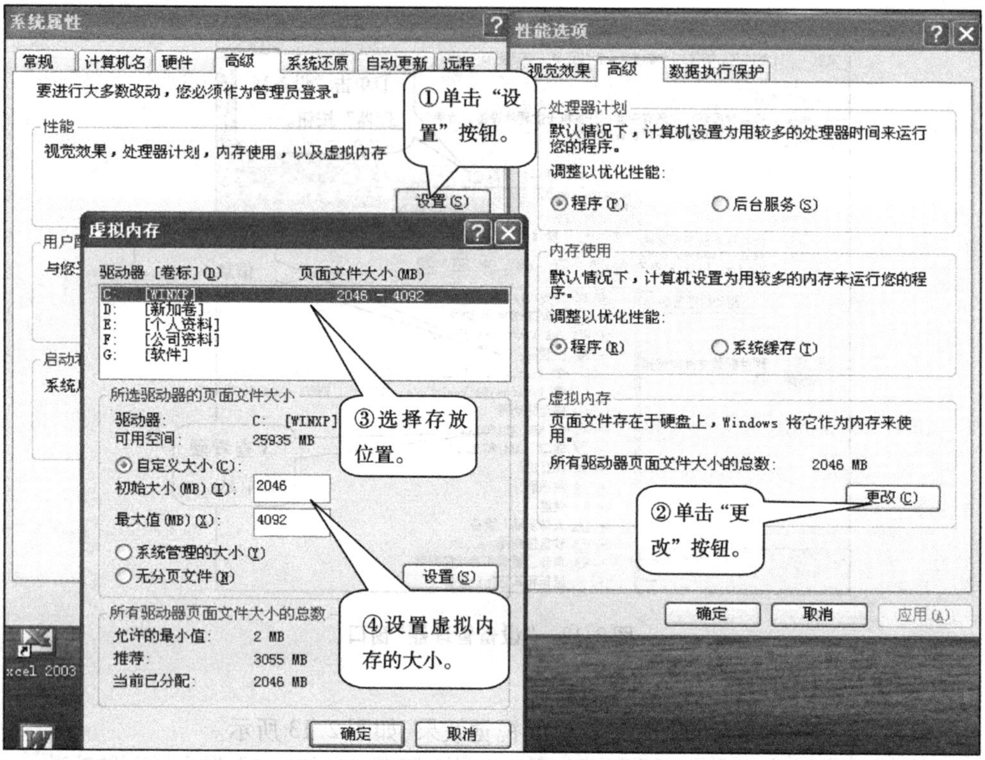

图 2.14 “虚拟内存”窗口

实践与拓展

使用“系统属性”对话框，查看你所用操作系统的各项性能指标。

任务 3 备份与还原

经过一段时间的使用，公司越来越多的文件出现在了小董的计算机里。这时，同事小梁提醒小董做好备份操作。如何对操作系统、重要的数据进行备份和还原，让小董又一次研究起了计算机知识。

任务要求

- 掌握重要数据的备份与还原；

• 掌握系统的备份与还原。

■ 任务解析

1. 数据备份

定期进行数据备份是一个良好的办公习惯，Windows 操作系统就提供了备份功能，如图 2.15 ~ 图 2.22 所示。

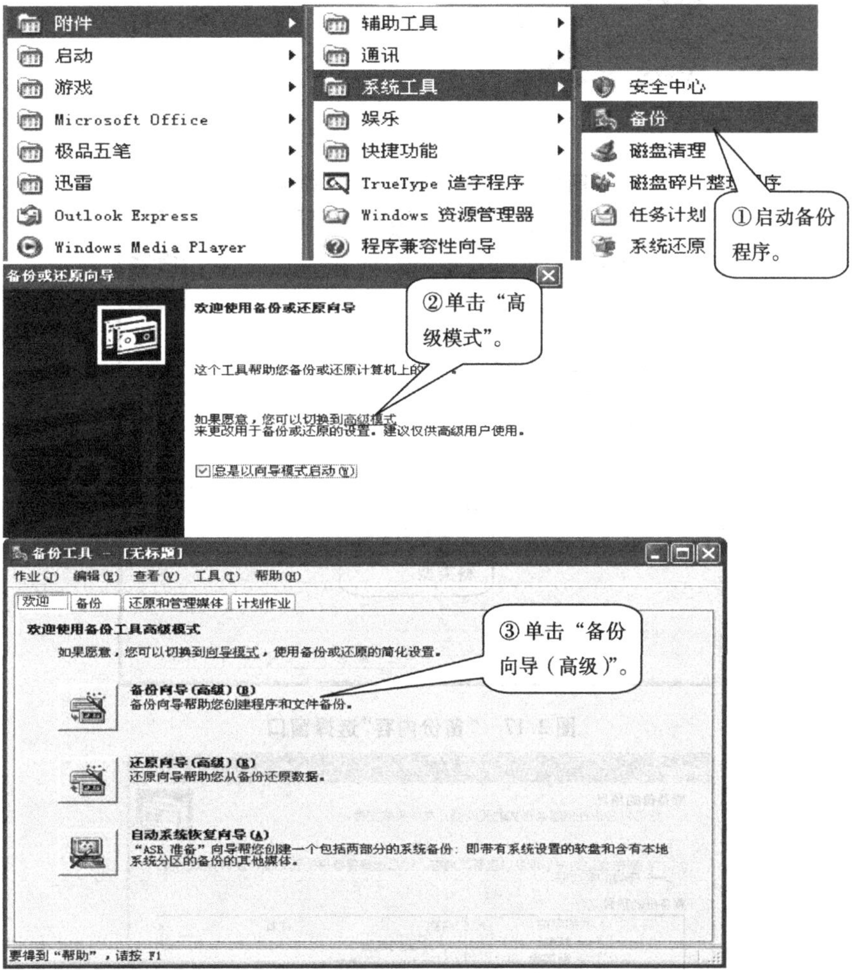

图 2.15　启动“备份向导(高级)”

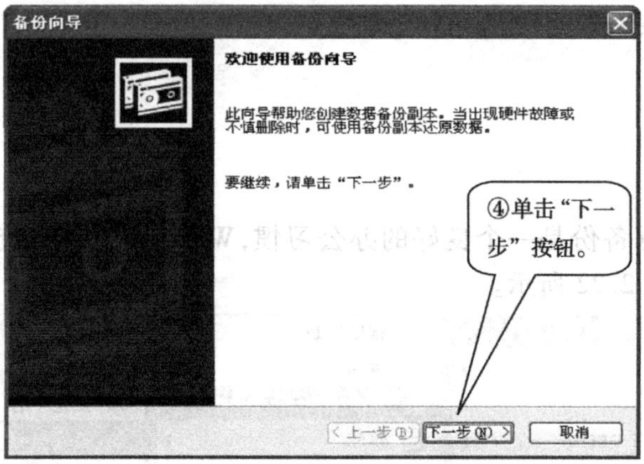

图 2.16 “高级备份向导”对话框

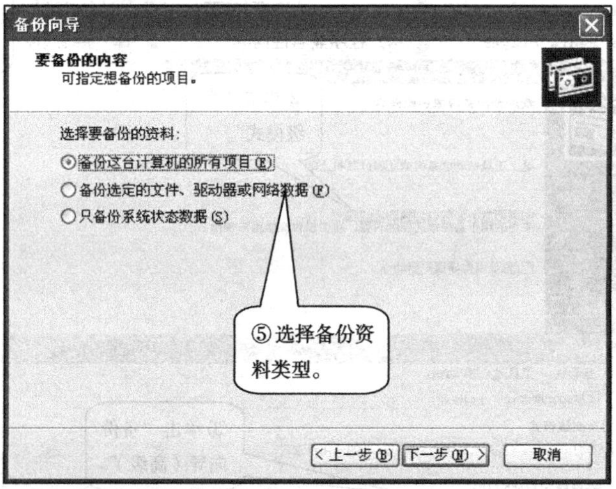

图 2.17 “备份内容”选择窗口

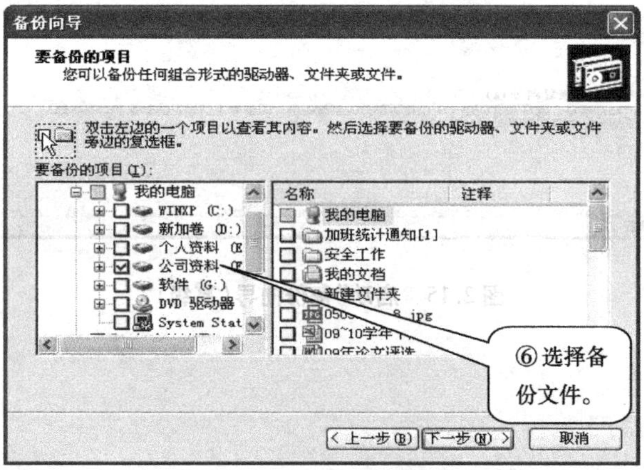

图 2.18 备份文件选择窗口

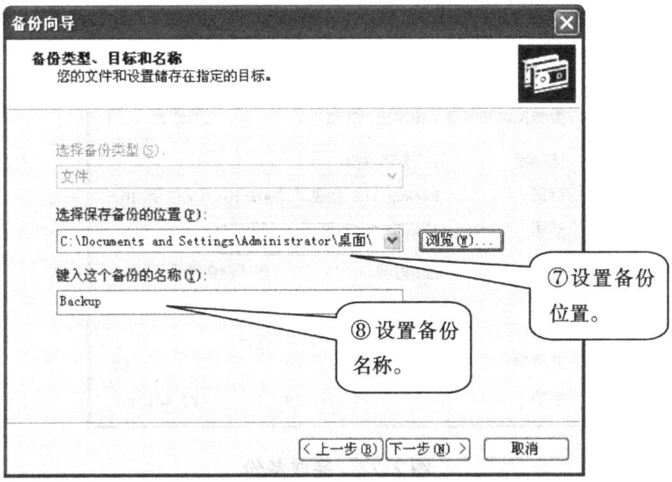
备份向导
备份类型、目标和名称
您的文件和设置储存在指定的目标。
选择备份类型(S):
文件
选择保存备份的位置(P):
C:\Documents and Settings\Administrator\桌面\
浏览(W)...
键入这个备份的名称(Y):
Backup
⑦设置备份位置。
⑧设置备份名称。
< 上一步(B)
下一步(N) >
取消

图 2.19　备份文件位置与名称设置

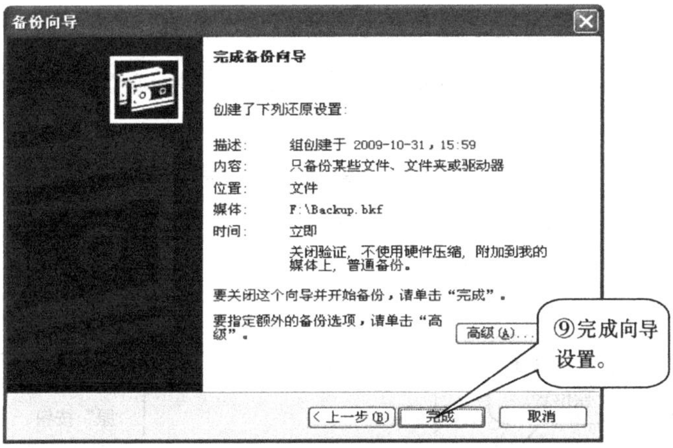
备份向导
完成备份向导
创建了下列还原设置:
描述:　组创建于 2009-10-31，15:59
内容:　只备份某些文件、文件夹或驱动器
位置:　文件
媒体:　F:\Backup.bkf
时间:　立即
关闭验证，不使用硬件压缩，附加到我的媒体上，普通备份。
要关闭这个向导并开始备份，请单击“完成”。
要指定额外的备份选项，请单击“高级”。
高级(A)...
⑨完成向导设置。
< 上一步(B)
完成
取消

图 2.20　完成备份向导

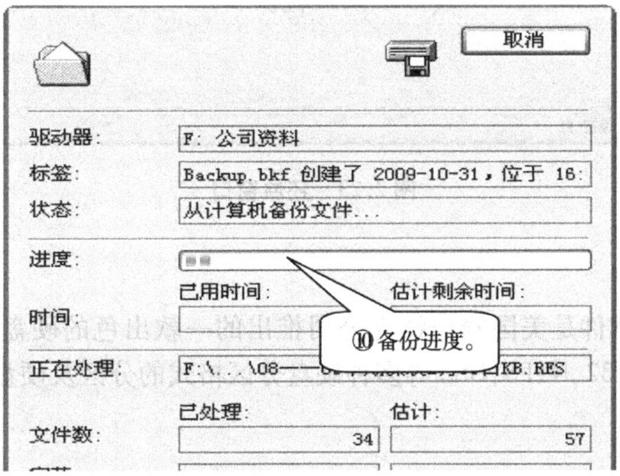
取消
驱动器:　F: 公司资料
标签:　Backup.bkf 创建了 2009-10-31，位于 16:
状态:　从计算机备份文件...
进度:
已用时间:
估计剩余时间:
时间:
⑩备份进度。
正在处理:　F:\...\08—
KB.RES
已处理:
估计:
文件数:　34　57

图 2.21　开始备份

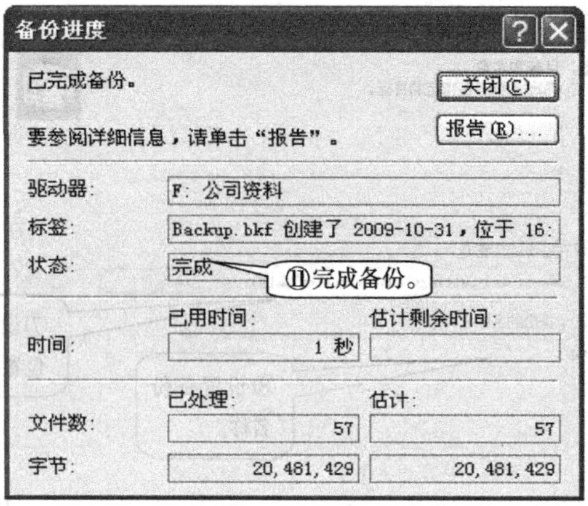

图 2.22　完成备份

2. 数据的还原

备份后的数据可以通过还原操作还原到相应的文件夹，如图 2.23 ~ 图 2.25 所示。

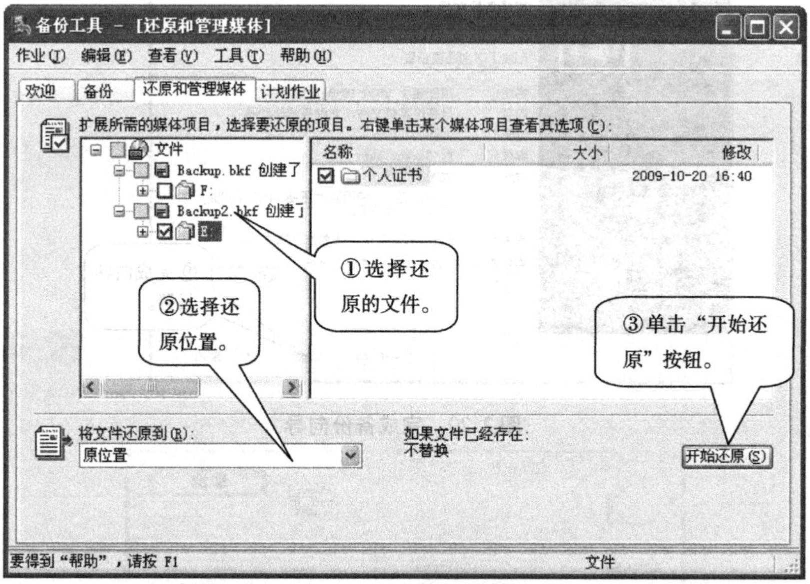

图 2.23　还原窗口

知识拓展

Ghost(幽灵)软件是美国赛门铁克公司推出的一款出色的硬盘备份还原工具，可以实现 FAT16,FAT32,NTFS,OS2 等多种硬盘分区格式的分区及硬盘的备份还原。

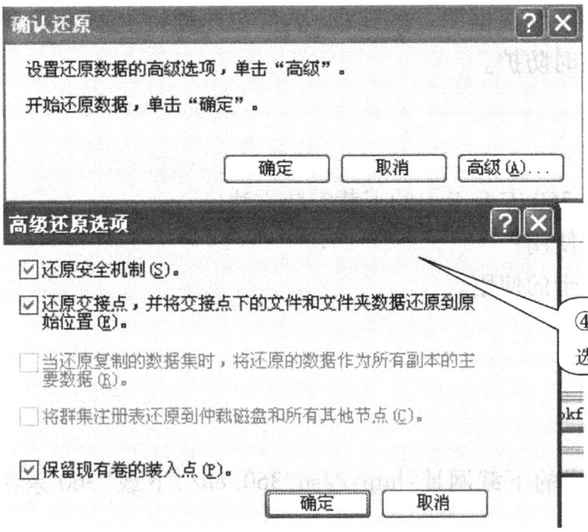

图 2.24　确认还原

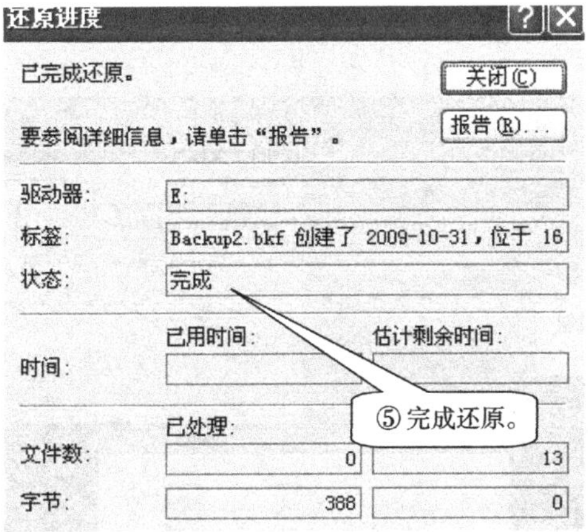

图 2.25　还原进度

实践与拓展

备份你的个人文件夹到另外的驱动器上。

案例 2.3　工具软件的使用

任务 ① 360 杀毒和 360 安全卫士的使用

小董最近在工作中发现自己的计算机总是莫名其妙地重启，速度也明显变慢，是不是计算机病毒在作怪呢？根据朋友的建议，小董在计算机上安装了 360 杀毒软件，对自己的计算机进行实时防护。

任务要求

- 掌握 360 杀毒和 360 安全卫士的下载安装方法；
- 掌握 360 杀毒的使用；
- 掌握 360 安全卫士的使用。

任务解析

1. 360 杀毒

(1)进入“360 杀毒”的下载网址：http://sd.360.cn/，下载“360 杀毒”，如图2.26所示。

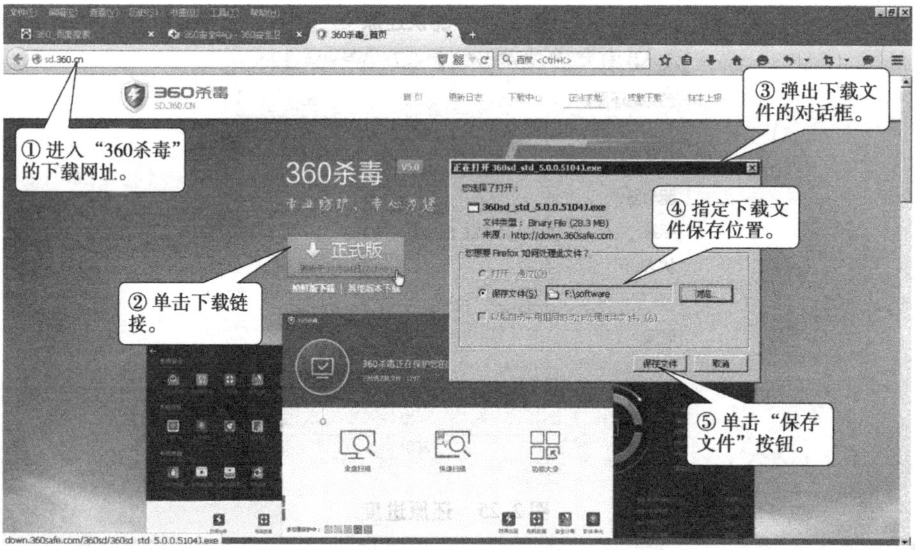

图 2.26 “360 杀毒”下载页面

(2)找到下载到硬盘上的“360 杀毒”安装程序，双击安装程序图标进行安装，如图2.27所示。

(3)确定安装路径，并同意许可协议，方可进行安装，如图 2.28 所示。

(4)安装好的“360 杀毒”运行界面如图 2.29 所示，可以看到，在任务栏的右下角会同时出现一个“360 杀毒”的图标，表示“360 杀毒”的实时文件防护已经开启。我们可以通过双击这个图标弹出“360 杀毒”的运行界面。

(5)单击“360 杀毒”运行界面中的“全盘扫描”，开启全盘扫描模式，如图 2.30 所示。“360 杀毒”将会对本机从系统设置、常用软件、内存活跃程序、开机启动项、所有磁盘文件这几个方面进行病毒程序的扫描和安全漏洞的检测。当然，这个过程会花费

图 2.27 “360 杀毒”安装图标

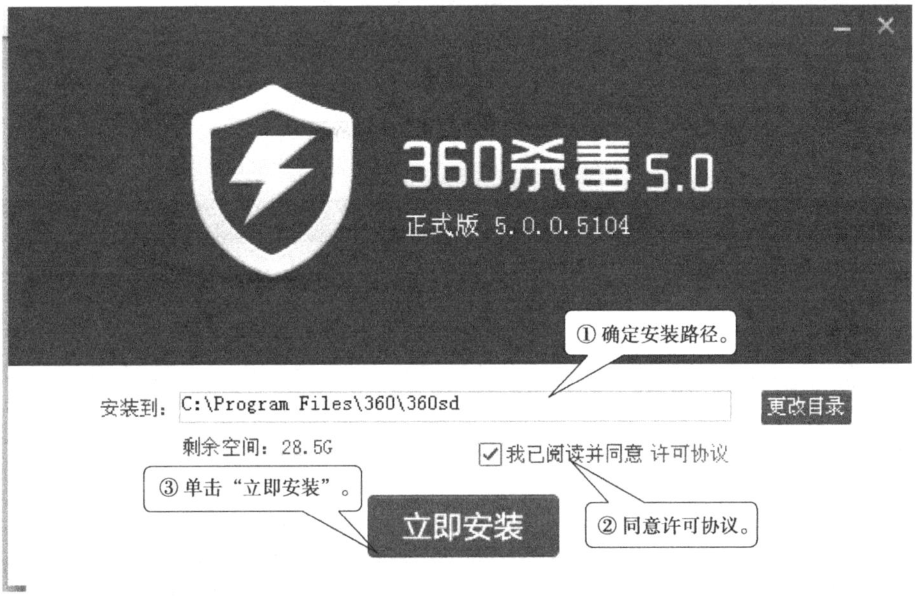

图 2.28 “360 杀毒”安装位置选择

比较长的时间。

(6)扫描完毕后，“360 杀毒”将会给出本次扫描的结果报告，如图 2.31 所示。再由用户自行决定是否处理相关异常。

(7)因为全盘扫描太耗费时间，我们通常不会经常进行，而是会定期进行全盘扫描。但我们可以每天花几分钟对计算机进行快速扫描，以检测系统设置、常用软件、内存活跃程序、开机启动项、系统关键位置的异常。单击“360 杀毒”运行界面中的“快速扫描”，进入快速扫描界面，如图 2.32 所示。

图 2.29 “360 杀毒”运行界面

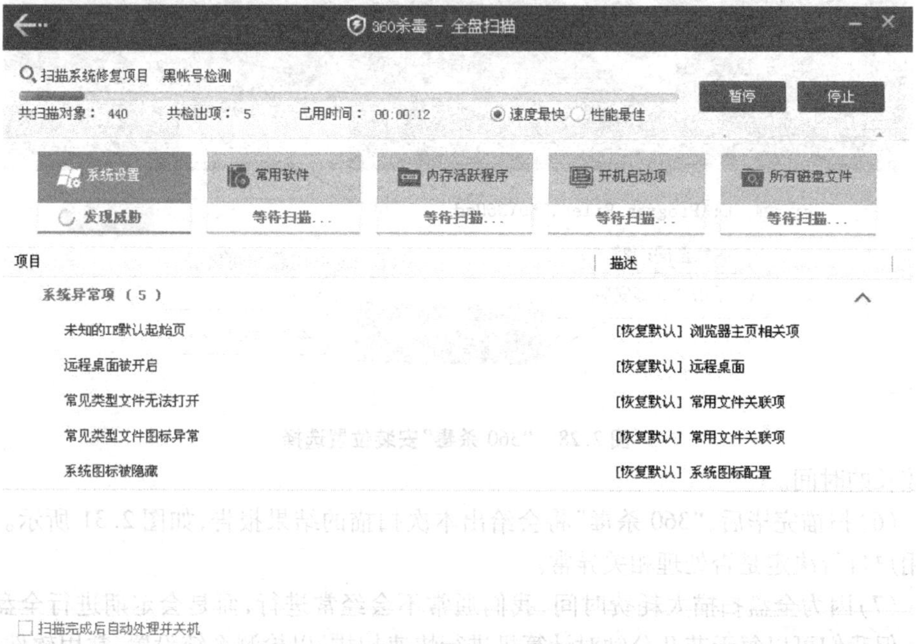

图 2.30 全盘扫描

(8)扫描完毕后,同样会生成检测报告,可以决定是否对其中的异常项进行处理,如图 2.33 所示。

(9)处理后,结果如图 2.34 所示。

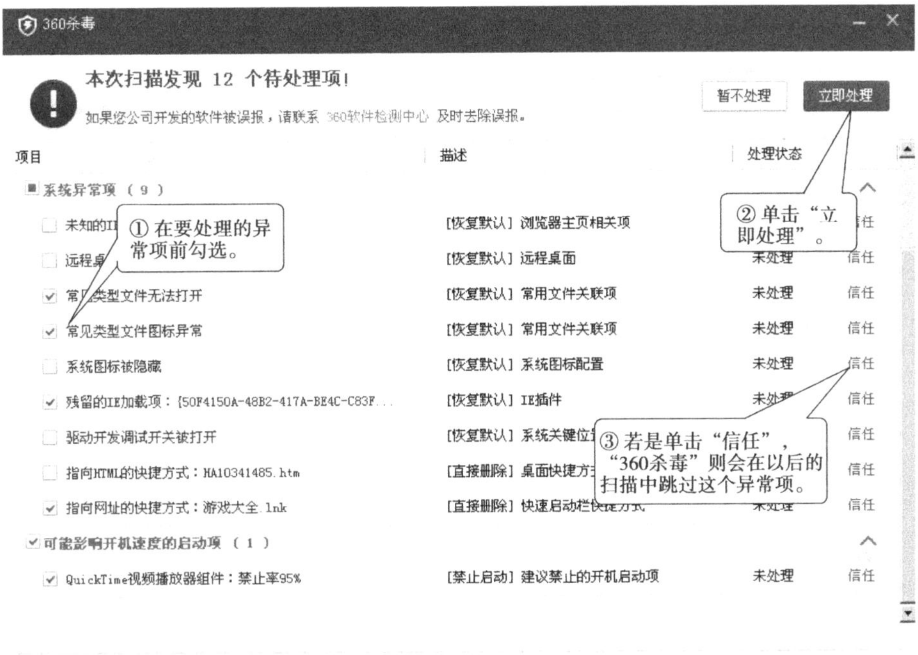

图 2.31　全盘扫描报告

图 2.32　快速扫描

(10)当选择“360 杀毒”运行界面中的“功能大全”时，将会出现如图 2.35 所示的界面，可以定制特定的杀毒功能。

2.360 安全卫士

(1)下载并安装 360 安全卫士，如图 2.36 所示。

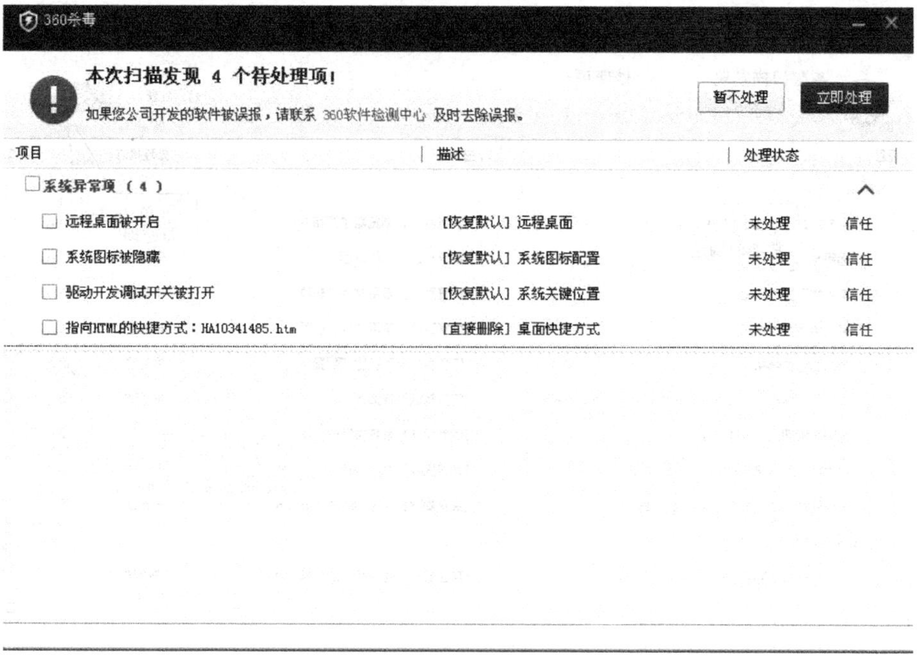

图 2.33　快速扫描报告

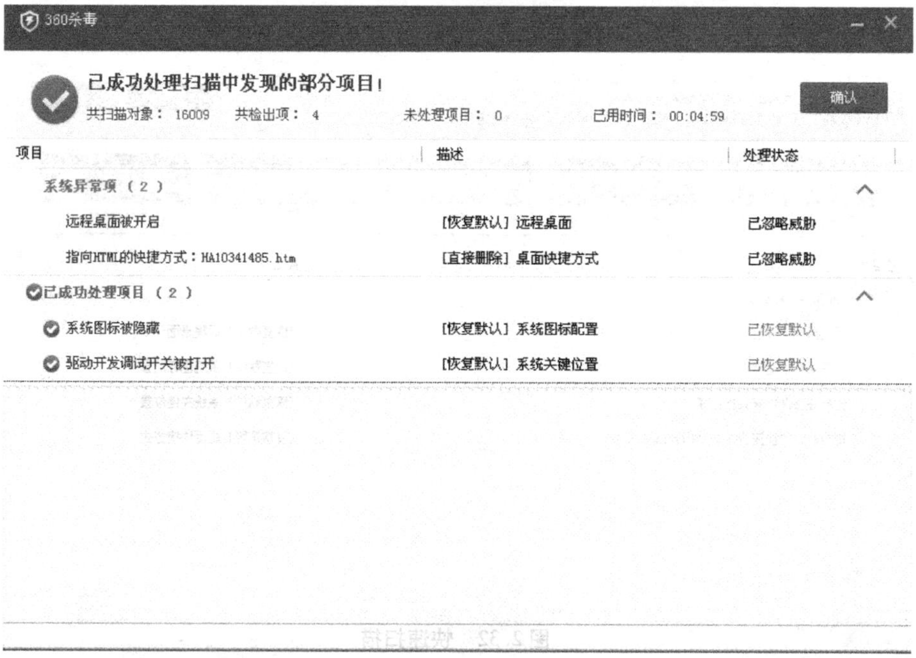

图 2.34　快速扫描杀毒结果

(2)进入 360 安全卫士主界面，如图 2.37 所示。

系统安全
自定义扫描
宏病毒扫描
人工服务
防黑加固
手机助手
系统优化
弹窗拦截
软件净化
上网加速
文件粉碎机
垃圾清理
进程追踪器
系统急救
系统急救箱
断网急救箱
备份助手
系统重装
① 可以单击某个功能图标完成特定的功能操作。
②也可以单击以下的功能图标进行特定的查毒杀毒操作。
自定义扫描
宏病毒扫描
弹窗拦截
软件净化

图 2.35 功能大全界面

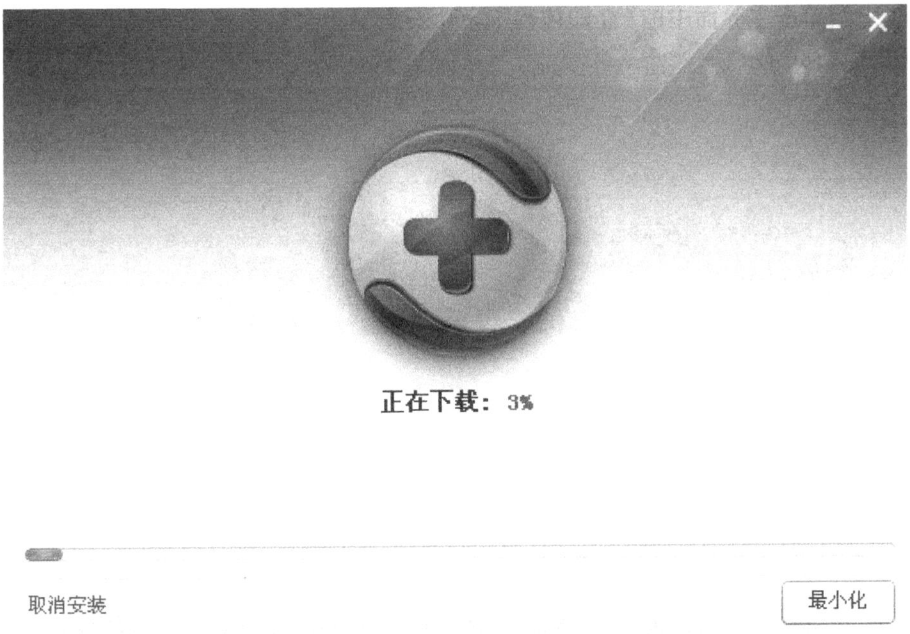
正在下载：3%
取消安装
最小化

图 2.36 360 安全卫士下载

图 2.37　360 安全卫士主界面

(3)当单击主界面中的“立即体检”，360 安全卫士会对系统作一次比较全面的体检，如图 2.38 所示。

图 2.38　360 安全卫士系统体检

(4)检测完毕,360 安全卫士会给出报告,可以根据自己的需要完成修复等操作,如图 2.39 所示。

图 2.39 360 安全卫士系统体检报告

(5)在 360 安全卫士的主界面中,单击“查杀修复”,可以实现对系统中木马的查杀,如图 2.40 所示。

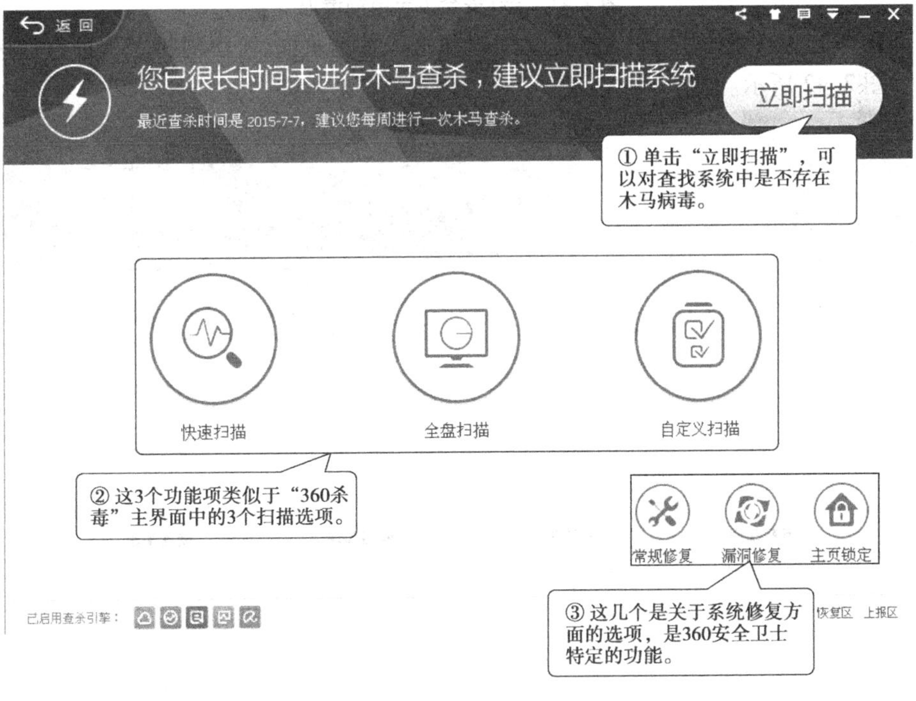

图 2.40 360 安全卫士查杀系统

(6)单击 360 安全卫士主界面上的“电脑清理”,进入清理界面,如图 2.41 所示。可以完成对计算机中的垃圾、使用痕迹、注册表、插件、软件、Cookies 等的清理操作,提高计算机的运行速度。

图 2.41　360 安全卫士电脑清理

(7)单击 360 安全卫士中的“优化加速”,进入加速页面,可以对特定项进行加速操作,如图 2.42 所示。

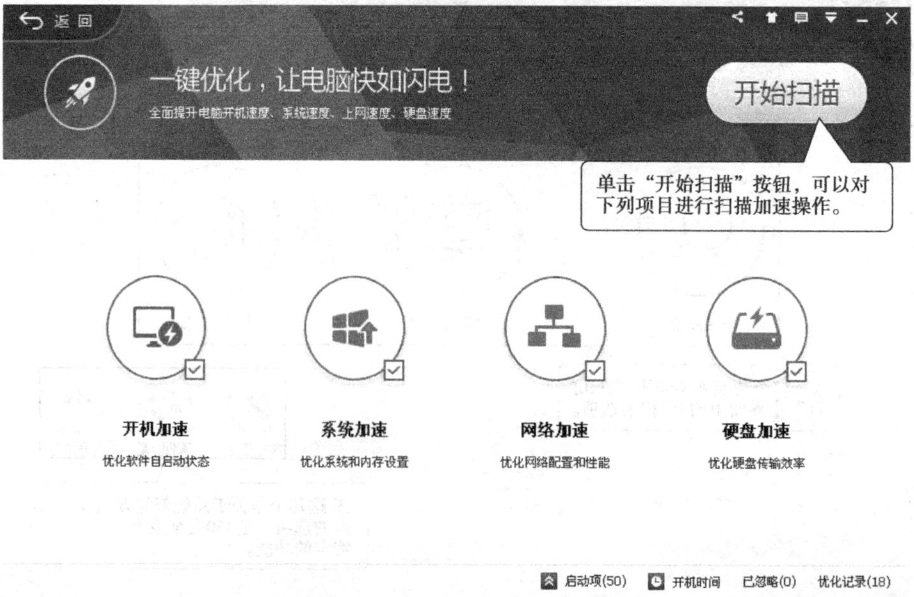

图 2.42　360 安全卫士优化加速

知识拓展

(1)计算机病毒的含义

计算机病毒(Computer Virus)在《中华人民共和国计算机信息系统安全保护条例》中被明确定义,病毒指“编制或者在计算机程序中插入的破坏计算机功能或者破坏数据,影响计算机使用并且能够自我复制的一组计算机指令或者程序代码”。

(2)计算机病毒的预防

①使用安全监视软件防止浏览器被异常修改,安装恶意插件。

②开启防火墙。

③定时扫描所有磁盘。

④移动存储设备先杀毒后使用。

⑤不要轻易打开来路不明的网络链接。

(3)360 简介

360 以互联网的思路解决网络安全问题。360 是免费安全的首倡者,认为互联网安全像搜索、电子邮箱、即时通信一样,是互联网的基础服务,应该免费的。为此,360 安全卫士、360 杀毒等系列安全产品免费提供给中国数亿互联网用户。同时,360 开发了全球规模和技术均领先的云安全体系,能够快速识别并清除新型木马病毒以及钓鱼、挂马恶意网页,全方位保护用户的上网安全。

(4)360 云查杀

360 云查杀是指在联网状态下,360 云查杀引擎随时能使用“云端”庞大的木马数据库对计算机进行查杀,而不再需要把木马库下载到本地,同时它还能通过实时监控和扫描发现威胁。扫描过程主要由服务器承担运算,很少占用用户计算机计算资源。

实践与拓展

(1)使用 360 杀毒软件全盘查杀本机病毒。

(2)使用 360 安全卫士设置主页为空白地址。

任务 2 使用压缩软件

小董觉得办公室工作中的有些文件很大,有时文件比较凌乱,不便于传输和携带,于是她想到了压缩软件的使用。

任务要求

- 掌握文件的压缩方法;
- 掌握文件的解压方法。

任务解析

1. 压缩文件或文件夹

压缩文件分为快速压缩和常规压缩两种方式。

(1)文件夹的快速压缩,如图 2.43 和图 2.44 所示。

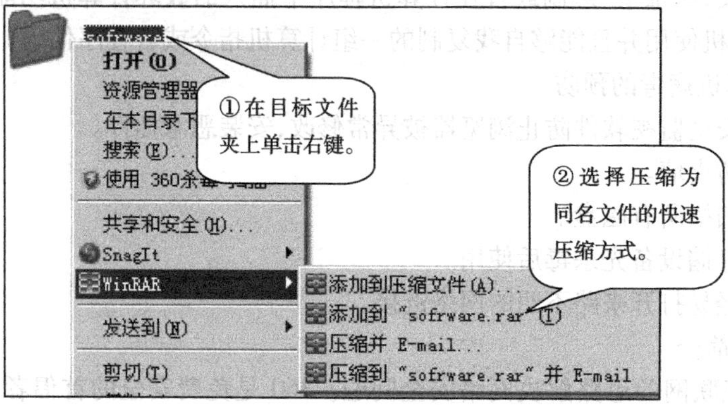

图 2.43　快速压缩选择

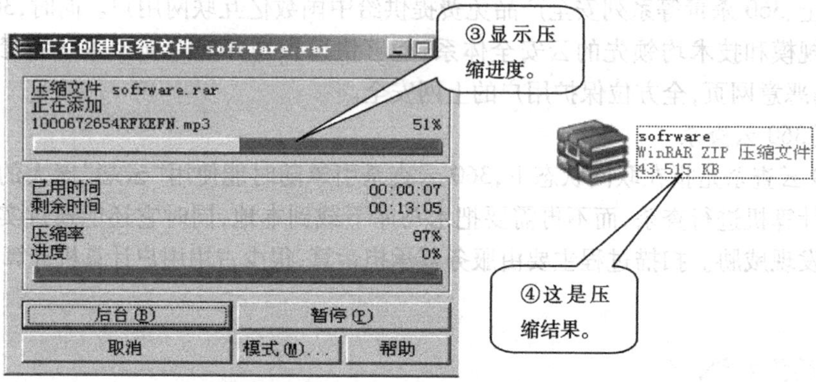

图 2.44　压缩进度及结果

(2)文件的常规压缩,如图 2.45 ~ 图 2.47 所示。

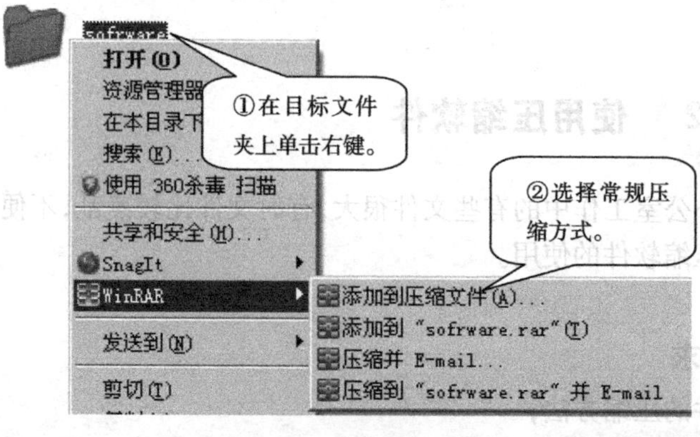

图 2.45　常规压缩选择

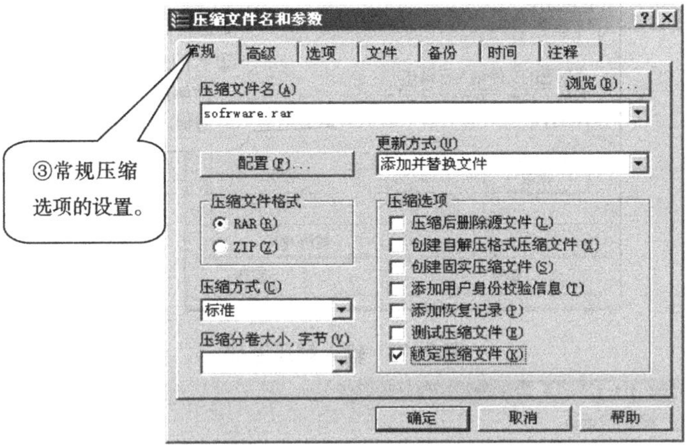

图 2.46　常规压缩选项设置

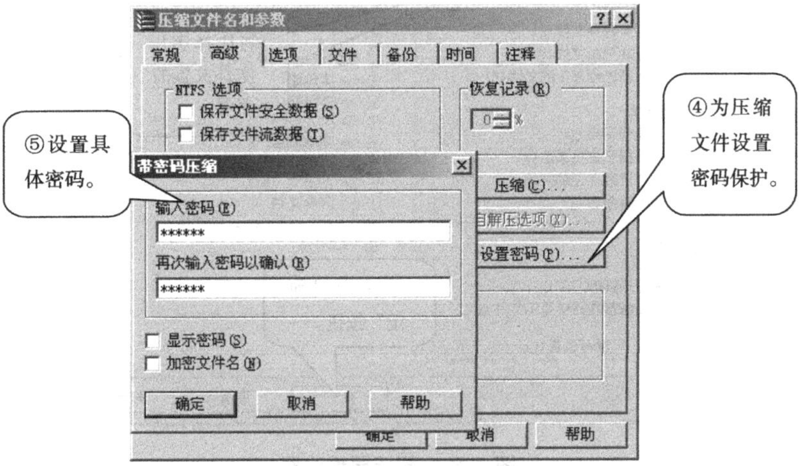

图 2.47　密码保护设置

2. 解压文件

文件的常规解压，如图 2.48～图 2.50 所示。

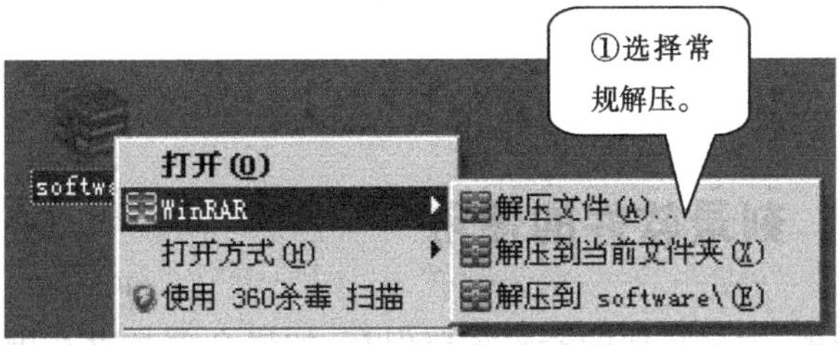

图 2.48　常规解压

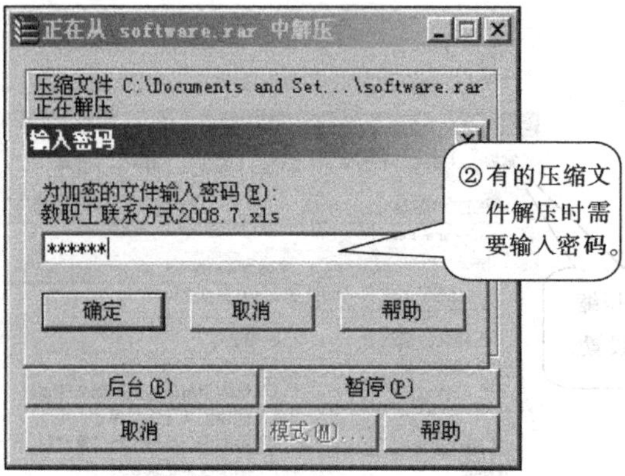

图 2.49 输入解压密码

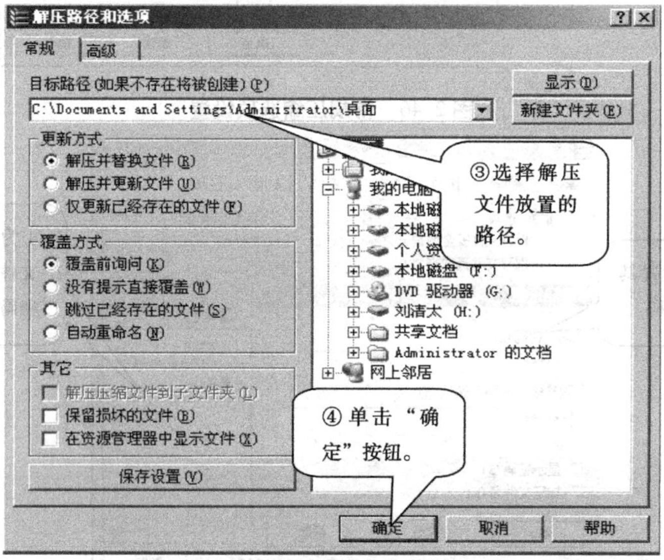

图 2.50 解压属性设置

实践与拓展

将你的个人文件夹压缩后放入移动存储设备(如 U 盘)中,再拷贝到家中的计算机。

任务 3 刻录软件的使用

随着工作的增多,大量重要的资料需要保存,如果全部都存在硬盘上,不仅占用了磁盘空间,而且还可能出现数据的丢失。为了节约硬盘空间,小董决定把重要的数据刻录下来,用 CD-ROM 的方式保存。

任务要求

- 使用刻录软件 ONES 进行数据光盘的刻录；
- 使用刻录软件 ONES 进行数据光盘的复制。

任务解析

1. 刻录数据光盘

(1)启动刻录软件 ONES 界面，如图 2.51 所示。

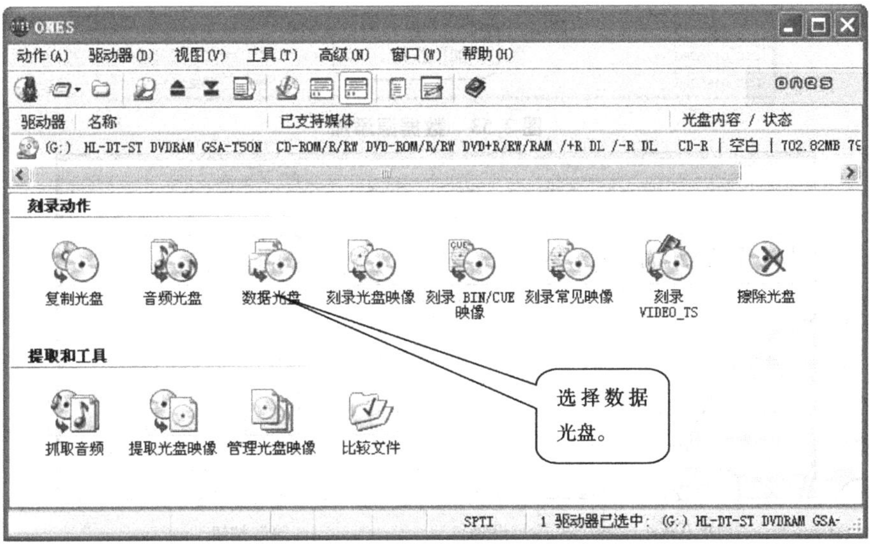

图 2.51 ONES 启动界面

(2)刻录数据光盘，步骤如图 2.52～图 2.56 所示。

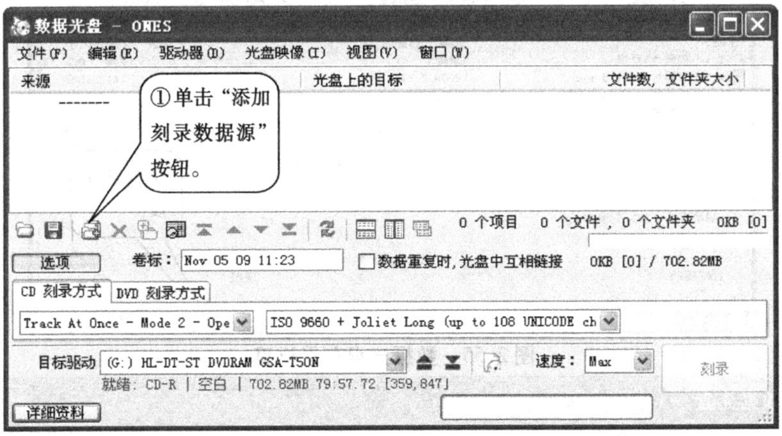

图 2.52 数据刻录光盘窗口

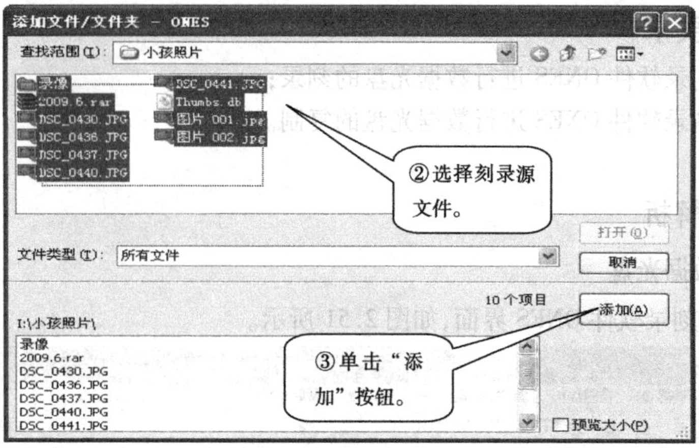

图 2.53　数据源添加

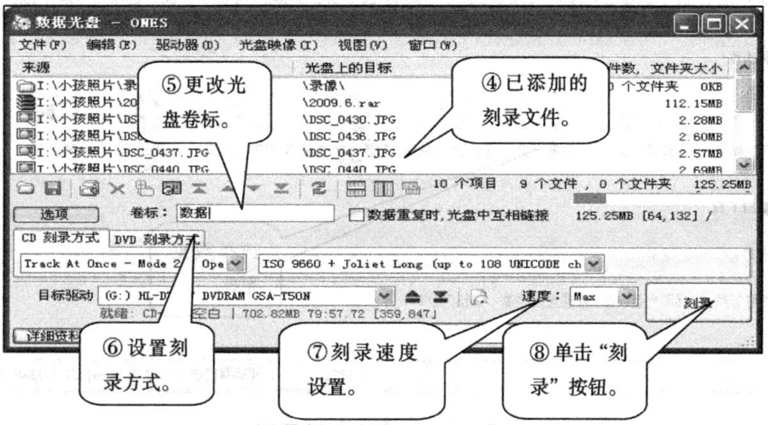

图 2.54　数据光盘刻录设置

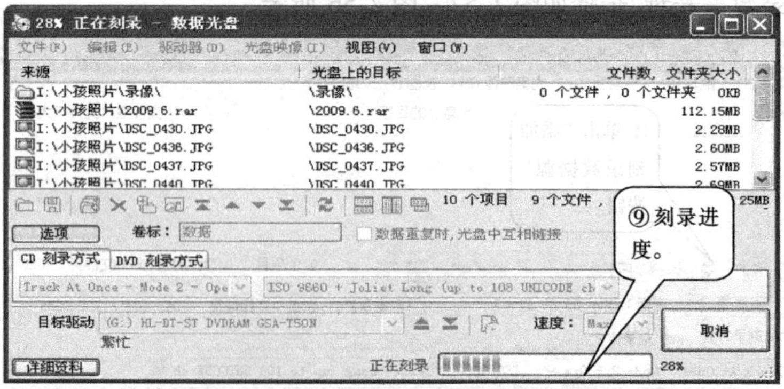

图 2.55　数据光盘刻录进度

图 2.56　数据光盘刻录完成

2. 复制数据光盘

复制数据光盘的步骤如图2.57～图2.62所示。

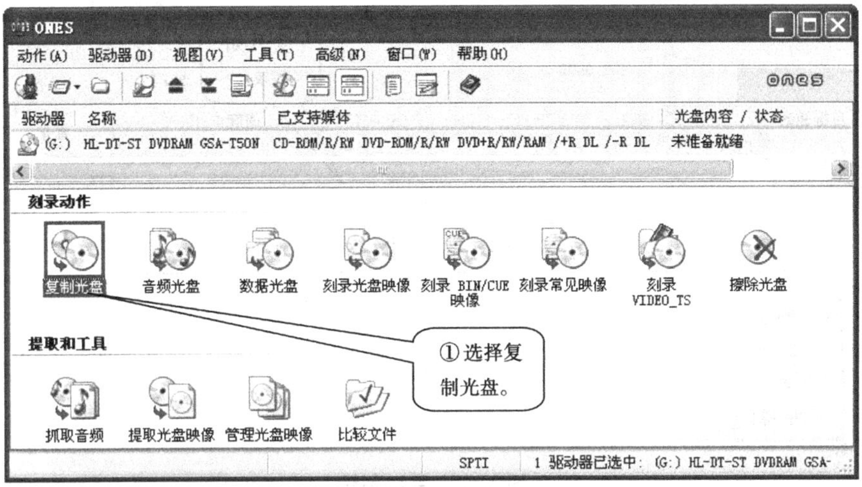

图2.57　选择光盘复制

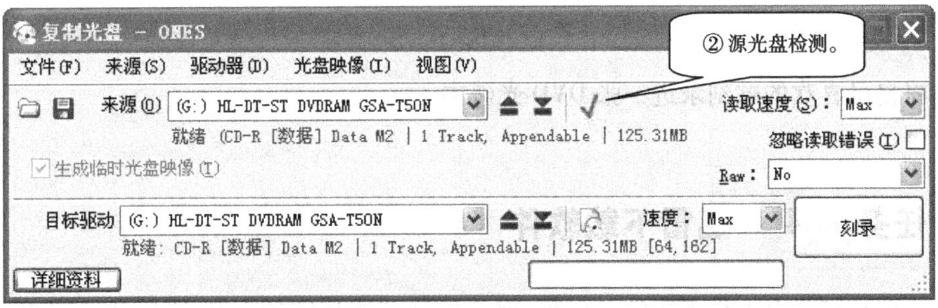

图2.58　源光盘检测

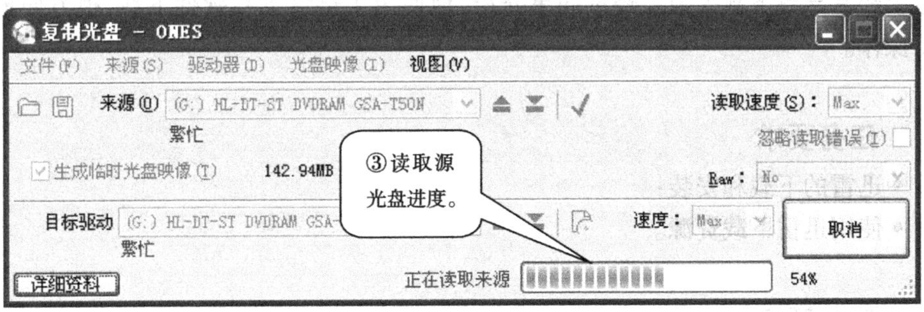

图2.59　读取源光盘

图2.60　插入目标盘

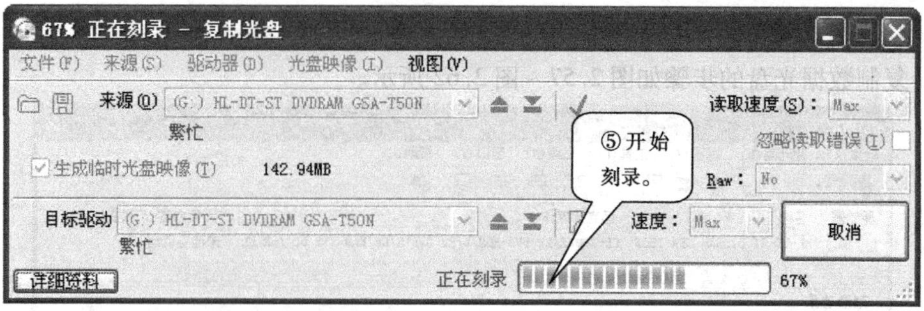

图 2.61　开始刻录

图 2.62　完成刻录

实践与拓展

将自己喜欢的歌刻录进一张 DVD 光碟中。

任务 4 迅雷下载软件

小董从网络上下载多集学习视频，但他发现使用传统的下载方式，由于带宽的不稳定会经常导致下载失败。经过同事介绍，他使用了迅雷下载软件下载，很方便地完成了操作。

任务要求

- 迅雷的下载和安装；
- 使用迅雷下载资源。

任务解析

(1)通过迅雷的官方网站 http://dl.xunlei.com/下载迅雷安装包，如图 2.63 所示。我们只需要使用迅雷的下载功能，因此下载的是其极速版，没有广告和插件。

(2)安装迅雷极速版，安装完成后的快捷方式图标和软件界面如图 2.64 所示。

(3)在已知下载地址的情况下，打开极速迅雷进行下载操作，如图 2.65 和图 2.66 所示。

① 进入迅雷官方网站。
立即下载
② 下载迅雷无广告、无插件的极速版。

图 2.63　迅雷产品网

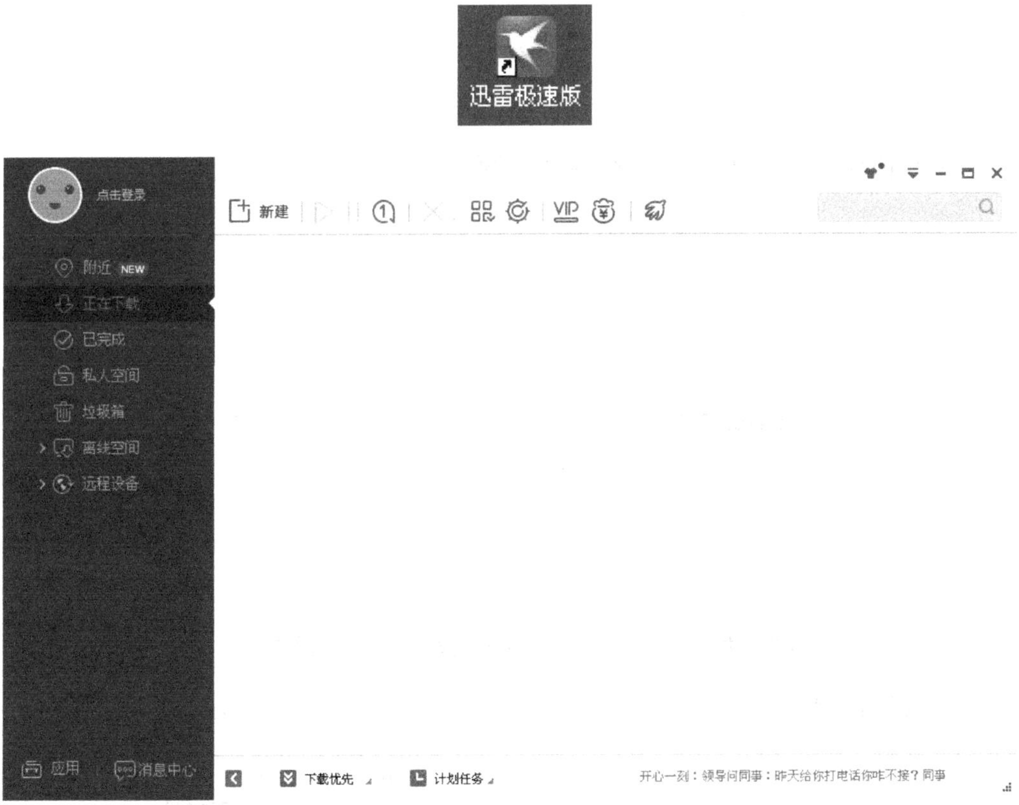
迅雷极速版
新建
点击登录
附近 NEW
正在下载
已完成
私人空间
垃圾箱
离线空间
远程设备
应用
消息中心
下载优先
计划任务

图 2.64　图标和软件界面

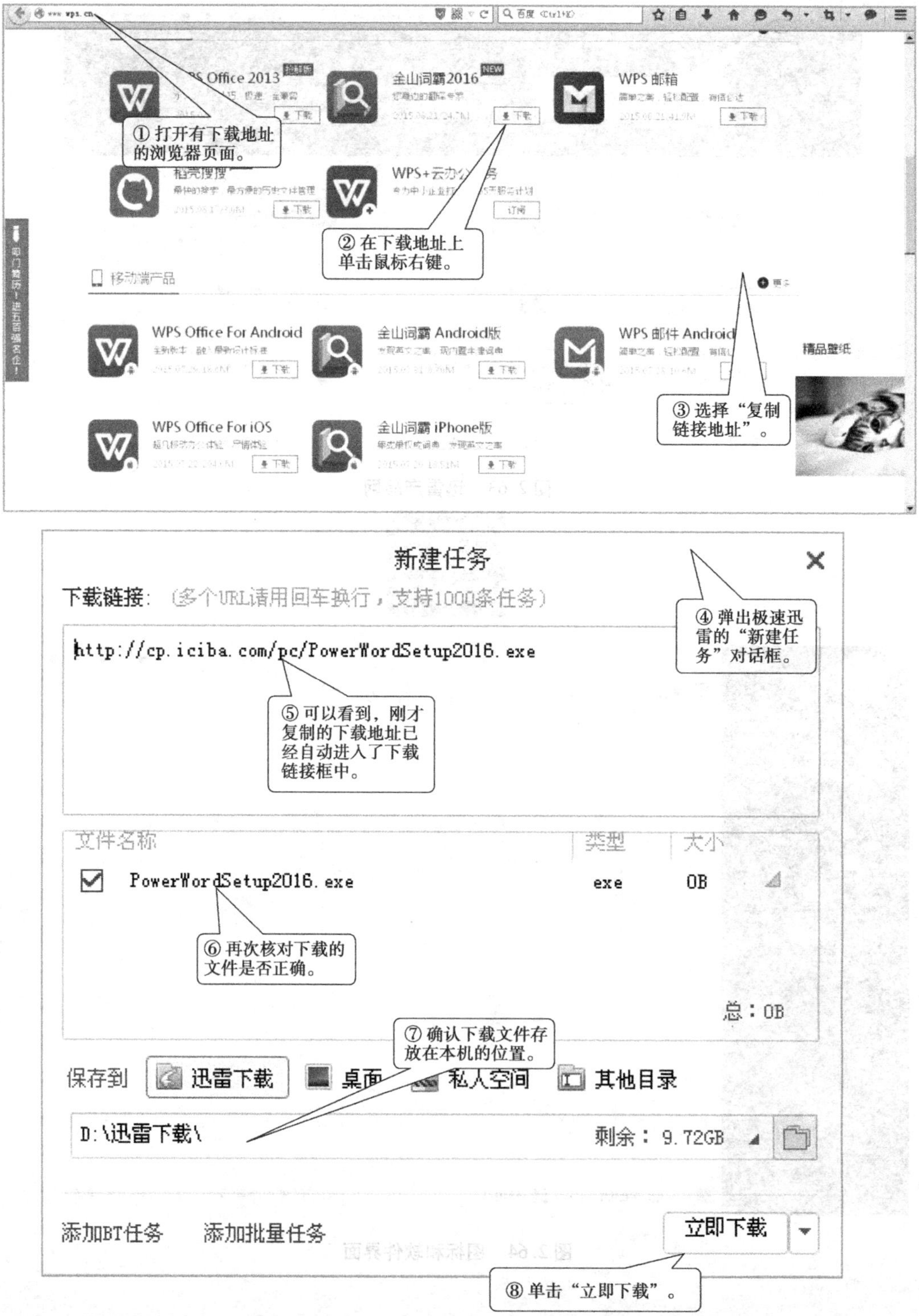
① 打开有下载地址的浏览器页面。
② 在下载地址上单击鼠标右键。
③ 选择“复制链接地址”。
新建任务
下载链接：（多个URL请用回车换行，支持1000条任务）
http://cp.iciba.com/pc/PowerWordSetup2016.exe
④ 弹出极速迅雷的“新建任务”对话框。
⑤ 可以看到，刚才复制的下载地址已经自动进入了下载链接框中。
文件名称
类型
大小
PowerWordSetup2016.exe
exe
0B
⑥ 再次核对下载的文件是否正确。
总：0B
⑦ 确认下载文件存放在本机的位置。
保存到
迅雷下载
桌面
私人空间
其他目录
D:\迅雷下载\
剩余：9.72GB
添加BT任务
添加批量任务
立即下载
⑧ 单击“立即下载”。

图 2.65　已知下载地址下载软件

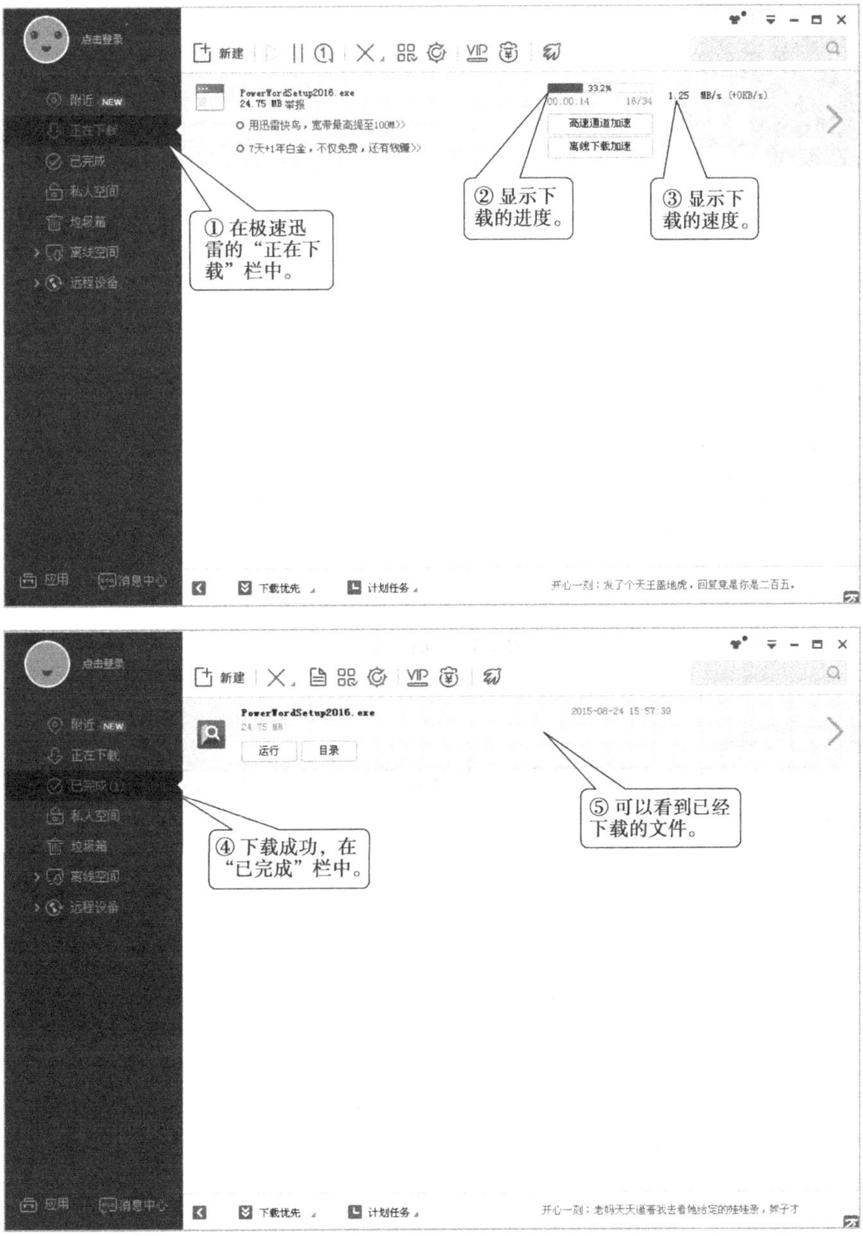

图 2.66　已知下载地址下载软件的过程和结果

(4)当下载任务完成后,可以通过删除操作来删除任务,或是连同下载的文件一同删除,如图 2.67 所示。

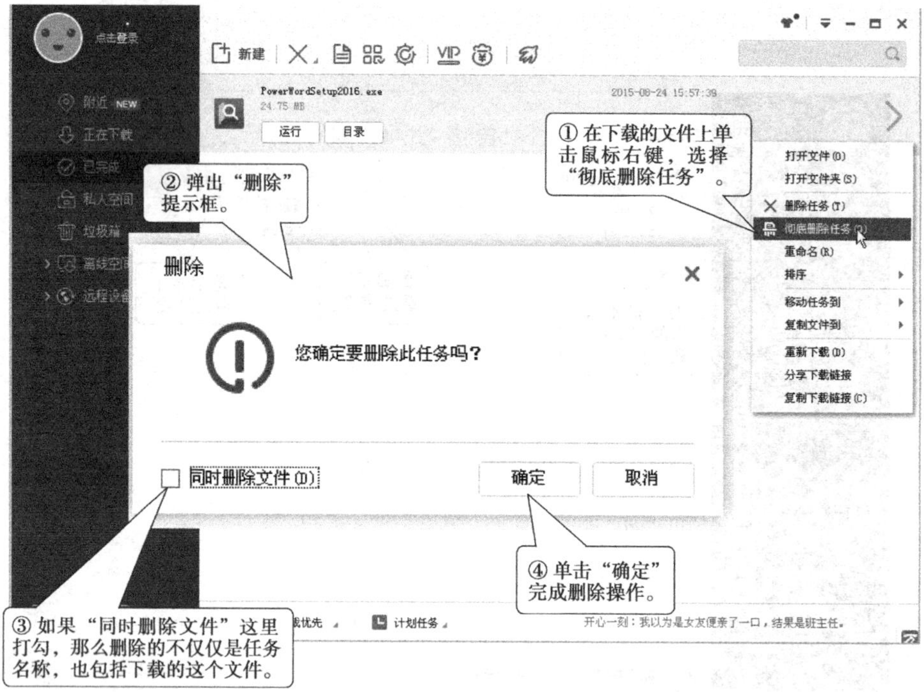

图 2.67　删除任务

实践与拓展

在计算机上使用极速迅雷下载“金山 WPS”安装程序，将下载的安装程序保存在 E 盘根目录下。

3

现代办公设备使用和维护

打印机、复印机、传真机、投影仪等设备在办公室的使用频率是非常高的，正确、快速地掌握其使用方法并熟练应用到实际工作中去解决问题，是一个办公室文员所应具备的基本能力和素质。如何掌握这些设备的使用与维护是本单元学习的重要内容。

学习目标

了解打印机分类、工作原理，掌握激光打印机的安装、使用和简单维护。

了解复印机、传真机、一体机的概念、分类、特点及知名品牌，掌握这三种设备的基本使用方法和简单维护。

了解扫描仪和投影仪的概念、分类及应用领域，掌握扫描仪简单技术指标的意义及其基本操作方法，了解投影仪的基本参数、连接方法和使用注意事项。

了解碎纸机、数码照相机、数码摄像机的概念、作用、知名品牌和技术指标。掌握这三种设备的使用方法和技巧。

案例3.1　打印机

打印机(printer)是计算机的输出设备之一,用于将计算机处理结果打印在相关介质上。作为各种计算机的最主要输出设备之一,打印机随着计算机技术的发展和日渐扩大的用户需求而得到较大的发展,尤其是近年来取得了较大的进展,各种新型实用的打印机应运而生,各自发挥其优点,满足用户不同的需求。

任务 1 打印机的分类及工作原理简介

小张是新加入公司的办公室文员,日常工作中需要向领导提交书面汇报材料、报表,这就让她想起了一个好帮手——打印机。

任务要求

- 了解打印机的分类和基本原理。

任务解析

1. 打印机的分类

目前,打印机的分类方法主要有两种:按原理分类和按用途分类。

1)按原理分类

(1)针式打印机(Dot Matrix Printer),如图3.1和图3.2所示。

图3.1　针式打印机

图3.2　针式打印机

(2)喷墨打印机(Ink Jet Printer),如图3.3和图3.4所示。

(3)激光打印机(LASER Printer),如图3.5和图3.6所示。

2)按用途分类

按用途分类,可分为办公和事务通用打印机、商用打印机、专用打印机、家用打印机、便携式打印机和网络打印机。

图 3.3　佳能喷墨打印机

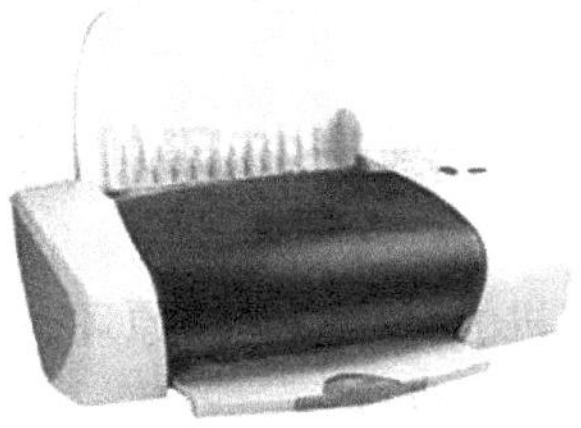

图 3.4　联想喷墨打印机

图 3.5　三星激光打印机

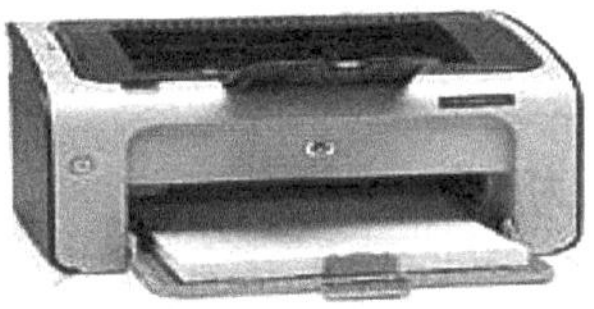

图 3.6　惠普激光打印机

2. 打印机的工作原理

1)针式打印机

针式打印机也称撞击式打印机,其基本工作原理类似于我们用复写纸复写资料一样。针式打印机中的打印头是由多支金属撞针组成的,由撞针在色带上打击,使色素印在纸上而形成文字或图形。针式打印机的打印成本最低,但是它的打印分辨率也是最低的。

2)喷墨打印机

喷墨打印机使用大量的喷嘴将墨点喷射到纸张上而形成文字或图形。喷墨打印机的价格居中,打印品质也较好,所以被广大用户所接受。

3)激光打印机

激光打印机采用了类似复印机的静电照相技术,将打印内容转变为感光鼓上的图像,再转印到打印纸上形成打印内容。它与复印机唯一不同的地方是光源,复印机采用的是普通白色光源,而激光打印机则采用的是激光束。

实践与拓展

到电脑城去了解打印机的相关品牌和型号。

任务 2 激光打印机的安装使用

了解了打印机的分类与工作原理,小张从资产部领到了一台打印机,怎么样才能正常打印出需要的文件呢?

任务要求

- 掌握打印机的硬件连接方法;
- 掌握打印机的驱动程序安装配置方法;
- 掌握打印文件的方法。

任务解析

1. 硬件连接

首先将打印机的数据线一端连接到打印机的数据线接口,再将另一端连接到计算机的数据接口上。现在,很多打印机连接计算机都采用的是 USB 接口,如图 3.7 所示。

图 3.7 打印机与计算机的连接

2. 安装驱动程序

(1)选择“开始”→“设置”→“打印机和传真”命令,进入“打印机和传真”窗口,如图 3.8 所示。

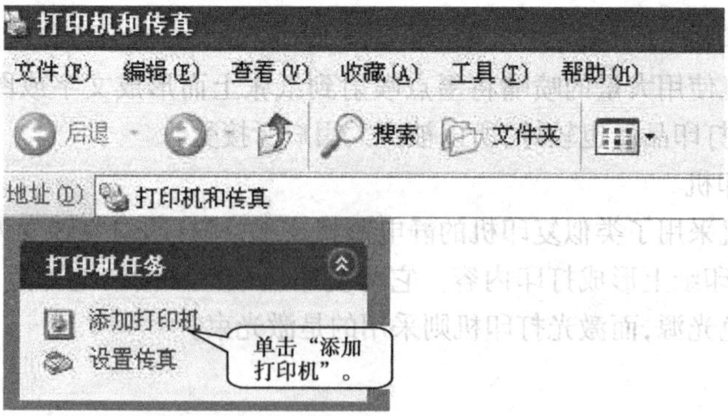

图 3.8 “打印机和传真”窗口

(2)单击窗口左侧任务窗格中“添加打印机”的链接,打开“添加打印机向导”对话框,如图 3.9 所示。

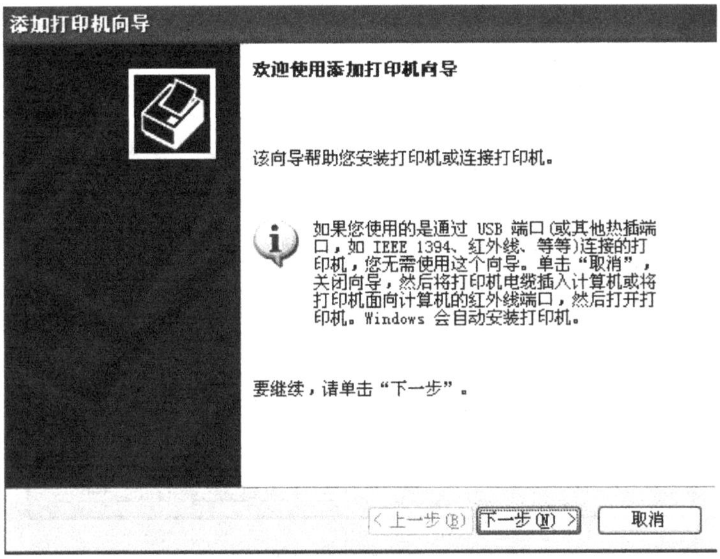

图 3.9 “添加打印机向导”窗口

(3)单击“下一步”按钮,选择“连接到此计算机的本地打印机”单选项,勾选“自动检测并安装即插即用打印机”复选框,单击“下一步”按钮。此时,如果能找到即插即用打印机,将随机配的驱动光盘放入光驱,安装即可使用。

(4)在打开的对话框中选择打印机的连接端口(根据打印机的实际连接数据端口进行选择),如图 3.10 所示。

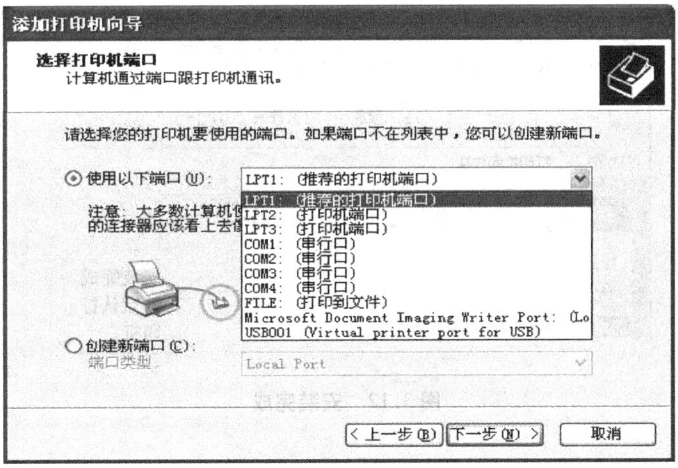

图 3.10 打印机端口选择

(5)进入“选择打印机的品牌及型号”对话框,对照连接到计算机的打印机的品牌和型号进行选择,如图 3.11 所示。

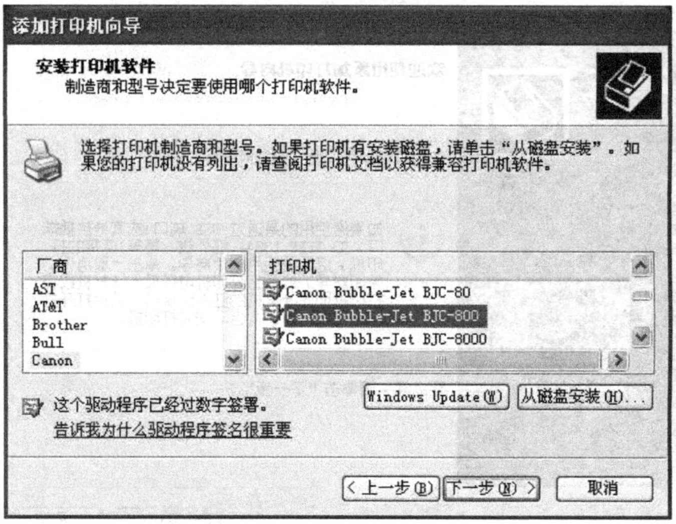

图 3.11　选择打印机品牌和型号

(6)进行打印机命名和打印测试页的设定。

(7)单击“完成”按钮,系统开始自动安装所选的驱动程序。

完毕后在“打印机和传真”窗口中可看到安装好的打印机图标,如图 3.12 所示。这个图标代表一个打印机驱动程序,可以按照上面的方法继续安装多个打印机驱动程序。当前系统默认的打印机驱动程序图标上有一个钩,此时打印时所用的驱动程序就是该驱动程序。

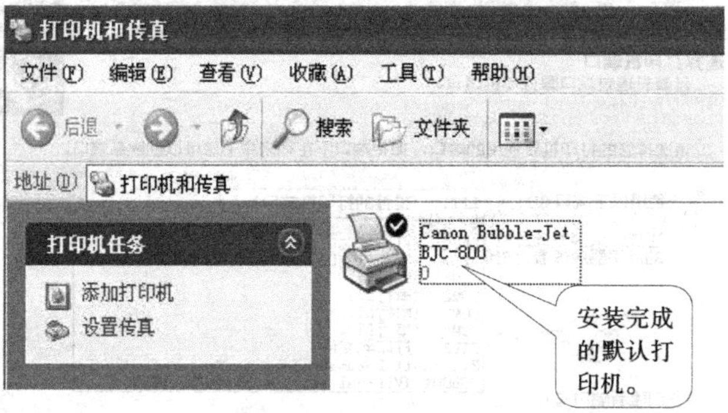

图 3.12　安装完成

实践与拓展

将你的计算机连接上部门打印机,安装驱动程序,打印测试页。

任务 3 常用激光打印机的简单维护

小张公司使用的是激光打印机,可由于使用频繁,打印机出现了一些状况,怎么办呢?

任务要求

- 掌握激光打印机的基本原理及更换碳粉盒的方法;
- 掌握激光打印机常见故障及其排除方法。

任务解析

1. 激光打印机的工作原理

打印机接收到计算机打印数据以后,向激光头发送一组脉冲信号,由脉冲信号操纵。激光束在扫描过硒鼓表面时,硒鼓表面形成了由正电荷组成的文字潜影并吸附墨粉,送纸系统将打印纸送进来从硒鼓表面经过,硒鼓上的墨粉就被吸附到纸张上,经加热,墨粉在纸张表面固着,打印完成。

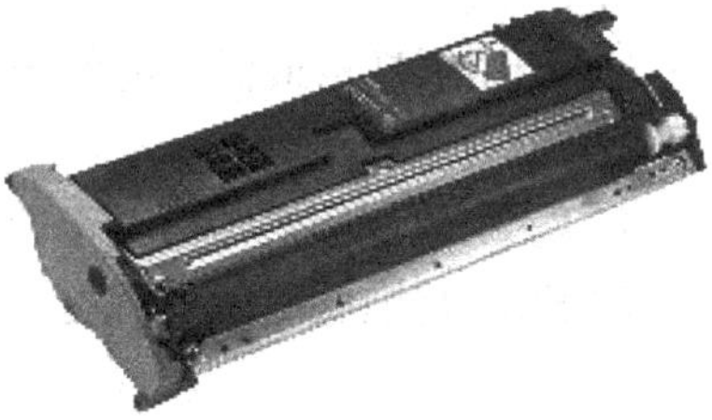

图 3.13 碳粉盒

2. 操作步骤

(1)认识碳粉盒,如图 3.13 所示。

(2)更换碳粉盒,如图 3.14 所示。

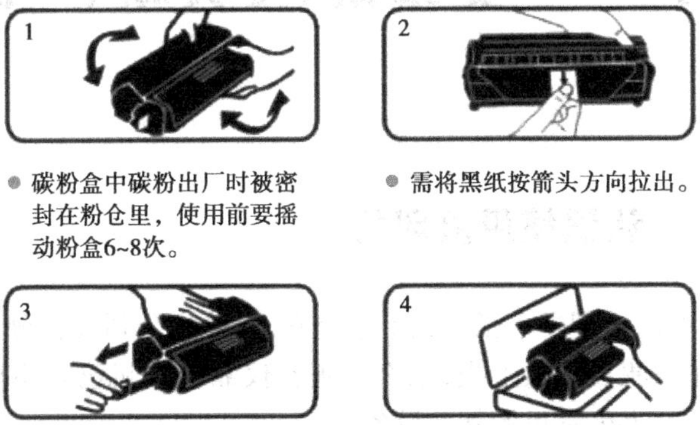

- 碳粉盒中碳粉出厂时被密封在粉仓里,使用前要摇动粉盒6~8次。
- 需将黑纸按箭头方向拉出。
- 将封条拉出时,应均匀平直拉出,以免拉断封条。
- 将碳粉盒放入打印机时,应按照碳粉盒上的箭头方向,正确装入。

图 3.14 更换碳粉盒的步骤

(3)更换碳粉盒的注意事项:

①把余粉清理干净;

②摇匀墨粉;

③碳粉盒未使用时不要开封;

④不要使用有缺陷或假冒伪劣的碳粉盒;

⑤在更换碳粉盒时,不可在光线中暴露太久。

3.常见故障及其简单处理方法

1)卡纸

(1)现象:激光打印机卡纸。

(2)解决办法:打开机盖,按进纸方向取下被卡的纸。

(3)注意:

①纸张太厚、太薄,纸张潮湿或卷曲,都会产生卡纸现象;

②铜版纸不能用于激光打印机,最好使用胶版纸或复印纸;

③打印用纸规格最低不能低于52 g/m^2,最高不能超过130 g/m^2。

2)输出问题

(1)现象:输出字迹偏淡甚至全白。

(2)解决办法:检查激光强度、更换墨粉盒或请专业维修人员进行处理。

实践与拓展

为你所在部门的激光打印机更换碳粉盒。

案例3.2 复印机、传真机、一体机

任务 1 认识使用复印机

星期一早上,部门经理把小张叫到了办公室,让她把公司文件分发到各分公司,并且将分公司的业绩收集、汇总、上报,怎么办呢?仅靠打印机已经不能完成任务了,她的目光又转向了放在办公室里的其他设备。

■ 任务要求

- 了解复印机的分类;

- 掌握复印的一般操作和添加墨粉的方法。

任务解析

1. 复印机简介

复印机是从书写、绘制或印刷的原稿得到等倍、放大或缩小的复制品的设备。复印机的复印速度快,操作简便,与传统的铅字印刷、蜡纸油印、胶印等的主要区别是无须经过其他制版等中间手段,而能直接从原稿获得复印品,复印份数不多时较为经济。佳能和施乐是常见的复印机品牌,如图 3.15 和图 3.16 所示。

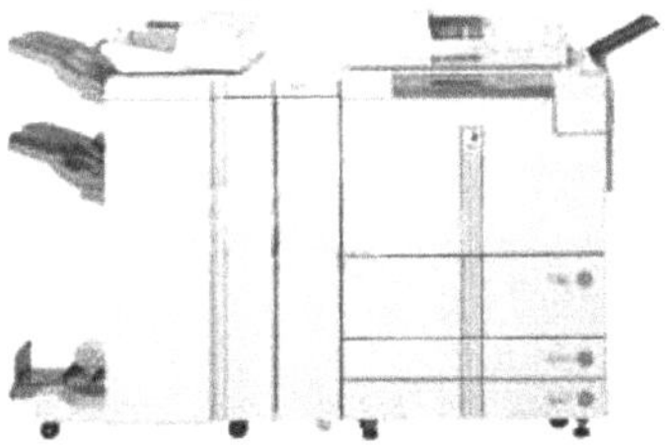

图 3.15　佳能复印机

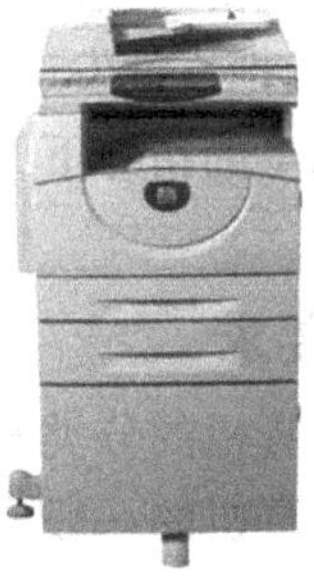

图 3.16　施乐数码复印机

2. 复印机分类

按工作原理,复印机可分为光化学复印机、热敏复印机和静电复印机。

3. 操作

1)复印的操作步骤

预热→检查原稿→检查机器显示→放置原稿→设定复印份数→设定复印倍率→选择复印纸尺寸→启动复印。

2)添加墨粉的方法

复印机中的墨粉耗尽后会有缺粉指示,这种情况下需要添加墨粉后才能重新使用复印机。具体的加粉方法如下(注意:要使用指定型号的墨粉):

(1)打开前门。

(2)逆时钟转动显影组件锁定钮,松开显影组件。

(3)手持显影组件把手拉出至加粉位置,打开蓄粉槽上盖。

(4)握住粉盒前后振动,使盒中粉量分布均匀。

(5)将粉盒的凸起插入定位槽中,使粉盒与下面的槽相吻合。

(6)一手压住粉盒,另一手向前拉出密封胶带。

(7)用手轻敲粉盒使盒中粉全部落入下面的槽中。

(8)将空粉盒拿掉,然后盖闭粉槽上盖。

(9)将显影组件推入原位。

(10)将显影组件锁定钮右旋到标记位置锁紧。

实践与拓展

为办公室的复印机更换墨粉盒。

任务 2 认识使用传真机

在顺利完成公司文件的复印之后，小张查看了分公司的联系地址，大部分公司都远在外地，怎么把文件发送到呢？邮寄的方式太慢了，又不能亲自送到，怎么办呢？在公司一位老同事的指导下，小张认识到了传真机的功能……

任务要求

- 了解传真机的分类及原理；
- 掌握传真机的一般操作及简单维护。

任务解析

1. 传真机简介

传真机是应用扫描和光电变换技术，把文件、图表、照片等静止图像转换成电信号并传送到接收端，再以记录形式进行复制的通信设备。图 3.17 显示的是三星传真机。

图 3.17　三星传真机

2. 传真机的分类

(1)按传送色彩，它可分为黑白传真机和彩色传真机。

(2)按占用频带，它可分为窄带传真机、宽带传真机。

(3)按照打印方式，它可分为热敏纸传真机、热转印传真机、激光传真机、喷墨传真机等。

3. 操作步骤

1)发传真

(1)将有文字或图片的纸面向下，放在进纸口。

(2)拨通对方传真的电话号码，当听到对方给的传真信号声后，按传真键，完成操作。

2)收传真

(1)手动接收：接到对方电话得知要接收传真，这时只需按下传真键，然后挂掉电话，等待接收。

(2)自动接收：如果将传真机设为自动接收状态，这时候的传真将自动接收。

4. 传真机的简单维护

1)通信故障

通信故障的原因一般有三种：一是电话线路的连接或线路本身不正常；二是传真机的内部参数设定不对；三是传真机的电路部分损坏。如果是前两种原因，进行调整应该可以解决；如果是最后一种情况，则应请专业维修人员进行修理。

2)接收或复印的文件不清晰

如果接收的文件不清晰，首先应向发送方确认原文件是否清晰，然后对自己的机器进行热敏头的测试。

3)记录纸卡纸

按说明书将纸舱盖板打开，把记录纸滚轴抬起，后将卡住的记录纸轻轻取出。

实践与拓展

将你的初中毕业证书传真给公司的人事部门。

任务 3 一体机简介

传真顺利发出去了，小张松了口气，看着办公室里琳琅满目的设备，爱动脑筋的她又开始琢磨了，能不能把这些机器的功能集中在一起形成一个设备，那样既方便，又节省空间？带着这样的疑问，小张在互联网上进行了搜寻，一个新的概念进入了她的眼帘——一体机。

任务要求

- 了解一体机的概念及特点；
- 了解一体机的分类及知名品牌。

任务解析

1. 一体机简介

1)什么是一体机

一体机,又称多功能一体机。它是速印机的一种,简单而言,就是集传真、打印、复印、扫描等功能为一体的机器,如图3.18和图3.19所示。

图3.18 Brother(兄弟)多功能一体机

图3.19 佳能喷墨式一体机

2)特点

(1)分辨率高。通过热敏头,可在每英寸(1英寸=2.54厘米)高科技材料蜡纸的聚酯胶片上熔穿400个点(小孔),并可在每12点的长度内制出4个字。

(2)油墨特殊。其所用油墨不同于普通油墨,它由乳化剂将墨、水、油三者由里到外组成颗粒,成为速干油墨。一旦制版完成,就可用数量不多的油墨印刷几千份纸张。

(3)消耗功率低。印刷品上的油墨干得很快,不需要定影过程,所以一体机消耗的功率也是很低的。机器在等待状态下不需要保持测试或预热,这也节省了能量的消耗。

2. 多功能一体机的分类和知名品牌

1)分类

(1)根据打印方式,它可分为激光型和喷墨型。

(2)根据产品的功能性,它可分为打印主导型、复印主导型、传真主导型,而扫描主导型的产品还不多见。当然也有些全能性的产品,它的各个功能都非常强,不过价格上也相对贵一些。

2)多功能一体机品牌

目前较为常见的一体机品牌有惠普(HP)、三星(SΛMSUNG)、佳能(Canon)、爱普生(EPSON)、兄弟(Brother)、联想(Lenovo)等。

知识拓展

理论上多功能一体机的功能有打印、复印、扫描、传真等,但对于实际的产品来说,只要具有其中的两种功能就可以称之为多功能一体机了。有的涵盖了三种功能,即打印、扫描、复印,典型代表为EPSON Stylus CX5100,如图3.20所示。有的则涵盖了四种,即打印、复印、扫描、传真,典型代表为Brother MFC-7420,如图3.21所示。

图 3.20　EPSON Stylus CX5100

图 3.21　Brother MFC-7420

实践与拓展

你所在部门将要购买一台多功能一体机，请你想办法了解市面上主流一体机的品牌、型号及价格等。

案例 3.3　扫描仪、投影仪

任务 1 认识扫描仪

公司下午有个紧急会议，经理让小张上午布置会场，并且要求把前几次发的文件以电子文档的形式展示给公司的高层领导。这可难坏了小张，文件这么多，马上进行录入也来不及了。这时候，同事告诉小张，可以用扫描仪对纸质内容进行扫描，形成电子文档。

任务要求

- 了解扫描仪的概念、作用和分类。
- 掌握扫描仪的技术指标和一般操作。

任务解析

1. 扫描仪简介

扫描仪是一种计算机外部仪器设备，是通过捕获图像并将之转换成计算机可以显示、编辑、存储和输出内容的数字化设备。

2. 扫描仪的分类

(1)滚筒式扫描仪,如图3.22所示。

(2)平面扫描仪,如图3.23所示。

(3)笔式扫描仪,如图3.24所示。

(4)手持式条码扫描仪,如图3.25所示。

图3.22 爱普生平板扫描仪

图3.23 汉王文本扫描仪

图3.24 蒙恬笔式扫描仪

图3.25 手持式条码扫描仪

3. 操作

以佳能CanoScan 8400F扫描仪为例,看看扫描仪的安装和操作过程。

1)安装驱动程序

(1)通常将驱动软件光盘放入计算机的光驱中,光驱会自动运行,并在显示器上显示出安装向导,单击"安装软件"便可进行软件的安装了,如图3.26所示。

(2)安装完成提示。安装软件的方法一般非常简单,只要连续地单击"继续"按钮就可以完成整个安装过程。软件安装完毕后,计算机会出现"成功完成"的界面,并提示重新启动计算机,如图3.27所示。

2)打开扫描仪的锁

绝大多数扫描仪都会有一个锁的装置,其目的是为了锁紧镜组,防止运输中震动而损坏机器。所以在打开扫描仪电源开关之前应先将锁打开,如果没有打开锁而开机时,扫描仪会发出异常的响声。扫描仪的锁一般在机器的底部或侧面,有一些扫描仪的扫描盖上也带有锁,如图3.28所示。

图 3.26　扫描仪驱动程序安装界面

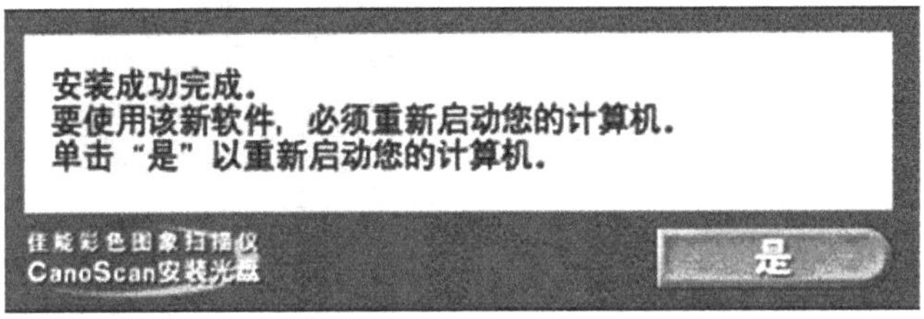

图 3.27　驱动安装完成

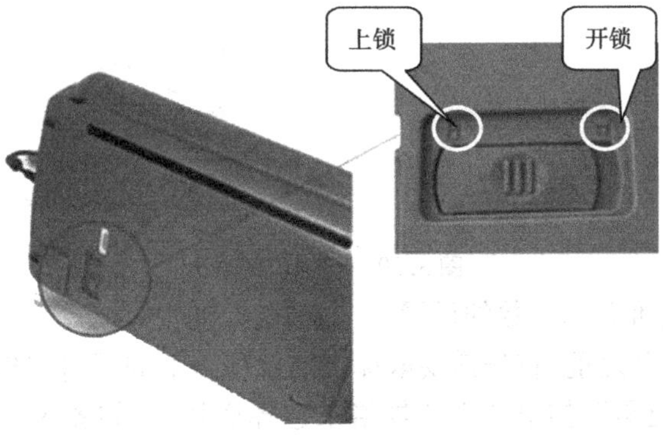

图 3.28　扫描仪的锁

3)连接各种连线

扫描仪的后面排列着 3 或 4 个连线接口，通常为电源连线（带有内置稳压器的扫描仪为三点的电源插口）、USB 连线和 FAU 连线，如图 3.29 所示。

图 3.29　扫描仪的连线

4)导入扫描仪

打开 Photoshop 文件栏的"导入"选项,可以找到安装扫描仪的型号,再单击扫描仪的型号,扫描界面便出现在 Photoshop 的界面之前了,如图 3.30 所示。

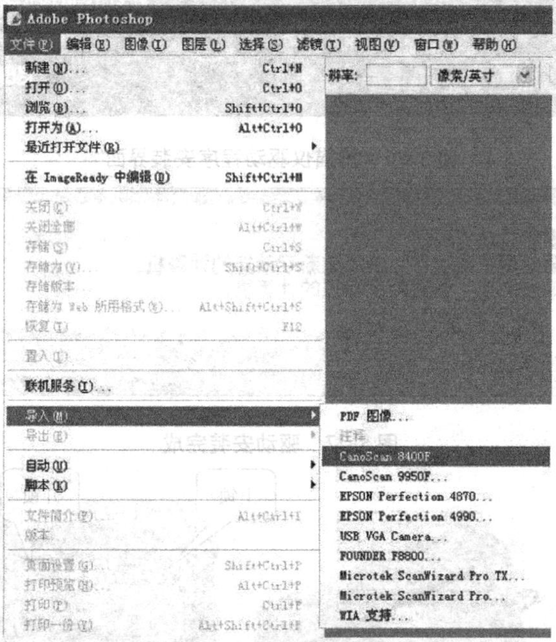

图 3.30　扫描仪的导入

5)扫描底片的准备和参数的设置

在决定扫描底片之前,首先需要取掉扫描仪顶盖上的反射扫描挡板。扫描仪准备好后,便可根据自己需要扫描的底片规格来选择底片夹,如图 3.31 所示,参数设置如图 3.32 所示。

6)预览和扫描

扫描界面往往会有简单及高级两种模式,用户可根据需要和经验自行设置。设置完成后,便可单击"预览"进行预扫描。预扫后的图像可选择剪裁、改变扫描分辨率等设置。一切设置好后,便可单击"扫描"进行正式扫描,如图 3.33 所示。

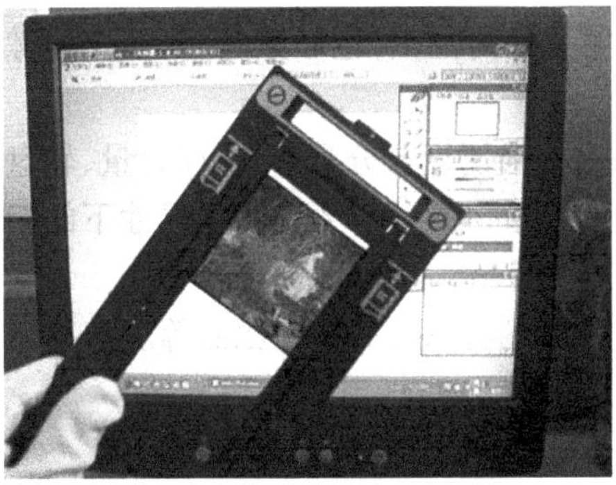

图 3.31　扫描底片的准备

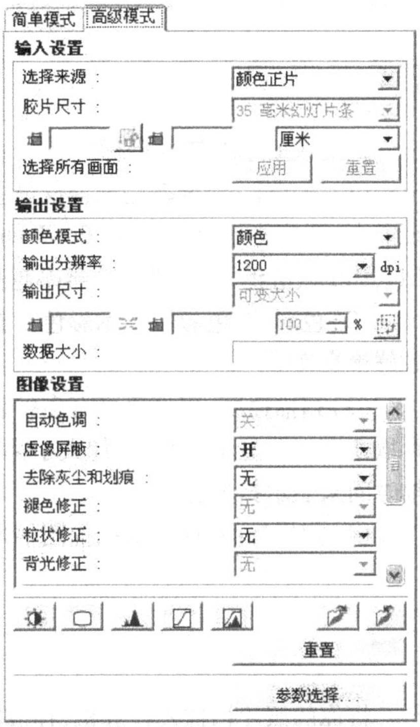
简单模式
高级模式
输入设置
选择来源：
颜色正片
胶片尺寸：
35 毫米幻灯片条
厘米
选择所有画面：
应用
重置
输出设置
颜色模式：
颜色
输出分辨率：
1200
dpi
输出尺寸：
可变大小
100
%
数据大小：
图像设置
自动色调：
关
虚像屏蔽：
开
去除灰尘和划痕：
无
褪色修正：
无
粒状修正：
无
背光修正：
无
重置
参数选择...

图 3.32　扫描的参数设置

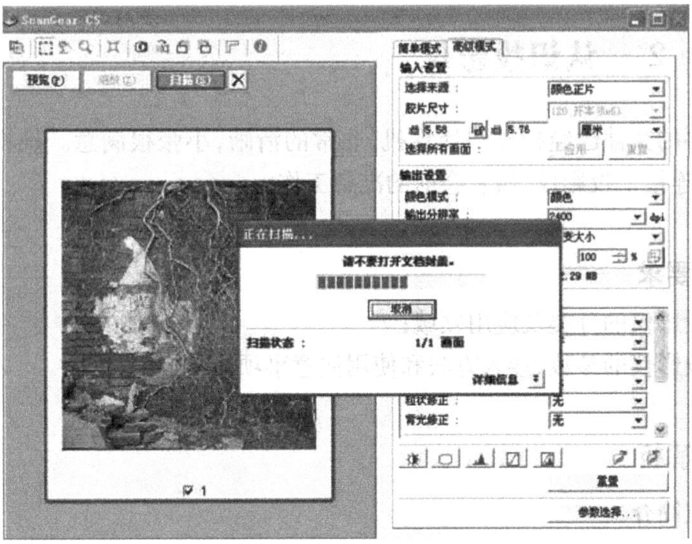
ScanGear CS
预览
扫描
正在扫描...
请不要打开文档封盖。
取消
扫描状态：
1/1 画面
详细信息
简单模式
高级模式
输入设置
选择来源：
颜色正片
胶片尺寸：
厘米
选择所有画面：
重置
输出设置
颜色模式：
颜色
2400
dpi
100
粒状修正：
无
背光修正：
无
重置
参数选择...

图 3.33　预览和扫描

知识拓展

扫描仪的基本技术指标

(1)分辨率:分辨率是扫描仪最主要的技术指标,它表示扫描仪对图像细节上的表现能力,其单位为DPI(Dots Per Inch)。目前,大多数扫描仪的分辨率为300～2 400 DPI,DPI数值越大,扫描的分辨率越高,扫描图像的品质越高。

(2)色彩数:色彩数表示彩色扫描仪所能产生颜色的范围,色彩数越多,扫描图像越鲜艳真实。

(3)扫描速度:扫描速度有多种表示方法,因为扫描速度与分辨率、内存容量、软盘存取速度以及显示时间、图像大小都有关系。通常用指定的分辨率和图像尺寸下的扫描时间来表示扫描速度。

(4)扫描幅面:这表示扫描图稿尺寸的大小,常见的有A4,A3,A0幅面等。

实践与拓展

将你的照片扫描入计算机,存放在个人文件夹中。

任务 2 认识投影仪

所有需要的文件已经扫描到计算机,非常的清晰,小张很满意。她将笔记本电脑拿到会议室,连接上投影仪,做着会前的准备工作。

任务要求

- 了解投影仪的分类及应用领域;
- 掌握投影仪的参数、接入方法和使用注意事项。

任务解析

1.投影仪简介

投影仪把水平放置的投影片的图像由光源通过光学器件射向平面镜,再由平面镜反射到屏幕上。

2.投影仪的分类及应用领域

1)投影仪的分类

(1)CRT投影仪,如图3.34所示。

(2)LCD 液晶投影仪,如图 3.35 所示。

(3)DLP 数字投影仪。

图 3.34　CRT 投影仪

图 3.35　LCD 投影仪

2)投影仪的应用领域

投影仪主要应用于家庭影院、商务活动和专业影剧院。

3.操作

1)投影仪接口介绍

投影仪可以连接各种视频设备与音频设备,如图 3.36 所示。

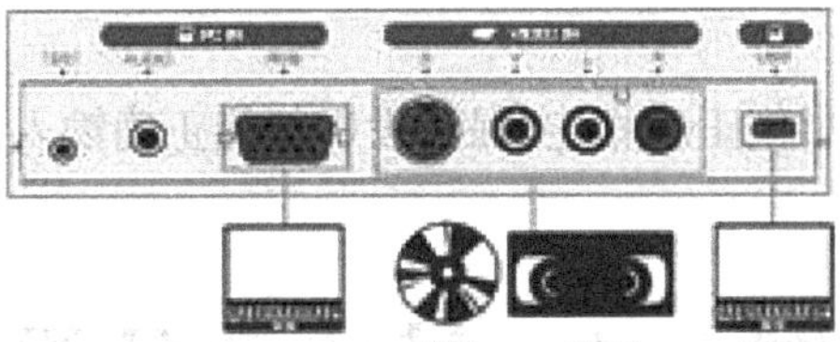

图 3.36　投影仪接口面板

(1)RGB 接口(又称 VGA 接口)可以通过 VGA 数据线将计算机与投影仪连接。

(2)S 端子接口与视频接口(黄色 V 接口)可以连接其他视频设备(如电视、VCD、DVD、摄像机等)。

(3)白色(L 左声道)与红色(R 右声道)接口为音频接口,可以输入各种视频设备的音频信号。

(4)USB 接口可以连接各种带 USB 数据接口的视频设备。

2)投影仪使用注意事项

(1)尽量使用投影仪原装电缆、电线。

(2)远离水或潮湿的地方。

(3)注意防尘,可在咨询专业人员后采取防尘措施。

(4)需远离热源。

(5)注意电源电压的标称值,注意机器的地线和电源极性。

(6)用户不可自行维修和打开机体,内部电缆零件更换应尽量使用原配件。

(7)不使用时,必须切断电源。

(8)使用时,如发现异常情况,先拔掉电源。

(9)使用后,先使投影仪冷却。

(10)机器移动时,轻拿轻放,运输中注意包装、防震。

知识拓展

投影仪的基本参数

(1)亮度:这是指投影仪的光输出。亮度数越高越好,但是由于投影仪的灯泡非常昂贵,而且功率是有限的,所以对于投影仪来说提高亮度需要付出很高的代价。

(2)对比度:这是投影仪投射图像中黑与白的比值,也就是从黑到白的渐变层次。比值越大,从黑到白的渐变层次就越多,色彩表现越丰富。

(3)投影距离:这是指投影仪镜头与屏幕之间的水平距离。

(4)视频信号:对于视频信号,一般的投影仪可支持 3 种制式:NTSC,PAL 和 SECAM。

实践与拓展

将笔记本电脑与投影仪正确相连,保证投影仪能正确输入计算机信号。

案例 3.4　其他办公设备

任务 1 认识使用碎纸机

公司在星期五召开高层会议,使用了很多重要文件,其中有部分属于公司机密。会议完成后,领导让小张用碎纸机将部分过时的机密文件进行了处理。

任务要求

- 了解碎纸机的概念、作用和技术指标;
- 了解碎纸机的品牌和使用注意事项。

任务解析

1. 碎纸机简介

碎纸机是由一组旋转的刀刃、纸梳和驱动马达组成的将纸张分割成细小纸片的机器。碎纸机的著名品牌有科密、三木、申贝、密理、奥士达、晶密 GEMET、英明仕 intimus、齐心 Comix 等。常见的碎纸机样式如图 3.37 ~ 图 3.40 所示。

图 3.37 三木箱式碎纸机

图 3.38 USB 碎纸机

图 3.39 手摇式碎纸机

图 3.40 手持式碎纸机

2. 碎纸机的使用注意事项

(1)不要一次碎纸过多。

(2)不要把手放到碎纸口处。

(3)拆装碎纸机时,一定要在断电时操作。

(4)要经常把垃圾筒里的纸清空。

(5)在不用碎纸机时要把电源断掉。

实践与拓展

使用碎纸机将作废的文档粉碎。

任务 2 认识数码照相机和数码摄像机

辛苦的工作告一段落,在大家的共同努力下,公司最近的业绩非常好,领导很高兴,决定让大家出去郊游一天,并嘱咐小张带上数码照相机和摄像机,为大家的郊游留下美好的回忆……

任务要求

- 了解数码照相机和数码摄像机的概念及其分类；
- 了解数码照相机和数码摄像机的知名品牌及技术参数；
- 掌握卡片式数码相机的使用方法。

任务解析

1. 数码照相机和数码摄像机简介

1）数码照相机

数码相机是数码照相机的简称，又名数字式相机，英文全称为 Digital Still Camera（DSC），简称 Digital Camera（DC）。

数码相机是一种利用电子传感器把光学影像转换成电子数据的照相机。使用中，图像在传输到计算机以前，通常会先储存在数码存储设备中（通常使用闪存）。

2）数码摄像机

数码摄像机简称 DV（DV 是 Digital Video 的缩写），译成中文就是“数字视频”的意思。DV 是一种能够将活动影像对应的光学信号转换为数字信号，再经摄像机内部的设备压缩成 DV 的图像格式并与声音数据一起存放在 DV 带中，从而达到对视频影像捕捉、保存的设备。

数码摄像机进行工作的基本原理，简单地说就是光—电—数字信号的转变与传输，即通过感光元件将光信号转变成模拟电信号，再将模拟电信号转变成数字信号进行存储。

2. 分类

1）数码相机分类

（1）单反相机，如图 3.41 所示。

（2）卡片相机，如图 3.42 所示。

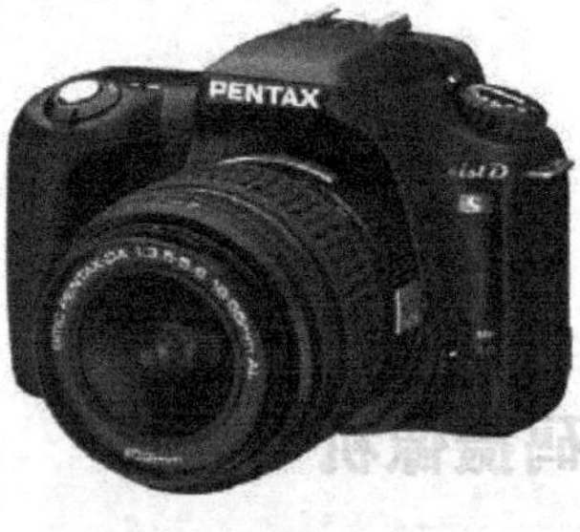

图 3.41　单反相机

图 3.42　卡片式相机

(3)长焦相机。

2)数码摄像机的分类

(1)按用途分为广播级机型、专业级机型、消费级机型。

(2)按存储介质分为磁带式、光盘式、硬盘式、存储卡式，如图 3.43 和图 3.44 所示。

图 3.43　SONY 硬盘式数码摄像机

图 3.44　JVC 光盘式数码摄像机

3. 数码相机的知名品牌

数码相机常见知名品牌如图 3.45 所示。

品牌	商标	产地
爱国者	aigo	中国
联想	lenovo	中国
明基	BenQ	中国
佳能	Canon	日本
索尼	Sony	日本
尼康	Nikon	日本
奥林巴斯	Olympus	日本
三星	Samsung	韩国
柯达	Kodak	美国
松下	Panasonic	日本
卡西欧	Casio	日本

图 3.45　数码照相机知名品牌

4. 操作

(1)认识 OLYMPUS FE340 卡片式相机，如图 3.46 所示。

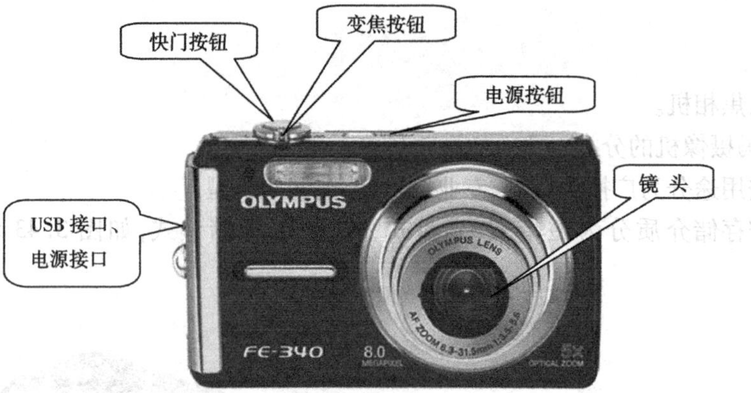

(a)相机正面部件

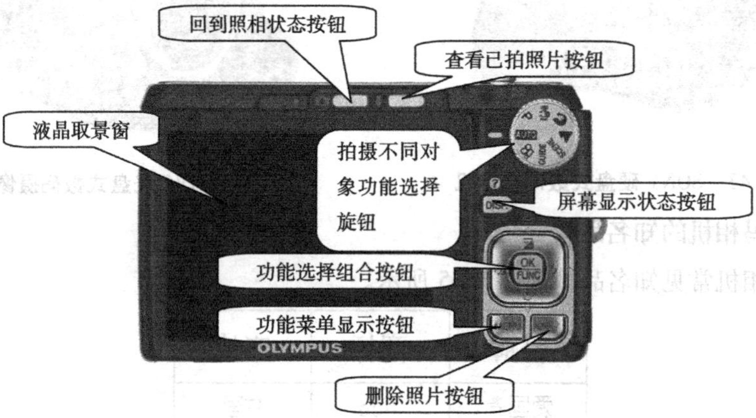

(b)相机背面部件

图 3.46　OLYMPUS FE340 相机

(2)认识存储卡,如图 3.47 所示。

图 3.47　OLYMPUS 存储卡

(3)认识导出照片用的数据线,如图 3.48 所示。

(4)认识读卡器,如图 3.49 所示。

图 3.48　OLYMPUS 数据线

图 3.49　OLYMPUS 存储卡与读卡器

(5)导出读卡器中的照片到计算机中。

①连接数码相机到计算机:将数码相机与计算机连接好,在“我的电脑”中找到存储卡的图标,如图 3.50 所示。

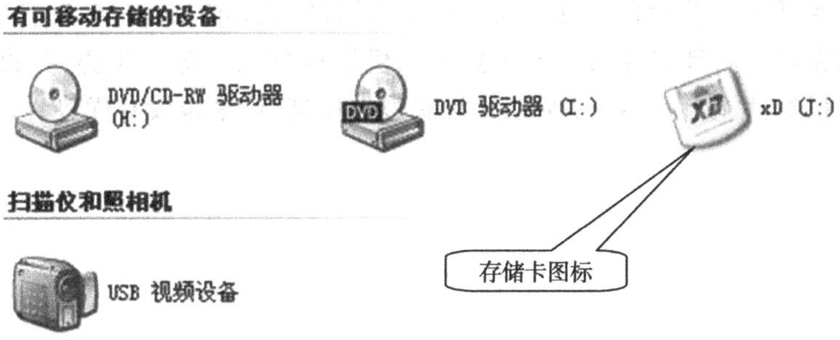

图 3.50　计算机中的存储卡图标

②导出照片到计算机:双击存储卡图标,显示为打开的文件夹形式,可以在其中进行照片的复制、剪切、粘贴等常用操作。

③移除数码相机设备:存取照片工作完成后,单击任务栏右侧的图标,选择弹出的“安全删除硬件”选项,删除硬件,如图 3.51 所示。

注意:一定要先删除硬件,再取下设备,否则可能会造成数据丢失或者硬件故障。

图 3.51　安全删除硬件选项

知识拓展

1. 数码相机的选购技巧

选购 DC 需要关注的九个方面,归结为“选机购机九要素”,从重要到次要依次是:用途、价位、镜头、感光元件、快门和光圈、像素、经济性、外观及功能、品牌。

2.数码摄像机的存储介质介绍

(1)Mini DV 带:Mini DV 是目前消费类 DV 中最普遍的视频格式。磁带在几类 DV 存储介质中属于价格最低廉的耗材,体积、存储性和便捷性均表现良好,还可以反复使用。遗憾的是将 DV 带中的影像录制到计算机中是相当费时的工作,影片质量容易受磁头清洁度影响。

(2)存储卡:目前许多采用磁带的 DV 都设计有存储卡接口,用于在接入的 SD/MMC 卡或记忆棒中存储拍摄的静态图片和 MPEG-1 或 MPEG-4 格式的视频短片。以存储卡为主要存储介质的 DV 机型都显得小巧时尚,携带方便、传输轻松。缺点在于 Flash 卡基准价格高,容量十分有限。

(3)微型硬盘:采用 CF 接口标准的微型硬盘作为 DV 的存储介质,它采用比计算机硬盘更精密的技术制作,可反复擦写 30 万次以上。其突出特点是体积较小、容量较大,只需连接 PC 就能直接复制影片,使用方便。缺陷是价格较贵,更换成本高,而且耗电量大、发热量大,有点"娇气"。

(4)光盘:使用光盘为存储介质的 DV 操作时可随意读取,无需倒带,搜索过程基本可以在瞬间完成。而且它省却了上传到计算机后再刻录光盘的步骤,可直接播放、欣赏。但它从根本性能上和传统 DV 相比没有很大提高,价格也没有优势,机身体积也相应受到限制。

实践与拓展

请将公司会议中用数码相机拍摄的照片导入计算机并进行整理。

4

办公室网络设置

现代化的办公室中,员工与员工之间的计算机一般都互相连通,彼此可以共享资源、传递信息。很多公司也将公司的内部网络与互联网连接,使员工可以方便地收发信件、搜索资源等。

本章依托几个具体的任务,详细讲解如何运用公司的内部网络和互联网来有效地工作。

学习目标

掌握 IP 地址的设置方法;
掌握将自己的电脑通过无线网络连接到网络中;
掌握网络上的共享设置;
掌握局域网文件的传输方法;
掌握互联网的基本应用。

案例 4.1　网络环境设置

任务 1 配置本机的 IP 地址

公司为刚入职的新员工小张配置了一台计算机。连上网线后,小张请本公司的网络管理员为自己分配了一个 IP 地址,并立即作了 IP 地址配置,连上了公司内部的局域网。

■ 任务要求

- 掌握静态 IP 地址的配置方法;
- 保证计算机通过配置 IP 地址能够与局域网连通。

■ 任务解析

1. 相关知识

(1)IP 地址。所谓 IP 地址就是给每个连接在 Internet 上的主机分配的一个 32 位地址,它分为公有和私有两种。所有的公有 IP 地址都由国际组织 NIC(Network Information Center)负责统一分配,目前全世界共有三个这样的网络信息中心:InterNIC——负责美国及其他地区;ENIC——负责欧洲地区; APNIC——负责亚太地区。私有 IP 地址属于非注册地址,专门为组织机构内部使用。

(2)子网掩码。子网掩码的作用是将某个 IP 地址划分成网络地址和主机地址两部分。它也由 32 位二进制数表示,1 的部分代表网络号,掩码为 0 的部分代表主机号。

(3)DNS。DNS 的中文意思是域名服务。域名服务是提供[主机名]到[IP 地址]转换的一段计算机程序。

(4)网关。网关(Gateway)就是一个网络连接到另一个网络的"关口",它实质上是一个网络通向其他网络的 IP 地址。

2. 操作步骤

(1)打开配置 IP 地址的对话框,如图 4.1 ~ 图 4.5 所示。

(2)按照网络管理员分配的 IP 地址配置自己的计算机,如图 4.6 所示。

(3)检测 IP 地址是否配置正确,如图 4.7 ~ 图 4.9 所示。

(4)访问公司内部网络,如图 4.10 ~ 图 4.15 所示。

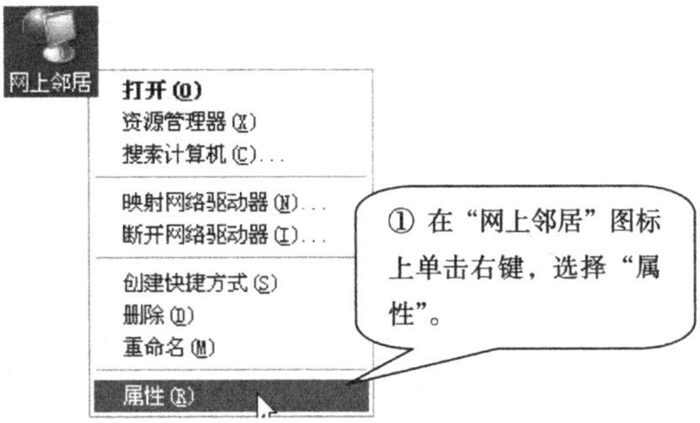
网上邻居
打开(O)
资源管理器(X)
搜索计算机(C)...
映射网络驱动器(N)...
断开网络驱动器(I)...
创建快捷方式(S)
删除(D)
重命名(M)
属性(R)
① 在“网上邻居”图标上单击右键，选择“属性”。

图4.1 进入“网上邻居”的属性对话框

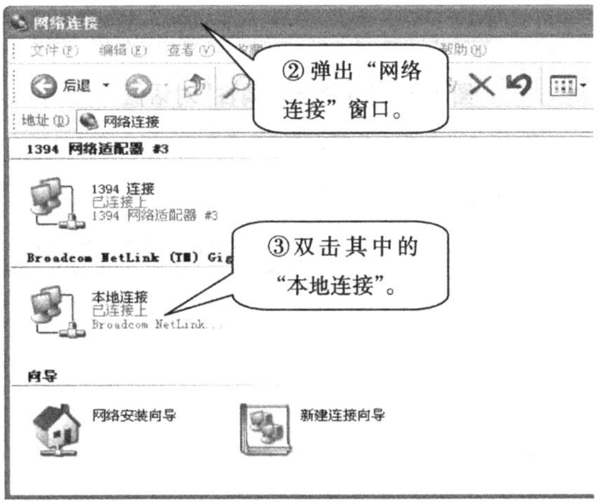
网络连接
② 弹出“网络连接”窗口。
1394 网络适配器 #3
1394 连接
已连接上
1394 网络适配器 #3
③双击其中的“本地连接”。
本地连接
已连接上
Broadcom NetLink...
向导
网络安装向导
新建连接向导

图4.2 “网络连接”窗口

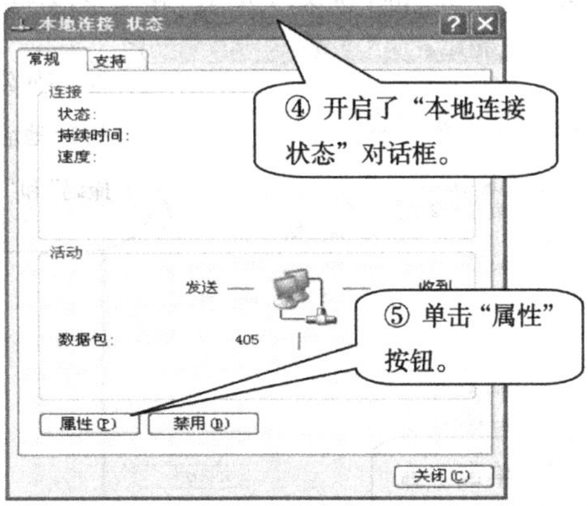
本地连接 状态
常规
支持
连接
状态:
持续时间:
速度:
④ 开启了“本地连接状态”对话框。
活动
发送
数据包:
405
⑤ 单击“属性”按钮。
属性(P)
禁用(D)
关闭(C)

图4.3 “本地连接状态”对话框

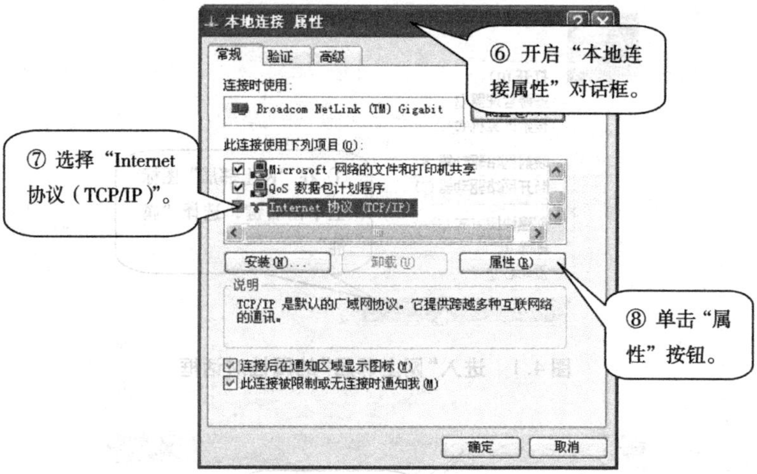
本地连接 属性
⑥ 开启"本地连接属性"对话框。
⑦ 选择"Internet 协议(TCP/IP)"。
⑧ 单击"属性"按钮。

图 4.4 "网络连接属性"对话框

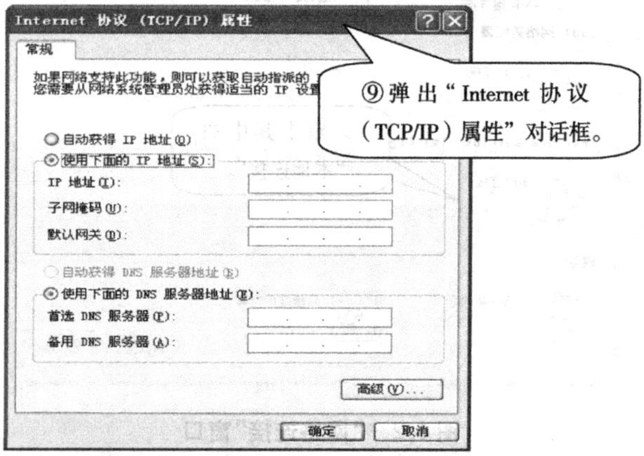
Internet 协议 (TCP/IP) 属性
⑨弹出"Internet 协议(TCP/IP)属性"对话框。

图 4.5 "Internet 协议(TCP/IP)属性"对话框

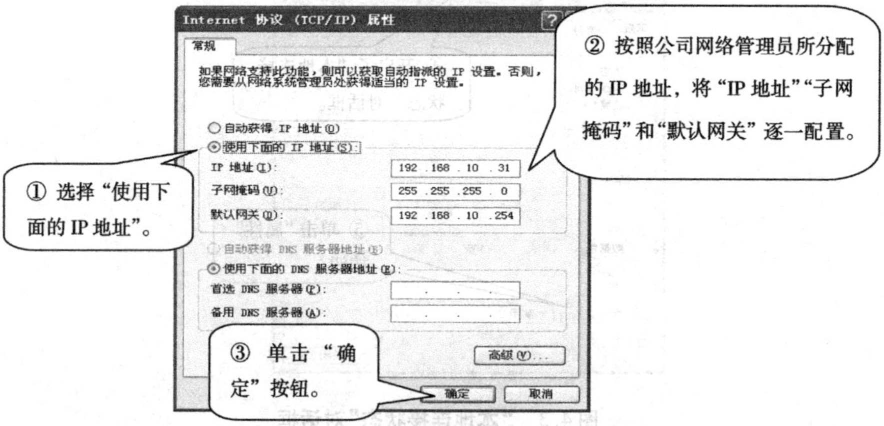
① 选择"使用下面的 IP 地址"。
② 按照公司网络管理员所分配的 IP 地址,将"IP 地址""子网掩码"和"默认网关"逐一配置。
③ 单击"确定"按钮。
192 . 168 . 10 . 31
255 . 255 . 255 . 0
192 . 168 . 10 . 254

图 4.6 配置 IP 地址

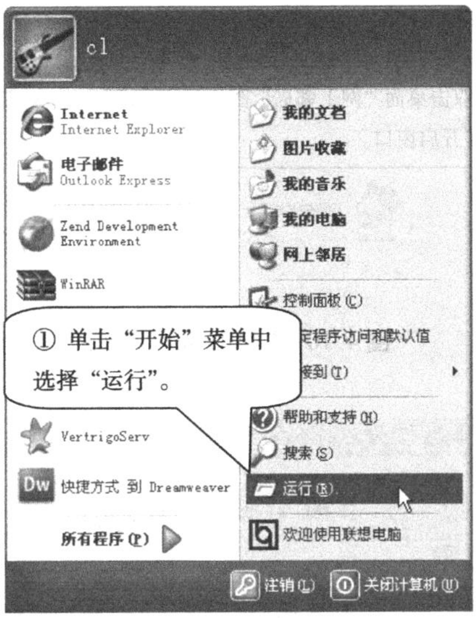
cl
Internet
Internet Explorer
电子邮件
Outlook Express
Zend Development Environment
WinRAR
VertrigoServ
快捷方式 到 Dreamweaver
所有程序(P)
我的文档
图片收藏
我的音乐
我的电脑
网上邻居
控制面板(C)
帮助和支持(H)
搜索(S)
运行(R)
欢迎使用联想电脑
注销(L)
关闭计算机(U)
① 单击“开始”菜单中选择“运行”。

图 4.7 “运行”命令的选择

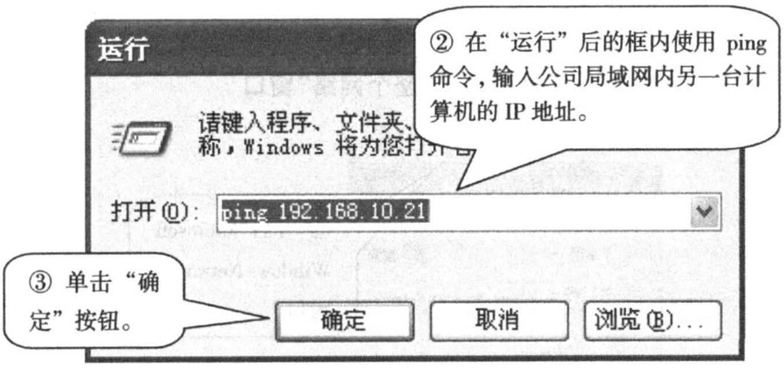
运行
② 在“运行”后的框内使用 ping 命令，输入公司局域网内另一台计算机的 IP 地址。
打开(O): ping 192.168.10.21
③ 单击“确定”按钮。
确定
取消
浏览(B)...

图 4.8 “运行”窗口

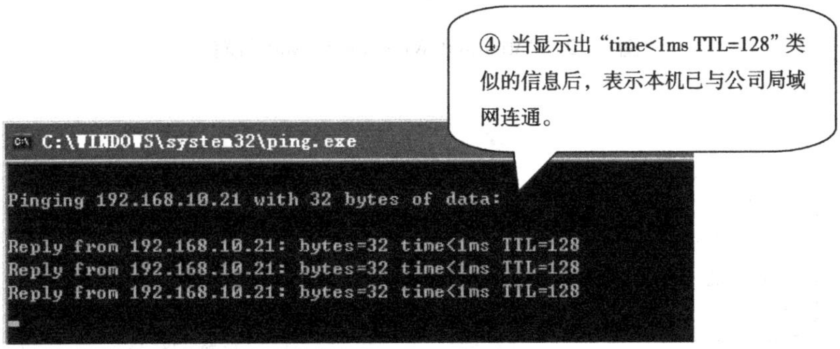
④ 当显示出“time<1ms TTL=128”类似的信息后，表示本机已与公司局域网连通。
C:\WINDOWS\system32\ping.exe
Pinging 192.168.10.21 with 32 bytes of data:
Reply from 192.168.10.21: bytes=32 time<1ms TTL=128
Reply from 192.168.10.21: bytes=32 time<1ms TTL=128
Reply from 192.168.10.21: bytes=32 time<1ms TTL=128

图 4.9 检测连通性

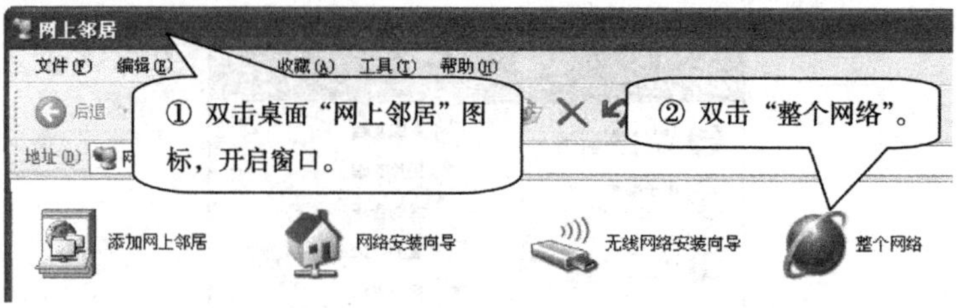

图 4.10 "网上邻居"窗口

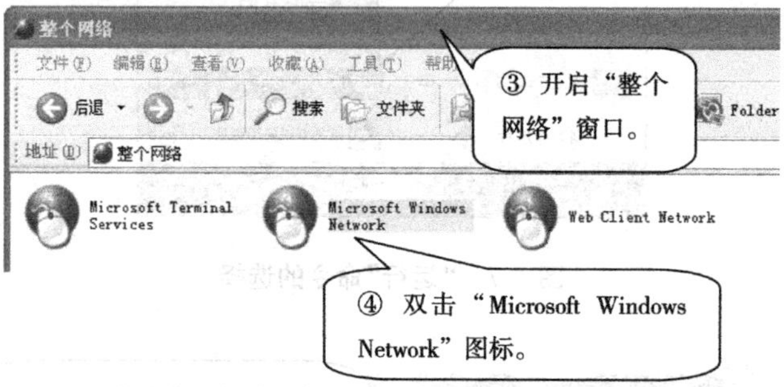

图 4.11 "整个网络"窗口

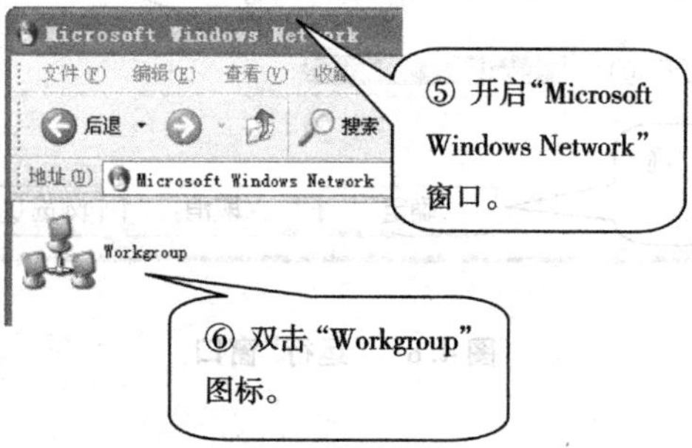

图 4.12 "Microsoft Windows Network"窗口

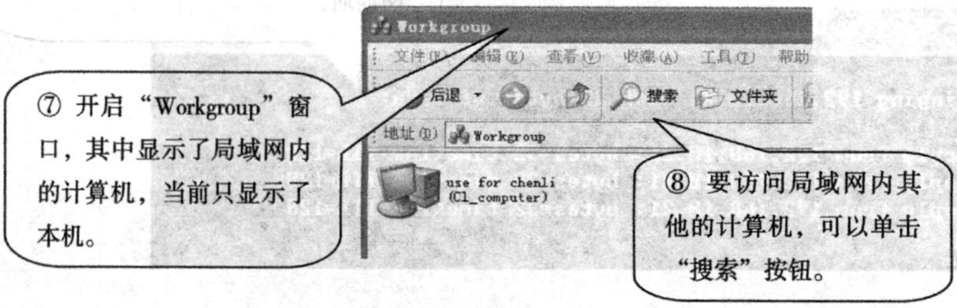

图 4.13 "Workgroup"窗口

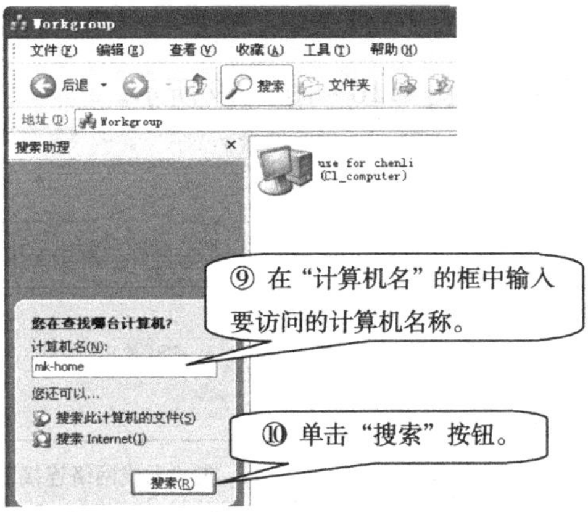

图 4.14 局域网中搜索计算机

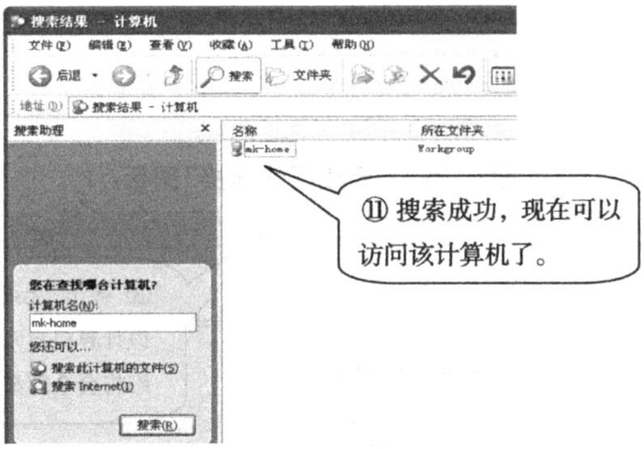

图 4.15 访问计算机成功

实践与拓展

配置本机的固定 IP 地址,并试着将它连入公司的局域网(或学校的局域网)。

任务 2 使用无线路由方式访问 Internet

小张的公司最近为迎接上级领导的检查作了一次大扫除,公司网管建议采用无线路由器淘汰公司里随处可见的网线,老总采纳了这个建议。

任务要求

- 认识无线路由器和无线网卡,初步了解其工作原理;
- 掌握使用无线路由器访问 Internet。

任务解析

连接计算机至无线网络，如图 4.16 ~ 图 4.19 所示。

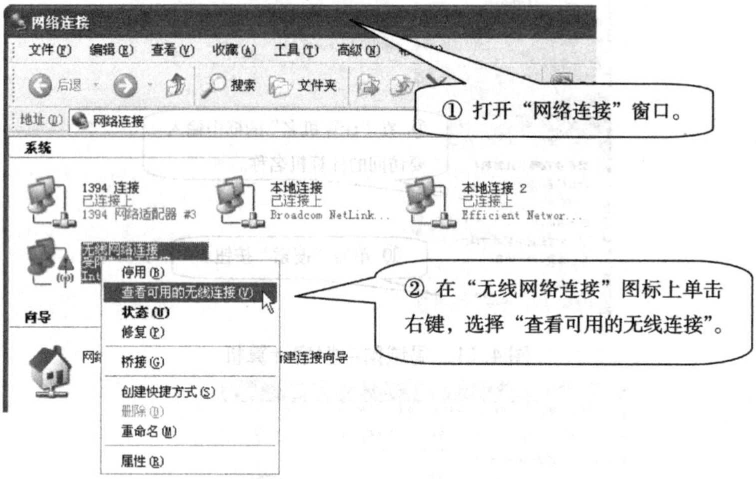

图 4.16 “无线网络连接”图标

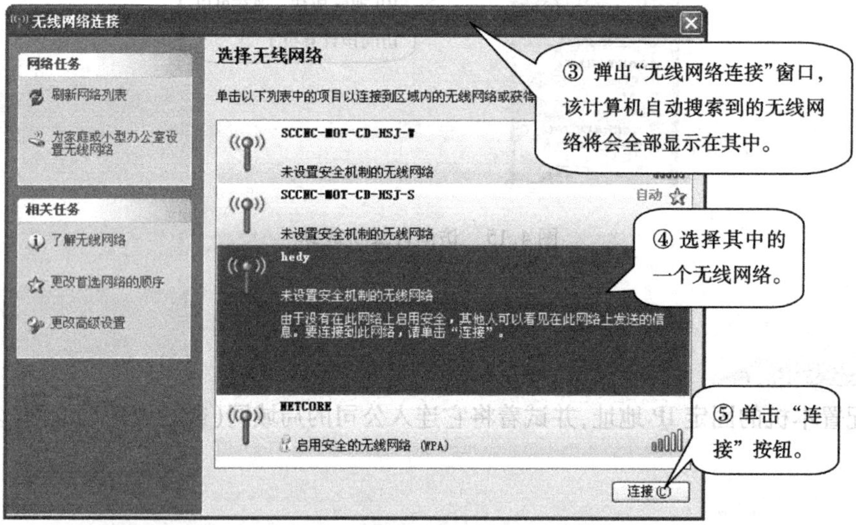

图 4.17 “无线网络连接”窗口

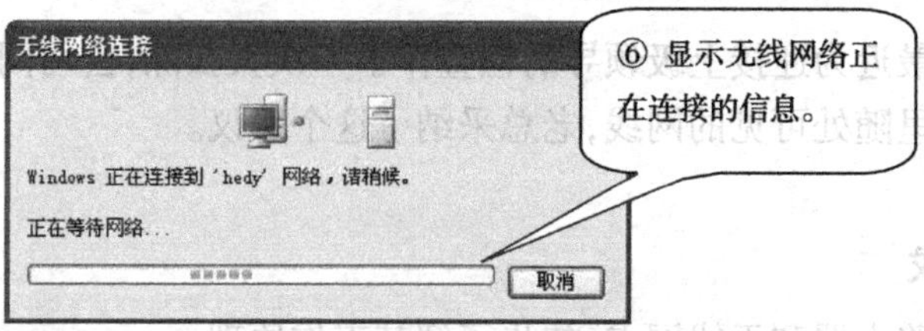

图 4.18 无线网络连接信息

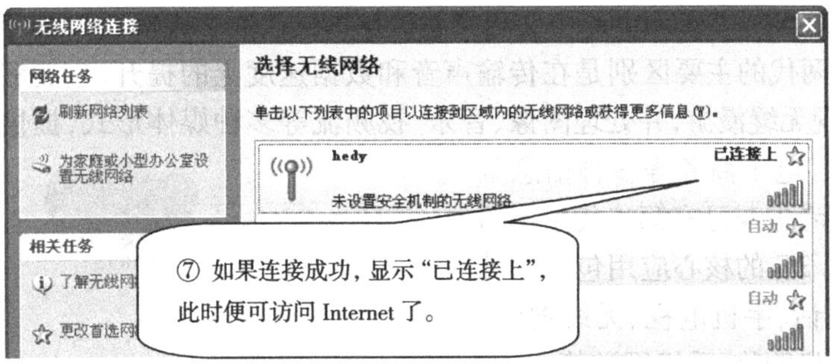

图 4.19　无线网络连接成功信息

知识拓展

1. 认识无线路由器

无线路由器是带有无线覆盖功能的路由器，如图 4.20 所示。

2. 认识无线网卡

无线网卡就是使你的计算机可以利用无线网络来上网的一个装置，它必须要求在无线信号的覆盖范围之内，也就是说它必须与无线路由器配合使用。从网卡连接位置来讲，无线网卡分为内置式和外置式两种，如图 4.21 ~ 图 4.23 所示。

图 4.20　无线路由器

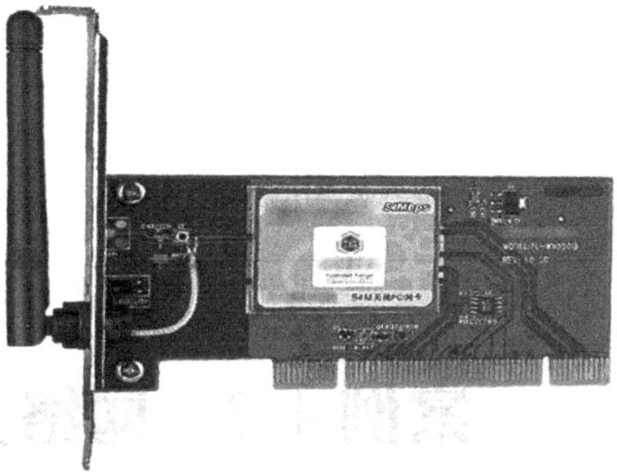

图 4.21　台式计算机的内置式无线网卡

图 4.22　笔记本电脑的内置式无线网卡

图 4.23　外置式无线网卡

3. 3G 技术的应用

现在，除了可以使用计算机连接 Internet，还可以使用手机、电视等连接 Internet。随着 3G 应用的普及，人们可以更方便地使用 Internet，真正做到随时随地收发讯息。

3G,全称为 3rd Generation,中文含义就是指第三代数字通信。2009 年问世的第三代(3G)与前两代的主要区别是在传输声音和数据速度上的提升,它能够在全球范围内更好地实现无缝漫游,并处理图像、音乐、视频流等多种媒体形式,提供包括网页浏览、电话会议、电子商务等多种信息服务,同时也要考虑与已有第二代系统的良好兼容性。3G 的核心应用包括宽带上网、视频通话、手机电视、无线搜索、手机音乐、手机购物、手机网游等。

4. 无线网卡和无线路由器配合使用,接入 Internet

工作模式:无线路由器与 Internet 通过 Modem 连接,接收 Internet 上的数据,发送给其信号覆盖范围内的计算机,这些计算机用无线网卡接收数据;同时,计算机使用无线网卡发送数据给无线路由器,再由无线路由器通过 Modem传输到 Internet 上,如图 4.24 所示。

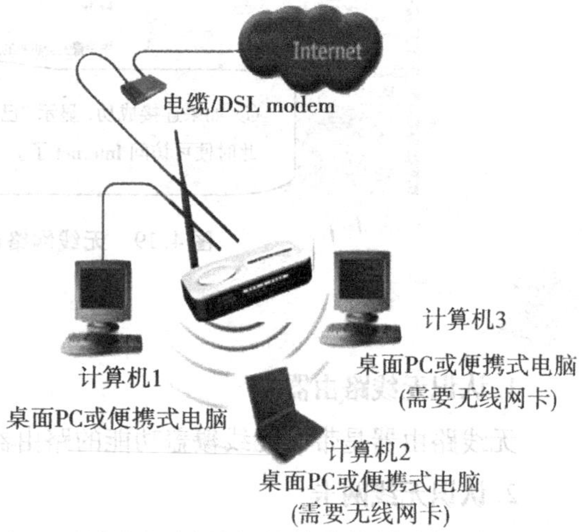

图 4.24 无线路由器的工作模式

实践与拓展

将你的计算机接入公司的无线网络。

案例 4.2 网络共享和传输

任务 1 网络共享的设置

小张和小王都是刚来的新人,公司要求小张和小王共用一台打印机。于是,小张将自己的计算机连接上打印机,并设置成为共享打印机。同时,为了方便使用彼此的文件,小张还将自己的一个文件夹设置成为共享。

任务要求

- 掌握打印机的共享方法。

任务解析

(1)打开“控制面板”,如图 4.25 所示。

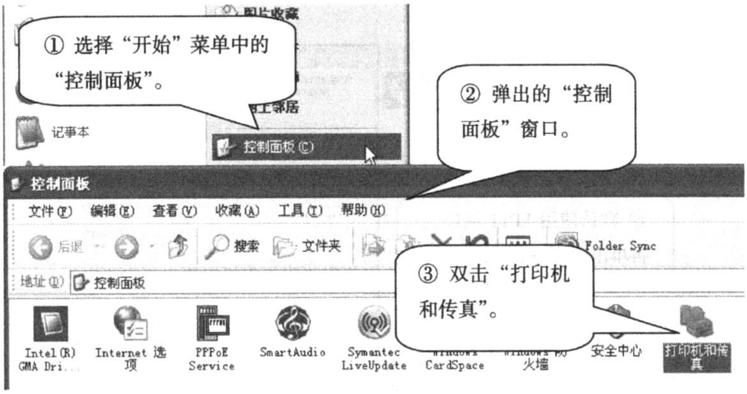
① 选择“开始”菜单中的“控制面板”。
② 弹出的“控制面板”窗口。
③ 双击“打印机和传真”。
控制面板
文件(F) 编辑(E) 查看(V) 收藏(A) 工具(T) 帮助(H)
地址(D) 控制面板
记事本
打印机和传真

图 4.25　打开“控制面板”

(2)添加共享打印机,如图 4.26 ~ 图 4.28 所示。

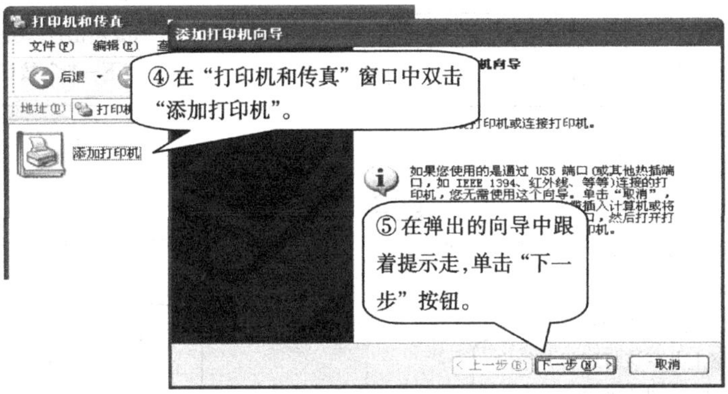
打印机和传真
添加打印机向导
④在“打印机和传真”窗口中双击“添加打印机”。
添加打印机
⑤在弹出的向导中跟着提示走,单击“下一步”按钮。
下一步(N) >
取消

图 4.26　“添加打印机”向导

知识拓展

驱动器的共享:除了打印机、文件夹可以共享外,对于计算机的硬盘,还可以实现整个驱动器的共享,其方法与文件夹的共享类似。唯一不同的是,它会多出一个安全提示,如图 4.29 所示。

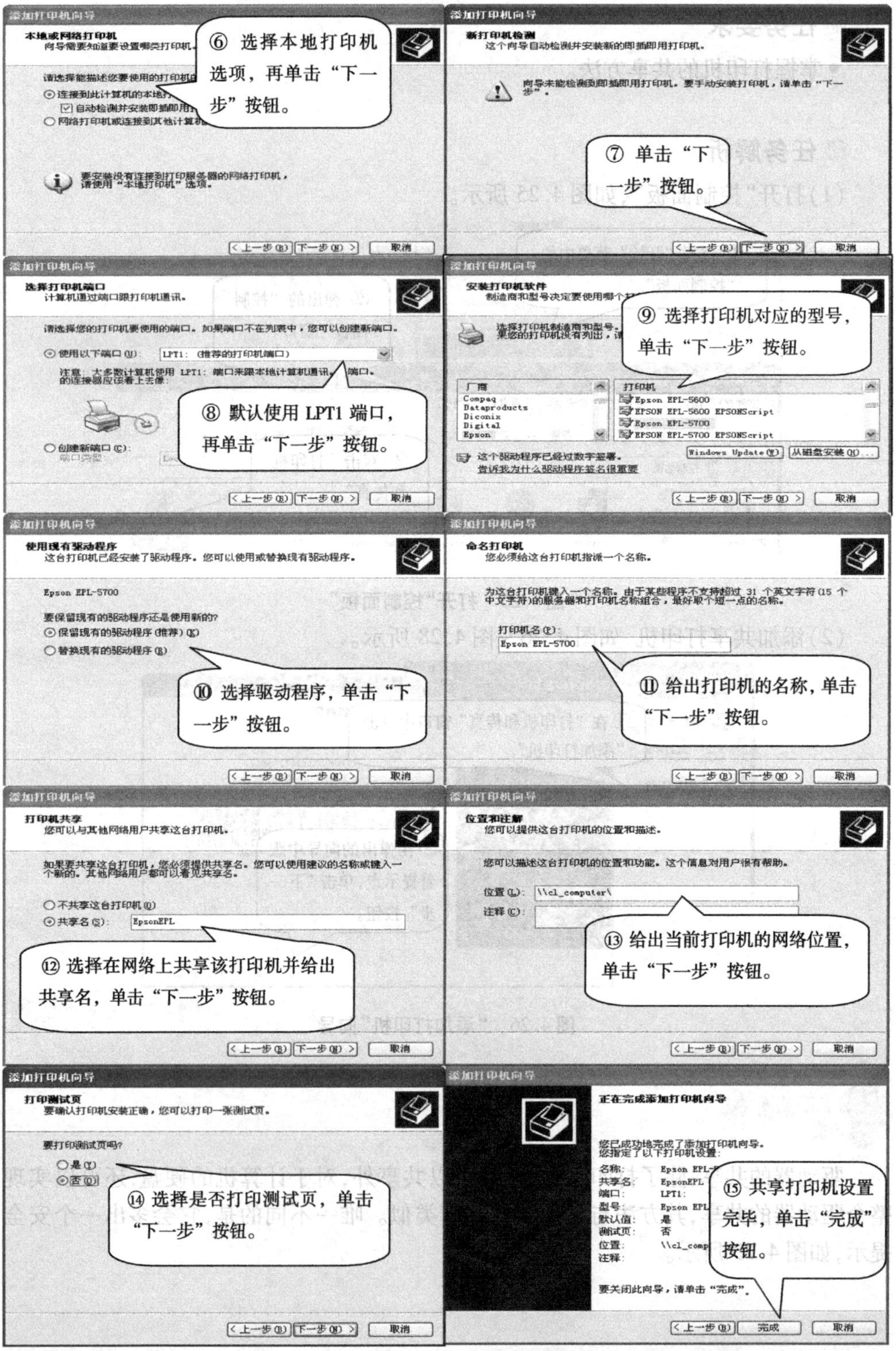
⑥ 选择本地打印机选项，再单击“下一步”按钮。
⑦ 单击“下一步”按钮。
⑧ 默认使用 LPT1 端口，再单击“下一步”按钮。
⑨ 选择打印机对应的型号，单击“下一步”按钮。
⑩ 选择驱动程序，单击“下一步”按钮。
⑪ 给出打印机的名称，单击“下一步”按钮。
⑫ 选择在网络上共享该打印机并给出共享名，单击“下一步”按钮。
⑬ 给出当前打印机的网络位置，单击“下一步”按钮。
⑭ 选择是否打印测试页，单击“下一步”按钮。
⑮ 共享打印机设置完毕，单击“完成”按钮。

图 4.27　共享打印机的设置

图 4.28　共享打印机设置完成

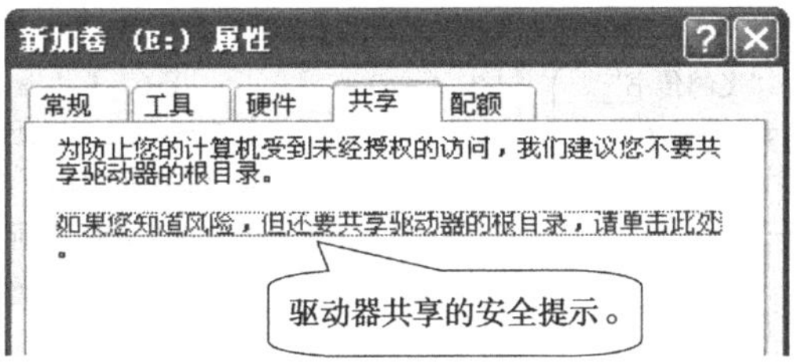

图 4.29　共享驱动器的安全提示

实践与拓展

将你的计算机连接到共享打印机,使其他人能通过局域网打印文件。

任务 2 网络文件传输

公司里经常会有文件需要在相互之间传递,小张从其他同事那里认识了一个局域网文件传输软件——“飞鸽传书”。

任务要求

- 认识“飞鸽传书”软件,了解其基本使用功能;
- 了解互联网上文件传输的一些相关软件。

任务解析

1. 相关知识

在日常的网络应用中,文件传输已经成为继即时通讯之后第二大网络基础应用,而点对点的文件发送是最方便的文件传输手段。目前,针对局域网文件传输有“飞鸽传书”“网传”“飞秋”等软件；针对 Internet 的即时通讯有 QQ、MSN、快递通等软件，它们都有点对点文件传输功能。

“飞鸽传书”是一款局域网内及时通信软件，它基于 TCP/IP(UDP)协议，可运行于多种操作平台(Win/Mac/UNIX/Java)并实现跨平台信息交流；它支持局域网间收发信息，可同时传送多个文件(或多个文件夹)，速度非常快。现在比较流行的是 2007 这一版本。

2. 操作步骤

(1)发送方操作步骤。打开“飞鸽传书”，如图 4.30 ~ 图 4.32 所示。

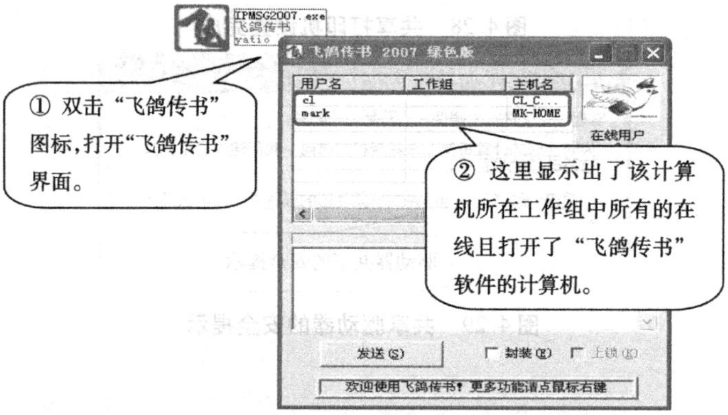

图 4.30 打开“飞鸽传书”

图 4.31 选择要发送的文件和文件夹

(2)接收方操作步骤。接收方自动弹出“收到消息”对话框，如图 4.33 ~ 图 4.35 所示。

知识拓展

用 MSN 在 Internet 上传输文件，如图 4.36 ~ 图 4.38 所示。

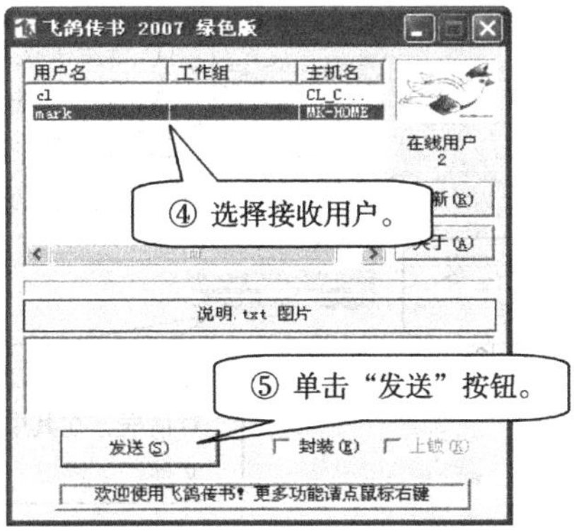

图 4.32　发送文件和文件夹

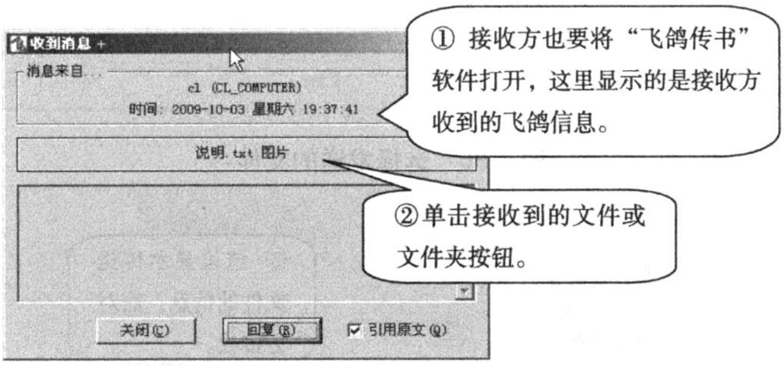

图 4.33　接收消息对话框

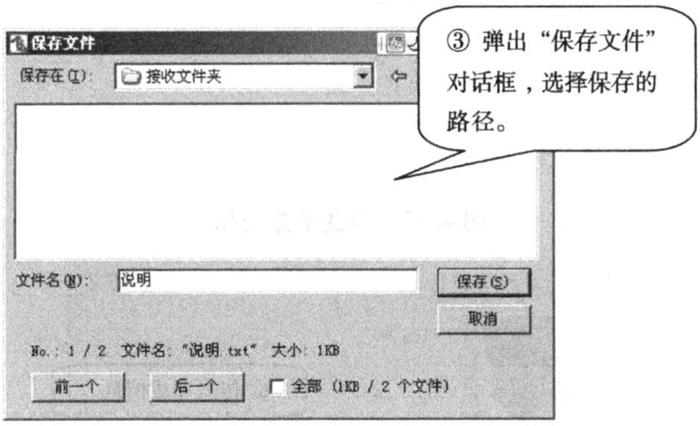

图 4.34　设置保存路径

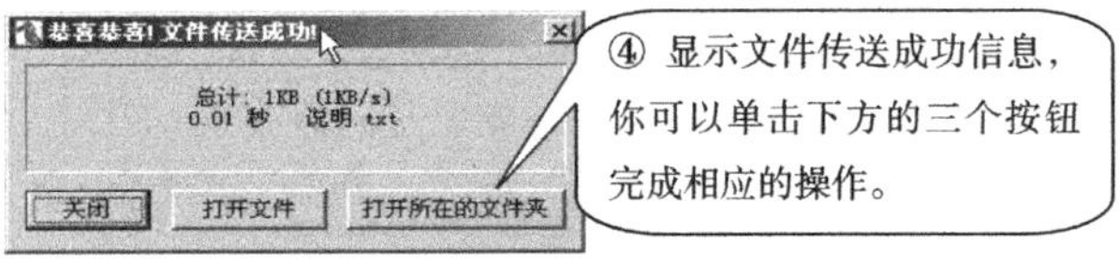

图 4.35　文件传送成功信息

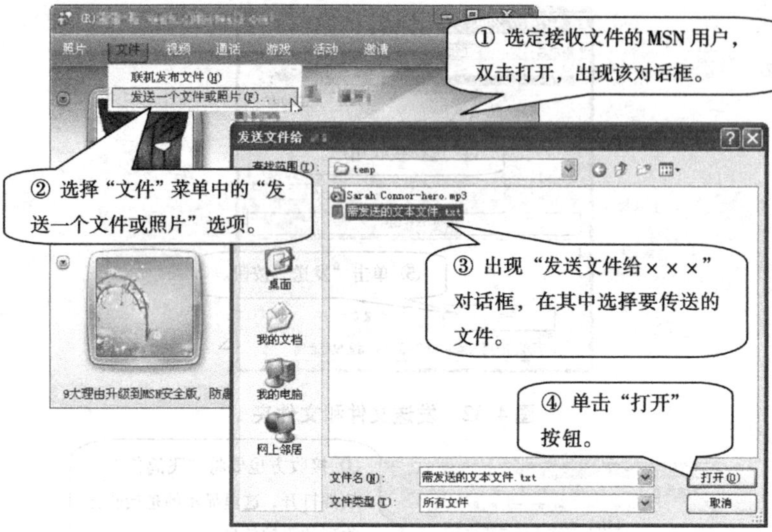
① 选定接收文件的MSN用户，双击打开，出现该对话框。
② 选择“文件”菜单中的“发送一个文件或照片”选项。
③ 出现“发送文件给×××”对话框，在其中选择要传送的文件。
④ 单击“打开”按钮。
发送文件给
Sarah Connor-hero.mp3
需发送的文本文件.txt
桌面
我的文档
我的电脑
网上邻居
文件名(N):
文件类型(T):
所有文件
打开(O)
取消

图 4.36　选择发送的文件

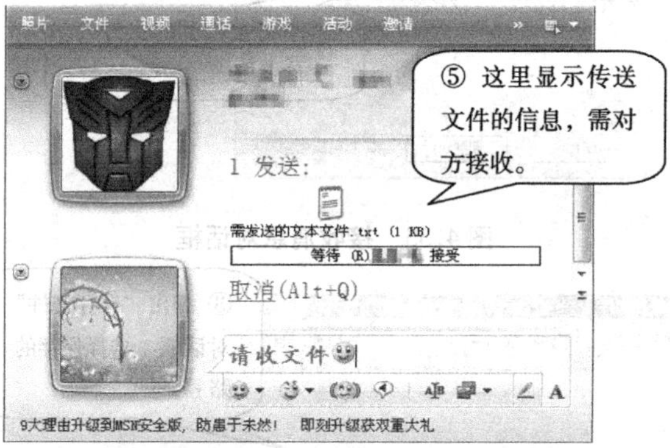
⑤ 这里显示传送文件的信息，需对方接收。
1 发送:
需发送的文本文件.txt (1 KB)
取消(Alt+Q)
请收文件
9大理由升级到MSN安全版，防患于未然！ 即刻升级获双重大礼

图 4.37　传送信息窗口

⑥ 传送完成信息。
传输“需发送的文本文件.txt”完成。
最后一条消息收于 19:01，2010-2-5。
请收文件
9大理由升级到MSN安全版，防患于未然！ 即刻升级获双重大礼

图 4.38　传送完成窗口信息

实践与拓展

利用传输软件将你的照片传送给你的同事或朋友。

案例 4.3 互联网应用

任务 1 IE 浏览器设置

小张发现自己在使用 IE 浏览器的过程中遇到了一些问题，并询问了公司的网管，网管建议他对浏览器进行一些设置。

任务要求

- 掌握 IE 浏览器的“Internet 选项”的相关设置。

任务解析

1. 相关知识

浏览器：指可以显示网页服务器或者文件系统的 HTML 文件内容，并让用户与这些文件交互的一种软件，它主要通过 HTTP 协议与网页服务器交互并获取网页。

2. 操作步骤

IE 浏览器的“Internet 选项”的部分设置，如图 4.39 ~ 图 4.41 所示。

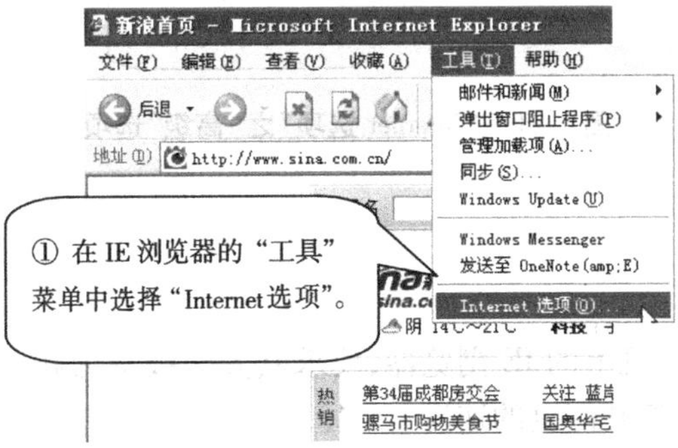

图 4.39 启动“Internet 选项”

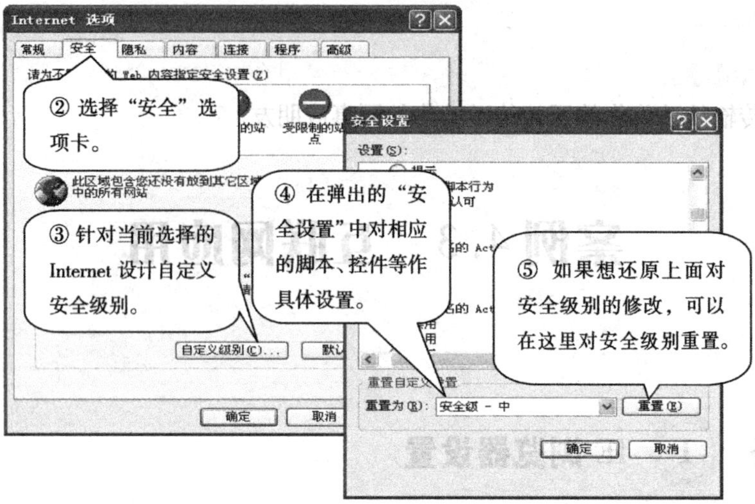

图 4.40　“Internet 选项”之“安全”设置

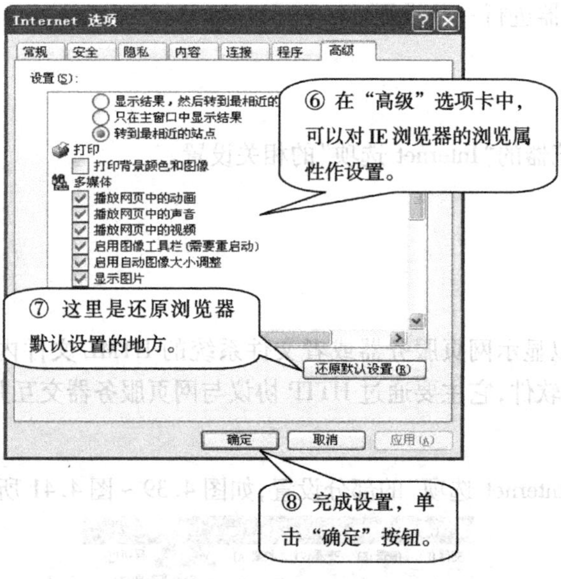

图 4.41　“Internet 选项”之“高级”选项

实践与拓展

设置你所使用计算机上的 IE 浏览器，要求其安全级别为高，并且只需在网页中显示文本性的内容，加快打开网页的速度。

任务 2 使用 Outlook 收发电子邮件

由于工作中大量使用到了电子邮件，而小张留给不同客户的电子邮件地址又不相同，所以他每次工作时都必须要同时打开几个邮箱，非常麻烦。公司网管建议小张使用 Office 的 Outlook 软件来管理自己的邮件。

任务要求

- 掌握 Outlook 中邮件账户的管理；
- 掌握 Outlook 中收发邮件的基本方法。

任务解析

1. 相关知识

Outlook 不是电子邮箱的提供者，它是 Windows 操作系统的一个收、发、写、管理电子邮件的自带软件，即收、发、写、管理电子邮件的工具，使用它收发电子邮件十分方便。我们在使用 Outlook 前，先要对它进行账户设置，设置的内容是用户注册的网站电子邮箱服务器及账户名和密码等信息。

2. 操作步骤

(1)打开 Outlook 窗口，如图 4.42 所示。

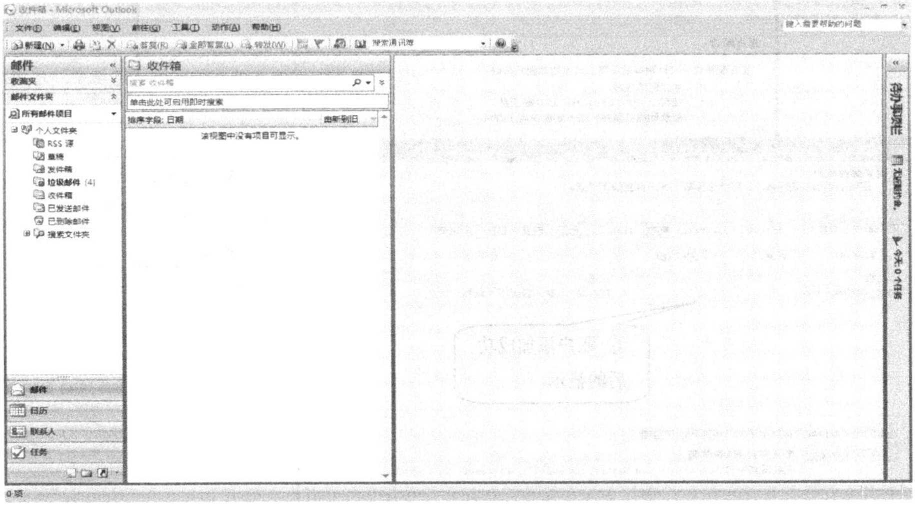

图 4.42 Outlook 界面

(2)在 Outlook 中添加邮件账户，如图 4.43 ~ 图 4.46 所示。

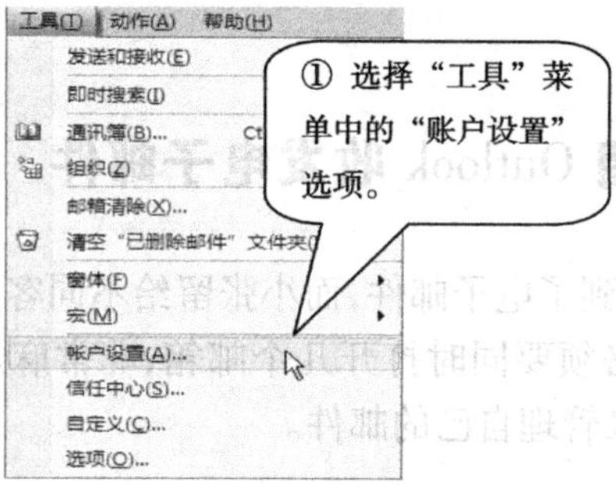

图 4.43　添加邮件账户步骤(1)

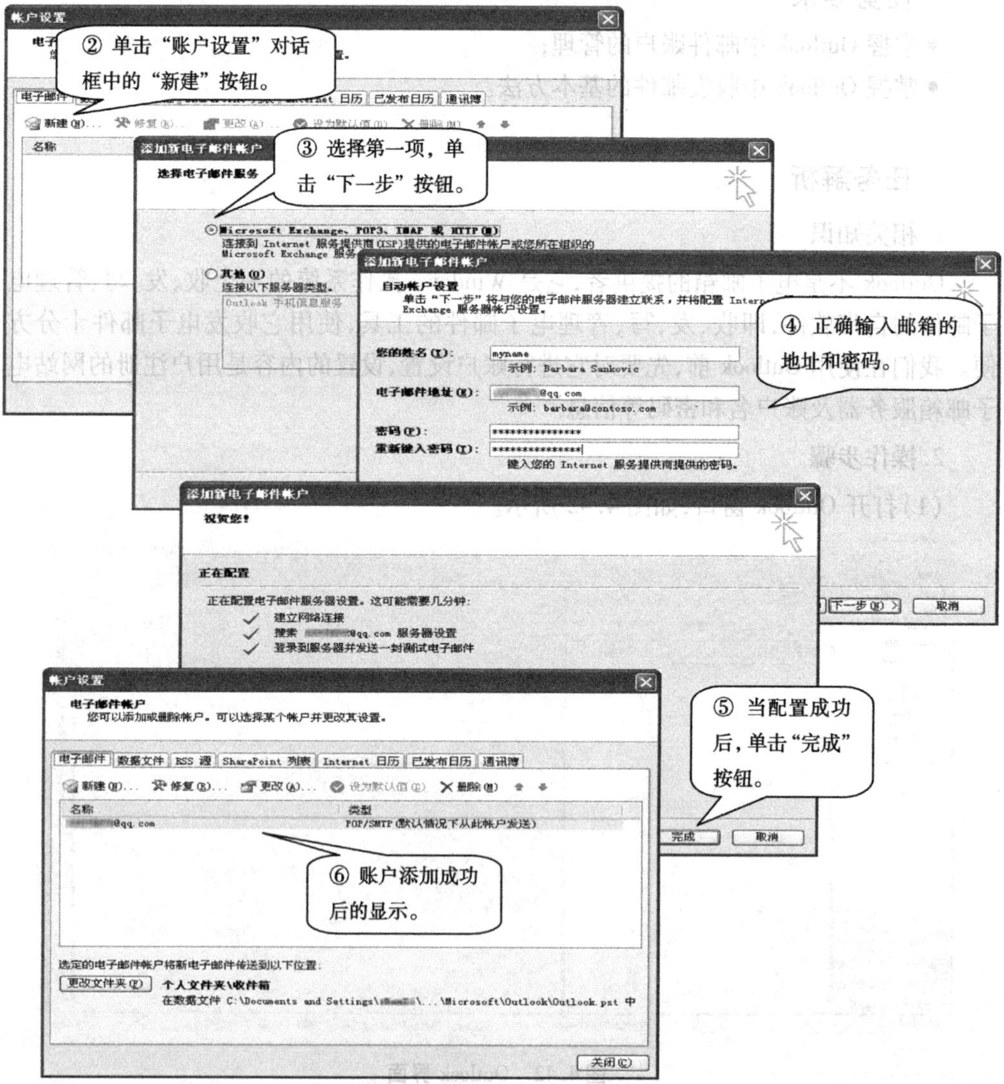

图 4.44　添加邮件账户步骤(2)

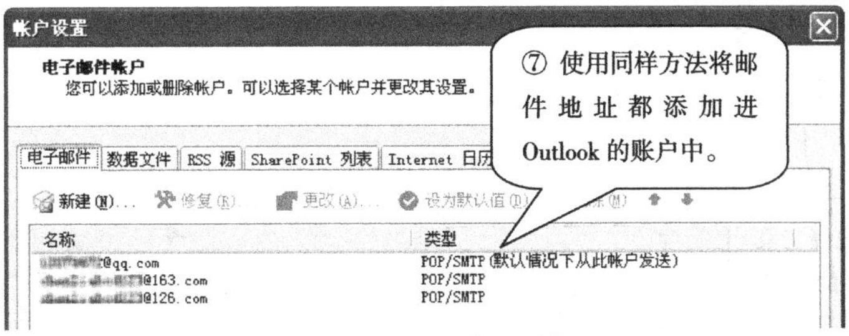

图 4.45　添加邮件账户步骤(3)

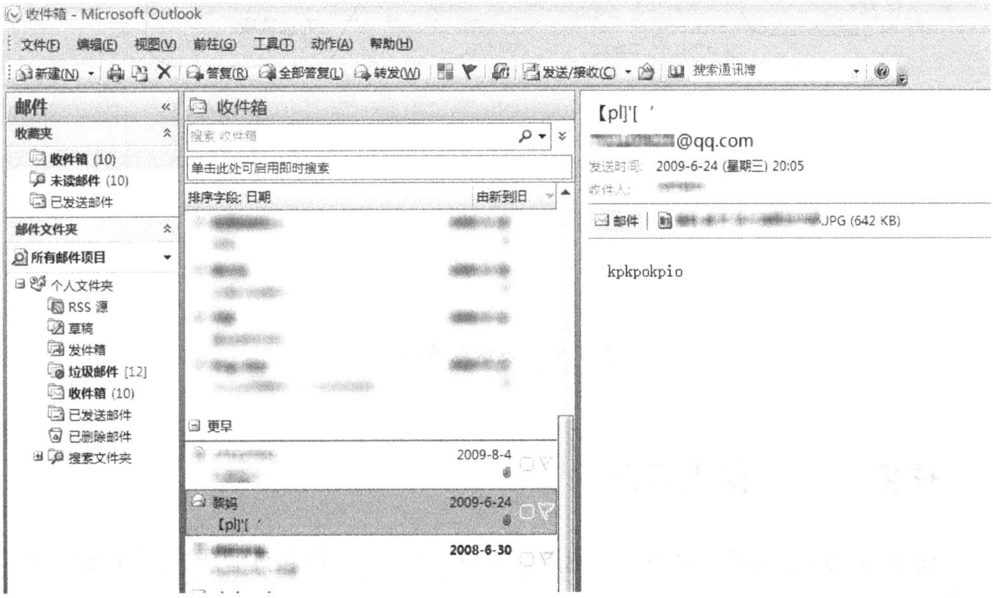

图 4.46　接收到邮件的 Outlook 收件箱界面

(3)使用 Outlook 发送邮件,如图 4.47 所示。

实践与拓展

设置你的 Outlook,对每个邮箱中的信件进行整理、删除等操作,同时在两个邮箱之间互相发送一封电子邮件。

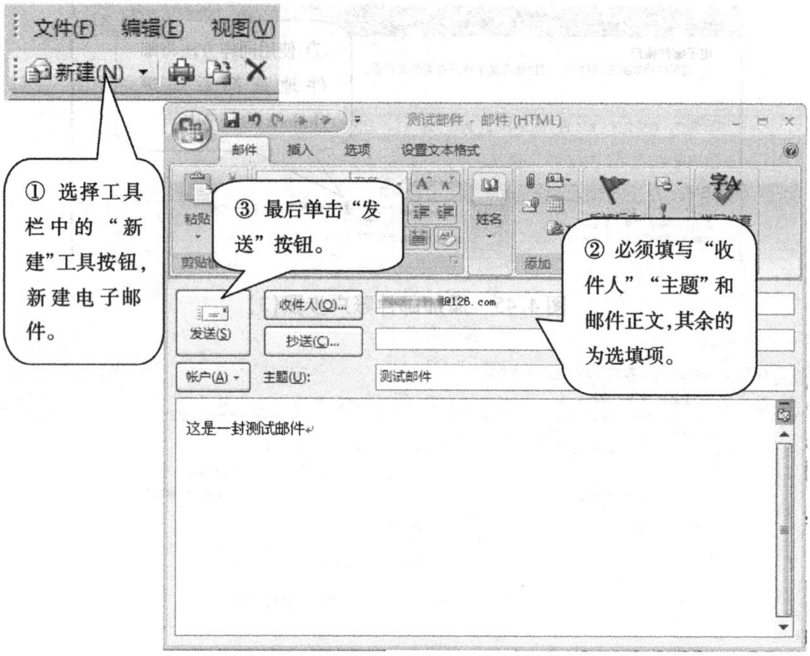

图 4.47 发送电子邮件

任务 3 网上订票

业务部经理王刚周一要去南京出差，公司将预订飞机票和订酒店这两件事交给小张来办。

任务要求

- 掌握网上票务的查询方法；
- 掌握网上订票的基本步骤。

任务解析

1. 相关知识

搜索引擎(search engine)是指根据一定的策略，运用特定的计算机程序搜集互联网上的信息，并对信息进行组织和处理，然后将处理后的信息显示给用户，它是为用户提供检索服务的系统。

2. 操作步骤

1)航班查询

(1)利用搜索引擎搜索出提供机票预订的网站，如图 4.48 所示。

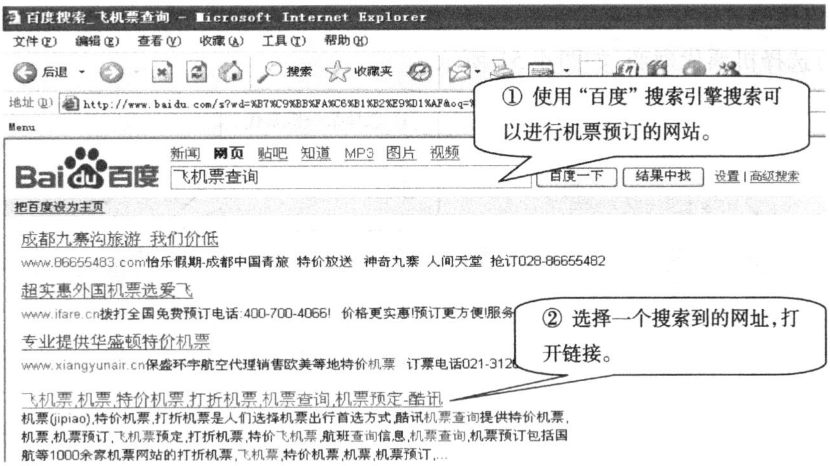

图 4.48 查询机票预订网站

(2)在该预订网站的机票预订栏目内输入机票查询信息，如图 4.49 所示。

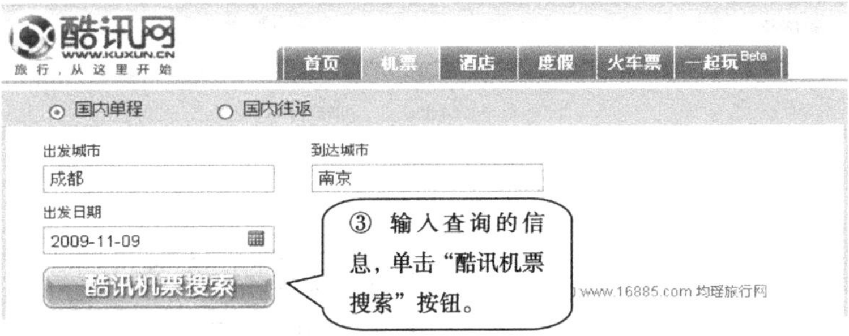

图 4.49 输入查询信息

(3)在查询结果中选择某一航班，预订机票，如图 4.50 所示。

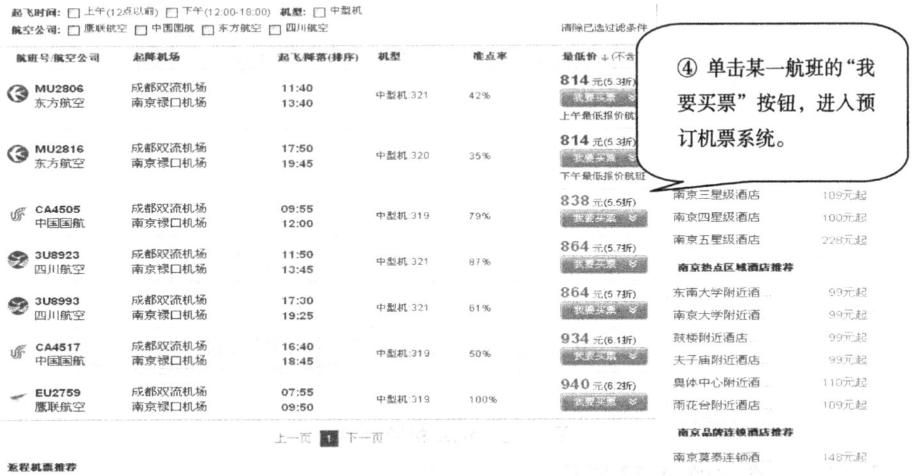

图 4.50 查询得到航班结果

2)机票预订

(1)选择机票代理商,如图 4.51 所示。

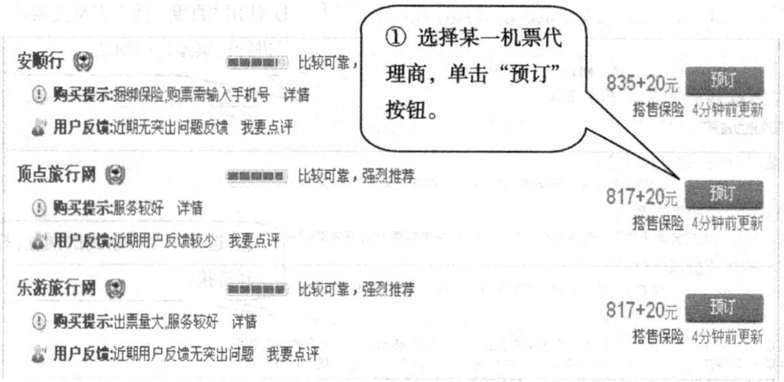

图 4.51 选择机票代理商

(2)填写机票订单,如图 4.52 所示。

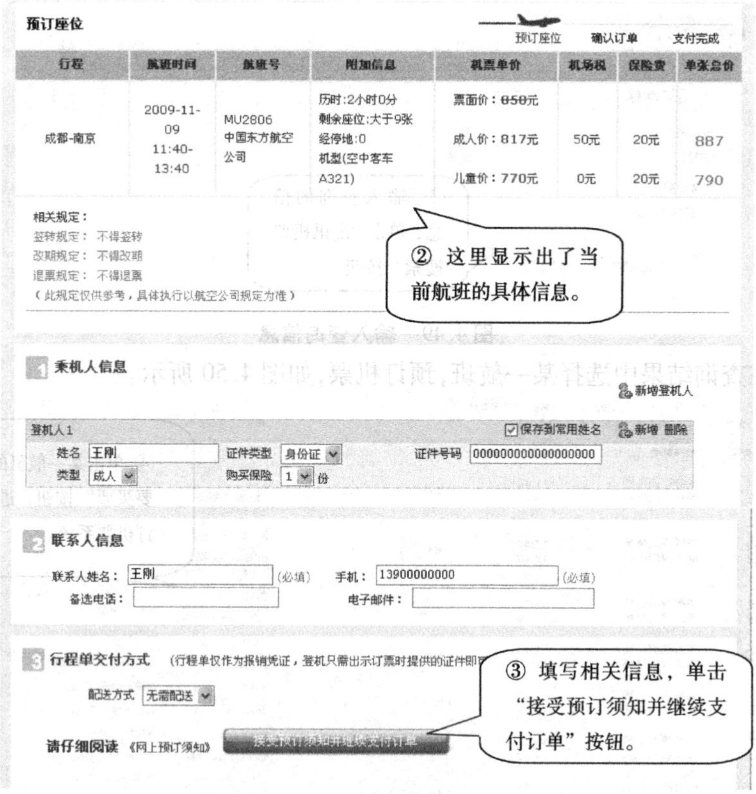

图 4.52 填写机票订单

(3)确认订单,如图 4.53 所示。

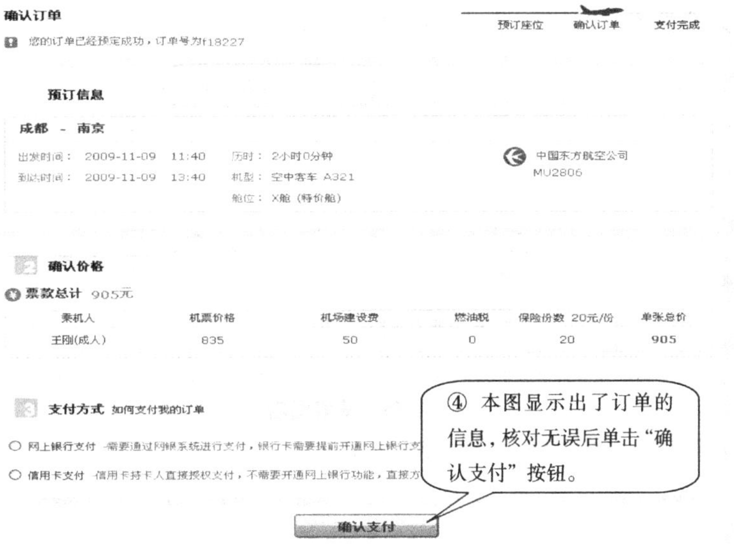
确认订单
预订座位 确认订单 支付完成
您的订单已经预定成功，订单号为f18227
预订信息
成都 - 南京
出发时间： 2009-11-09 11:40 历时： 2小时0分钟
到达时间： 2009-11-09 13:40 机型： 空中客车 A321
舱位： X舱（特价舱）
中国东方航空公司
MU2806
确认价格
票款总计 905元
乘机人 机票价格 机场建设费 燃油税 保险份数 20元/份 单张总价
王刚(成人) 835 50 0 20 905
支付方式 如何支付我的订单
网上银行支付
信用卡支付
④ 本图显示出了订单的信息，核对无误后单击“确认支付”按钮。
确认支付

图 4.53 确认订单

(4)网银支付，如图 4.54 所示。

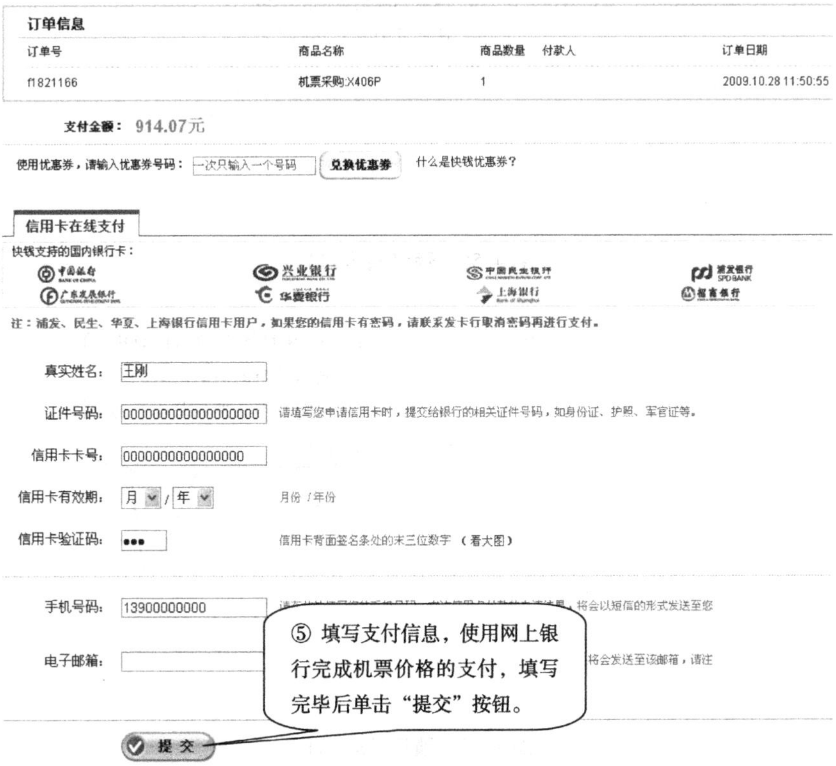
订单信息
订单号 商品名称 商品数量 付款人 订单日期
f1821166 机票采购X406P 1 2009.10.28 11:50:55
支付金额： 914.07元
使用优惠券，请输入优惠券号码： 一次只输入一个号码 兑换优惠券 什么是快钱优惠券？
信用卡在线支付
快钱支持的国内银行卡：
注：浦发、民生、华夏、上海银行信用卡用户，如果您的信用卡有密码，请联系发卡行取消密码再进行支付。
真实姓名： 王刚
证件号码： 000000000000000000 请填写您申请信用卡时，提交给银行的相关证件号码，如身份证、护照、军官证等。
信用卡卡号： 0000000000000000
信用卡有效期： 月 / 年 月份 / 年份
信用卡验证码： 信用卡背面签名条处的末三位数字 （看大图）
手机号码： 13900000000
电子邮箱：
⑤ 填写支付信息，使用网上银行完成机票价格的支付，填写完毕后单击“提交”按钮。
提交

图 4.54 网银支付

3)酒店预订

(1)输入要搜索的酒店信息,如图 4.55 所示。

图 4.55 搜索酒店

(2)预订酒店,如图 4.56 和图 4.57 所示。

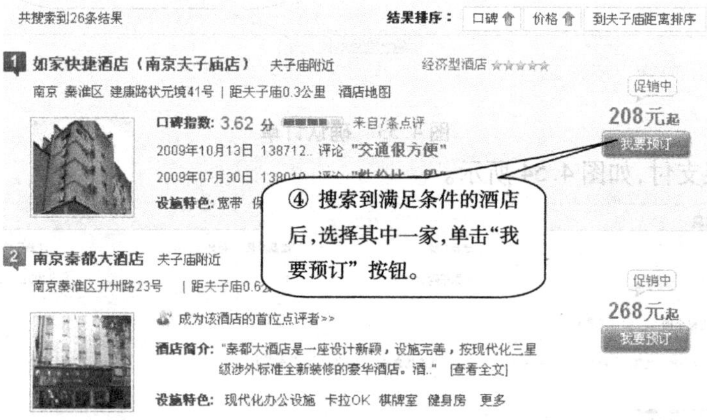

图 4.56 预订酒店(1)

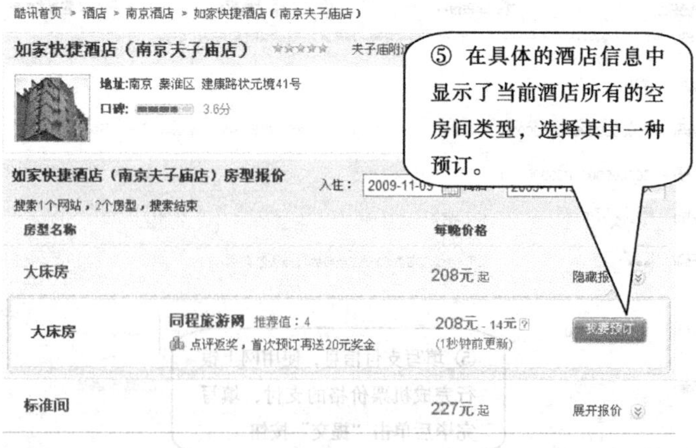

图 4.57 预订酒店(2)

(3)输入房间预订信息,如图 4.58 所示。

图 4.58 预订房间

(4)确认订单信息，如图 4.59 所示。

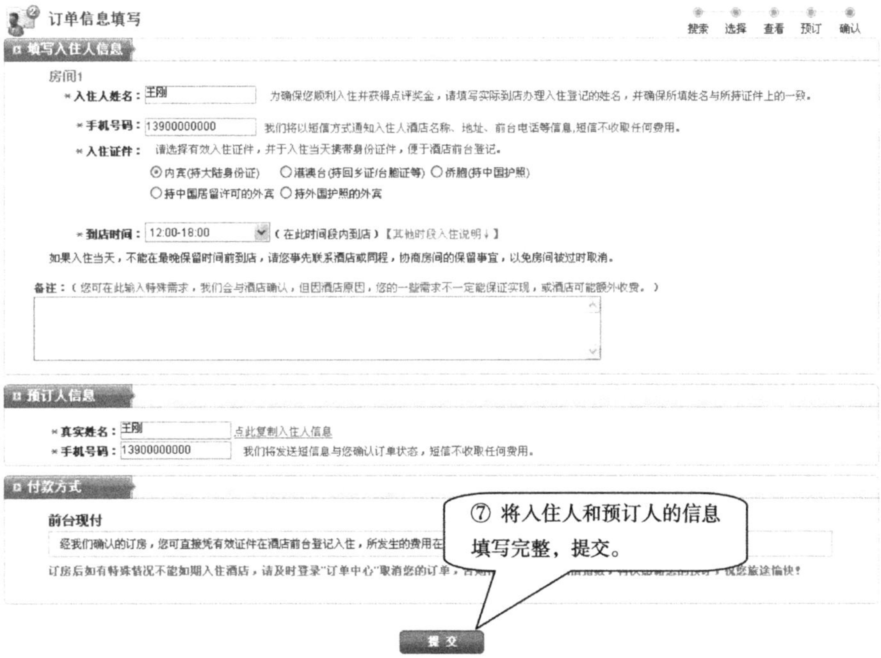

图 4.59 确认订单

实践与拓展

制订你的假期出游计划，并在网上预订旅行社和酒店。

5

Word高级应用

本章详细讲解了 Word 2007 录入技巧、文本校对、模板的创建使用、图文表混排操作、索引目录的创建以及邮件合并操作，可让初学者从入门到精通，也可让专业用户从中吸取到更多的技巧和心得！

学习目标

掌握在 Word 中插入特殊符号和数学公式的方法；
掌握创建、使用模板的方法；
掌握创建、使用样式的方法；
掌握审阅、修订文档的方法；
掌握保护文档的方法；
掌握 Word 页面布局和页眉、页脚、页码的设置；
熟练掌握域的使用方法；
掌握 Word 应用技巧，熟练进行图文表混排；
了解和掌握邮件合并的应用场合和使用方法；
灵活应用目录和索引，为读者创建“地图”。

案例 5.1　录入和校对

文字录入是 Word 的基本功能，我们不但可以在文档中录入文字和标点符号，还可以插入各种特殊符号和数学公式。另外，在完成文档的录入以后，还可以利用 Word 自带的审阅和修订功能对文档进行校对。

任务 1 录入文字与标点符号

美时达公司最近由于业务拓展的需要，要重新制作一张公司简介，要求简介内容要突出公司特点，语言简洁，同时能吸引客户的注意力。经理将这个任务交给了业务部的秘书陈晓，要求她尽快提交初稿，以便领导进行审阅和修改。

任务要求

- 掌握 Word 中插入特殊符号的方法；
- 掌握 Word 中插入数学公式的方法。

任务解析

1. 相关知识

在 Word 编辑过程中，我们时常会遇到很多特殊的字符，比如中文标点符号、数学符号、罗马字符、带圈的数字序号以及一些数学公式等，有些符号或数学公式无法通过键盘来输入，怎么办呢？我们可以利用符号工具栏和符号窗口或者利用公式编辑器来进行输入。

2. 操作步骤

1）在文档中插入特殊符号

（1）启动 Word 2007，新建一空白文档，以文件名“公司简介”保存。

（2）录入公司简介内容，效果如图 5.1 所示。

（3）在文档中的公司名称后插入版权符号，如图 5.2 所示。

2）在文档中插入数学公式

（1）插入内置数学公式，如图 5.3 所示。

（2）插入自定义公式，如图 5.4 所示。

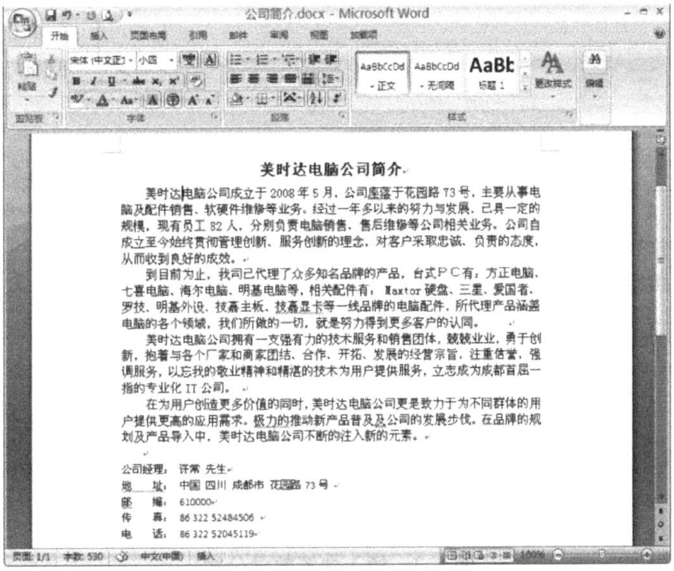
公司简介.docx - Microsoft Word
美时达电脑公司简介
美时达电脑公司成立于 2008 年 5 月，公司座落于花园路 73 号，主要从事电脑及配件销售、软硬件维修等业务。经过一年多以来的努力与发展，已具一定的规模，现有员工 82 人，分别负责电脑销售、售后维修等公司相关业务。公司自成立至今始终贯彻管理创新、服务创新的理念，对客户采取忠诚、负责的态度，从而收到良好的成效。
到目前为止，我司已代理了众多知名品牌的产品，台式ＰＣ有：方正电脑、七喜电脑、海尔电脑、明基电脑等，相关配件有：Maxtor 硬盘、三星、爱国者、罗技、明基外设、技嘉主板、技嘉显卡等一线品牌的电脑配件，所代理产品涵盖电脑的各个领域，我们所做的一切，就是努力得到更多客户的认同。
美时达电脑公司拥有一支强有力的技术服务和销售团体，兢兢业业，勇于创新，抱着与各个厂家和商家团结、合作、开拓、发展的经营宗旨，注重信誉，强调服务，以忘我的敬业精神和精湛的技术为用户提供服务，立志成为成都首屈一指的专业化 IT 公司。
在为用户创造更多价值的同时，美时达电脑公司更是致力于为不同群体的用户提供更高的应用需求。极力的推动新产品普及及公司的发展步伐。在品牌的规划及产品导入中，美时达电脑公司不断的注入新的元素。
公司经理：许常 先生
地 址：中国 四川 成都市 花园路 73 号
邮 编：610000
传 真：86 322 52484506
电 话：86 322 52045119

图 5.1　录入“公司简介”文档内容

① 单击“插入”菜单中的“符号”按钮，选择“其他符号”命令。
② 选择要插入的符号，单击“插入”按钮。
③ 特殊符号已插入。

图 5.2　插入版权符号

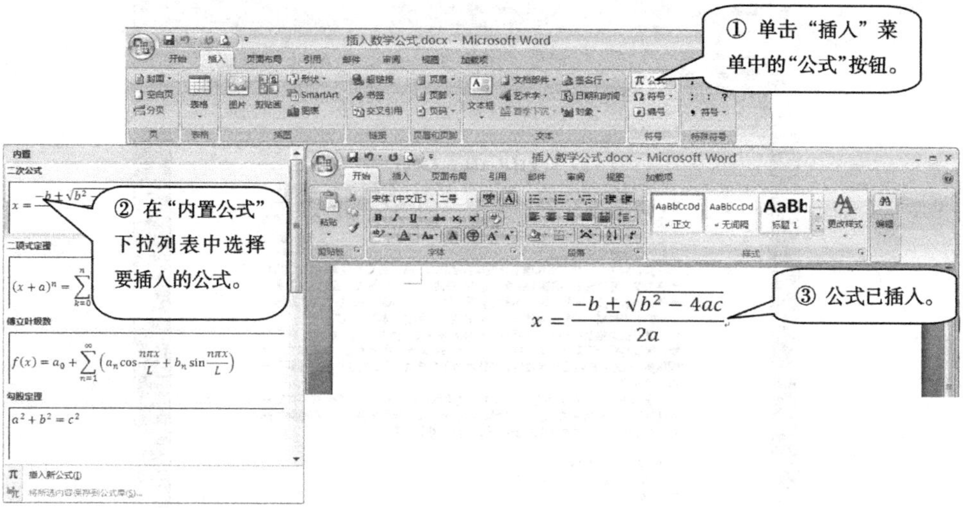

① 单击“插入”菜单中的“公式”按钮。
② 在“内置公式”下拉列表中选择要插入的公式。
③ 公式已插入。

图 5.3　插入内置数学公式

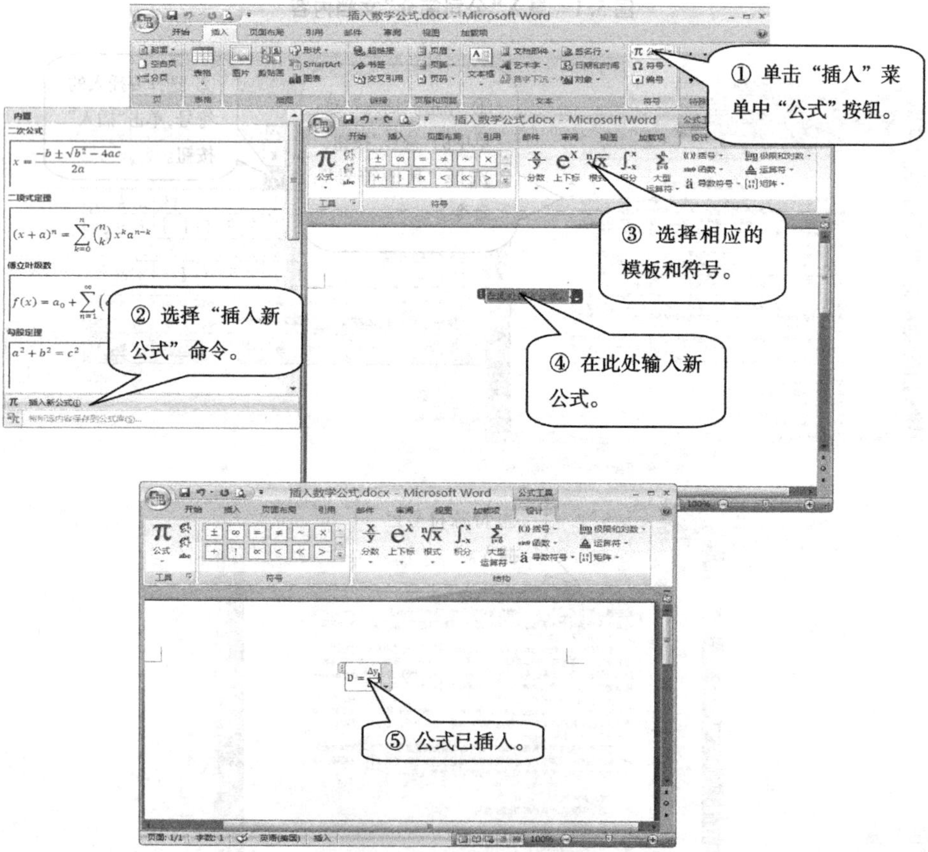

① 单击“插入”菜单中“公式”按钮。
② 选择“插入新公式”命令。
③ 选择相应的模板和符号。
④ 在此处输入新公式。
⑤ 公式已插入。

图 5.4　插入自定义公式

实践与拓展

练习在 Word 文档中插入特殊符号和数学公式。

任务 2 文档的审阅和修订

公司简介完成了，经理对文档的内容和格式进行进一步的审阅和修订后返回给陈晓修改。

任务要求

- 掌握 Word 中检查拼写和语法错误的方法；
- 掌握 Word 中对文档进行审阅和修订的方法。

任务解析

1. 相关知识

在对 Word 进行拼写和语法检查时，红色的波浪下划线代表该处有拼写错误，绿色的波浪下划线则代表该处有语法错误。

文档的审阅和修订包括为文档加入批注，删除和添加文本内容等。

2. 操作步骤

(1)打开文档“公司简介. docx”。

(2)对文档进行拼写和语法检查，操作过程如图 5.5 所示。

(3)对文档进行审阅和修订，操作过程如图 5.6 所示。

知识拓展

(1)批注是对文档中需要加以说明和解释的文字所加的注解。

(2)对文档完成审阅和修订后，对要保留的修订部分可以接受，要保持原样的则可以拒绝修订。接受和拒绝修订过程如图 5.7 所示。

(3)对文档中批注和修订部分显示的格式可以自定义设置，如图 5.8 所示。

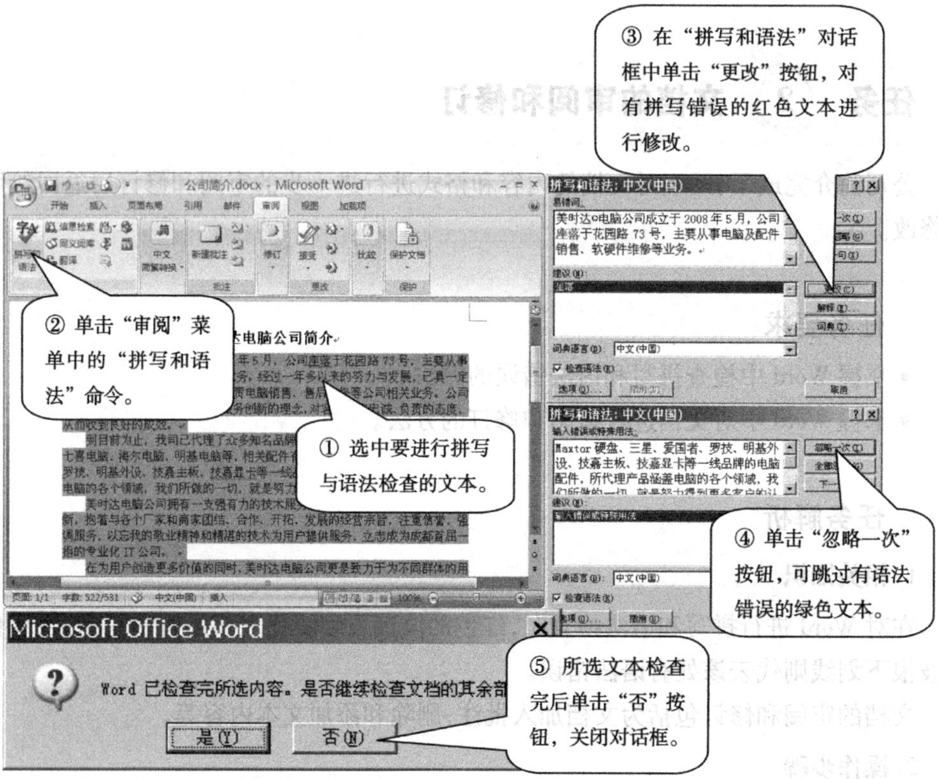
③ 在“拼写和语法”对话框中单击“更改”按钮，对有拼写错误的红色文本进行修改。
② 单击“审阅”菜单中的“拼写和语法”命令。
① 选中要进行拼写与语法检查的文本。
④ 单击“忽略一次”按钮，可跳过有语法错误的绿色文本。
Microsoft Office Word
⑤ 所选文本检查完后单击“否”按钮，关闭对话框。

图 5.5　对文档进行拼写和语法检查

实践与拓展

领导将你呈上去的报告进行了部分修改和批注，请显示出领导修改的所有部分，并作相应修改。

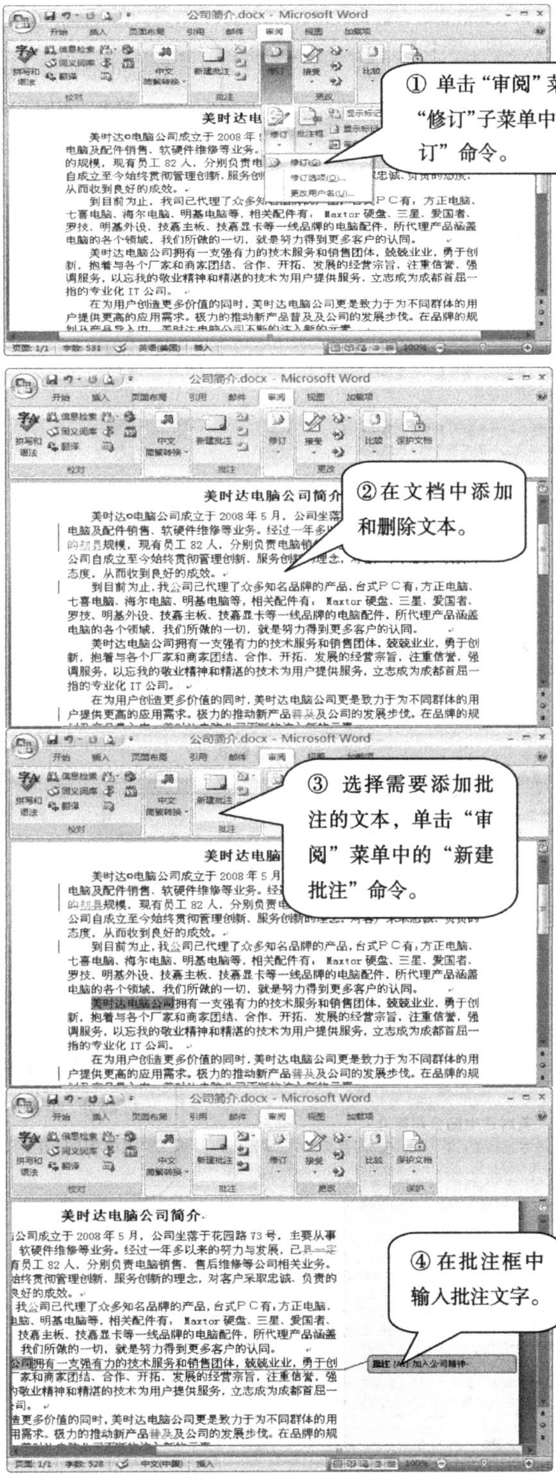

① 单击“审阅”菜单中“修订”子菜单中的“修订”命令。
②在文档中添加和删除文本。
③ 选择需要添加批注的文本，单击“审阅”菜单中的“新建批注”命令。
④ 在批注框中输入批注文字。

图 5.6　对文档进行审阅和修订

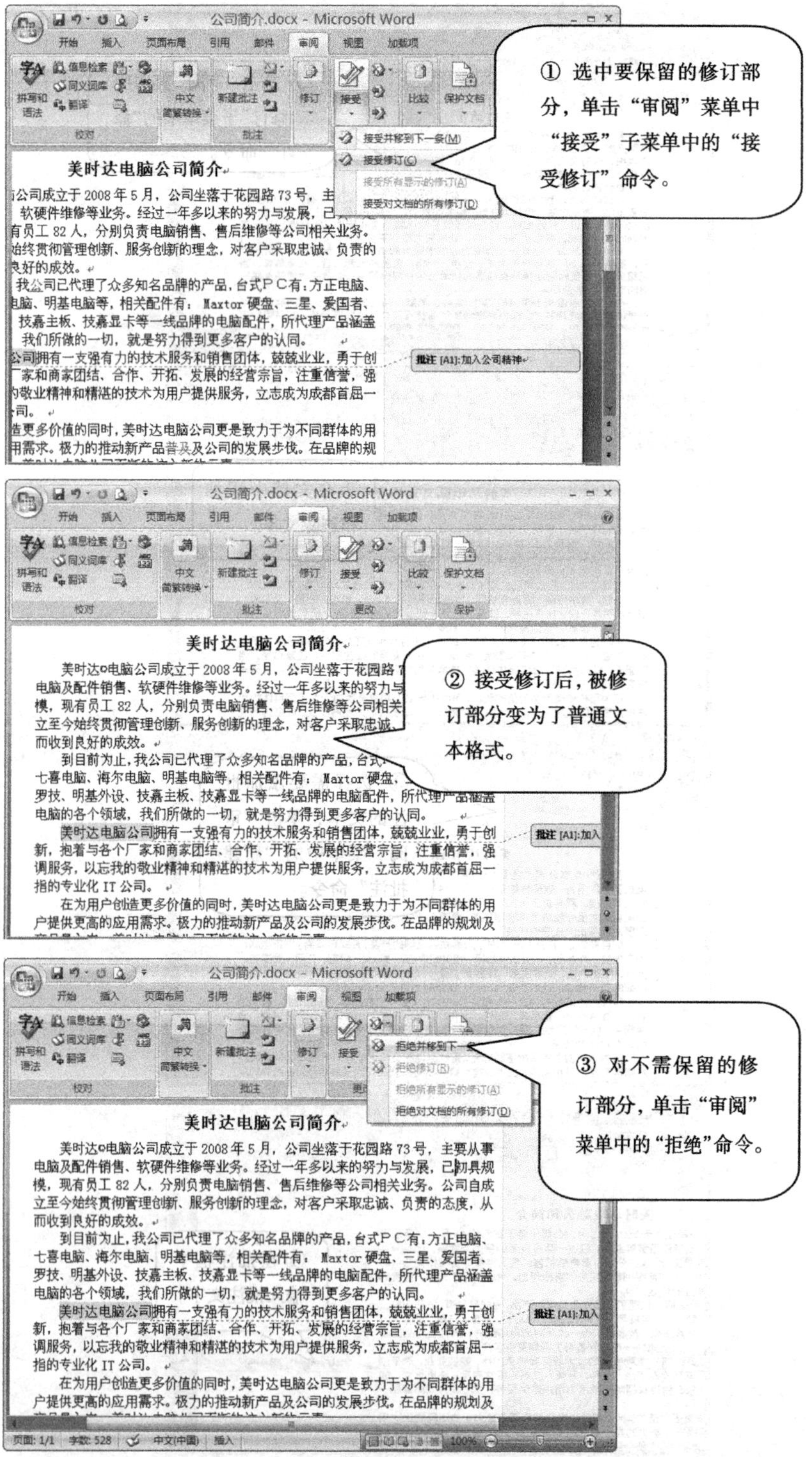
① 选中要保留的修订部分，单击“审阅”菜单中“接受”子菜单中的“接受修订”命令。
② 接受修订后，被修订部分变为了普通文本格式。
③ 对不需保留的修订部分，单击“审阅”菜单中的“拒绝”命令。

图 5.7　接受或拒绝修订

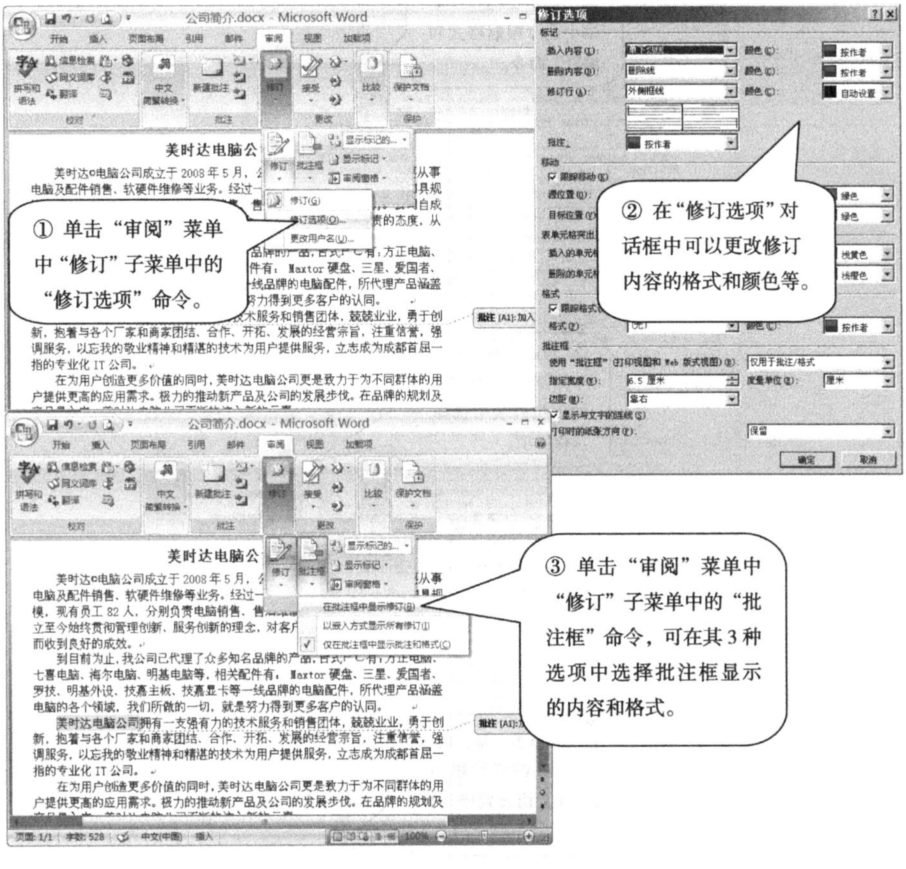

图 5.8　修改批注和修订显示的格式

任务 3 保护文档

公司简介定稿后，陈晓要将其交给宣传部进行印制和存档。为了防止他人的误操作及保留文档的完整性，陈晓决定对文档进行保护。

■ 任务要求

- 掌握 Word 中限制文档格式和编辑的方法。

■ 任务解析

(1)打开修订后的文档“公司简介. docx”。

(2)对文档进行保护，操作过程如图 5.9 所示。

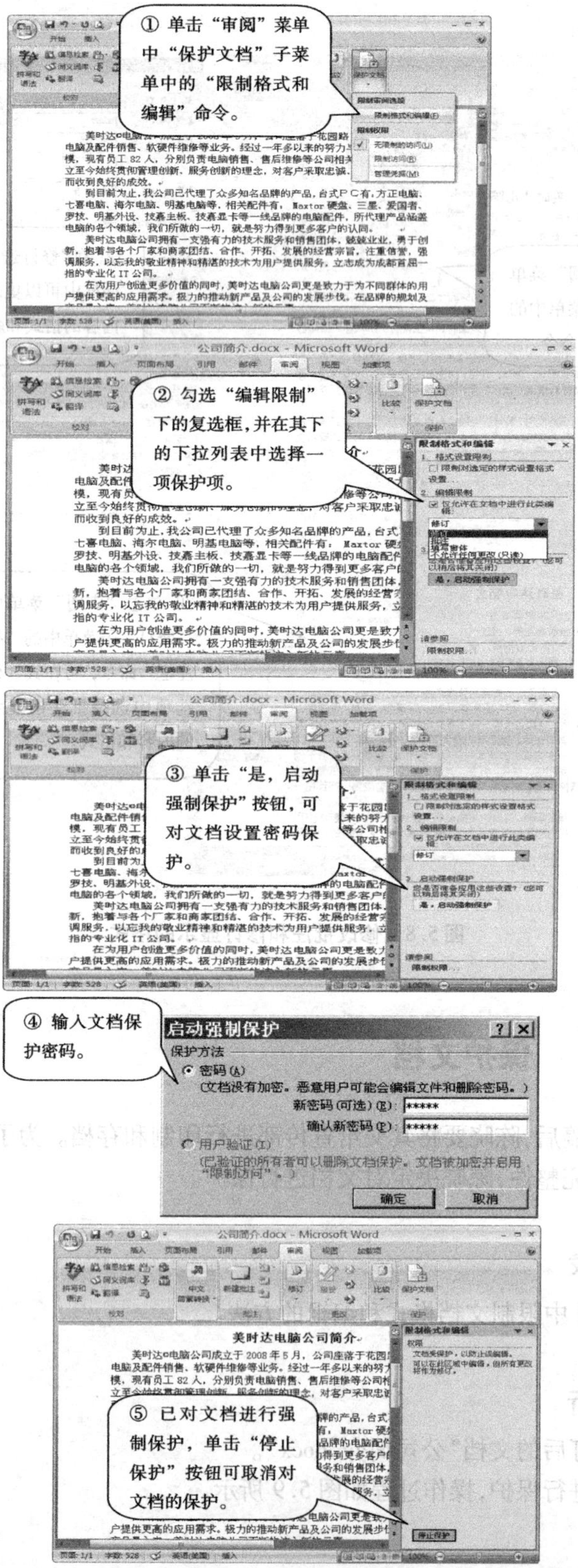
① 单击“审阅”菜单中“保护文档”子菜单中的“限制格式和编辑”命令。
② 勾选“编辑限制”下的复选框，并在其下的下拉列表中选择一项保护项。
③ 单击“是，启动强制保护”按钮，可对文档设置密码保护。
④ 输入文档保护密码。
启动强制保护
保护方法
密码(A)
(文档没有加密。恶意用户可能会编辑文件和删除密码。)
新密码(可选)(E):
确认新密码(P):
用户验证(I)
(已验证的所有者可以删除文档保护。文档被加密并启用“限制访问”。)
确定
取消
⑤ 已对文档进行强制保护，单击“停止保护”按钮可取消对文档的保护。

图 5.9　保护文档

实践与拓展

[例文]

世卫组织提出改善全球精神卫生新战略

世界卫生组织（WHO）总干事布伦特兰博士 11 月 11 日在北京指出，精神疾病对人类和社会造成越来越严重的负担：世界上前 10 种致残或使人失去劳动能力的主要疾病中有 5 种是精神疾病；全世界（包括发展中国家）的十大疾病中，精神抑郁症列第五位，预计到 2020 年它将跃升到世界第二位；全世界仍有 1／3 的人口得不到精神治疗的基本药品；在中国，精神疾病目前占所有疾病的 14.3%，预计到 2020 年将上升到 17．4%.

WHO 提出的新的精神卫生工作战略是：为精神病治疗制定指南：通过公共教育和宣传让社区在精神病治疗领域尽可能发挥最大作用；研究和推广建立在科学研究基础上的经济有效的精神病宣传，治疗和预防措施，同时必须增强医务人员充分利用这些措施的能力；持续地为首要的精神病治疗提供必要的药品。

布伦特兰强调为保证所有这些措施取得成功，各国都需要一个良好的政策环境，如把精神卫生保健结合到整个医疗保健体系之中，将精神病医疗资源分散化。加强药物和人力资源的管理，加强与非健康部门（包括就业、养老、住房、教育等）的联系，加强社区的社会联系，同时还需要为精神卫生立法建立足够的标准，等等。

对上面这篇文章，按下列要求操作。

(1)为文档设置修订显示格式。

(2)为文档设置密码保护。

案例 5.2　模板的使用

模板是 Word 中非常有用的一种文档类型，它集合了我们在日常生活和工作中常用到的各种应用文类型，使我们很多重复性的工作得到了简化，下面我们就来学习如何使用 Word 中的模板。

任务 1　已有模板的使用

陈晓所在的电脑公司经常需要给客户发送各种传真，传真中的大部分条目都是固定的。为了提高工作效率，陈晓决定寻找一种简便快捷的方法，Word 2007 中的模板就提供了一种很好的解决途径。

任务要求

- 掌握利用 Word 中已有模板创建文档的方法；
- 理解模板的用途。

任务解析

1. 相关知识

模板的种类，如图 5.10 所示。

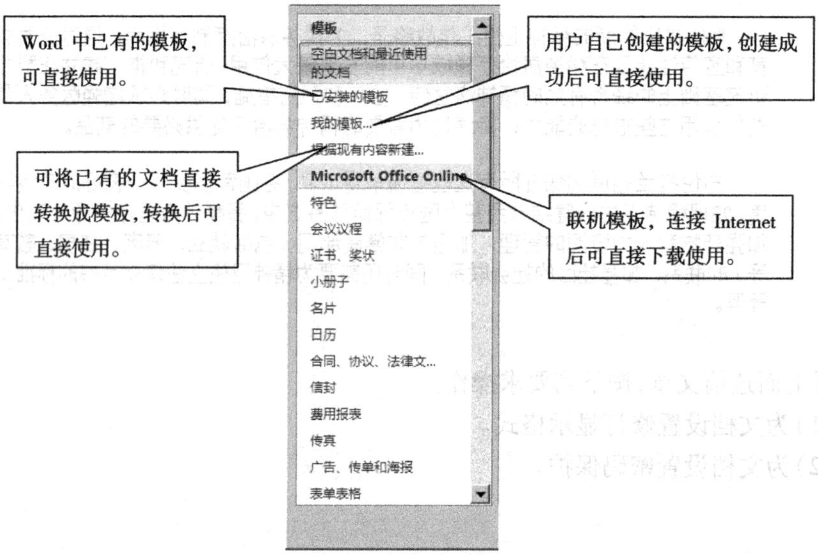

图 5.10　模板的种类

2. 操作步骤

(1)启动 Word 2007。

(2)使用“平衡传真”模板新建一文档，操作过程如图 5.11 所示。

(3)修改模板中的相应内容，以文件名“传真.docx”保存，效果如图 5.12 所示。

知识拓展

使用模板创建新模板及使用

(1)模板中的内容经过修改后可以成为新的模板供我们以后使用，在选定模板类型后，选择“创建模板”即可，如图 5.13 所示。

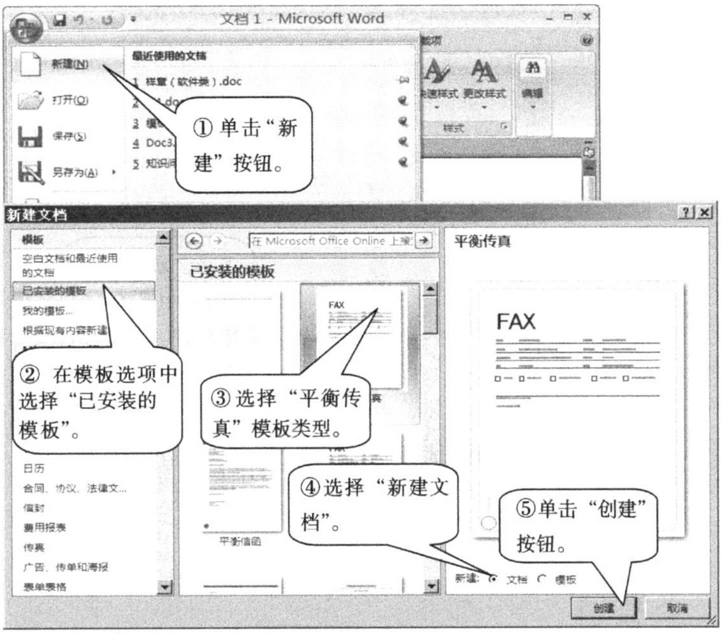
文档 1 - Microsoft Word
新建(N)
打开(O)
保存(S)
另存为(A)
最近使用的文档
① 单击"新建"按钮。
新建文档
模板
空白文档和最近使用的文档
已安装的模板
我的模板...
根据现有内容新建...
已安装的模板
平衡传真
FAX
② 在模板选项中选择"已安装的模板"。
③ 选择"平衡传真"模板类型。
日历
合同、协议、法律文...
信封
费用报表
传真
广告、传单和海报
表单表格
平衡信函
④ 选择"新建文档"。
⑤单击"创建"按钮。
新建: 文档 模板
创建
取消

图 5.11　使用模板新建文档

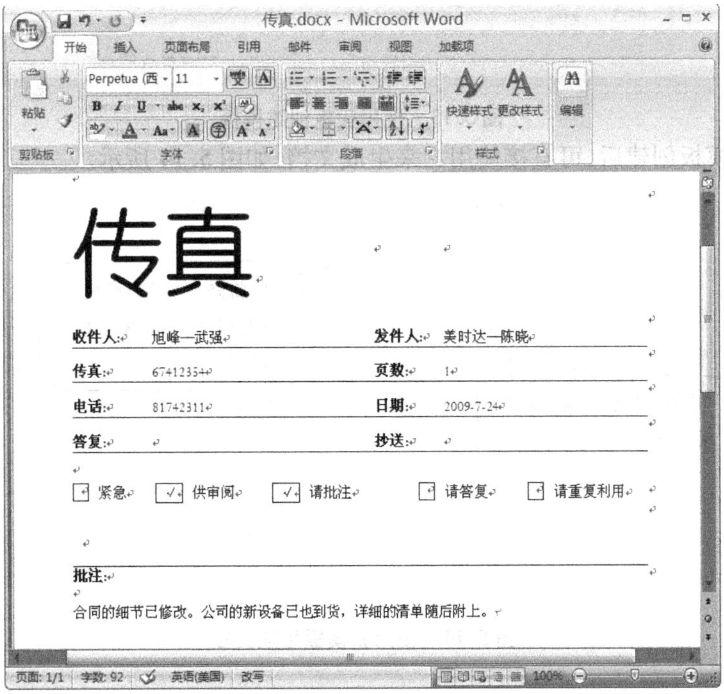
传真.docx - Microsoft Word
开始 插入 页面布局 引用 邮件 审阅 视图 加载项
传真
收件人: 旭峰—武强
发件人: 美时达—陈晓
传真: 67412354
页数: 1
电话: 81742311
日期: 2009-7-24
答复:
抄送:
紧急
供审阅
请批注
请答复
请重复利用
批注:
合同的细节已修改。公司的新设备已也到货，详细的清单随后附上。
页面: 1/1 字数: 92 英语(美国) 改写 100%

图 5.12　修改模板内容并保存

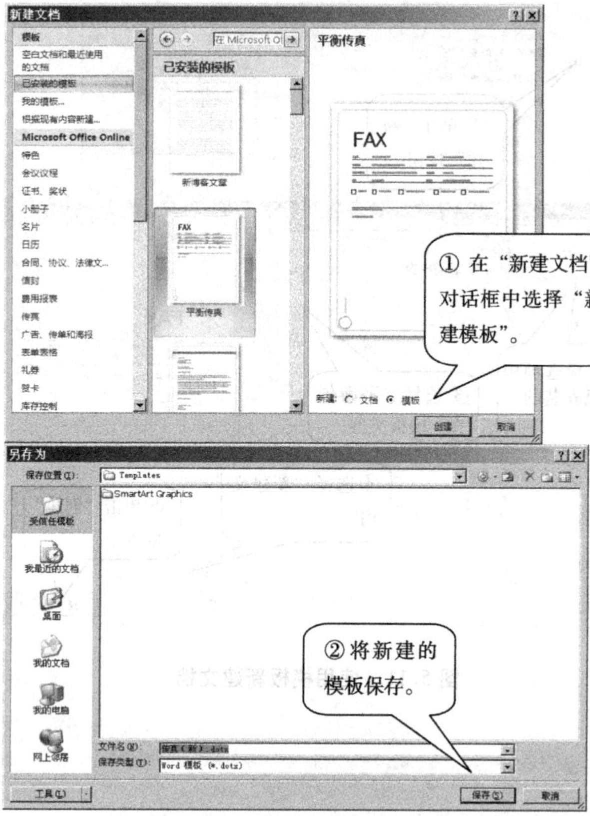

图 5.13　使用模板创建模板

(2)新模板创建后,可直接使用它来生成文档,如图 5.14 所示。

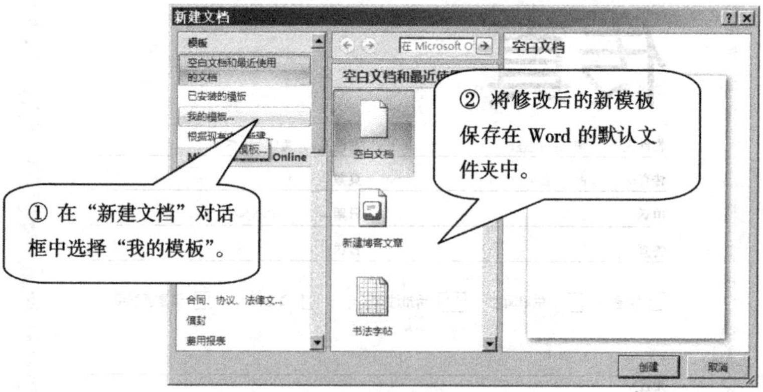

图 5.14　使用新模板生成文档

实践与拓展

修改 Word 自带的邀请信函的模板,建立适合自己公司的邀请信函模板。

任务 ② 模板的新建和使用

传真的问题解决了,现在陈晓还需要拟订一份合同。由于公司长期做电脑销售,其销售合同内容都大致相同,而 Word 2007 中没有这样的模板,所以她决定自己来新建一个模板,以便以后使用。

任务要求

- 掌握利用 Word 新建模板的方法;
- 能使用自己的模板新建文档。

任务解析

新建模板的过程与将已有模板修改成为新的模板的过程相似。

(1)启动 Word 2007,新建一文档。

(2)在新建文档中输入合同内容,设置好文本格式,并将其以文件名“美时达电脑公司销售合同. docx”保存,操作过程如图 5.15 所示。

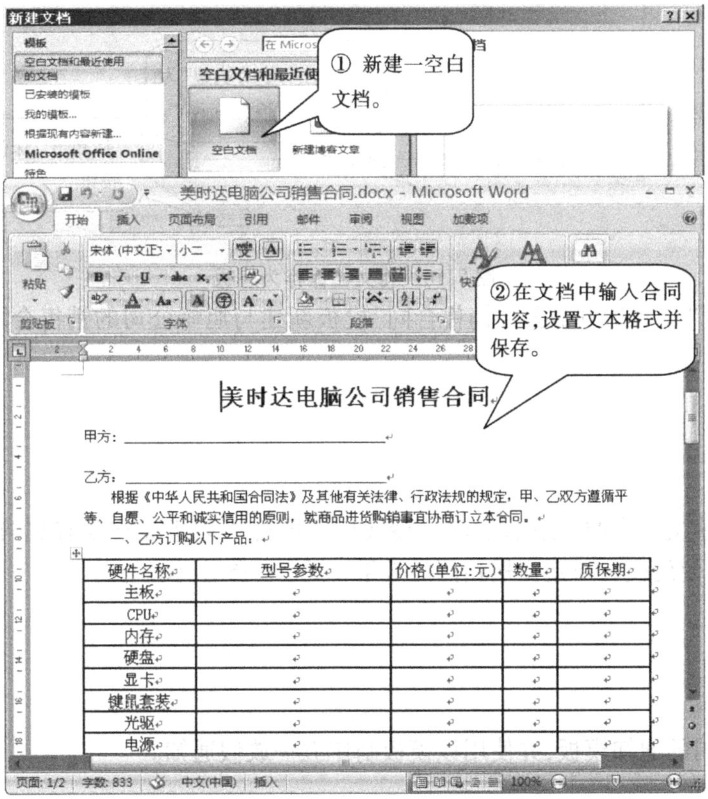

图 5.15 新建文档,输入内容并保存

(3)将文档"美时达电脑公司销售合同"另存为模板,如图 5.16 所示。

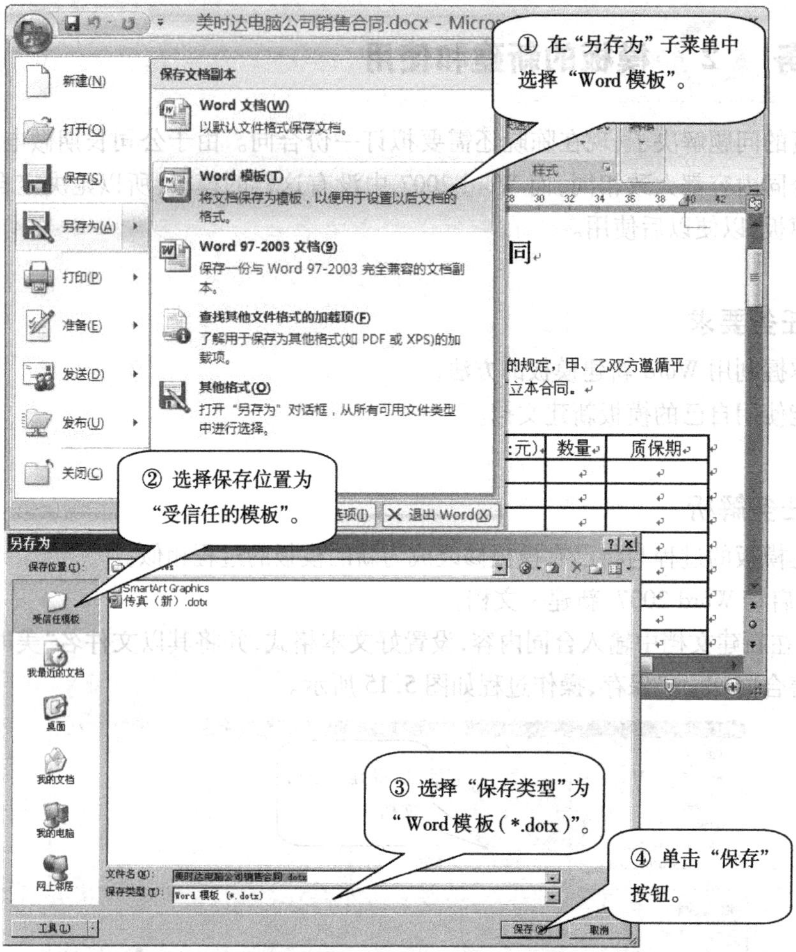

图 5.16　将文档保存为模板

(4)使用"美时达电脑公司销售合同"模板新建与旭峰公司的销售合同文档,如图 5.17 所示。

知识拓展

使用新建文档中的"根据现有内容新建…"同样可以生成与现有文档内容相同的文档,实现与使用模板新建文档相同的效果,如图 5.18 所示。

实践与拓展

制作公司的通知模板,并使用该模板制作五一放假通知。

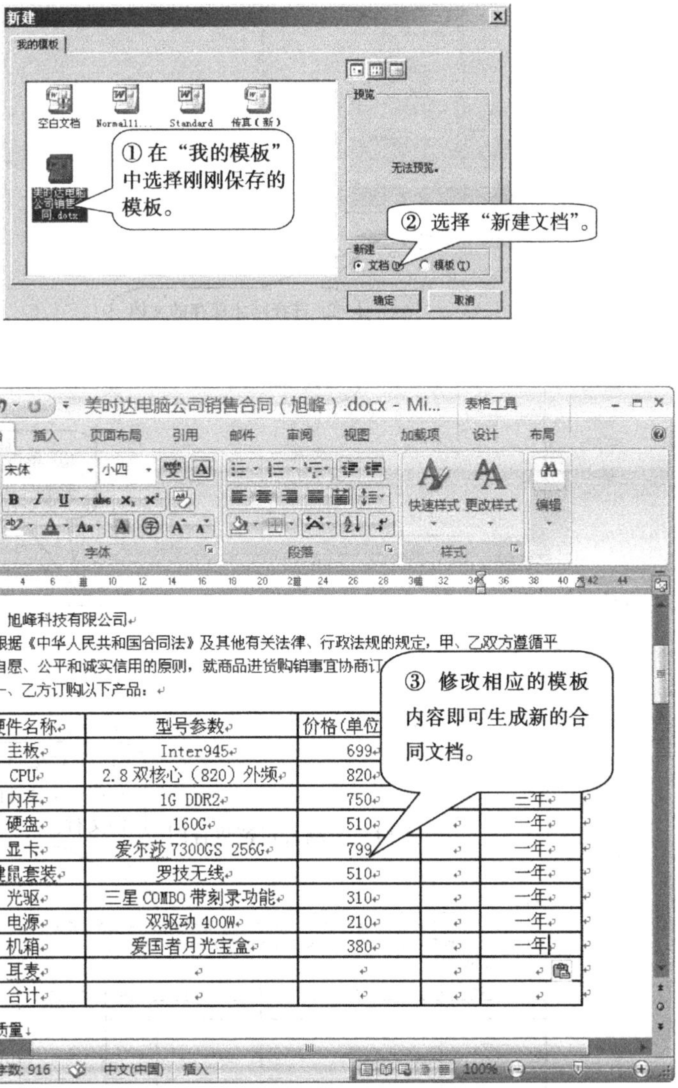
① 在“我的模板”中选择刚刚保存的模板。
② 选择“新建文档”。
③ 修改相应的模板内容即可生成新的合同文档。

图 5.17　使用模板生成新的合同文档

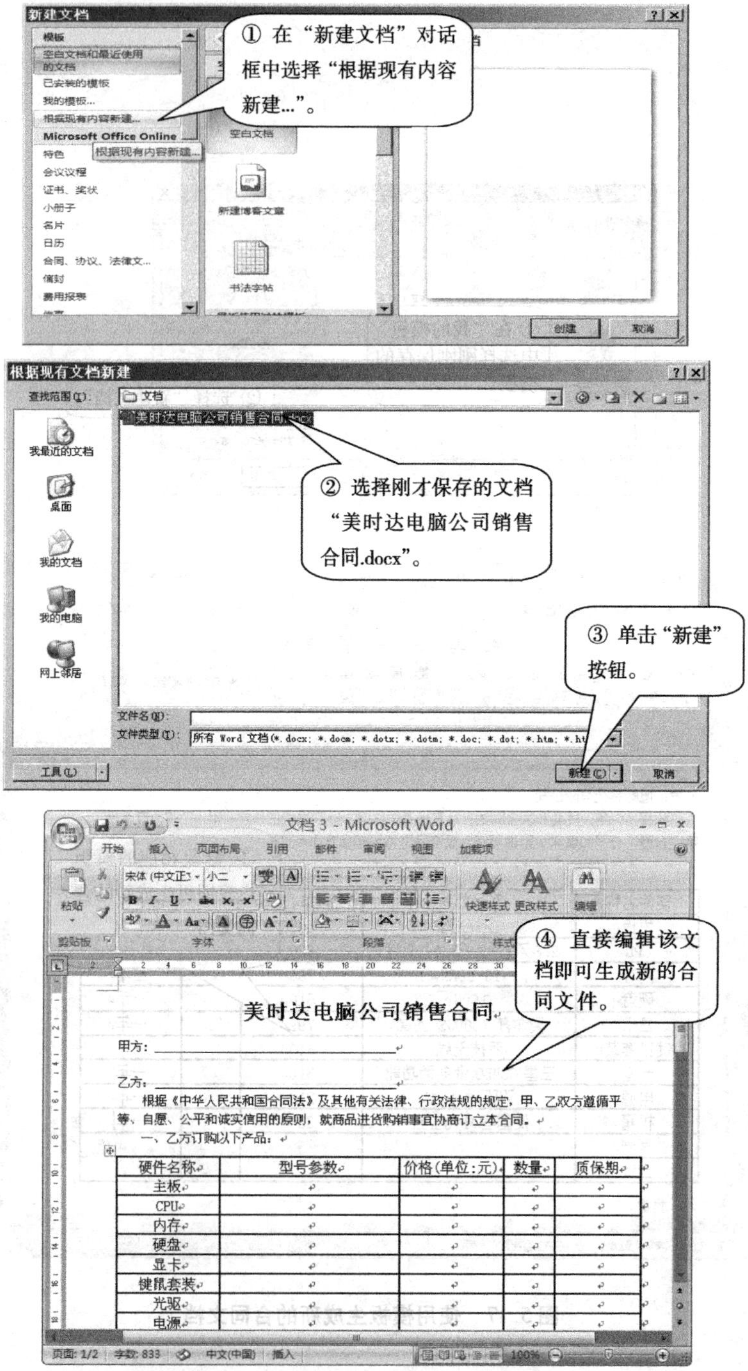
新建文档
① 在“新建文档”对话框中选择“根据现有内容新建...”。
根据现有文档新建
美时达电脑公司销售合同.docx
② 选择刚才保存的文档“美时达电脑公司销售合同.docx”。
③ 单击“新建”按钮。
文档 3 - Microsoft Word
④ 直接编辑该文档即可生成新的合同文件。
美时达电脑公司销售合同
甲方：
乙方：
根据《中华人民共和国合同法》及其他有关法律、行政法规的规定，甲、乙双方遵循平等、自愿、公平和诚实信用的原则，就商品进货购销事宜协商订立本合同。
一、乙方订购以下产品：
硬件名称 型号参数 价格(单位:元) 数量 质保期
主板
CPU
内存
硬盘
显卡
键鼠套装
光驱
电源

图 5.18　使用现有文件生成新文档

案例5.3 样式的创建与使用

样式是 Word 中一种特殊的格式,使用样式可以快速地在"文档结构图"中对文档进行定位,方便浏览文档,并可更为快捷地编辑长文档。

任务 1 创建样式

陈晓将完成后的公司合同模板交给经理检查,经理肯定了合同的内容,但是要求合同的格式还要继续修改,同一级的标题和内容要统一格式,以方便在"文档结构图"中查看各部分内容。

任务要求

- 掌握 Word 中创建自定义样式的方法。

任务解析

(1)启动 Word 2007,打开公司合同模板"美时达电脑公司销售合同. dotx"。

(2)创建"合同标题"样式,操作过程如图 5.19 和图 5.20 所示。

(3)创建"合同要点"样式,操作过程如图 5.21 和图 5.22 所示。

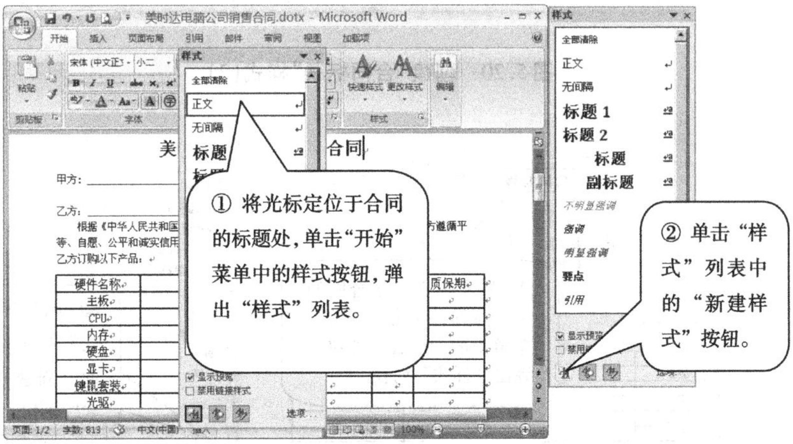
美时达电脑公司销售合同.dotx - Microsoft Word
① 将光标定位于合同的标题处,单击"开始"菜单中的样式按钮,弹出"样式"列表。
② 单击"样式"列表中的"新建样式"按钮。

图 5.19 创建"合同标题"样式(1)

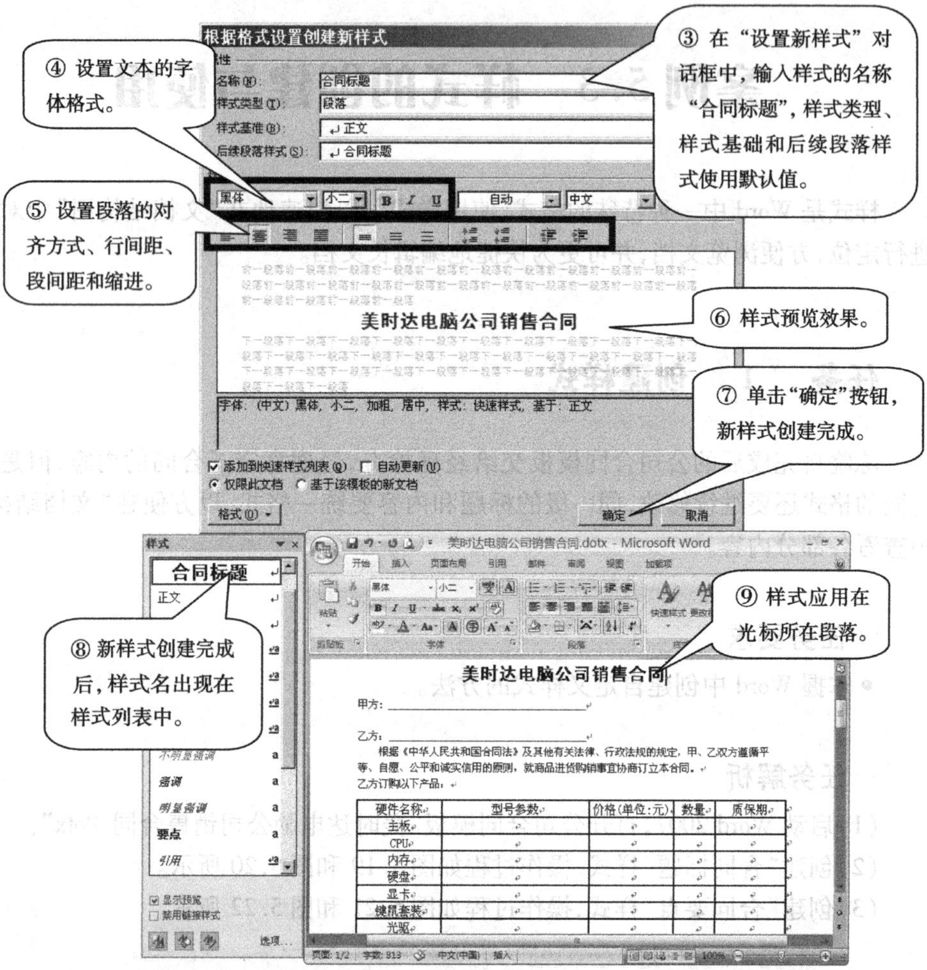

④ 设置文本的字体格式。

⑤ 设置段落的对齐方式、行间距、段间距和缩进。
⑥ 样式预览效果。

图 5.20　创建“合同标题”样式(2)

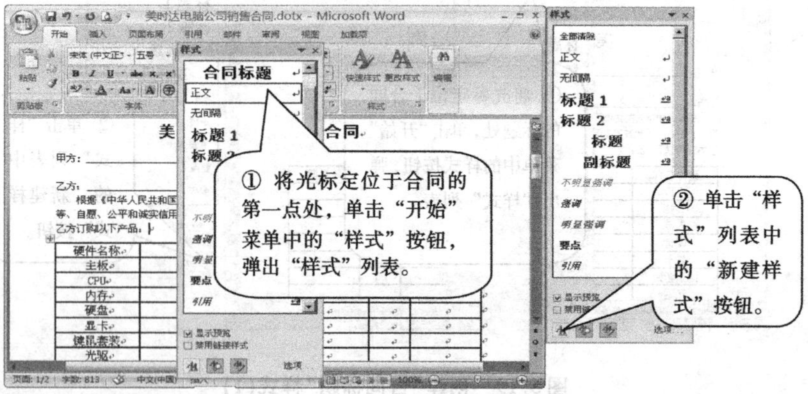

① 将光标定位于合同的第一点处，单击“开始”菜单中的“样式”按钮，弹出“样式”列表。
② 单击“样式”列表中的“新建样式”按钮。

图 5.21　创建“合同要点”样式(1)

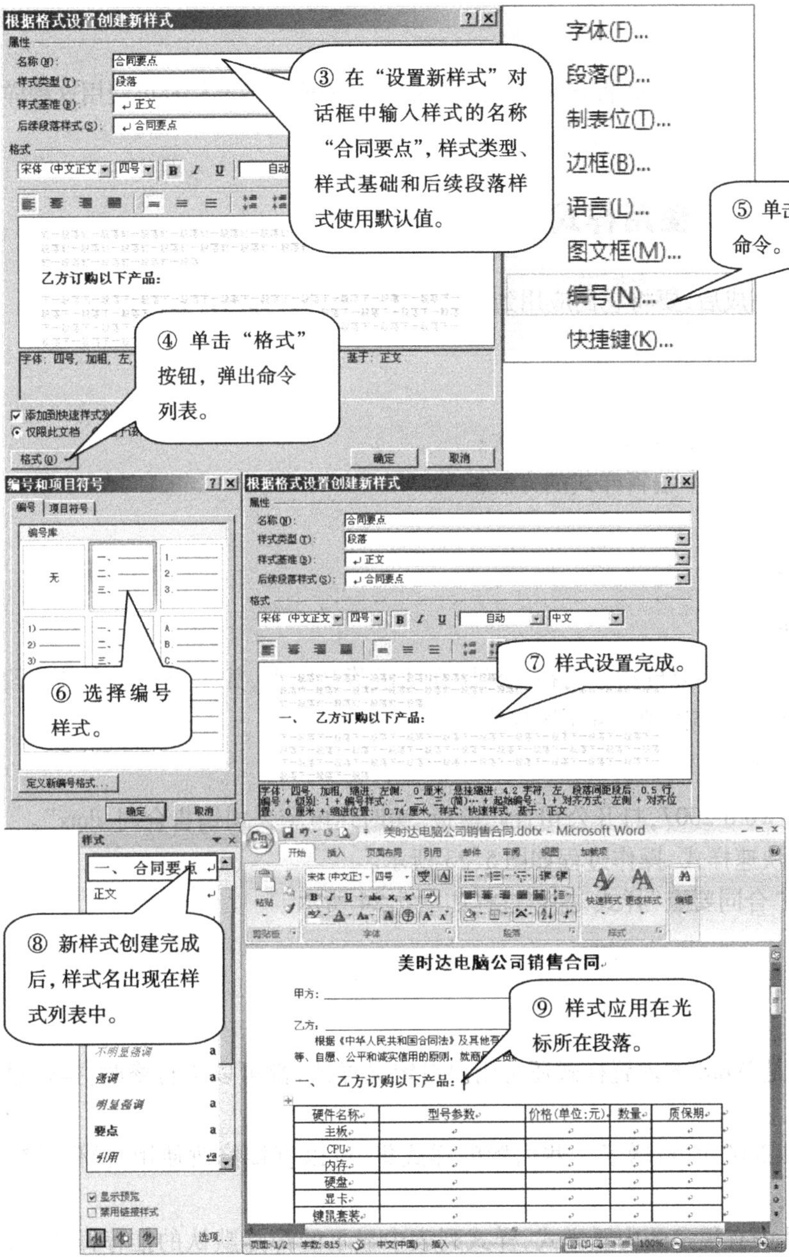

③ 在“设置新样式”对话框中输入样式的名称“合同要点”，样式类型、样式基础和后续段落样式使用默认值。
④ 单击“格式”按钮，弹出命令列表。
⑤ 单击“编号”命令。
字体(F)...
段落(P)...
制表位(T)...
边框(B)...
语言(L)...
图文框(M)...
编号(N)...
快捷键(K)...
⑥ 选择编号样式。
⑦ 样式设置完成。
⑧ 新样式创建完成后，样式名出现在样式列表中。
⑨ 样式应用在光标所在段落。

图 5.22　创建“合同要点”样式(2)

(4)创建“合同正文”样式，操作过程同上。

要求：样式的内容为宋体、五号，首行缩进 0.74 cm，单倍行距。

实践与拓展

创建通知的标题样式并将它保存在通用模板中，使所有的文档都可使用这种样式。

任务 2 使用样式

样式创建完成后，要将它们应用到文档中才能充分发挥出样式的作用。

任务要求

- 掌握在 Word 中使用样式的方法；
- 掌握在 Word 中编辑样式的方法。

任务解析

1. 相关知识

样式创建完成后会自动套用在光标所在的段落文字上，如果要套用在其他段落文字上，则需先选中相应段落，再应用样式。

2. 操作步骤

(1)启动 Word 2007，打开公司合同模板“美时达电脑公司销售合同. dotx”。

(2)使用快速样式，操作过程如图 5.23 所示。

(3)使用“合同要点”样式，操作过程如图 5.24 所示。

知识拓展

(1)不管是 Word 的内置样式还是用户自定义样式，都可以进行修改，操作过程如图 5.25 所示。

(2) Word 2007 中新增了一些内置的样式集，可以直接修改使用，操作过程如图 5.26所示。

(3) Word 中有很多的内置样式，样式列表中显示的都是默认的推荐样式，可以通过样式的选项设置显示出所有样式，操作过程如图 5.27 所示。

“样式窗格选项”对话框下方的两个选项决定样式使用的范围，“仅限此文档”设置自定义样式只在当前文档中使用；“基于该模板的新文档”设置自定义样式可使用在其他文档当中。

(4)要清除文档中使用的样式，直接使用“样式”列表中的“全部清除”命令即可，操作过程如图 5.28 所示。

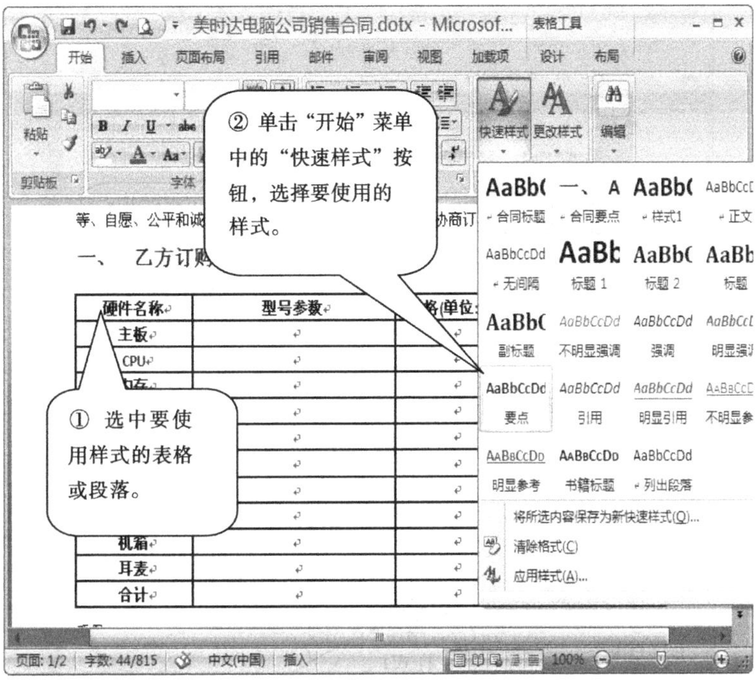

② 单击“开始”菜单中的“快速样式”按钮，选择要使用的样式。
① 选中要使用样式的表格或段落。

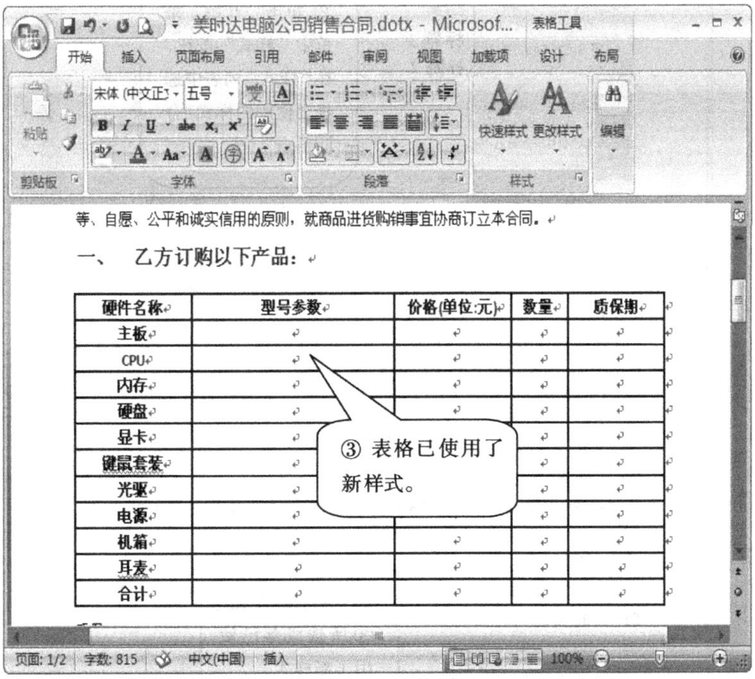

③ 表格已使用了新样式。

图 5.23　使用快速样式

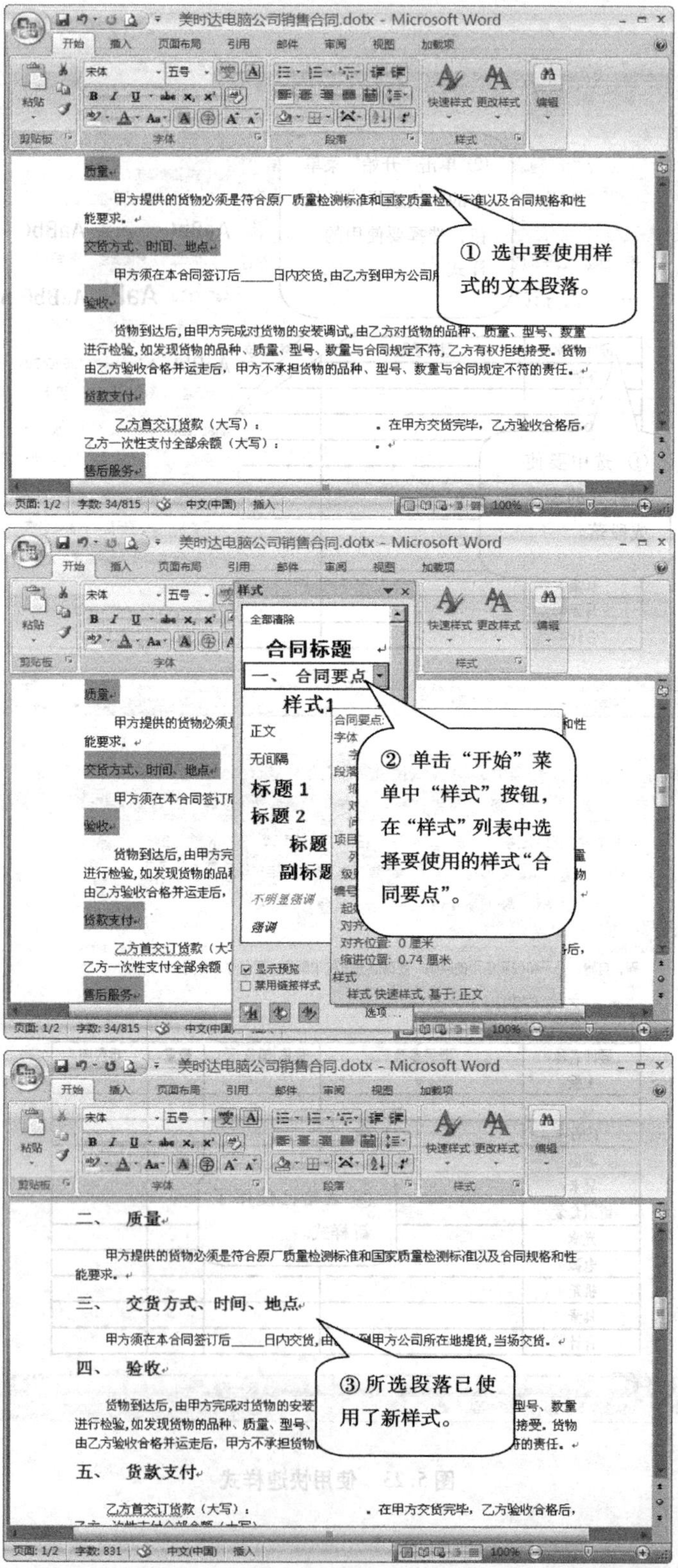
美时达电脑公司销售合同.dotx - Microsoft Word
① 选中要使用样式的文本段落。
甲方提供的货物必须是符合原厂质量检测标准和国家质量检测标准以及合同规格和性能要求。
甲方须在本合同签订后____日内交货，由乙方到甲方公司所在地提货，当场交货。
货物到达后，由甲方完成对货物的安装调试，由乙方对货物的品种、质量、型号、数量进行检验，如发现货物的品种、质量、型号、数量与合同规定不符，乙方有权拒绝接受。货物由乙方验收合格并运走后，甲方不承担货物的品种、型号、数量与合同规定不符的责任。
样式
全部清除
合同标题
一、 合同要点
样式1
正文
无间隔
标题 1
标题 2
标题
副标题
② 单击“开始”菜单中“样式”按钮，在“样式”列表中选择要使用的样式“合同要点”。
二、 质量
三、 交货方式、时间、地点
四、 验收
五、 货款支付
③ 所选段落已使用了新样式。

图 5.24 使用“合同要点”样式

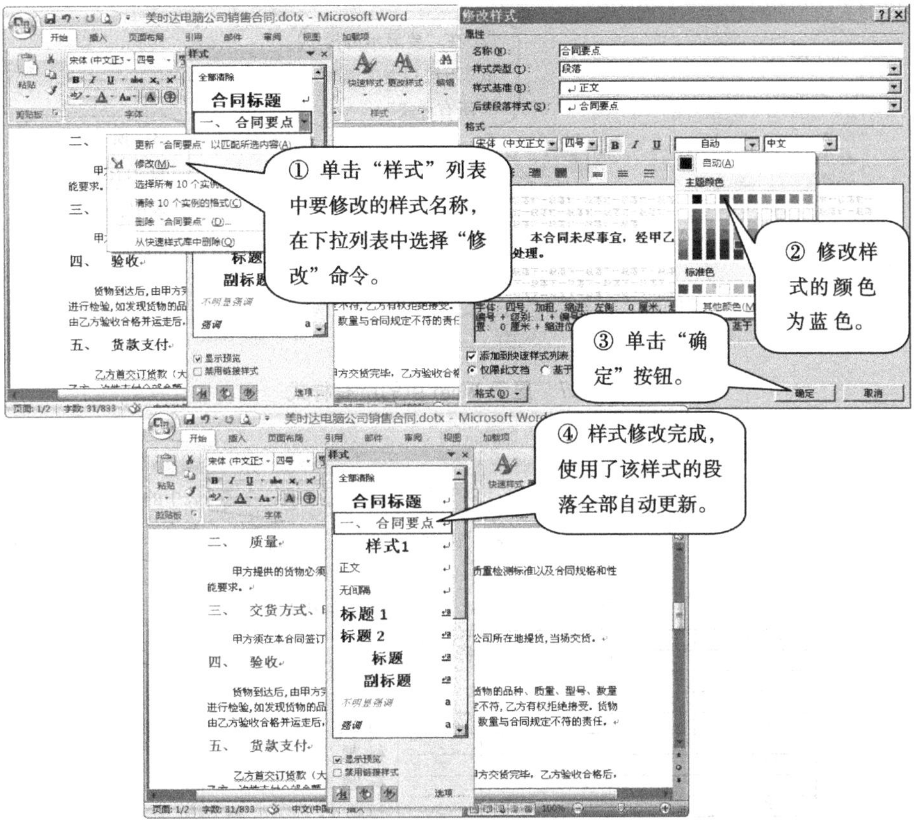

① 单击“样式”列表中要修改的样式名称，在下拉列表中选择“修改”命令。
② 修改样式的颜色为蓝色。
③ 单击“确定”按钮。
④ 样式修改完成，使用了该样式的段落全部自动更新。

图 5.25　修改样式

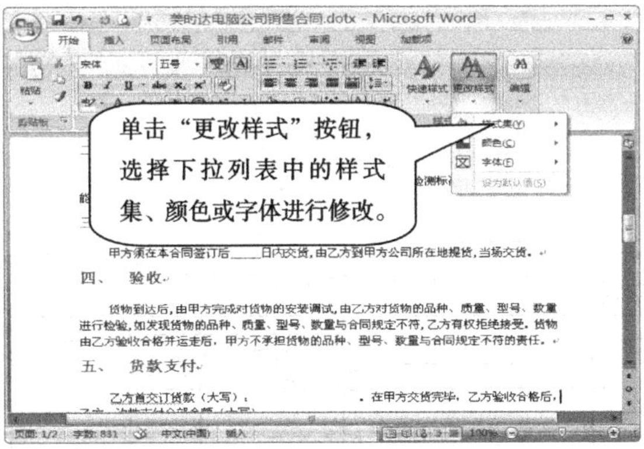

单击“更改样式”按钮，选择下拉列表中的样式集、颜色或字体进行修改。

图 5.26　更改 Word 样式集

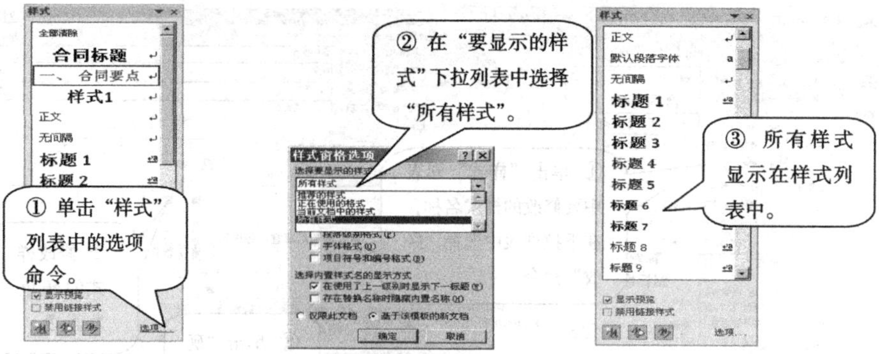

① 单击“样式”列表中的选项命令。
② 在“要显示的样式”下拉列表中选择“所有样式”。
③ 所有样式显示在样式列表中。

图 5.27　显示 Word 中的所有样式

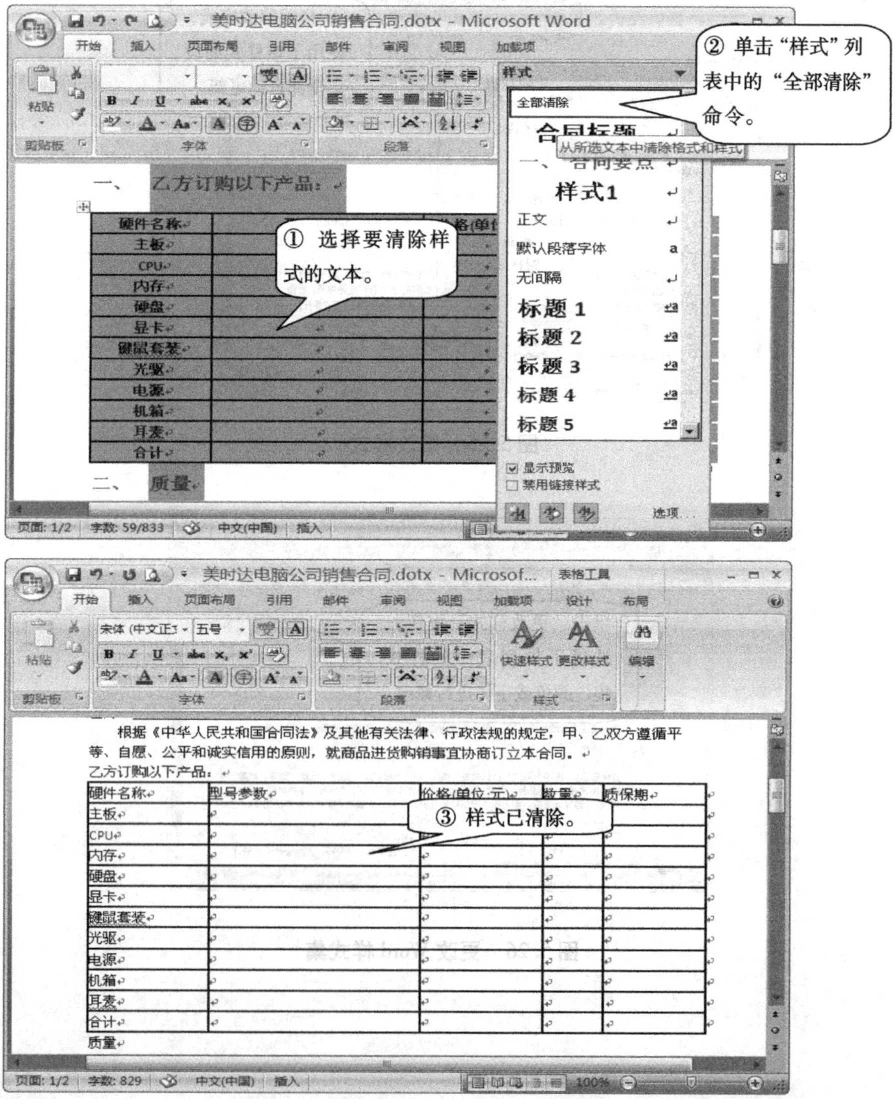

① 选择要清除样式的文本。
② 单击“样式”列表中的“全部清除”命令。
③ 样式已清除。

图 5.28　清除文档中已使用的样式

实践与拓展

(1)书写一份个人简历,为各部分建立样式并使用样式。

(2)设置自定义样式使用在其他文档中。

(3)清除文档中的自定义样式。

任务 3 样式迁移

陈晓希望将自己在合同 A 中建立的一部分样式应用到合同 B 中,她该怎么做呢?

任务要求

- 掌握 Word 中样式的迁移方法。

任务解析

(1)打开已建立样式的 Word 文档,在"样式"窗口中,单击"管理样式"工具按钮,如图 5.29 所示。

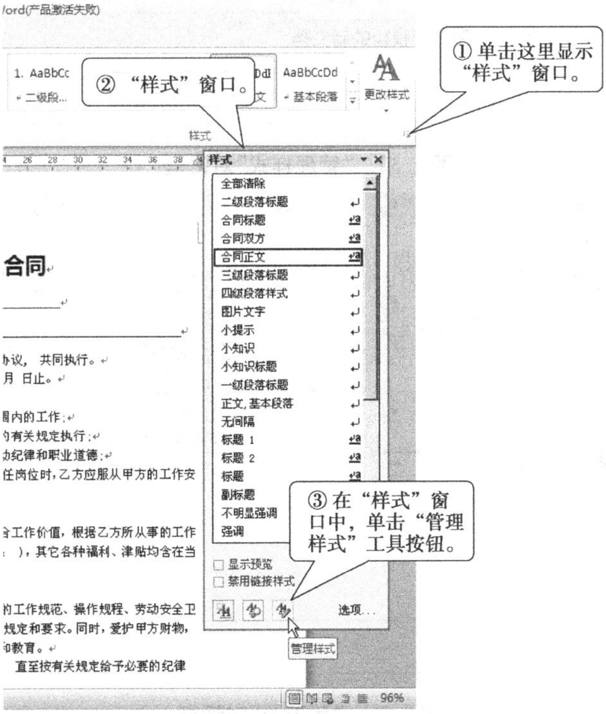

图 5.29 样式窗口

(2)弹出“管理样式”对话框,单击“导入/导出”按钮,出现“管理器”对话框,如图5.30和图5.31所示。

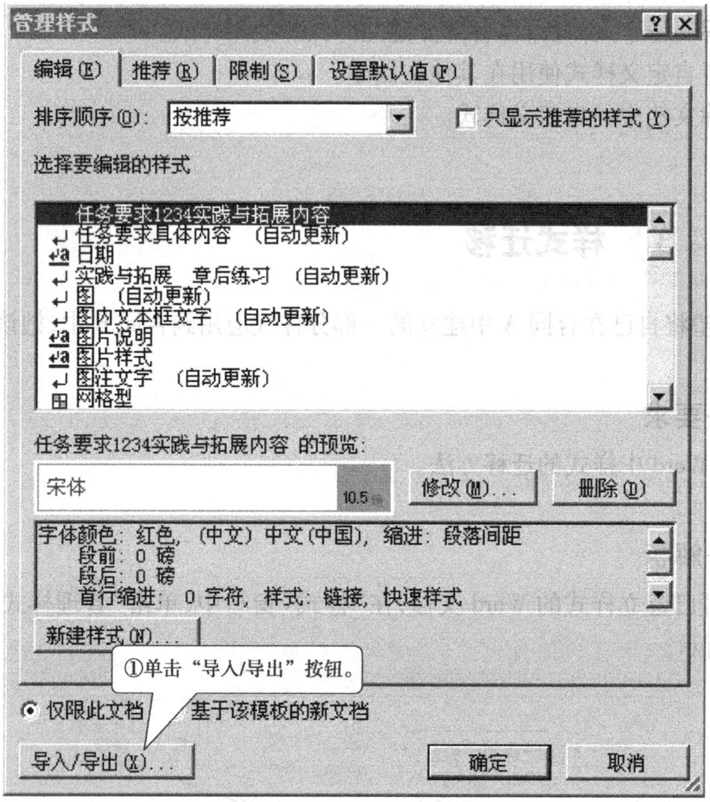

图5.30 “管理样式”对话框

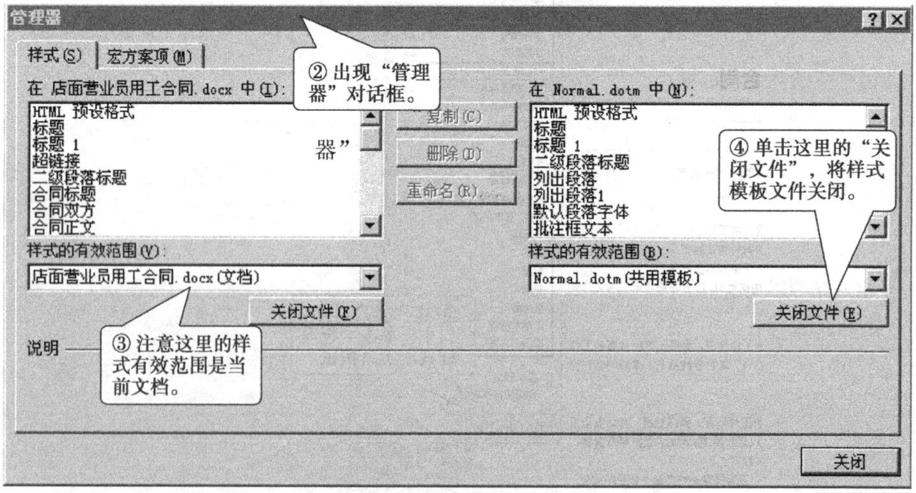

图5.31 “管理器”对话框

(3)修改“管理器”内的条目内容,操作步骤如图5.32~图5.34所示。

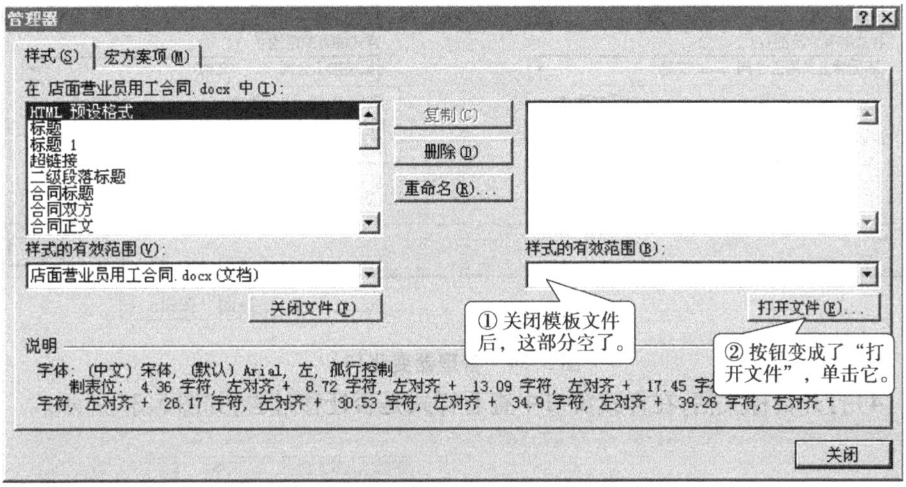
管理器
样式(S)
宏方案项(M)
在 店面营业员用工合同.docx 中(I):
HTML 预设格式
标题
标题 1
超链接
二级段落标题
合同标题
合同双方
合同正文
复制(C)
删除(D)
重命名(R)...
样式的有效范围(V):
店面营业员用工合同.docx (文档)
样式的有效范围(B):
关闭文件(F)
打开文件(E)...
① 关闭模板文件后，这部分空了。
② 按钮变成了“打开文件”，单击它。
说明
字体：(中文) 宋体，(默认) Arial，左，孤行控制
制表位：4.36 字符，左对齐 + 8.72 字符，左对齐 + 13.09 字符，左对齐 + 17.45 字
字符，左对齐 + 26.17 字符，左对齐 + 30.53 字符，左对齐 + 34.9 字符，左对齐 + 39.26 字符，左对齐 +
关闭

图 5.32　管理器变化(1)

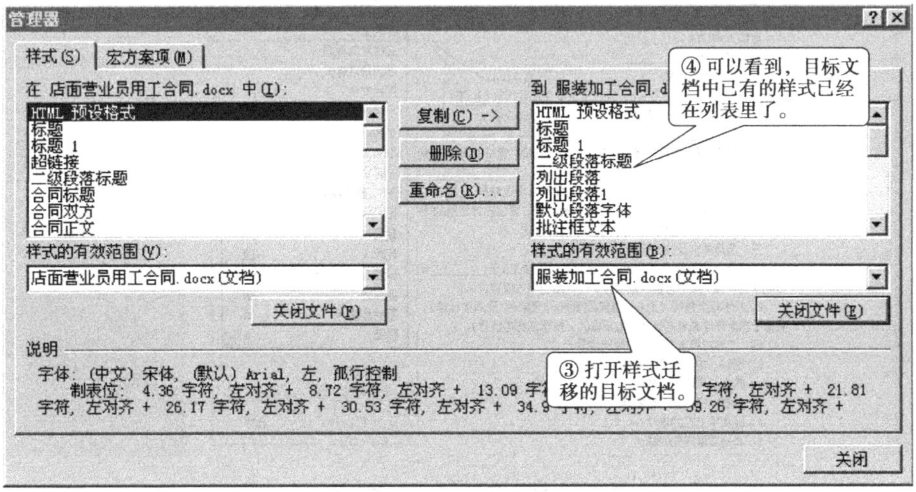
管理器
样式(S)
宏方案项(M)
在 店面营业员用工合同.docx 中(I):
HTML 预设格式
标题
标题 1
超链接
二级段落标题
合同标题
合同双方
合同正文
复制(C) ->
删除(D)
重命名(R)...
到 服装加工合同.d
HTML 预设格式
标题
标题 1
二级段落标题
列出段落
列出段落1
默认段落字体
批注框文本
④ 可以看到，目标文档中已有的样式已经在列表里了。
样式的有效范围(V):
店面营业员用工合同.docx (文档)
样式的有效范围(B):
服装加工合同.docx (文档)
关闭文件(F)
关闭文件(E)
③ 打开样式迁移的目标文档。
说明
字体：(中文) 宋体，(默认) Arial，左，孤行控制
关闭

图 5.33　管理器变化(2)

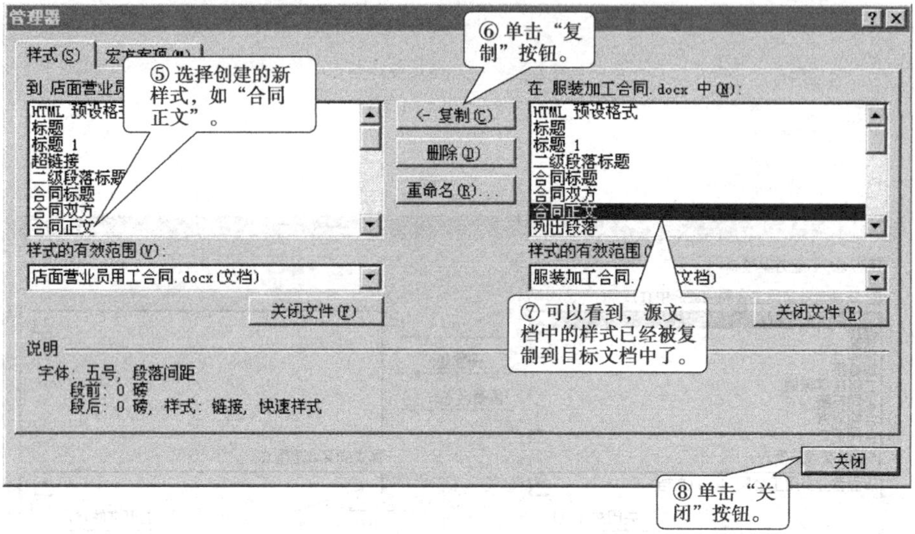

图 5.34　管理器变化(3)

(4)打开目标文档,在样式窗口中查看样式是否迁移过去,如图 5.35 所示。

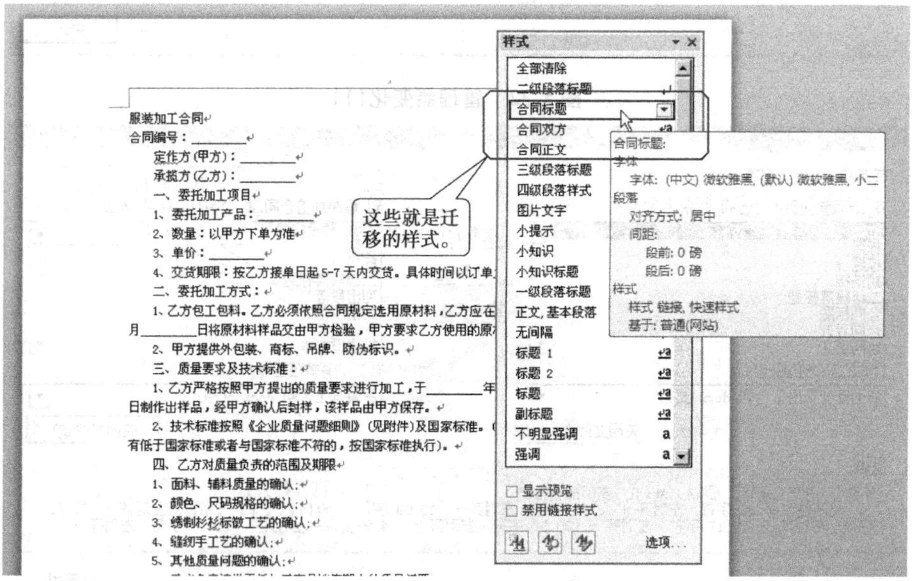

图 5.35　样式迁移到新文档

(5)将迁移的样式应用到新文档中,如图 5.36 所示。

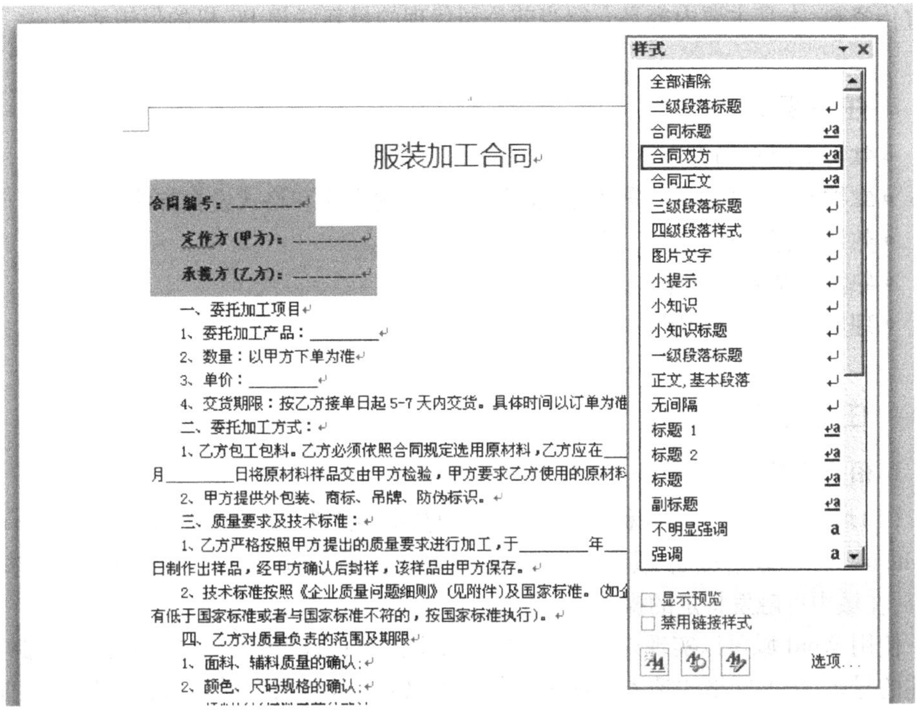

图 5.36　新文档应用迁移的样式

实践与拓展

将小张写的个人简历中所自定义的样式应用到小王的简历中。

案例 5.4　制作公司产品宣传单

产品促销活动是企业、商家经常运用的发展战略。企业要为产品作促销宣传，这有利于企业品牌的建立，有利于企业产品市场忠诚度的培养，有利于企业产品的销售，也有利于企业的融资、扩张。而宣传资料间接决定了产品能否热卖，企业能否被用户认可。

任务　制作产品宣传单

美时达电脑公司每季度都会有相应的产品促销活动，以吸引人气、增加销售量，薄利多销。制作每季度的产品促销宣传单便是人力资源部的主要任务之一，目的是向广大用户宣传本季度促销内容。人力资源部小蒋组织了三人团队专门负责每季度的产品宣传资料，本月主要内容是介绍当前公司代理的最新联想 PC 机的促销活动。

任务要求

- 掌握页面布局方法；
- 掌握在 Word 中插入艺术字、文本框、插图的方法和格式设置方法；
- 熟练掌握表格的插入、格式、属性设置方法；
- 熟悉图文表混排操作；
- 理解和熟练应用域。

任务解析

1. 相关知识

(1)域：是 Word 中的一种特殊命令，它的基本格式为："{Seq Identifier [Bookmark] [Switches]}"，即"{域名 域代码\域开关}"。域代码类似于公式，域选项并关是特殊指令，在域中可触发特定的操作。

使用 Word 域可以实现许多复杂的工作，主要有：自动编页码，图表的题注、脚注、尾注的号码；按不同格式插入日期和时间；通过链接与引用在活动文档中插入其他文档的部分或整体；无须重新键入即可使文字保持最新状态；自动创建目录、关键词索引、图表目录；插入文档属性信息；实现邮件的自动合并与打印；执行加、减及其他数学运算；创建数学公式；调整文字位置等。

(2)特征字符：标识域代码开始与结束的一对大括号"{}"，它不能用键盘直接输入，而必须通过按下 Ctrl + F9 快捷键来输入或者由其他特殊功能命令输入。它是 Word 域的标志，所以称为 Word 域的特征字符。

(3)域名：指明域的类型、结果、操作执行方式的组合字符，如"SEQ""EQ"就被称为"SEQ 域"和"EQ 域"。Word 中提供了 9 大类共 74 种域，都用域名来区分。

(4)域指令：用来修改基本域的结果或操作基本域的代码，上面域格式中的"Identifier"即为域指令。

(5)域开关：以"\"开始，用于进一步限制域代码的执行结果和指示如何去做。在域格式中，其"Bookmark"就是域开关，"Switches"称为可选的开关。Word 域通常可以有一个或多个可选的开关，开关与开关之间使用空格进行分隔。域名、域指令、域开关必须是英文半角下的字符。

(6)域结果：域代码执行后输出显示的结果。比如：在文档中输入域代码"{TIME \@ "yyyy'年'M'月'd'日"}"，则执行结果是显示系统当前日期。

2. 操作步骤

完成如图 5.37 所示的产品宣传单的制作。

图5.37 最终效果图

1)页面设置

新建一份 Word 文档,设置该文档页边距上、下分别为3.17 cm,左、右分别为2.54 cm,纸张方向为横向,纸张宽度为35 cm,高度为28 cm,如图5.38和图5.39所示。

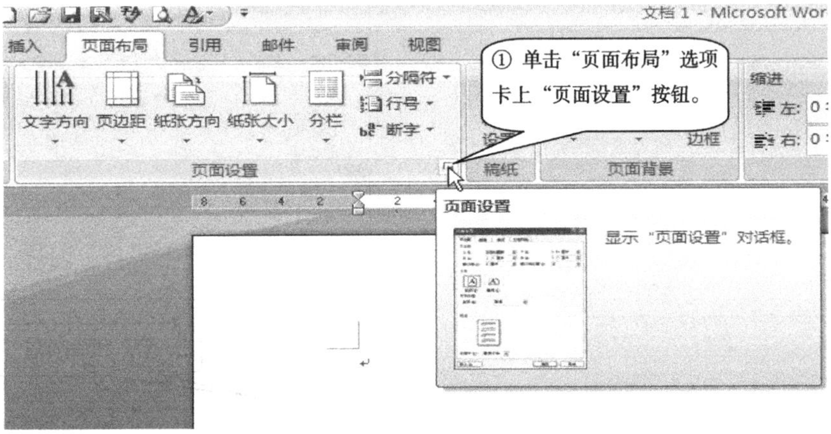

图5.38 打开“页面设置”对话框

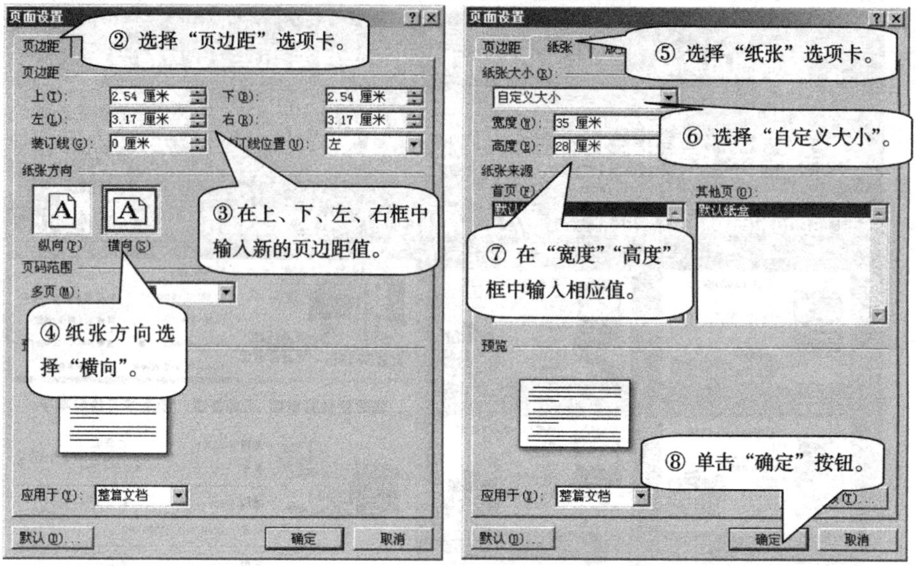

图 5.39 页面设置

2)设置页眉页脚

(1)插入页眉“美时达电脑有限公司 宣◆传◆资◆料”,如图 5.40 和图 5.41 所示。

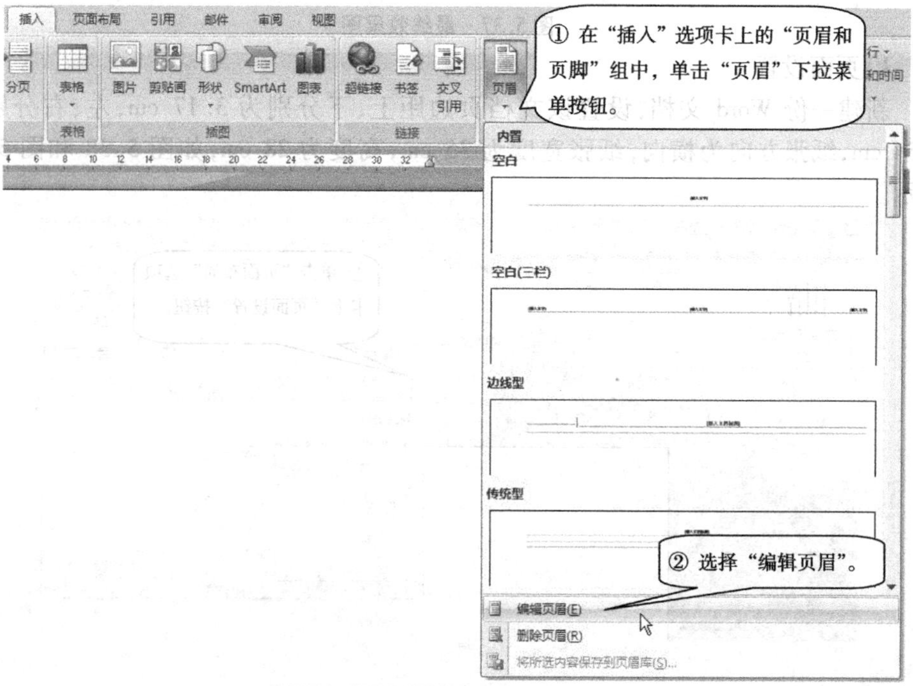

图 5.40 插入页眉

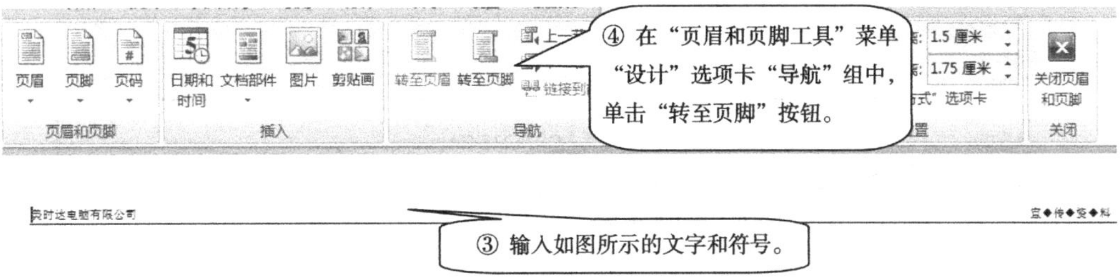

④ 在“页眉和页脚工具”菜单“设计”选项卡“导航”组中，单击“转至页脚”按钮。
③ 输入如图所示的文字和符号。

图 5.41　编辑页眉

(2)为资料左右两面插入页码分别为“第 1 页”“第 2 页”，页码具有自动更新功能。

(3)输入页脚文字内容“第页”，如图 5.42 所示。

图 5.42　插入页脚文字

(4)插入右栏页码“1”，插入“ = ”域，如图 5.43 ~ 图 5.45 所示。

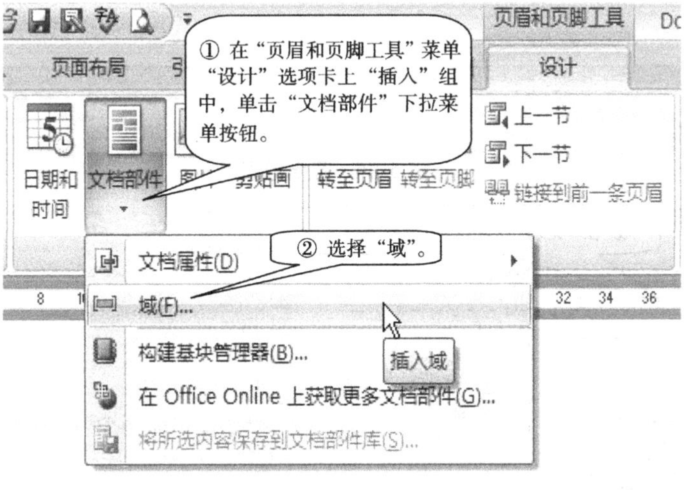

① 在“页眉和页脚工具”菜单“设计”选项卡上“插入”组中，单击“文档部件”下拉菜单按钮。
② 选择“域”。

图 5.43　打开域对话框

(5)光标定位在“ = ”后，按照前面的步骤打开域对话框，插入页码域“Page”，如图 5.46 ~ 图 5.49 所示。

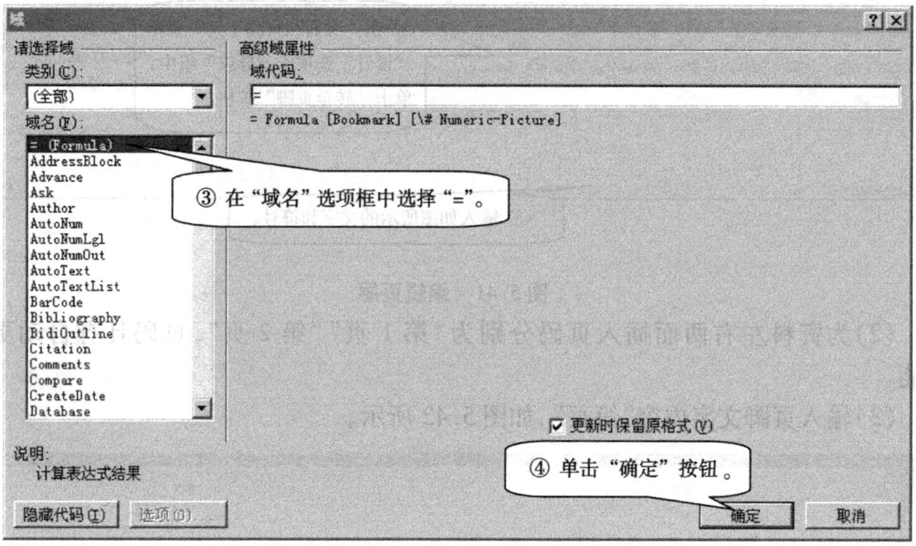

图 5.44　插入"="域

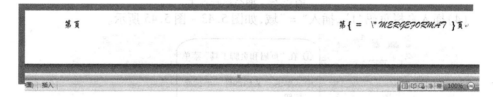

图 5.45　显示效果

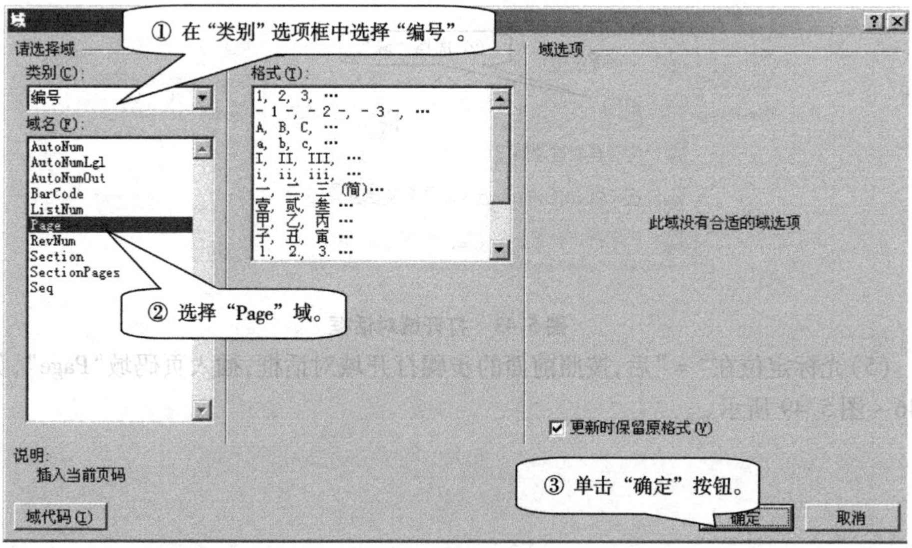

图 5.46　插入 Page 域

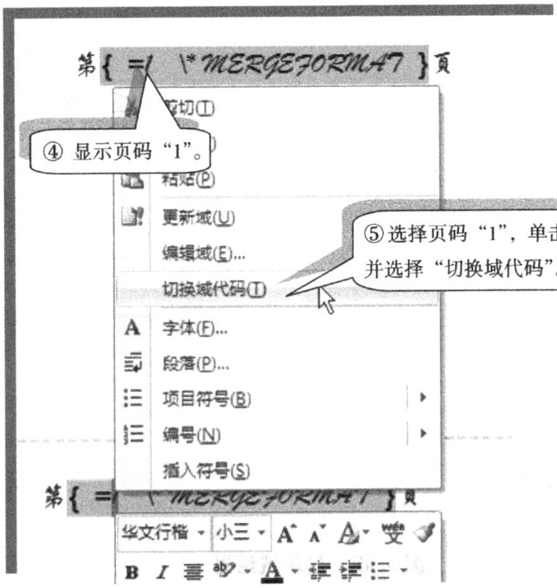
第{ =1 * MERGEFORMAT }页
剪切(T)
④ 显示页码“1”。
粘贴(P)
更新域(U)
编辑域(E)...
⑤ 选择页码“1”，单击右键并选择“切换域代码”。
切换域代码(T)
字体(F)...
段落(P)...
项目符号(B)
编号(N)
插入符号(S)
华文行楷
小三

图 5.47　切换域代码

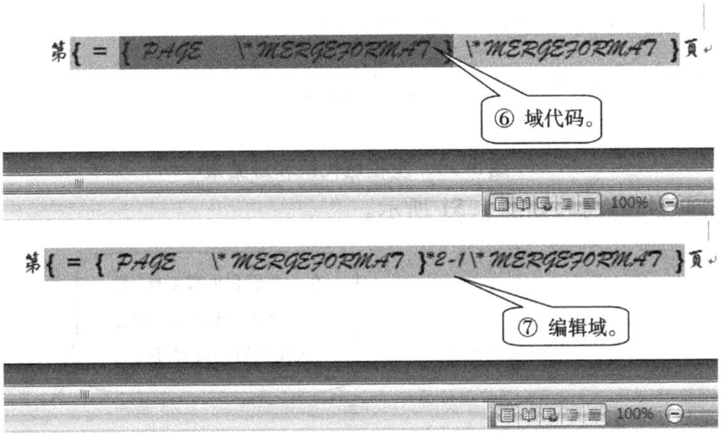
第{ = { PAGE * MERGEFORMAT } * MERGEFORMAT }页
⑥ 域代码。
100%
第{ = { PAGE * MERGEFORMAT }*2-1* MERGEFORMAT }页
⑦ 编辑域。
100%

图 5.48　编辑域代码

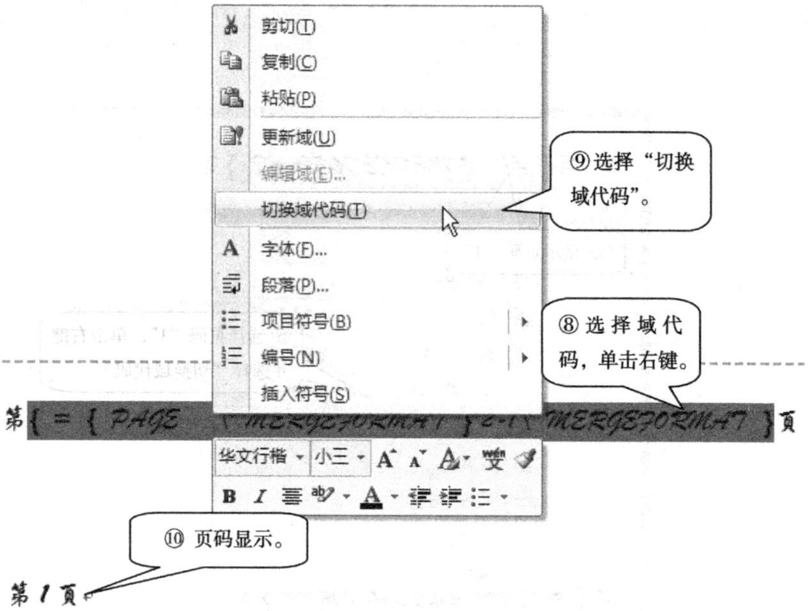

图 5.49　显示域结果

(6)插入左栏页码“2”,编辑域代码如图 5.50 所示。

图 5.50　左栏域代码和域结果

(7)关闭页眉和页脚,如图 5.51 所示。

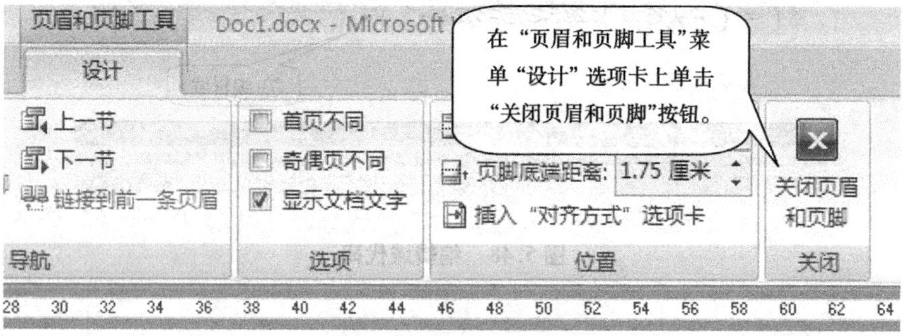

图 5.51　关闭页眉和页脚

3)制作宣传资料

插入高为 23 cm、宽为 30 cm 的矩形形状,并用背景图片填充,图片衬于文字下方,如图 5.52 ~ 图 5.55 所示。

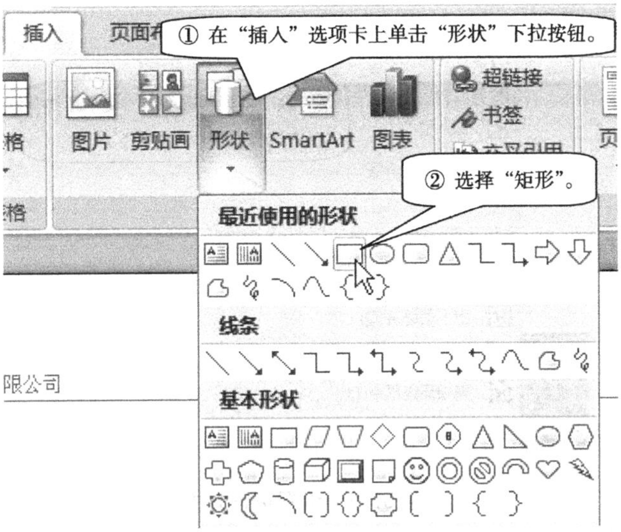
① 在“插入”选项卡上单击“形状”下拉按钮。
② 选择“矩形”。

图 5.52　插入矩形

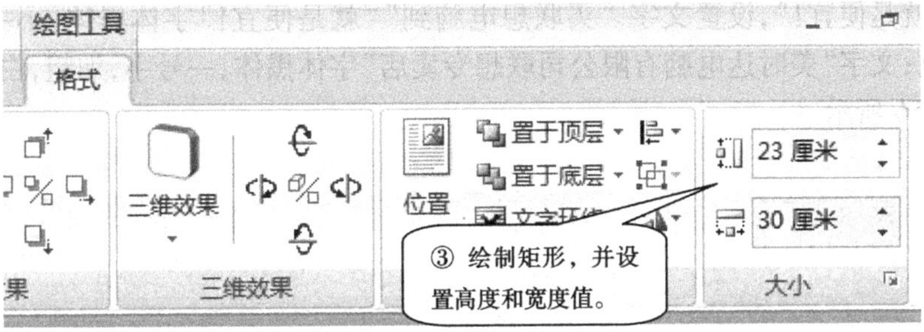
③ 绘制矩形，并设置高度和宽度值。

图 5.53　设置矩形大小

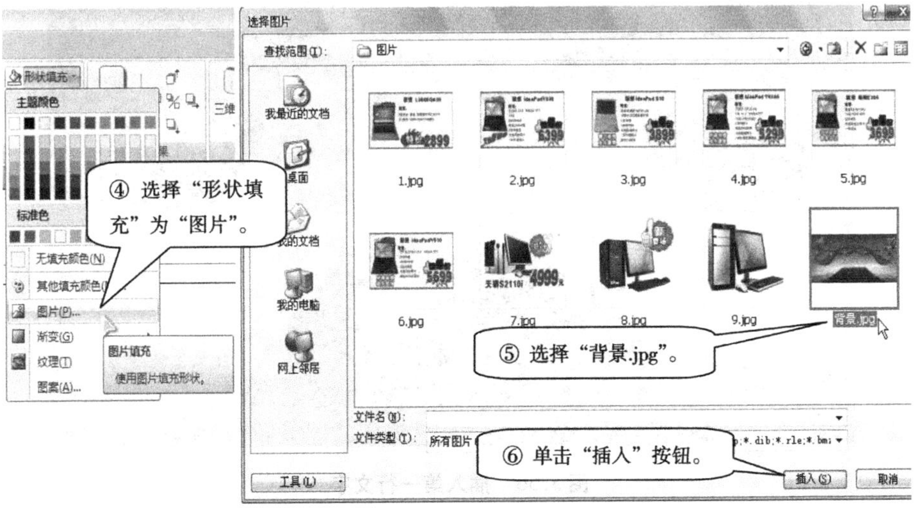
④ 选择“形状填充”为“图片”。
⑤ 选择“背景.jpg”。
⑥ 单击“插入”按钮。

图 5.54　设置矩形填充效果

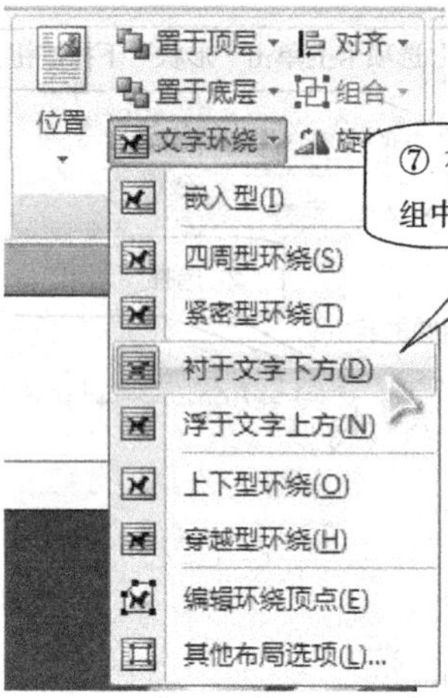

图 5.55　设置环绕方式

4）添加文字和艺术字

（1）光标定位在第一行第一列，输入文字“买联想电脑到美时达电脑有限公司联想专卖店就是便宜!”，设置文字 “买联想电脑到”“就是便宜!”字体黑体，小一号字，加粗，黄色；文字“美时达电脑有限公司联想专卖店”字体黑体，一号字，加粗，白色。效果如图 5.56 所示。

图 5.56　插入第一行文字

（2）插入第二行艺术字。“寒冬送暖”使用艺术字样式 13，字体宋体，48 号字，加粗,填充颜色为黄色,文字环绕为“四周型”,如图 5.57 和图 5.58 所示。

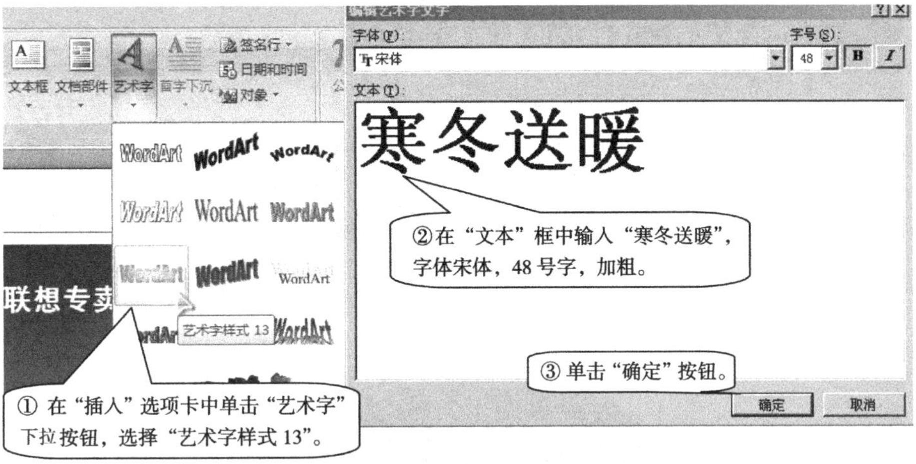

图 5.57 插入艺术字

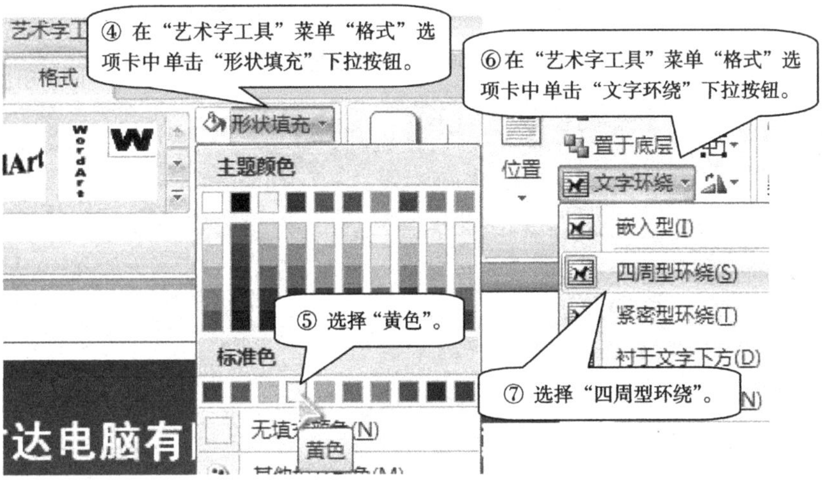

图 5.58 设置艺术字格式

(3)用同样的方法依次插入下列内容。

①艺术字“联想笔记本”,使用艺术字样式 1,黑体,60 号,加粗,文字环绕为“四周型”;

②艺术字“2899”,使用艺术字样式 13,黑体,80 号,加粗,倾斜,形状轮廓为黑色,文字环绕为“四周型”;

③艺术字“元起”,使用艺术字样式 1,黑体,32 号,加粗,文字环绕为“四周型”;

④艺术字“火爆促销”,使用艺术字样式 10,黑体,54 号,加粗,倾斜,形状填充为“黄色”,形状轮廓为“黑色”,文字环绕为“四周型”。

整体效果如图 5.59 所示。

(4)录入第 3 行文字。“联想 L3000 Idea Pad 新品机型”“联想台式电脑款款特惠创新有礼热卖中……”字体宋体,字号二号,加粗,白色;“全新上市”字体黑体,字号小初,加粗,倾斜。效果如图 5.60 所示。

图 5.59 艺术字设置

图 5.60 录入第三行文字

5)利用表格制作左侧产品区

(1)光标定位在第 4 行,插入三行两列的表格。设置表格属性为文字环绕,左对齐,所有行高为 4.8 cm,所有列宽为 7.5 cm,单元格垂直对齐方式为居中,水平对齐方式为居中,如图 5.61 ~ 图 5.63 所示。

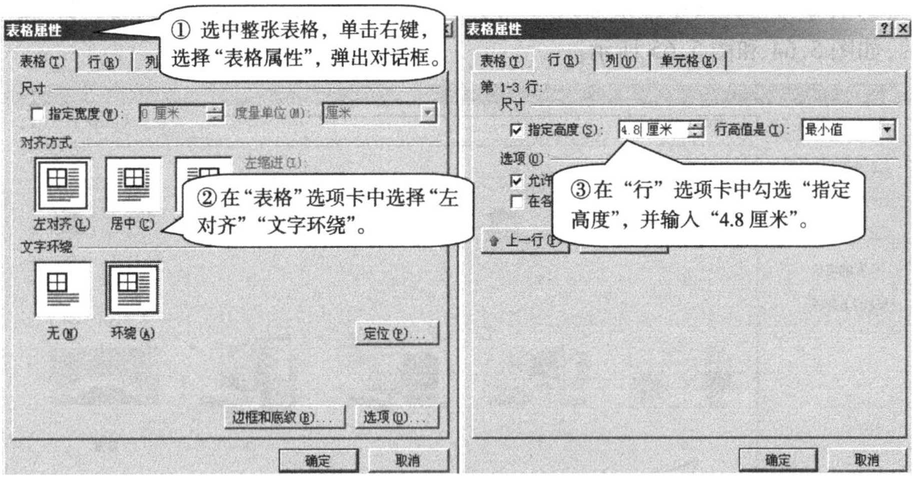

① 选中整张表格，单击右键，选择“表格属性”，弹出对话框。
②在“表格”选项卡中选择“左对齐”“文字环绕”。
③在“行”选项卡中勾选“指定高度”，并输入“4.8 厘米”。

图 5.61　设置表格、行属性

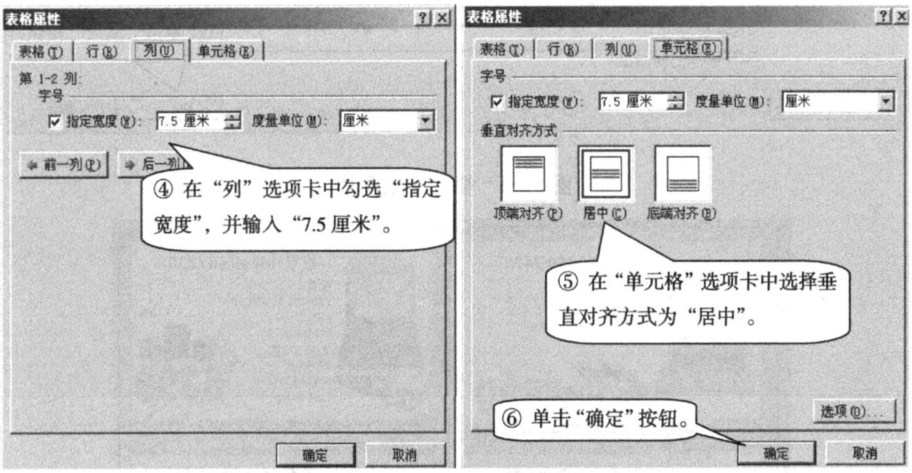

④ 在“列”选项卡中勾选“指定宽度”，并输入“7.5 厘米”。
⑤ 在“单元格”选项卡中选择垂直对齐方式为“居中”。
⑥ 单击“确定”按钮。

图 5.62　设置列、单元格属性

图 5.63　表格效果图

(2)在6个单元格中依次插入"1.jpg""2.jpg""3.jpg""4.jpg""5.jpg""6.jpg"6张图片,如图5.64和图5.65所示。

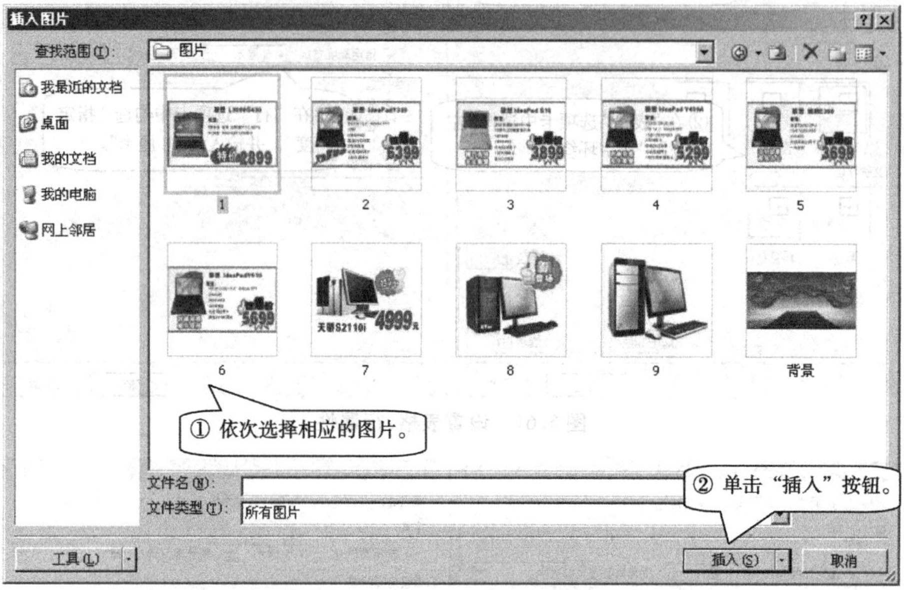

图5.64 插入6张图片

图5.65 插入图片后的效果图

(3)选择整张表格,设置表格无边框,底纹为深红色,如图5.66和图5.67所示。

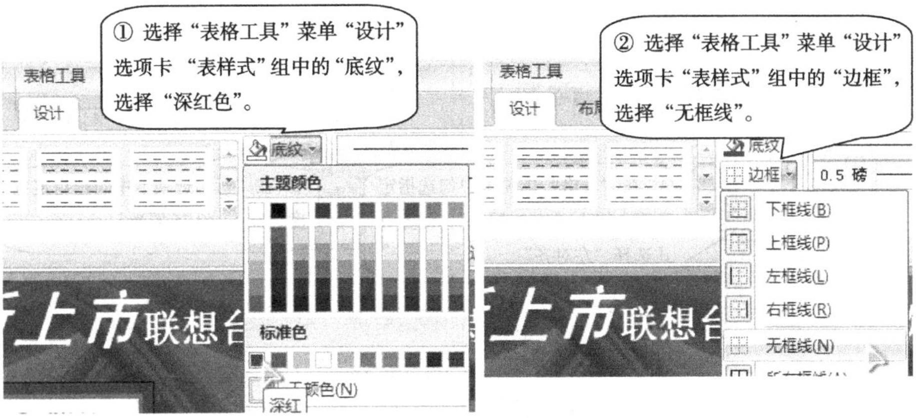

图 5.66　设置表格边框和底纹

图 5.67　左侧产品效果图

6）利用表格制作右侧产品区

（1）光标定位在右侧，插入一个 5 行 3 列的表格，选择整张表格，单击右键，选择表格属性。设置表格宽度为 13.7 cm，左对齐，行高为 0.75 cm，表格无框线，底纹为白色，如图 5.68 和图 5.69 所示。

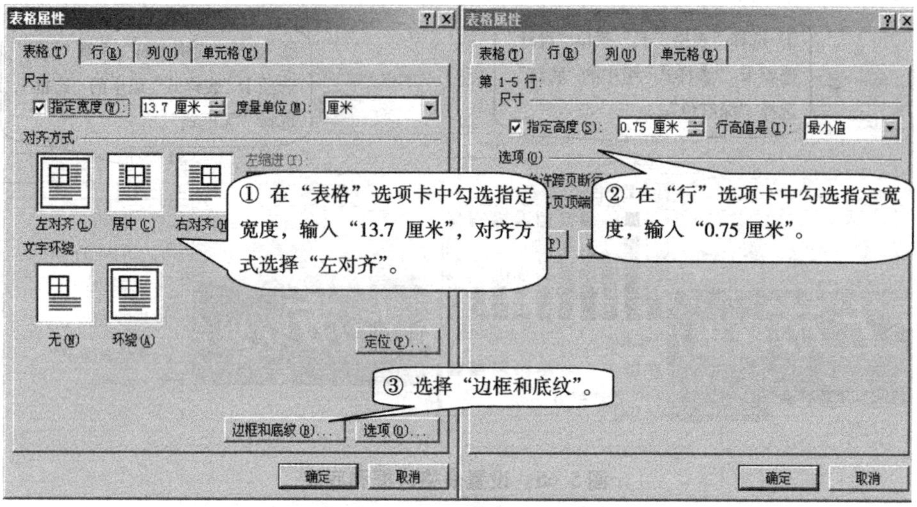

图 5.68 设置表格宽度、行高

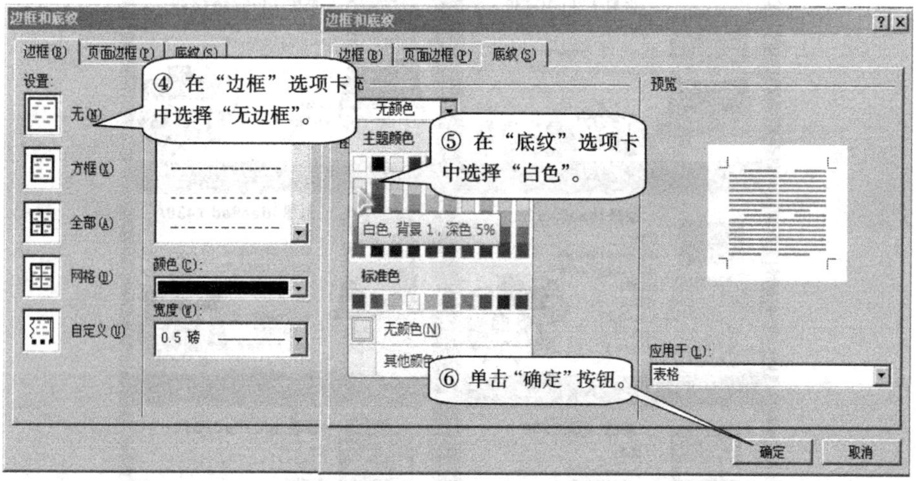

图 5.69 表格边框底纹设置

(2)合并第 1 列单元格，插入图片“7. jpg”，在第 2 列、第 3 列单元格中输入如图文字，效果如图 5.70 所示。

图 5.70 表格效果图

(3)用同样的方法制作右下方产品展示区,效果如图 5.71 所示。

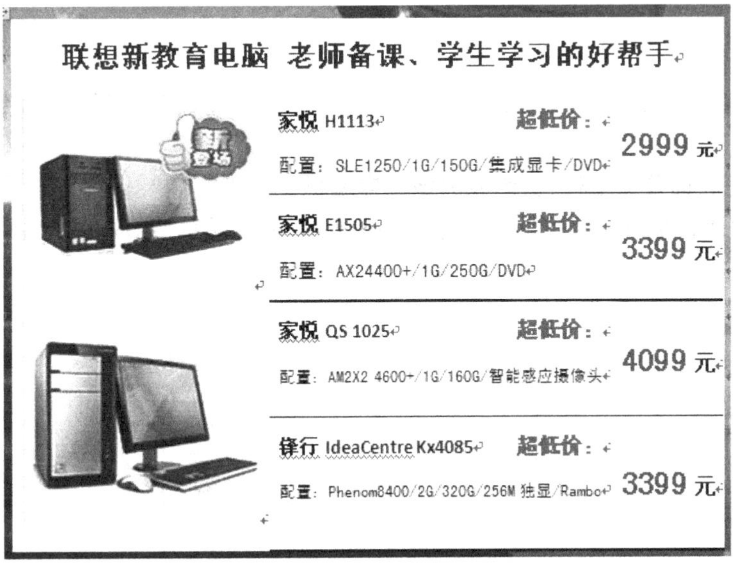

图 5.71　表格效果图

7)最终产品宣传图如图 5.72 所示

图 5.72　最终效果图

实践与拓展

(1)思考

①在内刊左栏页眉处插入“第二版”,右栏页眉处插入“第三版”,版数用域实现,怎样操作?

②若将页面分为三栏,页码域应该怎样编辑?

(2)设计制作一份邮政贺卡,如图5.73所示;或产品宣传DM单,如图5.74所示。

图5.73　邮政贺卡

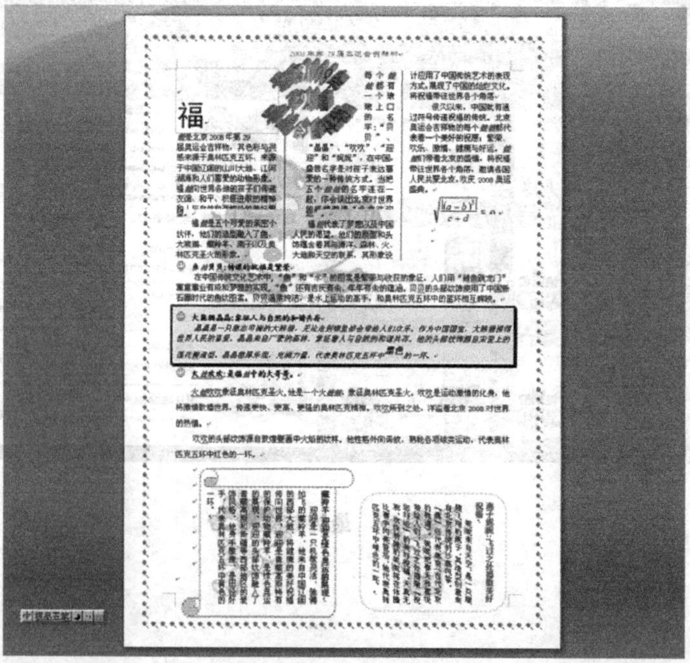

图5.74　产品宣传单

案例5.5　添加产品目录和索引

目录为读者勾勒出文档中所讨论主题的大致轮廓，并可以帮助读者在文档中定位。索引列出了一篇文档中讨论的术语和主题，以及它们出现的页码。

我们下面将借助目录和索引为用户制作浏览“地图”，方便用户了解查询产品信息。

任务 1 制作目录和索引

公司本季度新进了一批电脑相关产品，为配合本月的公司周年庆活动，需要制作新产品的宣传手册，方便用户查询和定购。小莉已经把产品资料收集整理好了，只需要在第二页插入目录和在最后一页插入索引就完成了。

任务要求

- 了解目录和索引的应用场合；
- 了解长文档排版方法；
- 熟练掌握插入目录、更新目录以及删除目录的方法；
- 熟练掌握插入索引、更新索引以及删除索引的方法。

任务解析

1. 相关知识

(1)在 Word 中创建目录有两个步骤：标记目录项和创建目录。

目录项即是指要在目录中显示的文本。标记目录项最简单的方法是使用内置的标题样式（标题样式：应用于标题的格式设置。Microsoft Word 有 9 个不同的内置样式：标题 1 到标题 9），也可以自定义样式或修改样式来标记目录项。

(2)要创建索引，同样需要先标记索引项，然后才能生成索引。

可以为单个单词、短语或符号创建索引项；或为包含延续数页的主题创建索引项；或引用另一个索引项，即“交叉引用”，例如：“Transportation 请参阅 Bicycles”。

当选择文本并将其标记为索引项时，Word 会添加一个特殊的 XE（索引项）域，该域包括标记好了的主索引项以及选择包含的任何引用信息。

在标记好了所有的索引项之后，接下来要做的事就是选择一种索引设计并生成最终的索引。Word 会收集索引项，并将它们按字母顺序或笔画顺序排序，引用其页码，找到并删除同一页上的重复索引项，然后在文档中显示该索引。

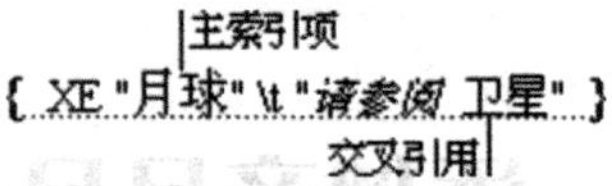

2. 操作步骤

打开文档“产品宣传手册”，制作目录和索引后的效果如图 5.75 和图 5.76 所示。

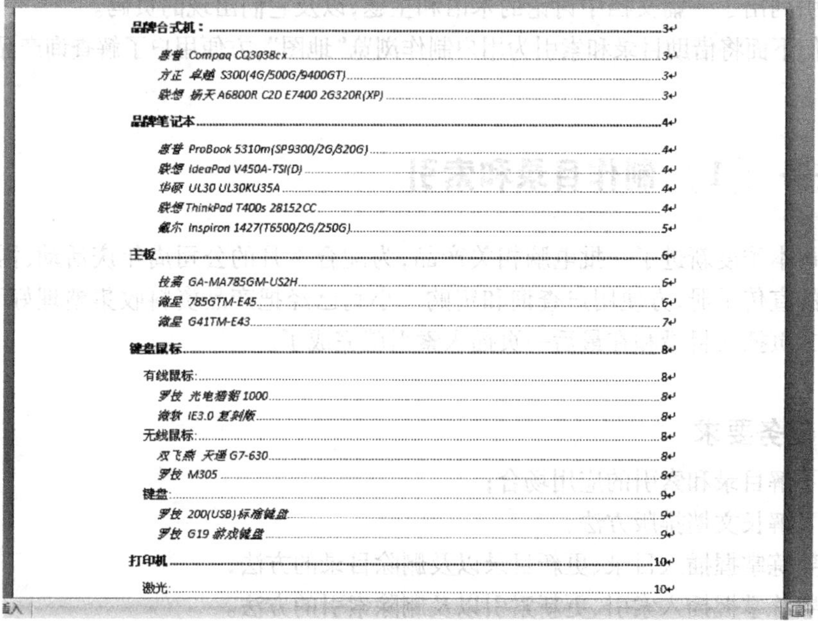

品牌台式机：........3
惠普 Compaq CQ3038cx........3
方正 卓越 S300(4G/500G/9400GT)........3
联想 扬天 A6800R C2D E7400 2G320R(XP)........3
品牌笔记本........4
惠普 ProBook 5310m(SP9300/2G/320G)........4
联想 IdeaPad V450A-TSI(D)........4
华硕 UL30 UL30KU35A........4
联想 ThinkPad T400s 28152CC........4
戴尔 Inspiron 1427(T6500/2G/250G)........5
主板........6
技嘉 GA-MA785GM-US2H........6
微星 785GTM-E45........6
微星 G41TM-E43........7
键盘鼠标........8
有线鼠标:........8
罗技 光电猎貂 1000........8
微软 IE3.0 复刻版........8
无线鼠标:........8
双飞燕 天遁 G7-630........8
罗技 M305........8
键盘:........9
罗技 200(USB)标准键盘........9
罗技 G19 游戏键盘........9
打印机........10
激光:........10

图 5.75　目录效果图

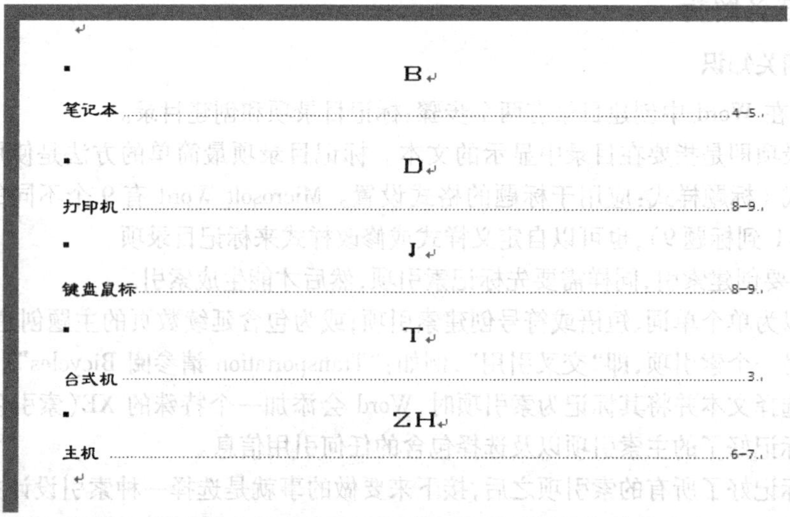

B
笔记本........4–5
D
打印机........8–9
J
键盘鼠标........8–9
T
台式机........3
ZH
主机........6–7

图 5.76　索引效果图

1)制作目录

标记目录项是创建自动目录的前提。

(1)标记目录项

①标记1级目录项。用Ctrl键同时选择正文中文字“品牌台式机”“品牌笔记本”“主板”“键盘鼠标”和“打印机”,并应用内置样式“标题1”,如图5.77所示。

图5.77 应用样式

②标记2级目录项。用同样的方法将文字“有线鼠标”“无线鼠标”“键盘”“激光”“喷墨”应用样式“标题2”。

③标记3级目录项。将各产品名称应用样式“标题3”。以“键盘鼠标”所在页为例,三级标题样式应用后的效果如图5.78所示。

图5.78 样式应用效果

(2)创建目录

①光标定位在要插入目录的位置,即第二页开始处。设置目录显示3级标题,格式为“正式”,打印预览时显示页码,页码右对齐,无前导符;Web预览时使用超链接而不显示页码,如图5.79和图5.80所示。

②效果如图5.81所示。

2)创建索引

(1)标记索引项“台式机”“笔记本”“主板”“键盘鼠标”和“打印机”,引用对应的文本范围,将所有索引项的字体设置为隶书,加粗。

①为索引项“台式机”需要引用的文本范围插入书签,如图5.82和图5.83所示。

②用同样的方法将主题“笔记本”“主板”“键盘鼠标”和“打印机”的文本范围插入书签,如图5.84所示。

③在文档末尾创建索引项“台式机”,字体为隶书,加粗,引用书签“台式机品牌和相关参数”,如图5.85~图5.87所示。

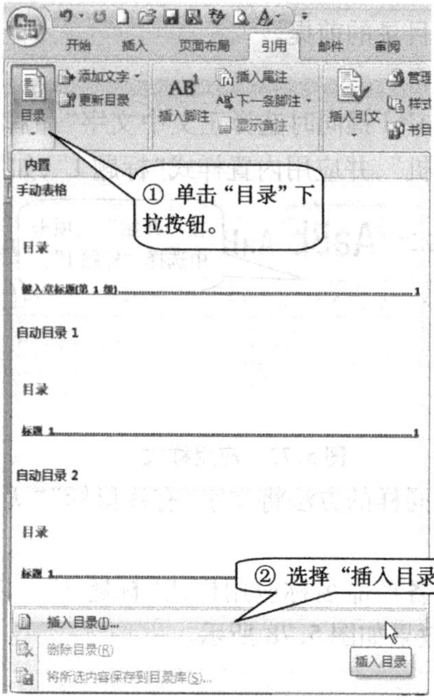

图 5.79　插入目录

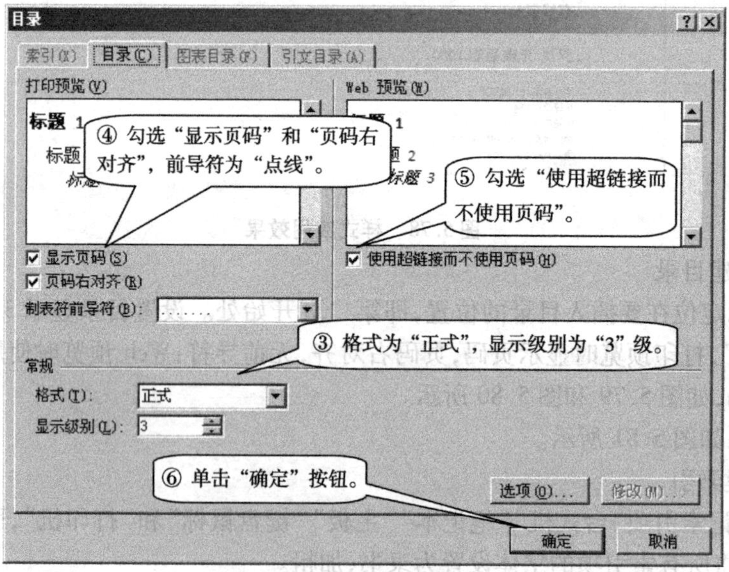

图 5.80　设置目录参数

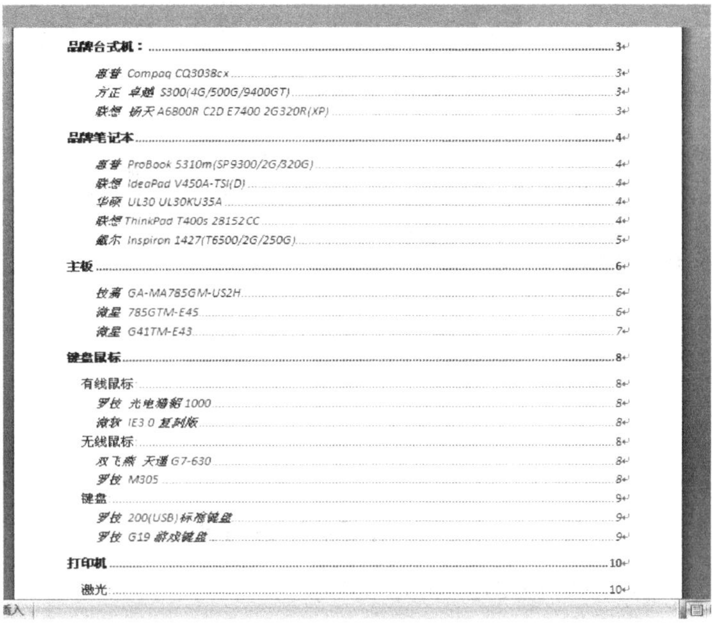
品牌台式机：......3
惠普 Compaq CQ3038cx......3
方正 卓越 S300(4G/500G/9400GT)......3
联想 扬天 A6800R C2D E7400 2G320R(XP)......3
品牌笔记本......4
惠普 ProBook 5310m(SP9300/2G/320G)......4
联想 IdeaPad V450A-TSI(D)......4
华硕 UL30 UL30KU35A......4
联想 ThinkPad T400s 28152CC......4
戴尔 Inspiron 1427(T6500/2G/250G)......5
主板......6
技嘉 GA-MA785GM-US2H......6
微星 785GTM-E45......6
微星 G41TM-E43......7
键盘鼠标......8
有线鼠标......8
罗技 光电猎貂 1000......8
微软 IE3.0 复刻版......8
无线鼠标......8
双飞燕 天遁 G7-630......8
罗技 M305......8
键盘......9
罗技 200(USB)标准键盘......9
罗技 G19 游戏键盘......9
打印机......10
激光......10

图 5.81 目录效果图

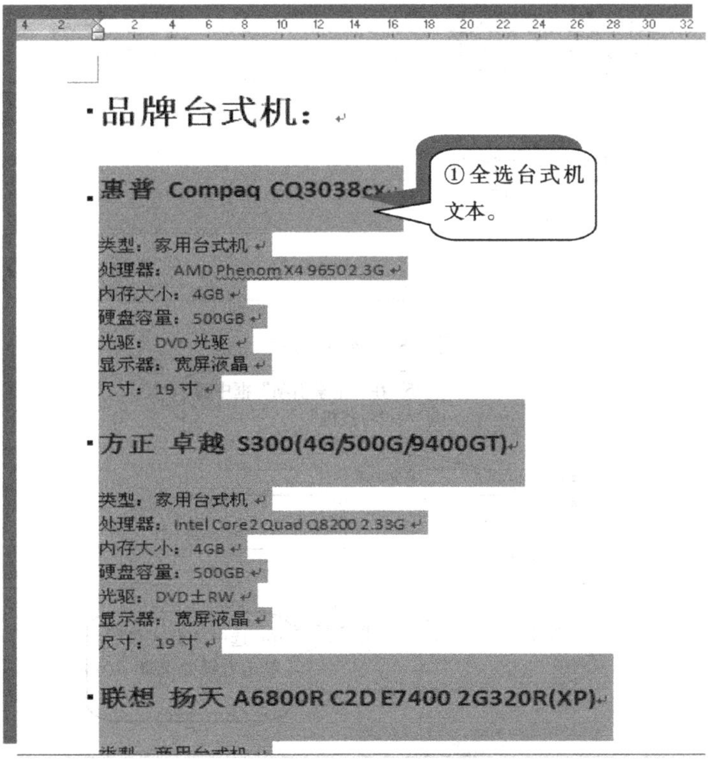
品牌台式机：
惠普 Compaq CQ3038cx
类型：家用台式机
处理器：AMD Phenom X4 9650 2.3G
内存大小：4GB
硬盘容量：500GB
光驱：DVD 光驱
显示器：宽屏液晶
尺寸：19 寸
方正 卓越 S300(4G/500G/9400GT)
类型：家用台式机
处理器：Intel Core2 Quad Q8200 2.33G
内存大小：4GB
硬盘容量：500GB
光驱：DVD±RW
显示器：宽屏液晶
尺寸：19 寸
联想 扬天 A6800R C2D E7400 2G320R(XP)

图 5.82 选择文本范围

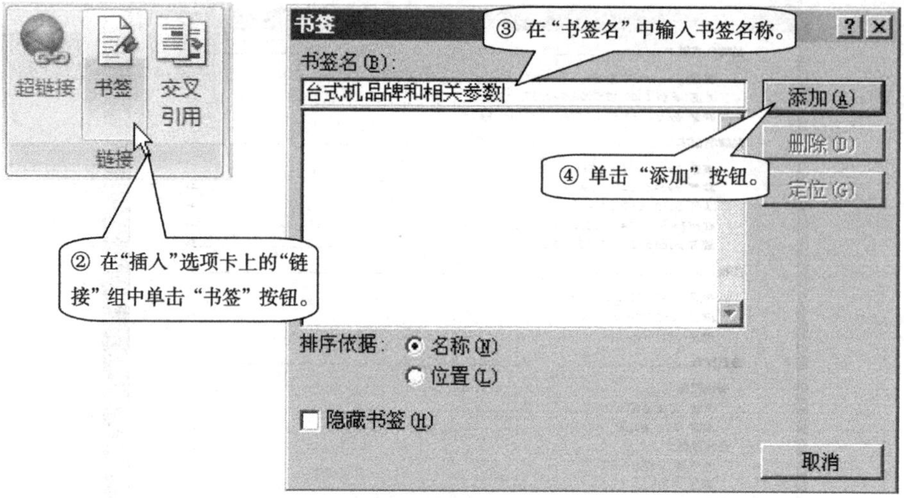
超链接
书签
交叉引用
链接
② 在“插入”选项卡上的“链接”组中单击“书签”按钮。
书签
③ 在“书签名”中输入书签名称。
书签名(B):
台式机品牌和相关参数
添加(A)
删除(D)
定位(G)
④ 单击“添加”按钮。
排序依据：名称(N)
位置(L)
隐藏书签(H)
取消

图 5.83　制作“台式机品牌和相关参数”书签

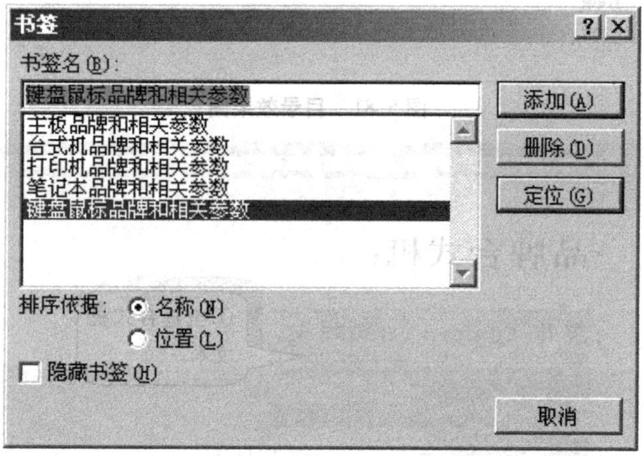
书签
书签名(B):
键盘鼠标品牌和相关参数
主板品牌和相关参数
台式机品牌和相关参数
打印机品牌和相关参数
笔记本品牌和相关参数
键盘鼠标品牌和相关参数
添加(A)
删除(D)
定位(G)
排序依据：名称(N)
位置(L)
隐藏书签(H)
取消

图 5.84　所有书签

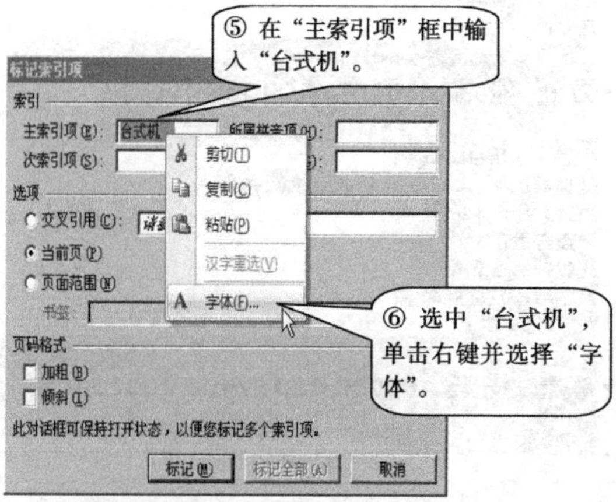
⑤ 在“主索引项”框中输入“台式机”。
标记索引项
索引
主索引项(E):
台式机
次索引项(S):
选项
交叉引用(C):
当前页(P)
页面范围(N)
书签
剪切(T)
复制(C)
粘贴(P)
汉字重选(V)
字体(F)...
⑥ 选中“台式机”，单击右键并选择“字体”。
页码格式
加粗(B)
倾斜(I)
此对话框可保持打开状态，以便您标记多个索引项。
标记(M)
标记全部(A)
取消

图 5.85　输入主索引项

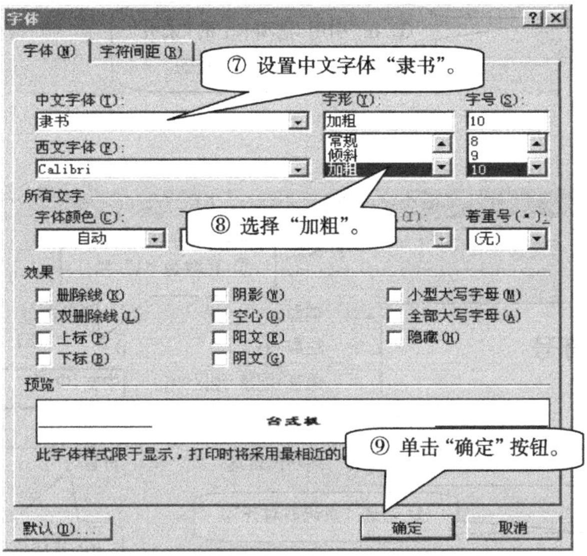

图 5.86　设置索引文字字体

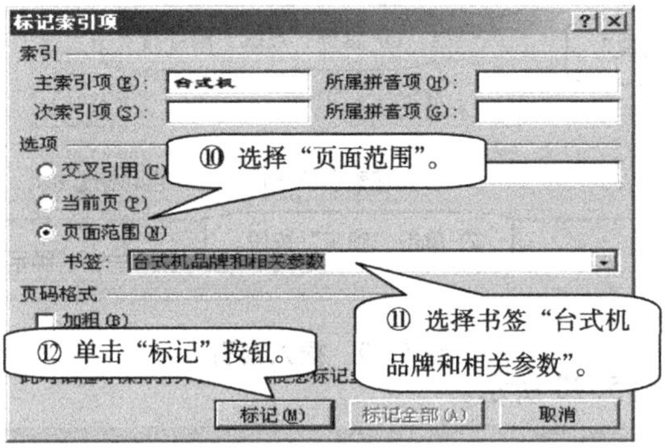

图 5.87　选择引用对象

④用同样的方法创建相同格式的“笔记本”“主板”“键盘鼠标”和“打印机”索引项,效果如图 5.88 所示。

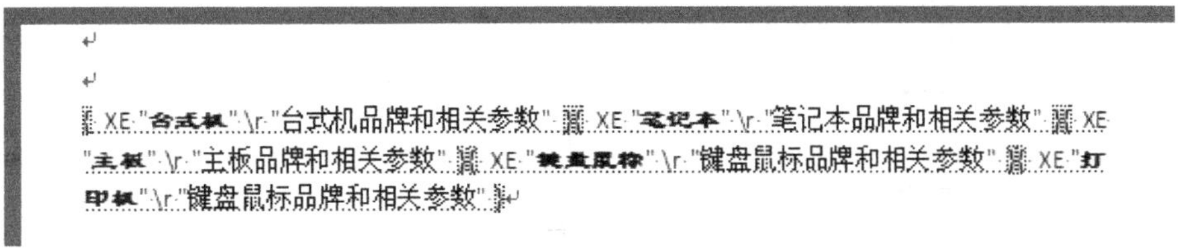
XE "台式机" \r "台式机品牌和相关参数" XE "笔记本" \r "笔记本品牌和相关参数" XE "主板" \r "主板品牌和相关参数" XE "键盘鼠标" \r "键盘鼠标品牌和相关参数" XE "打印机" \r "键盘鼠标品牌和相关参数"

图 5.88　标记索引项后效果图

(2)在文章末尾创建索引,格式为“古典”,“点线”样式前导符,页码右对齐,以拼音排序,只设一栏,如图 5.89 所示。

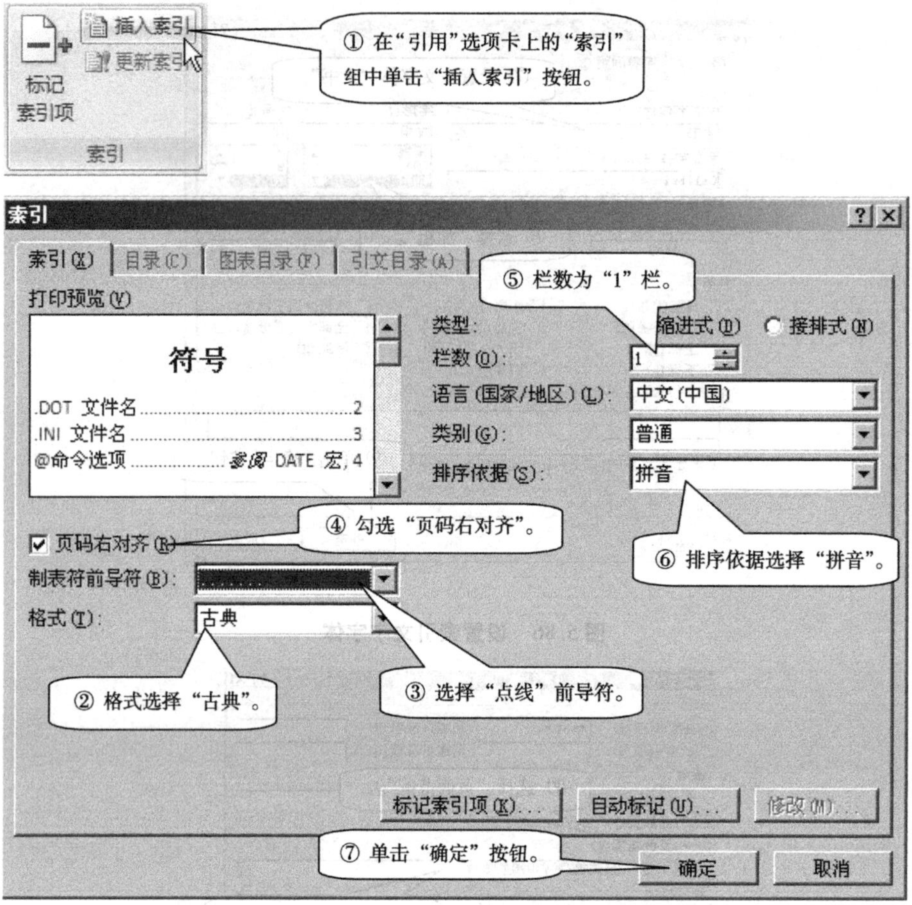
插入索引
更新索引
标记
索引项
索引
① 在“引用”选项卡上的“索引”组中单击“插入索引”按钮。
索引
索引(X)
目录(C)
图表目录(F)
引文目录(A)
⑤ 栏数为“1”栏。
打印预览(V)
符号
.DOT 文件名 2
.INI 文件名 3
@命令选项 参阅 DATE 宏, 4
类型:
缩进式(D)
接排式(N)
栏数(O):
1
语言(国家/地区)(L):
中文(中国)
类别(G):
普通
排序依据(S):
拼音
④ 勾选“页码右对齐”。
⑥ 排序依据选择“拼音”。
页码右对齐(R)
制表符前导符(B):
格式(T):
古典
② 格式选择“古典”。
③ 选择“点线”前导符。
标记索引项(K)...
自动标记(U)...
修改(M)...
⑦ 单击“确定”按钮。
确定
取消

图 5.89 插入索引

(3)完成效果如图 5.90 所示。

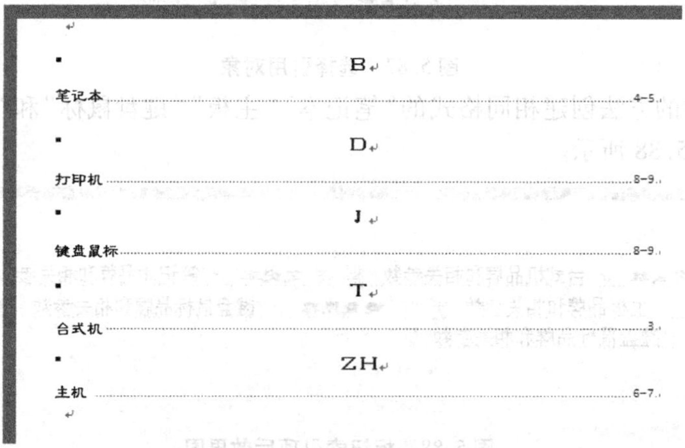
B
笔记本 4-5
D
打印机 8-9
J
键盘鼠标 8-9
T
台式机 3
ZH
主机 6-7

图 5.90 索引效果图

任务 2 同一文档中多个从 1 开始的页码设置

当陈晓编辑完整个产品目录后，她发现产品介绍的正文部分页码并没有从 1 开始，而是接着目录页变成了第 3 页，这对于需要印刷成册的资料并不合适。那么，怎么能让正文部分从 1 开始呢？

任务要求

- 掌握 Word 中插入分节符的方法；
- 掌握 Word 中页码的设置方法。

任务解析

(1)打开文档，定位光标于页码需要重新开始于 1 的页首，如图 5.91 所示。

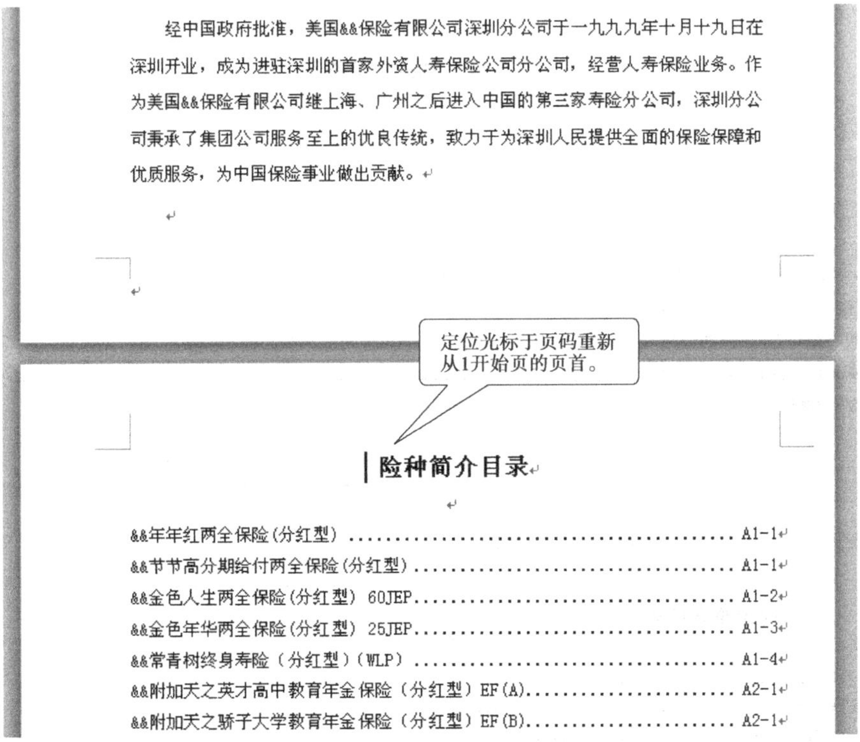

经中国政府批准，美国&&保险有限公司深圳分公司于一九九九年十月十九日在深圳开业，成为进驻深圳的首家外资人寿保险公司分公司，经营人寿保险业务。作为美国&&保险有限公司继上海、广州之后进入中国的第三家寿险分公司，深圳分公司秉承了集团公司服务至上的优良传统，致力于为深圳人民提供全面的保险保障和优质服务，为中国保险事业做出贡献。

险种简介目录

&&年年红两全保险(分红型) A1-1
&&节节高分期给付两全保险(分红型) A1-1
&&金色人生两全保险(分红型) 60JEP A1-2
&&金色年华两全保险(分红型) 25JEP A1-3
&&常青树终身寿险（分红型）(WLP) A1-4
&&附加天之英才高中教育年金保险（分红型）EF(A) A2-1
&&附加天之骄子大学教育年金保险（分红型）EF(B) A2-1

图 5.91 定位光标

(2)在光标所在处插入连续的分节符，如图 5.92 所示。

(3)在页面底端插入页码，如图 5.93 所示。

(4)插完分节符和页码后，页的显示如图 5.94 和图 5.95 所示。

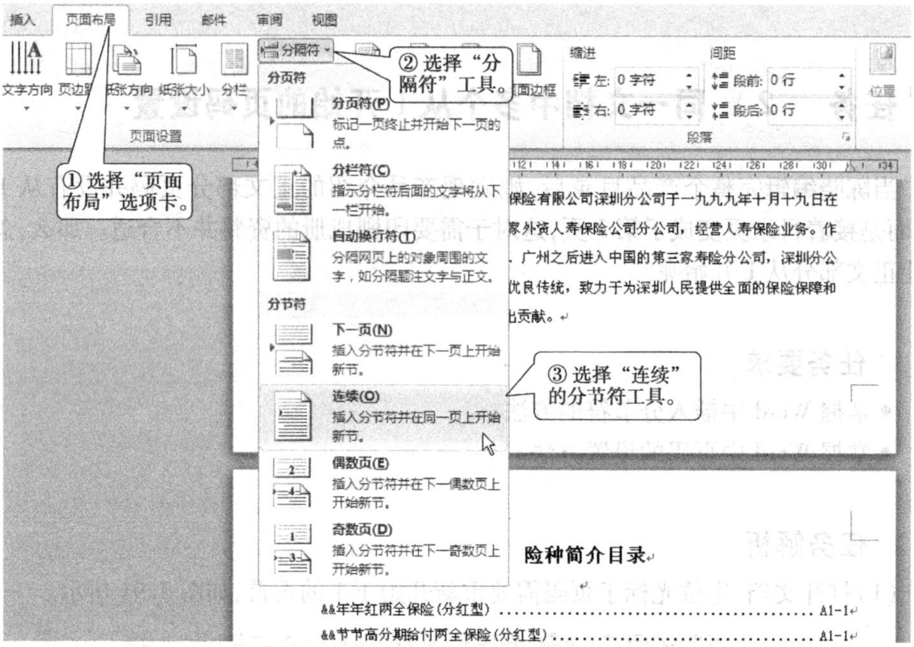
① 选择“页面布局”选项卡。
② 选择“分隔符”工具。
③ 选择“连续”的分节符工具。

图 5.92　插入分节符

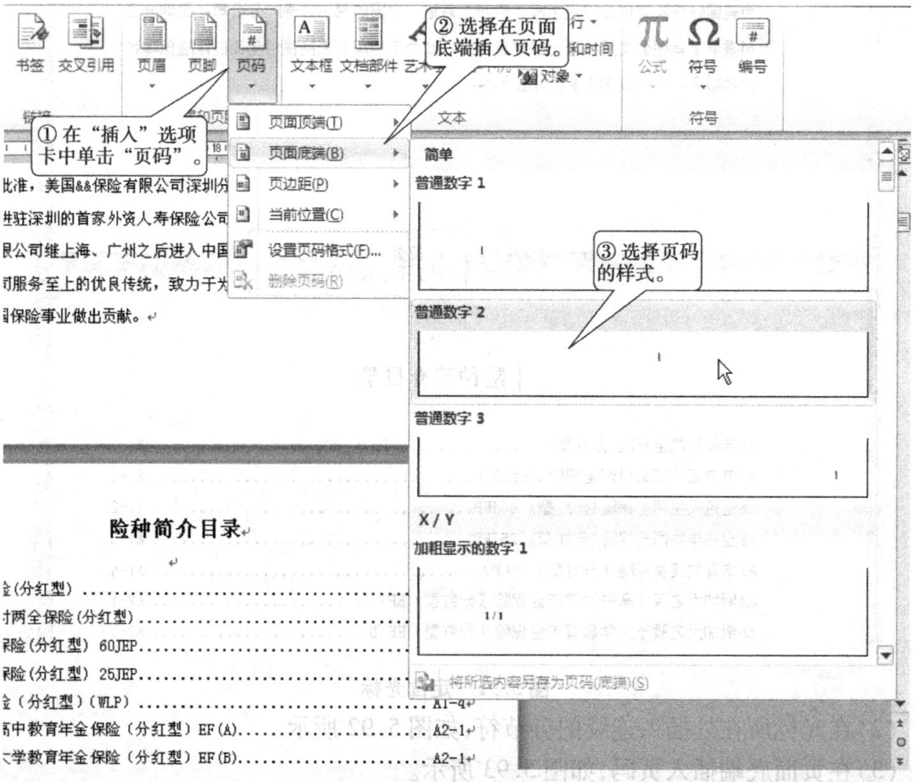
① 在“插入”选项卡中单击“页码”。
② 选择在页面底端插入页码。
③ 选择页码的样式。

图 5.93　插入页码

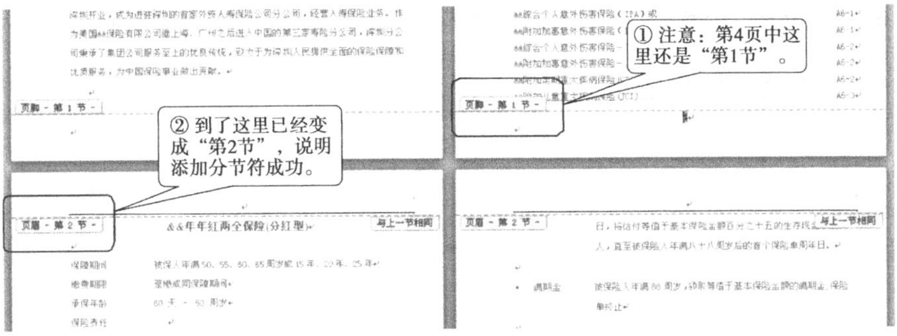

图 5.94　分节后页的显示一

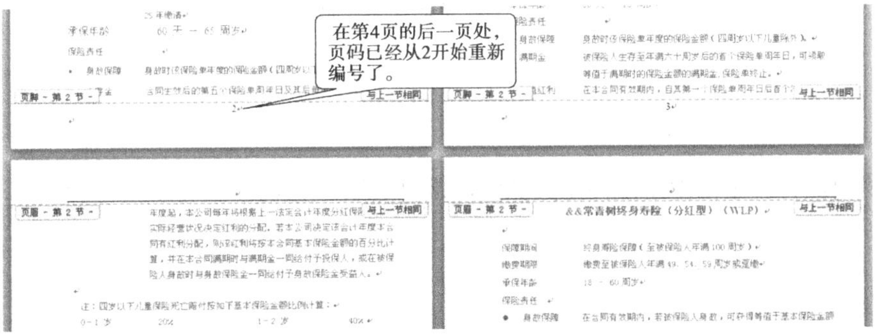

图 5.95　分节后页的显示二

(5)接下来需要让该处的页码重新从 1 开始。选择第 2 节第 1 页的页码 2，打开“设置页码格式”对话框，将起始页码定为从 0 开始，如图 5.96 所示。

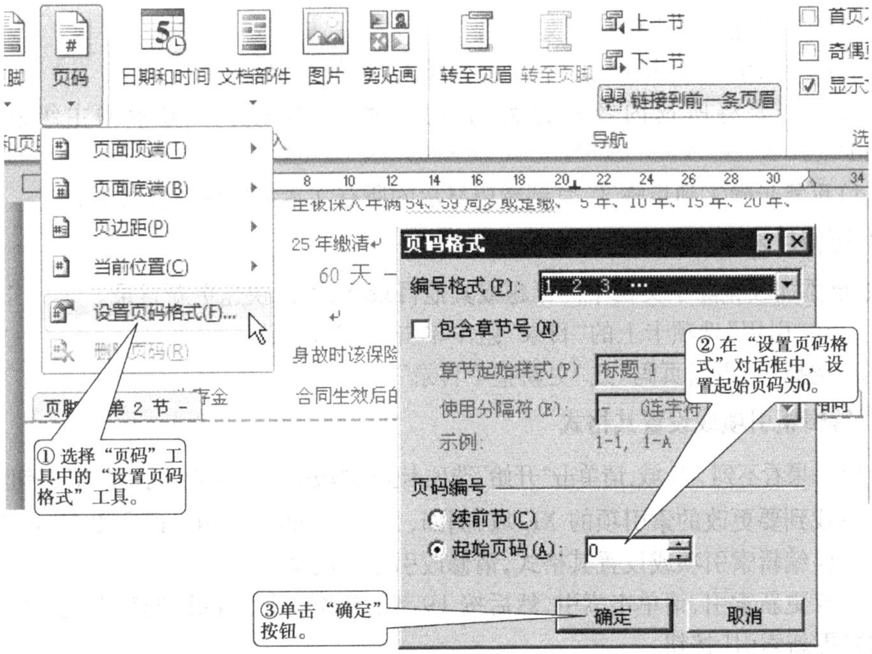

图 5.96　打开“设置页码格式”对话框

(6)可以看到,在第 2 节的页面上,页码从 1 重新开始,如图 5.97 所示。

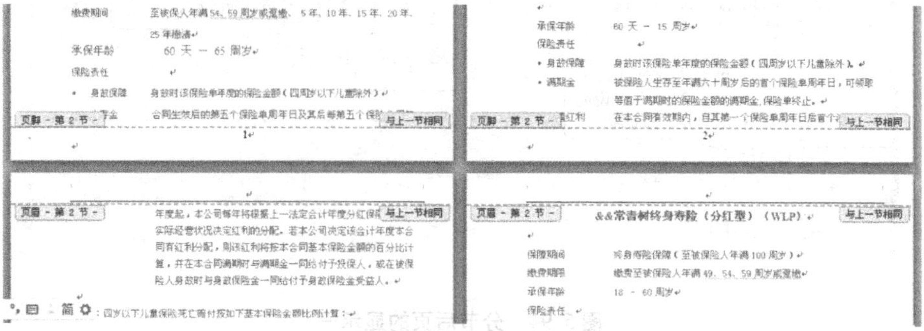

图 5.97　页码从 1 开始

实践与拓展

将产品介绍中的附录脱离正文页码的编制,从 1 计数。

知识拓展

1. 标记目录文本项

如果希望目录包括没有设置为标题格式的文本,可以使用此过程标记各个文本项。

(1)选择要在目录中包括的文本。

(2)在“引用”选项卡上的“目录”组中单击“添加文字”。

(3)单击要将所选内容标记为的级别,例如,为目录中显示的主级别选择“级别 1”。

(4)重复步骤①到步骤③,直到希望显示的所有文本都出现在目录中。

2. 更新目录

如果添加或删除了文档中的标题或其他目录项,可以快速更新目录。

(1)在“引用”选项卡上的“目录”组中单击“更新目录”。

(2)选择“只更新页码”或“更新整个目录”。

3. 编辑索引项或设置其格式

(1)如果看不到 XE 域,请单击“开始”选项卡上的“段落”组中的“显示/隐藏”按钮。

(2)找到要更改的索引项的 XE 域,例如,{ XE "Callisto" \t "请参阅 Moons" }。

(3)要编辑索引项或设置其格式,请修改引号内的文本。

(4)要更新索引,请单击索引,然后按 F9 键;或者单击“引用”选项卡上的“索引”组中的“更新索引”按钮。

实践与拓展

将公司一年内的所有工作计划编纂成册，并为其编辑索引和目录，以便于归档。

案例 5.6　制作发货通知书

如果希望创建一组文档（如寄给多个客户的套用信函或地址标签页），可以使用邮件合并。每个信函或标签含有同一类信息，但内容各不相同。例如，在致客户的多个信函中可以对每个信函进行个性化，称呼每个客户的姓名。每个信函或标签中的唯一信息都来自数据源中的条目。

任务　制作发货通知书

今天陈晓要为上周已订货的所有客户发送发货通知书，每份通知书除了客户姓名、产品名称、数量、发货时间、形式等少部分内容不同外，其余大部分内容都相同。为了提高工作效率，批量生成信函，陈晓将使用 Word 的邮件合并功能。

任务要求

- 理解"邮件合并"的概念和使用场合；
- 通过发货单的制作掌握邮件合并功能，并能进行知识的迁移，使之应用到其他场合；
- 学会举一反三，提高办公效率。

任务解析

1. 相关知识

发货通知书制作完成后需要发送给多个客户，如果逐个发送将十分麻烦。为了节约时间和提高工作效率，可以利用邮件合并功能将信函中的某些位置用变量（域）来表示，依次替换这些变量，生成大批信件，然后将其快速地打印出来或利用邮箱成批地发送出去。

在"开始邮件合并"菜单中，可以选择的文件类型有信函、电子邮件、信封、标签、目录以及普通 Word 文档。

能够运用在邮件合并上的源数据有 Acess 数据库、Excel 电子表格、Word 表格、Outlook 联系人等。

2. 操作步骤

1)制作发货通知书的范本

(1)新建空白文档,保存为"发货通知书.doc",设置页面宽度为"18 厘米",高度为"20 厘米",如图 5.98 和图 5.99 所示。

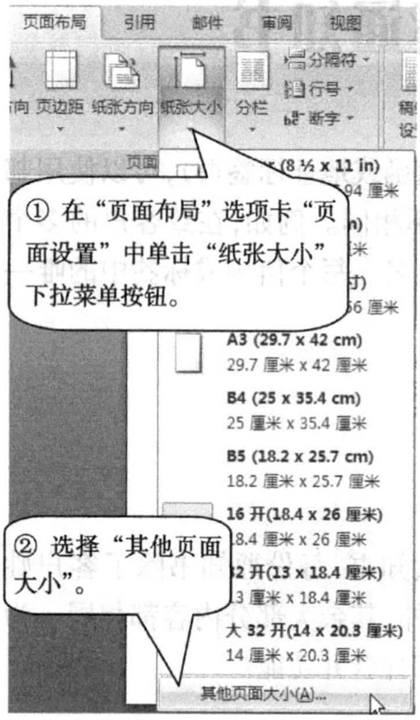

图 5.98　打开页面设置

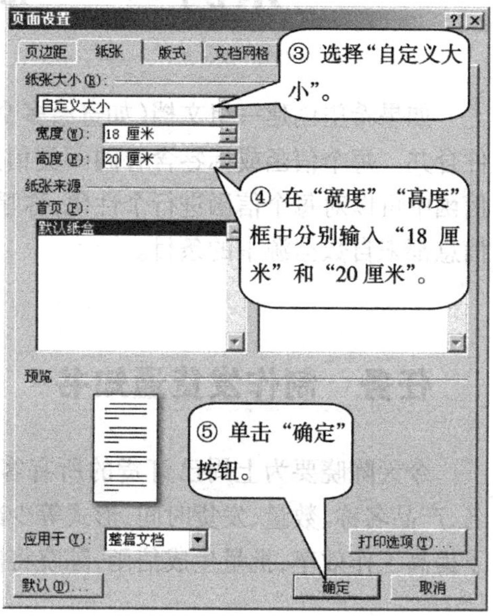

图 5.99　设置纸张大小

(2)插入修饰图片,如图 5.100 所示。

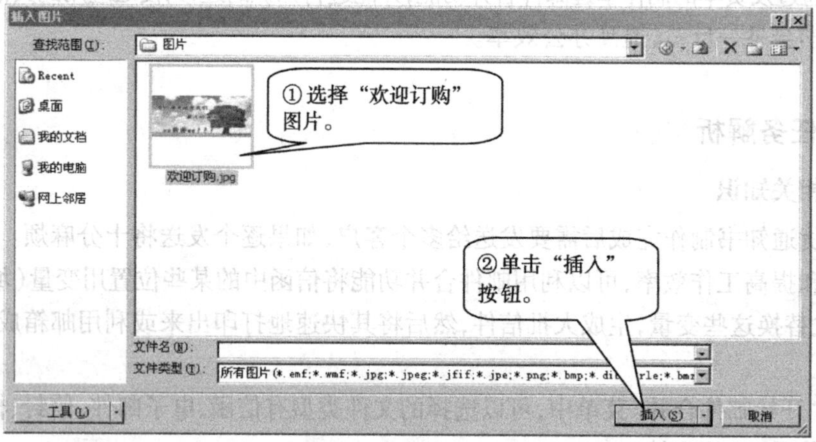

图 5.100　插入图片

(3)发货通知书的具体内容,如图5.101所示。

商品发货通知书

尊敬的客户:

您通过互联网向我公司订购的共,我公司已通过银行收到金额元,该商品将于发货,发货形式为,您可能于近期收到,请查收。如未收到请致电028-88888888咨询。谢谢您的合作!

美财达电脑有限公司

2010年1月25日

图5.101 通知书内容

(4)设计完成的范本如图5.102所示。

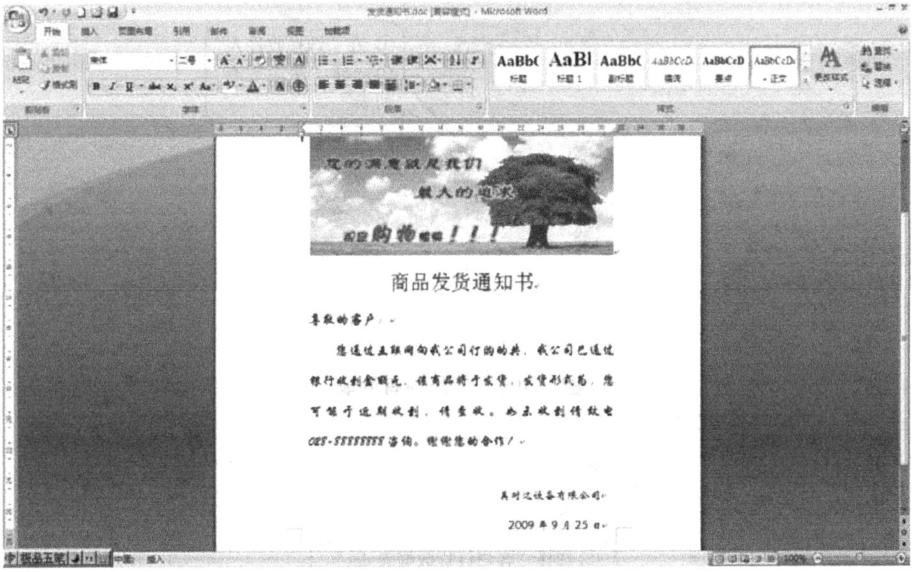

图5.102 范本效果图

2)使用邮件合并功能制作统一格式的发货通知书

(1)选择文档类型为"信函",如图5.103所示。

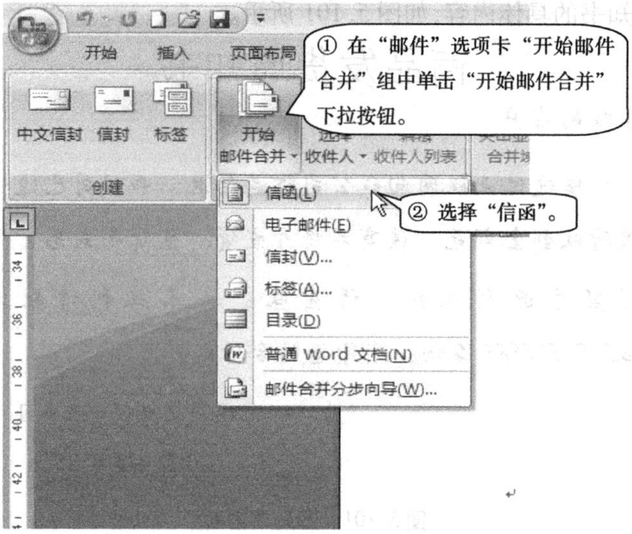

图 5.103　选择文档类型

(2)选择收件人,使用现有列表“客户订货数据表”,如图 5.104 和图 5.105 所示。

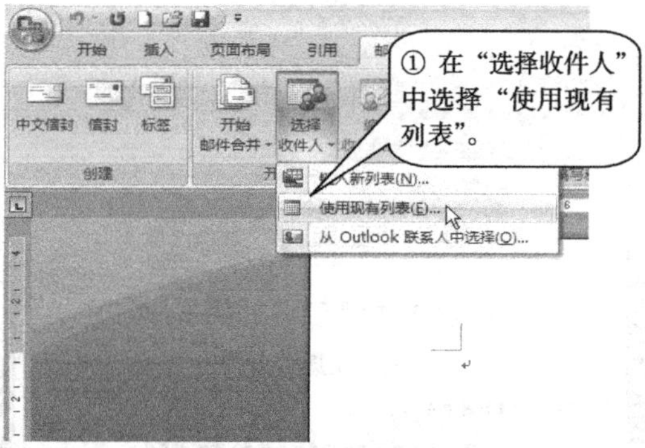

图 5.104　使用现有列表

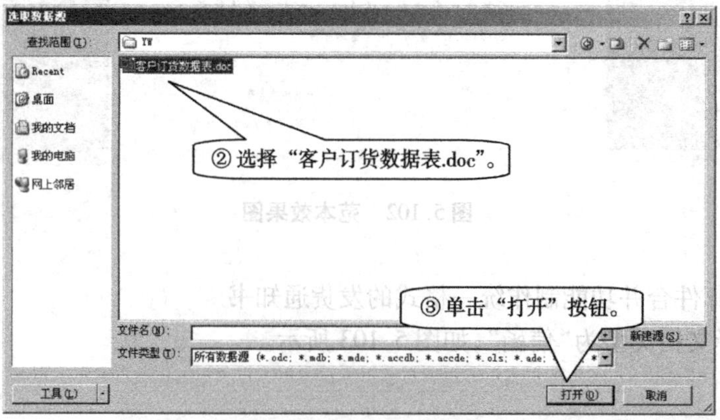

图 5.105　打开数据表

(3)编辑收件人列表,在“邮件合并收件人”对话框中选择你要发送信函的收件人，如图 5.106 所示。

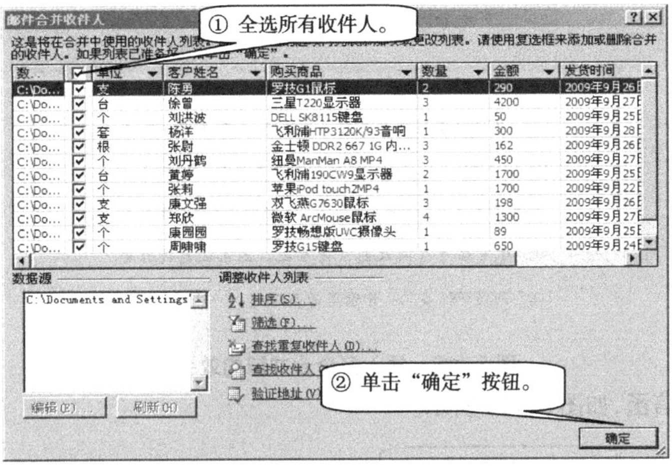

图 5.106　选择收件人

(4)撰写信函，插入合并域，如图 5.107 和图 5.108 所示。

图 5.107　插入合并域

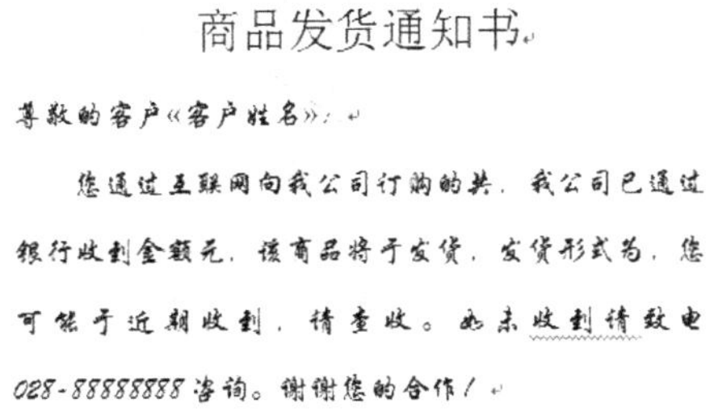

商品发货通知书

尊敬的客户«客户姓名»：

您通过互联网向我公司订购的共，我公司已通过银行收到金额元，该商品将于发货，发货形式为，您可能于近期收到，请查收。如未收到请致电 028-88888888 咨询。谢谢您的合作！

图 5.108　插入“客户姓名”域的效果图

(5)“插入合并域”后的效果如图5.109所示。

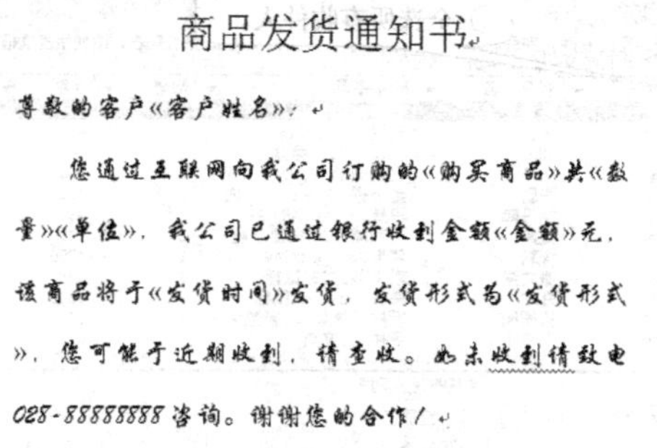

商品发货通知书

尊敬的客户《客户姓名》：

您通过互联网向我公司订购的《购买商品》共《数量》《单位》，我公司已通过银行收到金额《金额》元，该商品将于《发货时间》发货，发货形式为《发货形式》，您可能于近期收到，请查收。如未收到请致电028-8888888咨询。谢谢您的合作！

图5.109　插入多个合并域的效果图

(6)预览信函，如图5.110所示。

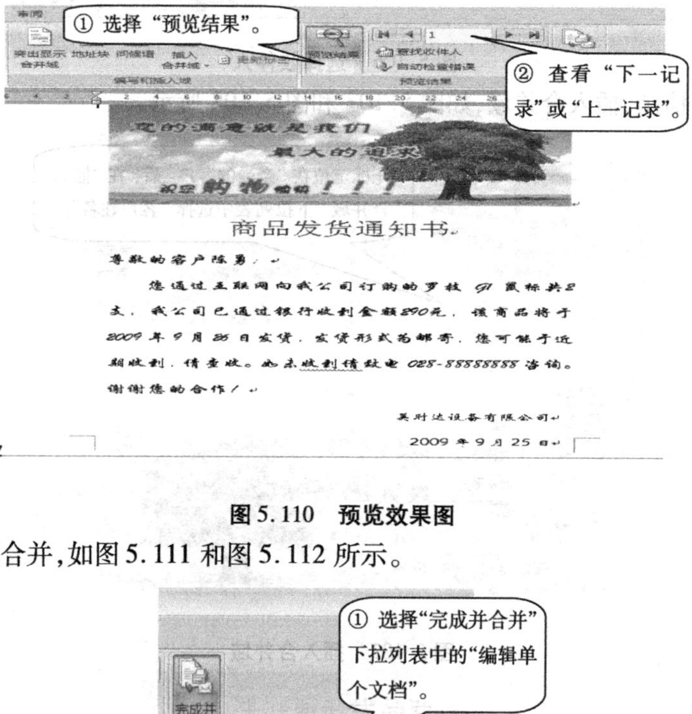

图5.110　预览效果图

(7)完成合并，如图5.111和图5.112所示。

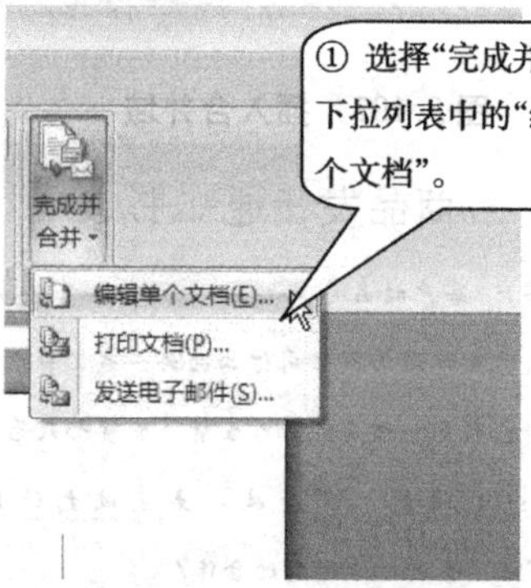

图5.111　完成合并，编辑个人信函

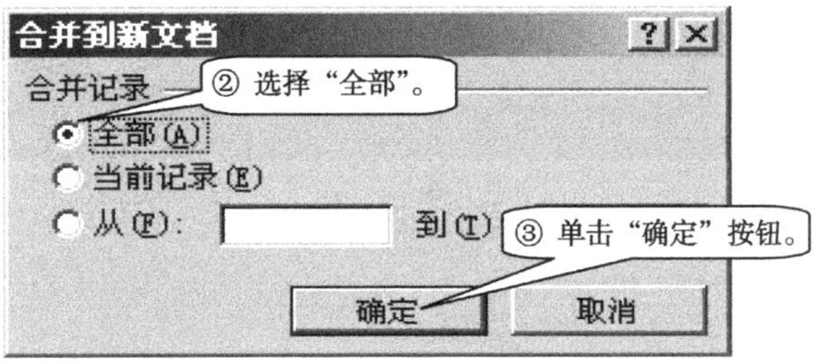

图 5.112 选择全部合并

(8)邮件合并完成,生成多个统一格式的信函内容,如图 5.113 所示。

图 5.113 最终效果图

实践与拓展

为自己的生日聚会制作邀请卡,并通过邮件发送给 10 位受邀请的朋友。

6 Excel的高级应用

说到 Excel,估计只要用过计算机的人都说自己会用。但很多人所谓的“会用”,仅仅局限于简单操作而已,如输入一些内容,加上一些表格线,点一下存盘等。其实,Excel 功能非常强大,绝不只是画个表格的表格绘制工具。如果能熟练使用 Excel,在职场上将会对您很有帮助。

本章通过几个实例,介绍用 Excel 简单高效准确完美地完成工作中的各种复杂任务。

学习目标

掌握 Excel 数据表的复制和移动;
掌握数据表有效性的设置;
掌握数据表中条件格式的设置和使用;
掌握单元格区域名称的定义;
理解 Excel 数据表中公式函数的使用;
了解 Excel 数据表的保护技巧;
了解 Excel 数据表的打印技巧。

案例6.1 “员工信息调查表”的制作与设置

任务 1 制作“员工信息调查表”

小杨所在公司在云、贵、川三省都设有分公司。公司为了方便人才管理,要对员工信息进行统计,要求小杨制作一份“员工信息调查表”。小杨选择用 Excel 来进行制作。

任务要求

- 熟练掌握用 Excel 制作表格的方法;
- 掌握数据表有效性的设置方法。

任务解析

1. 创建“公司员工信息调查表”

(1)启动 Excel 2007 新建工作簿,保存文件名为“公司员工信息调查表”。

(2)在 Sheet1 中对“公司员工信息调查表”进行规划,将 A1 至 I1 单元格合并并居中对齐,再输入单元格内容,如图 6.1 所示。

	A	B	C	D	E	F	G	H	I
1	员工信息调查表								
2	地区	分公司	部门	姓名	性别	身份证号码	学历	所学专业	工作时间
3									

图 6.1 调查表表头设置

2. 数据表有效性的设置

1)建立序列数据表

为了保证数据输入的一致性,可为要统一输入形式的数据先建立一个数据表。

(1)选中工作表标签 Sheet2,单击右键,在快捷菜单中选择“重命名”命令,将其更名为“序列”。

(2)在工作表“序列”的 A 列中依次输入分公司所在省份,在 B 列中输入分公司名称,在 C 列中输入部门名称,在 D 列输入性别,在 E 列输入学历年限,如图 6.2 所示。

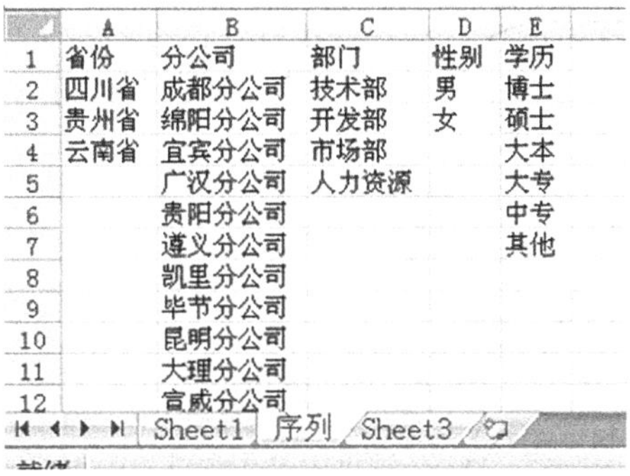

图 6.2　序列表的输入

(3)为选定的单元格区域定义名称,如图 6.3 所示。

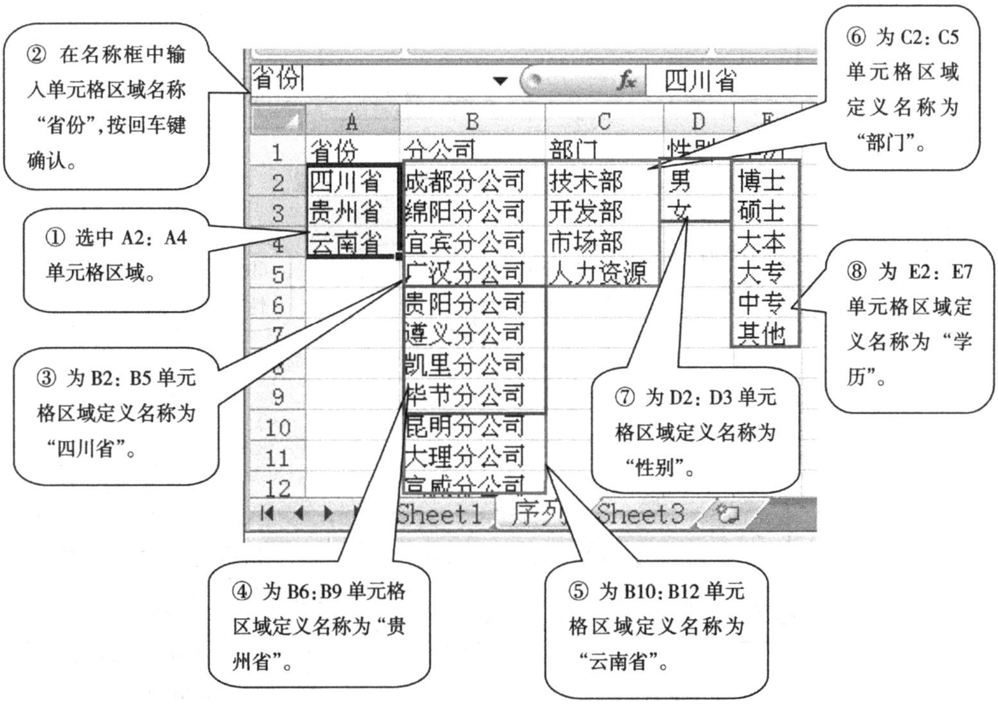
② 在名称框中输入单元格区域名称“省份”,按回车键确认。
① 选中 A2: A4 单元格区域。
③ 为 B2: B5 单元格区域定义名称为“四川省”。
④ 为 B6: B9 单元格区域定义名称为“贵州省”。
⑤ 为 B10: B12 单元格区域定义名称为“云南省”。
⑥ 为 C2: C5 单元格区域定义名称为“部门”。
⑦ 为 D2: D3 单元格区域定义名称为“性别”。
⑧ 为 E2: E7 单元格区域定义名称为“学历”。
省份
四川省
Sheet1 序列 Sheet3

图 6.3　定义单元格区域的名称

2)建立一个分类下拉列表填充项

(1)为“地区”列添加分类下拉列表填充项,如图 6.4 所示。

(2)为与“地区”相关联的“分公司”列添加分类下拉列表填充项,如图 6.5 所示。

(3)选定 B3 单元格,拖动填充柄向下进行填充,则公式被向下复制。

通过上面第①、②、③步,在 A3 单元格中选中省份名称,在 B3 单元格中就有该省对应的分公司选项出现,方便员工填写,操作结果如图 6.6 所示。

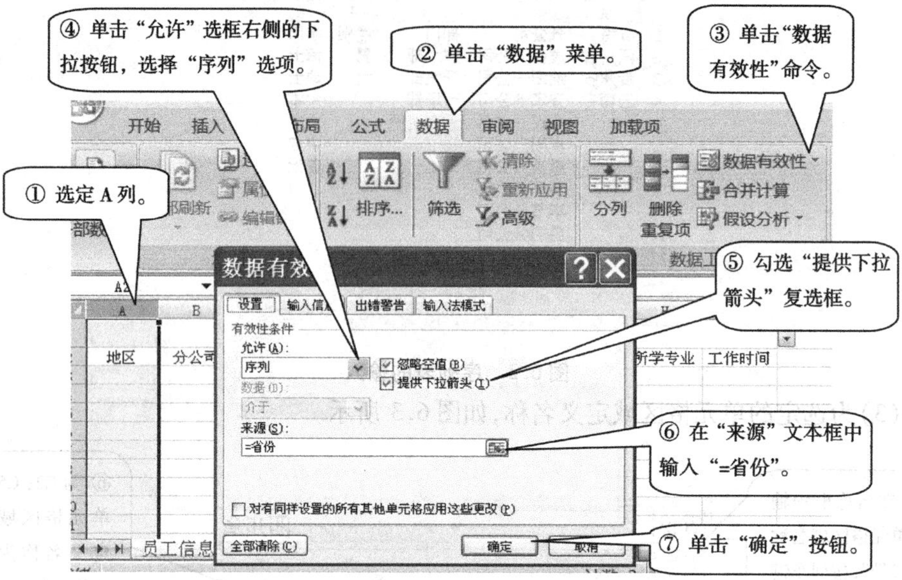
④ 单击“允许”选框右侧的下拉按钮，选择“序列”选项。
② 单击“数据”菜单。
③ 单击“数据有效性”命令。
① 选定 A 列。
⑤ 勾选“提供下拉箭头”复选框。
⑥ 在“来源”文本框中输入“=省份”。
⑦ 单击“确定”按钮。

图 6.4　添加分类下拉列表填充项的设置

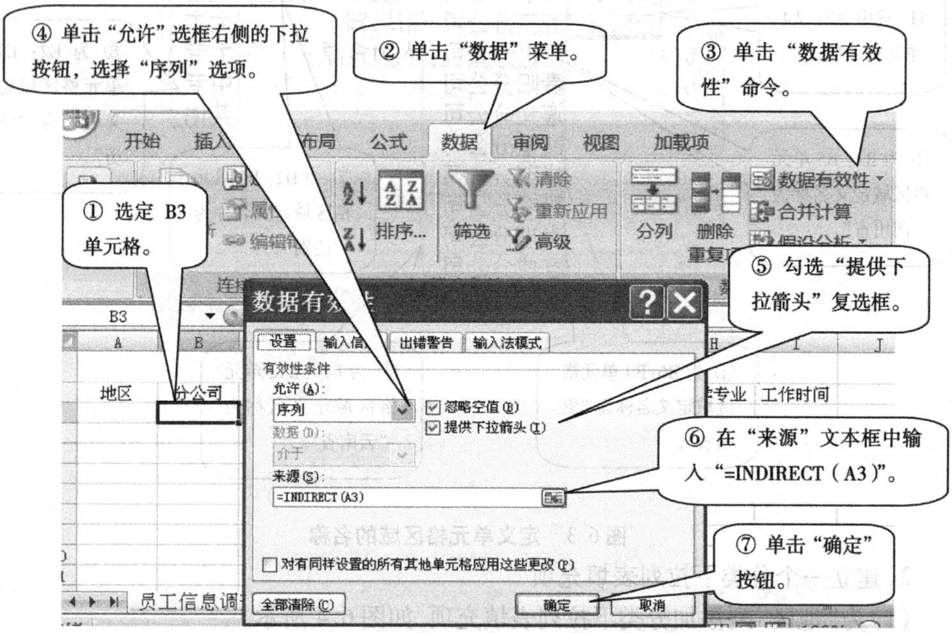
④ 单击“允许”选框右侧的下拉按钮，选择“序列”选项。
② 单击“数据”菜单。
③ 单击“数据有效性”命令。
① 选定 B3 单元格。
⑤ 勾选“提供下拉箭头”复选框。
⑥ 在“来源”文本框中输入“=INDIRECT（A3）”。
⑦ 单击“确定”按钮。

图 6.5　添加分类下拉列表填充项的设置

(4)为“所在部门”“性别”“学历”等列添加对应的分类下拉列表填充项。操作步骤同第①步，只是在“数据有效性”对话框中，“来源”文本框中对应的输入为“=部门”“=性别”“=学历”，单击“确定”按钮即可完成。

3)限制文本的输入长度

在 Excel 中录入数据时,有时会要求某列或某个区域的单元格数据具有相同长度,如身份证号码、发票号码之类的数据。但我们在输入时有时会出错而又难以发现,这时可以通过“数据有效性”来防止错误输入,提高数据录入的准确度。

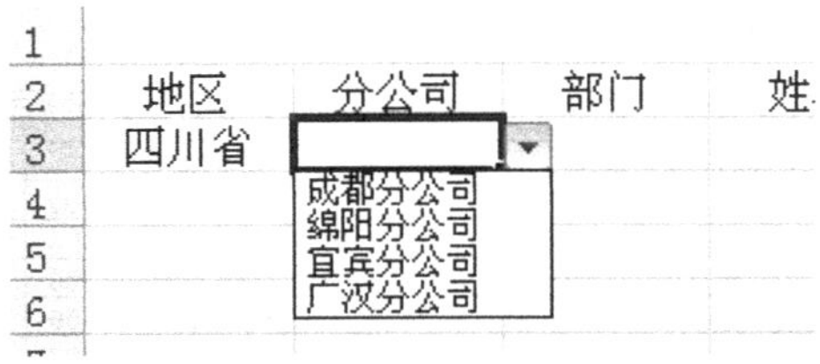

图 6.6　下拉列表填充项设置结果

对 F 列的身份证号码设置数据有效性,如图 6.7 所示。

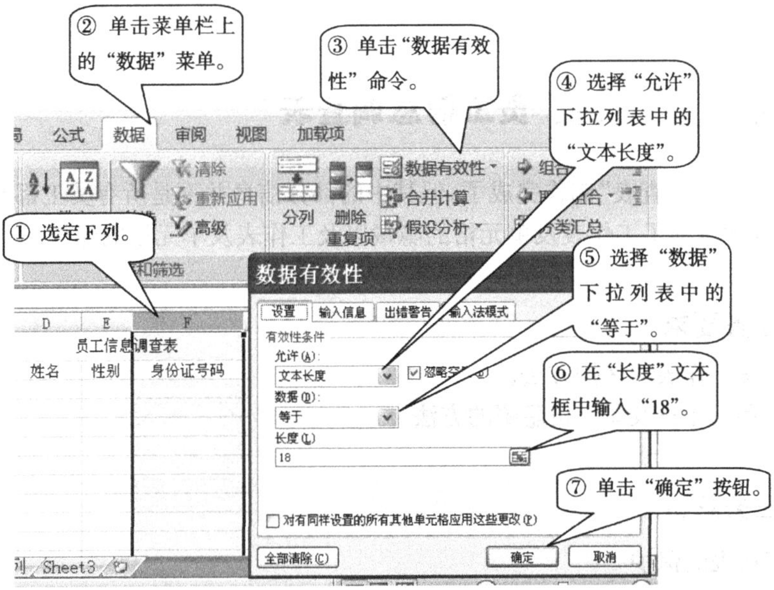

图 6.7　限制文本长度

这样,以后当录入身份证号码位数错误时,系统就会弹出提示对话框,如图 6.8 所示。

图 6.8　系统提示输入错误

实践与拓展

建立销售部门的“客户信息表”,如图 6.9 所示。要求表内有姓名、性别、年龄、身份证号、所在公司、电话号码、客户性格、主要产品需求等项,并使用数据有效性方法设置性别只能有男女两个选项。

客户信息表

姓名	性别	年龄	身份证号	所在公司	电话号码	客户性格	主要产品需求
王一			910304197810261000	甲公司	11094929342	豪爽	产品A类、B类
张二			910304197410131004	乙公司	11045637344	计较	产品B类、C类
李三			910304197504141350	丙公司	11234627353	计较	产品C类、D类
陈四			910304196810261056	丁公司	14583323283	计较	产品A类、B类
刘五			910304198311161857	戊公司	11689749702	计较	产品A类、C类
蒋六			910304198006261394	己公司	14353583838	计较	产品A类、D类
吴七			910304196612211758	庚公司	19568523779	豪爽	产品B类、D类
毛八			910304196708041237	辛公司	16753568965	豪爽	产品A类、C类
赵九			910304197105229485	壬公司	12374832724	计较	产品A类、B类
丁十			910304197711221765	葵公司	12547484584	豪爽	产品A类、B类

图6.9 客户信息表

任务 2 设置“员工信息调查表”

“员工信息调查表”制作完成了，但其中的部分信息并不是所有员工都有查看的权限，小杨因此设计了工作表及单元格的隐藏以及工作表及单元格的保护。

任务要求

- 掌握工作表的保护方法；
- 掌握工作表及单元格隐藏的方法。

任务解析

1. 工作表的保护

1）由于工作表“序列”包含着许多设置及重要数据，不能让其他人随意更改，所以要对它进行保护，操作步骤如图 6.10 所示。

2）在“确认密码”对话框中输入刚才输入的密码，单击“确定”按钮即完成对工作表的保护，如图 6.11 所示。

2. 工作表的隐藏

1）单击右键工作表标签“序列”。

2）在弹出的快捷菜单中选择“隐藏”命令，操作步骤如图 6.12 所示。

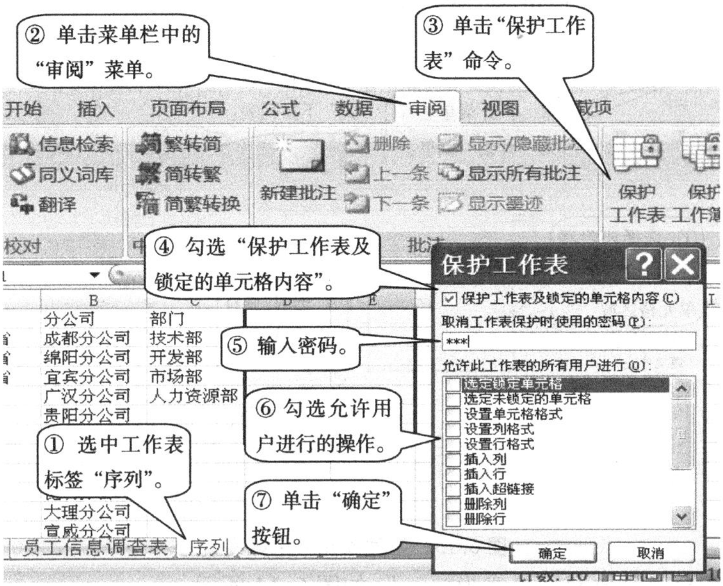

图 6.10　工作表的保护设置

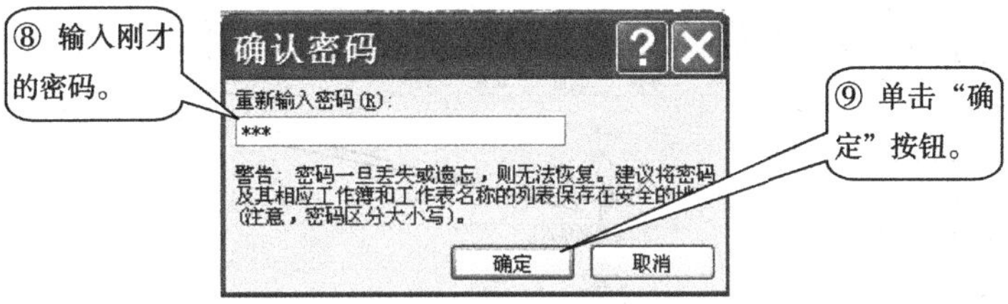

图 6.11　确认密码

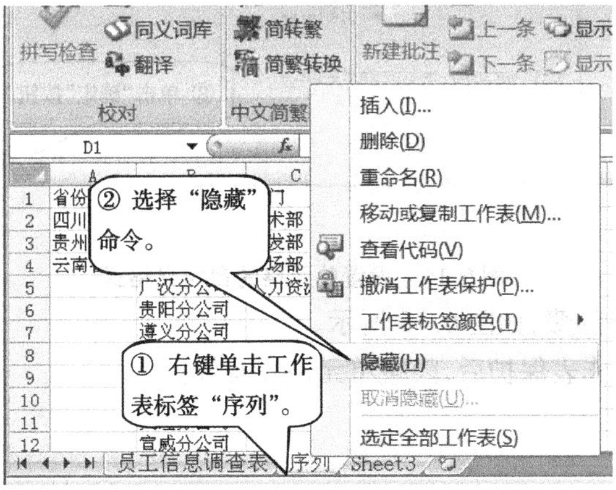

图 6.12　工作表的隐藏

3. 单元格的隐藏

可以隐藏工作表中的部分单元格,操作步骤如下。

(1)打开"设置单元格格式"对话框,如图 6.13 所示。

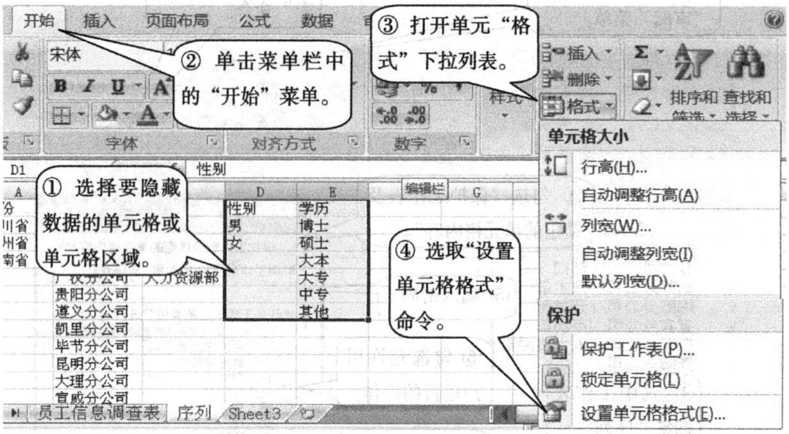

图 6.13　隐藏单元格区域设置

(2)设置自定义单元格格式为";;;",如图 6.14 所示。

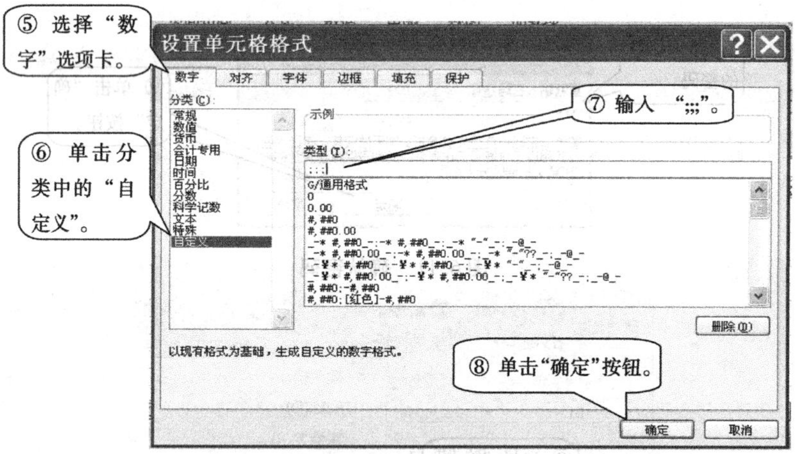

图 6.14　设置单元格的自定义格式

(3)设置单元格隐藏,如图 6.15 所示。

注意:只有在工作表保护后,隐藏单元格才有效。

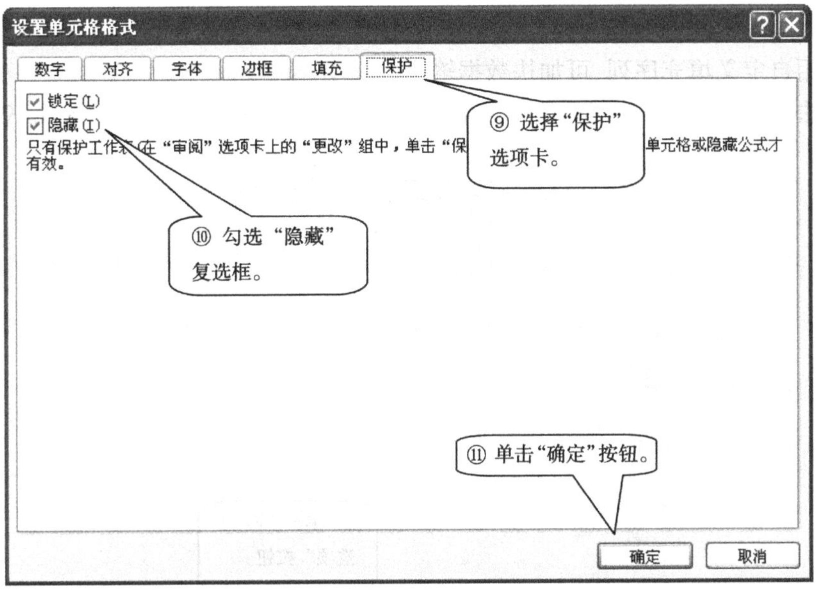

图 6.15　设置单元格隐藏

知识拓展

在我们制作表格时，还有两个非常有用的小技巧，在这里做一个简单的介绍。

1. Ctrl + Enter 组合键的使用

使用 Ctrl + Enter 组合键可以在多个不同的区域中填充相同的内容或公式，如图 6.16 所示。

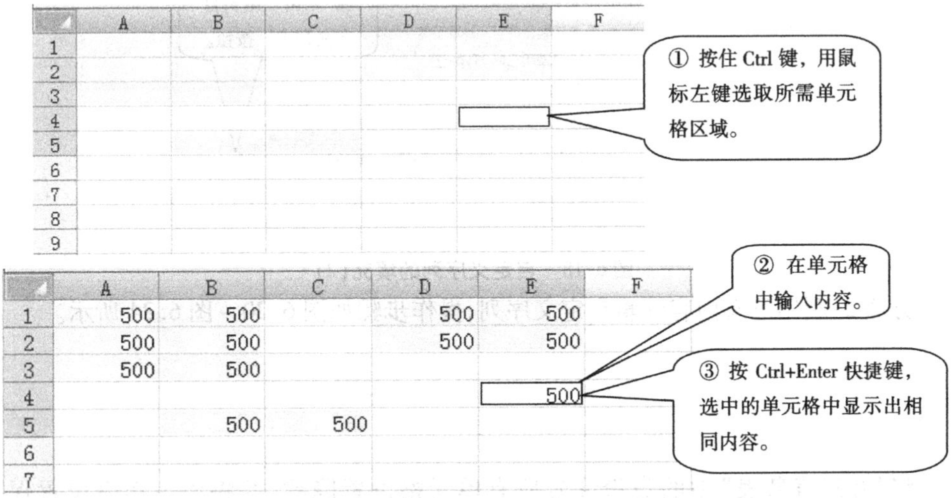

图 6.16　Ctrl + Enter 快捷键的使用

2. 自定义序列的填充

利用自定义填充序列，可加快数据输入。

方法1：在“编辑自定义列表”中自定义序列，操作步骤如图6.17～图6.19所示。

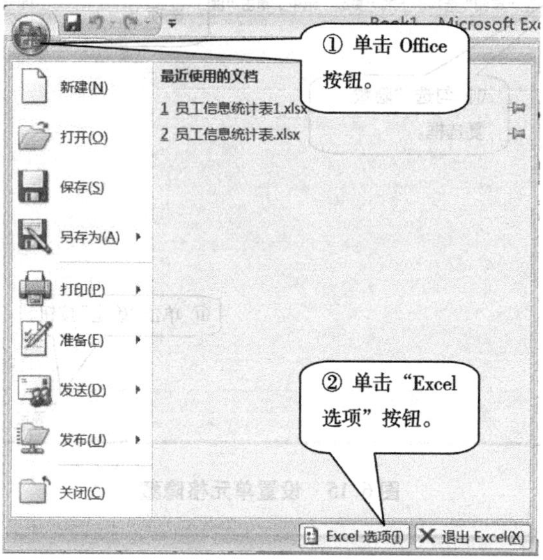

图6.17　自定义序列的填充(1)

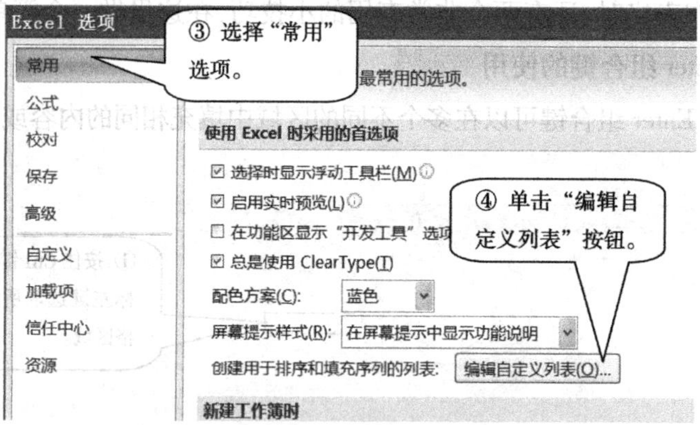

图6.18　自定义序列的填充(2)

方法2：利用已有内容编辑自定义序列，操作步骤如图6.20～图6.24所示。

实践与拓展

将“客户信息表”中的身份证号所有单元格设置隐藏，并将该工作表设置保护模式。

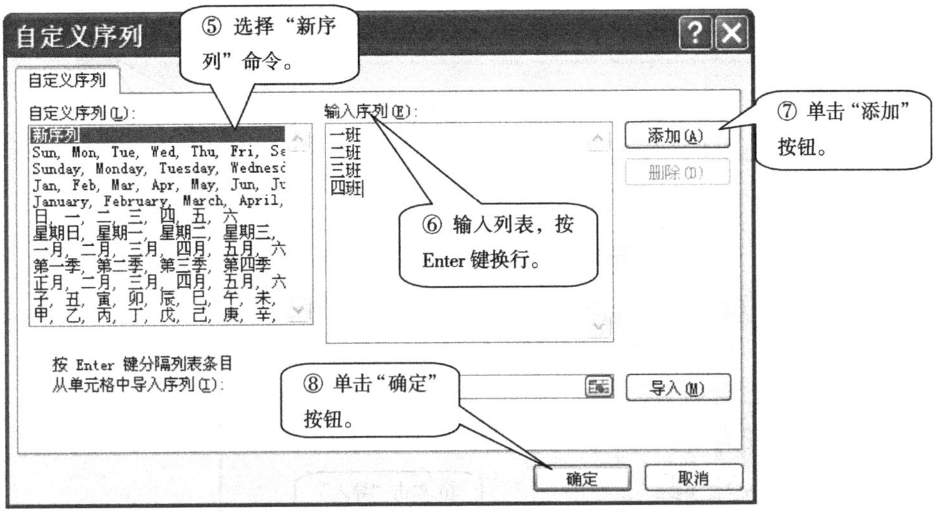
自定义序列
⑤ 选择“新序列”命令。
自定义序列
自定义序列(L):
新序列
输入序列(E):
一班
二班
三班
四班
⑥ 输入列表，按Enter键换行。
添加(A)
⑦ 单击“添加”按钮。
删除(D)
按 Enter 键分隔列表条目
从单元格中导入序列(I):
导入(M)
⑧ 单击“确定”按钮。
确定
取消

图6.19　自定义序列的填充(3)

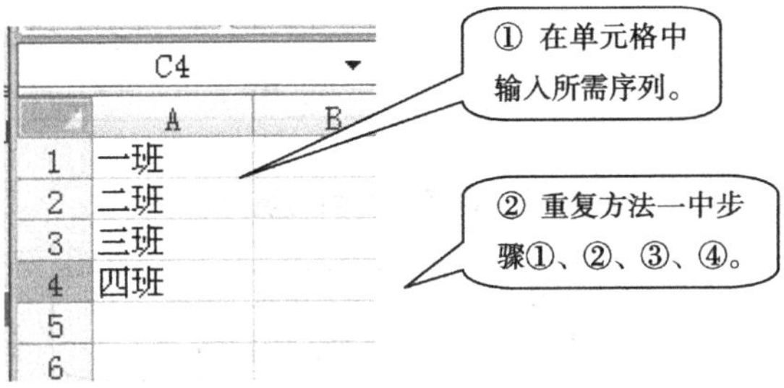
C4
A
B
一班
二班
三班
四班
① 在单元格中输入所需序列。
② 重复方法一中步骤①、②、③、④。

图6.20　自定义序列的填充(4)

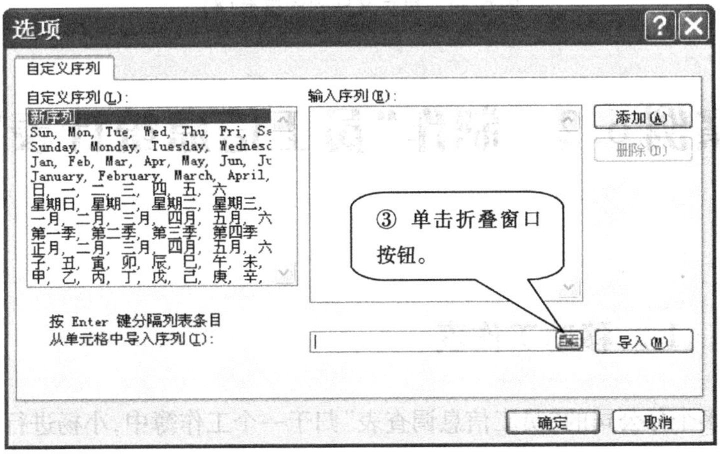
选项
自定义序列
自定义序列(L):
新序列
输入序列(E):
添加(A)
删除(D)
③ 单击折叠窗口按钮。
按 Enter 键分隔列表条目
从单元格中导入序列(I):
导入(M)
确定
取消

图6.21　自定义序列的填充(5)

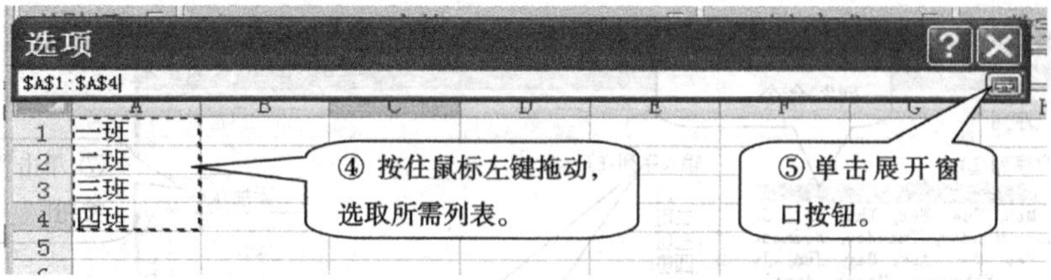

图 6.22　自定义序列的填充(6)

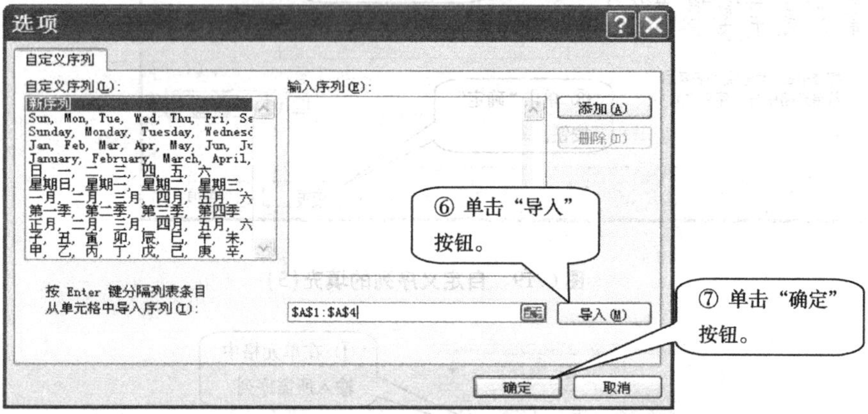

图 6.23　自定义序列的填充(7)

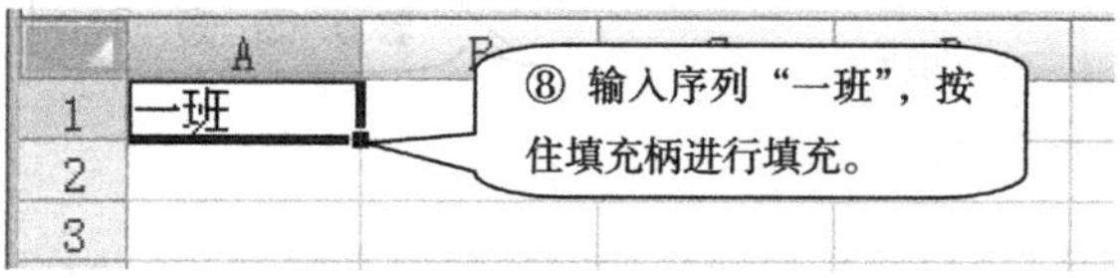

图 6.24　自定义序列的填充(8)

案例 6.2　制作“员工信息统计表”

任务 1　移动工作表

为了将多个分公司的“员工信息调查表”归于一个工作簿中，小杨进行了工作表间的移动操作。

任务要求

- 掌握不同工作簿之间工作表的移动。

任务解析

(1)新建工作簿,命名为"员工信息统计表. xlsx",将 Sheet1 重命名为"员工信息总表",选择"另存为"命令将其保存。

(2)打开"员工信息统计表. xlsx"工作簿,依次打开各分公司"员工信息调查表. xlsx"工作簿。

(3)选中成都分公司的"员工信息调查表. xlsx"工作簿,右键单击其中"员工信息调查表"标签,将其更名为"成都分公司",如图 6.25 所示。

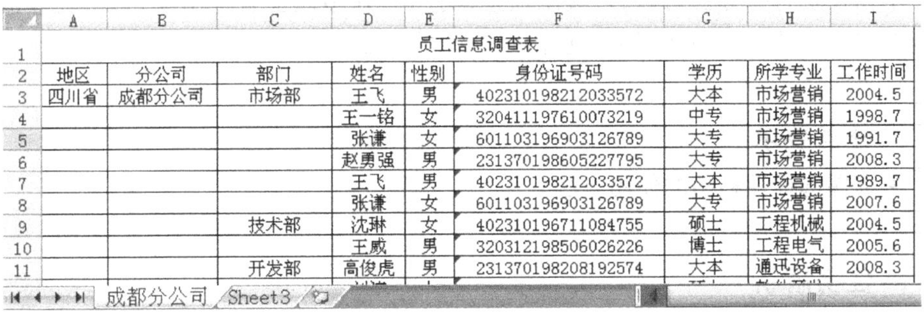

	A	B	C	D	E	F	G	H	I
1	员工信息调查表								
2	地区	分公司	部门	姓名	性别	身份证号码	学历	所学专业	工作时间
3	四川省	成都分公司	市场部	王飞	男	402310198212033572	大本	市场营销	2004.5
4				王一铭	女	320411197610073219	中专	市场营销	1998.7
5				张谦	女	601103196903126789	大专	市场营销	1991.7
6				赵勇强	男	231370198605227795	大专	市场营销	2008.3
7				王飞	男	402310198212033572	大本	市场营销	1989.7
8				张谦	女	601103196903126789	大专	市场营销	2007.6
9			技术部	沈琳	女	402310196711084755	硕士	工程机械	2004.5
10				王威	男	320312198506026226	博士	工程电气	2005.6
11			开发部	高俊虎	男	231370198208192574	大本	通迅设备	2008.3

图 6.25　工作表的更名

(4)在不同工作簿之间进行工作表的移动,操作步骤如图 6.26 所示。

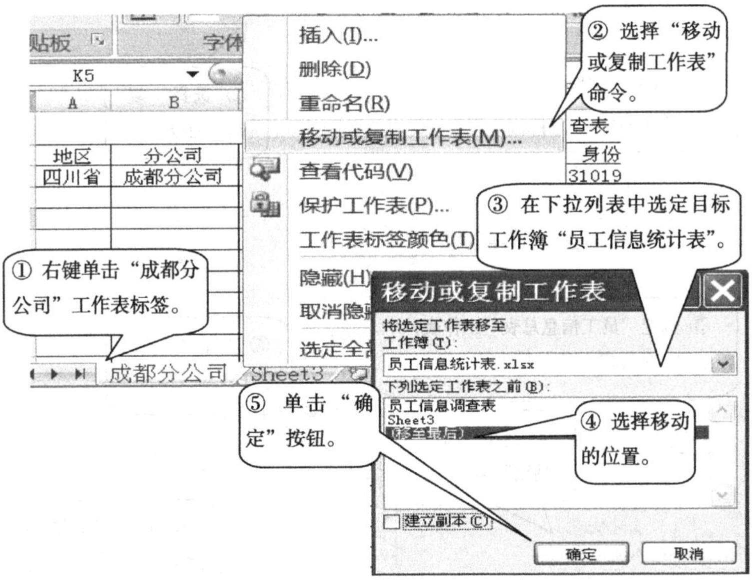

图 6.26　工作表的移动

(5)重复步骤③、④,分别把其他分公司的“员工信息调查表”更名为对应的公司名称,再移动到“员工信息统计表”工作簿中。

实践与拓展

将“客户信息表”移动到“客户”工作簿中。

任务 2 利用“选择性粘贴”复制单元格的内容或格式

小杨发现有些分公司做的“员工信息调查表”在格式上有些出入,为了统一格式,小杨在移动表的过程中使用了“选择性粘贴”的功能。

任务要求

- 掌握选择性粘贴的使用方法。

任务解析

利用“选择性粘贴”,可以方便地按自己的要求选择要粘贴的内容,如公式、批注等。对“员工信息表”中的内容进行选择性粘贴,具体步骤如下(操作步骤如图 6.27 所示):

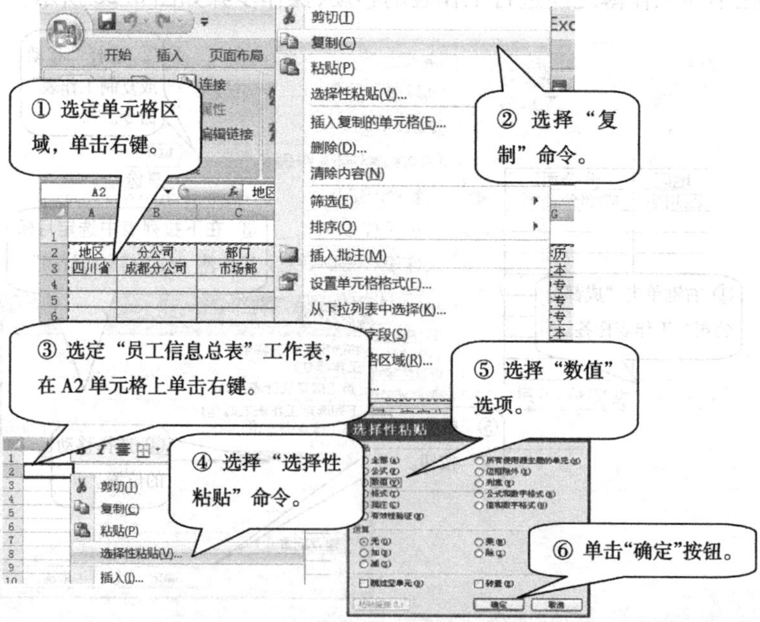

图 6.27 选择性粘贴的设置

(1)选择单元格,复制;

(2)在目标单元格上单击右键,选择"选择性粘贴";

(3)在弹出的"选择性粘贴"对话框中选择相应项,单击"确定"按钮;

(4)完成粘贴。

实践与拓展

将"员工信息表"中的姓名列格式选择性粘贴到"客户信息表"中的姓名列。

任务 3 使用条件格式配合函数处理单元格数据

小杨在工作中发现,配合使用"条件格式"功能,可以利用 Excel 中的函数完成很多工作,他不禁重视函数这一有力工具了。

任务要求

- 掌握条件格式在删除重复数据和配合函数中使用的方法。

任务解析

1. 相关知识

(1)IF(range,criteria,sum_range):对满足条件的单元格求和 range 为提供逻辑判断依据的单元格区域,criteria 为判断条件,sum_range 为实际求和的单元格区域。

(2)MID(text,start_num,num_chars):从文本字符串中指定的起始位置起返回指定长度的字符。

(3)MOD (number,divisor):返回两数相除的余数。

(4)LEN (text):返回文本字符串中的字符个数。

2. 操作步骤

1)删除重复数据

经常跟数据打交道,最头痛的莫过于收集到的大量信息中有一部分重复数据,找到并删除它们是非常重要的,下面就让我们来试一试。

(1)高亮显示重复值,如图 6.28 和图 6.29 所示。

(2)高亮显示重复值的结果如 6.30 所示。

(3)删除重复项,操作步骤如图 6.31 所示。

(4)重复项被删除后的结果如图 6.32 所示。

(5)清除突显的单元格格式,操作步骤如图 6.33 所示。

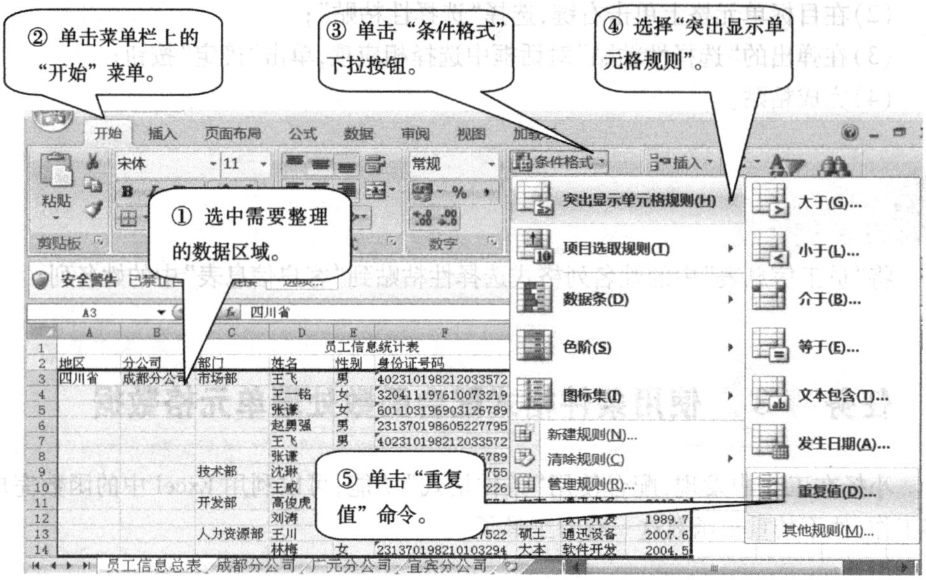

图 6.28　删除重复项的设置(1)

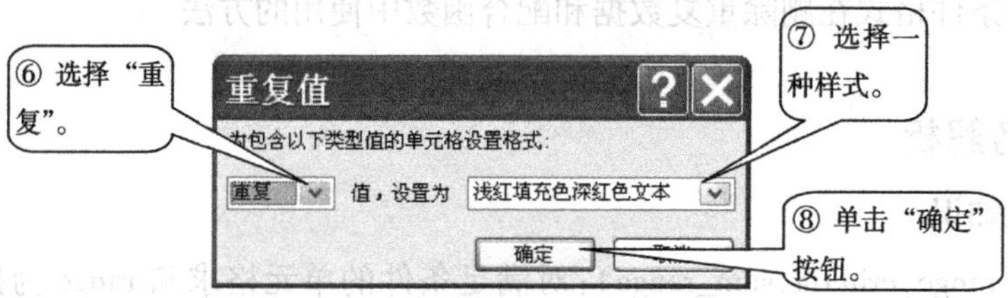

图 6.29　删除重复项的设置(2)

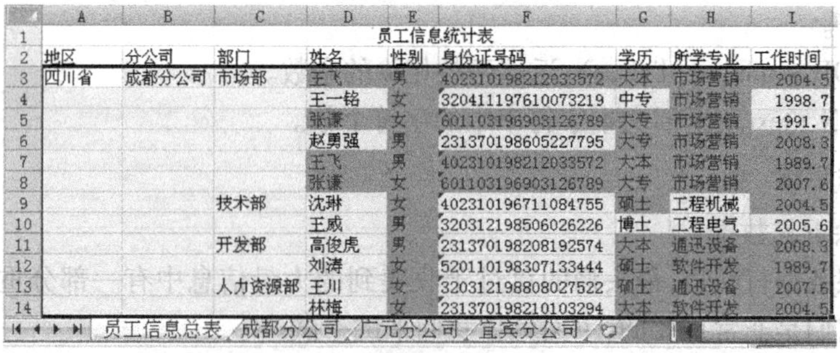

	A	B	C	D	E	F	G	H	I
1	员工信息统计表								
2	地区	分公司	部门	姓名	性别	身份证号码	学历	所学专业	工作时间
3	四川省	成都分公司	市场部	王飞	男	402310198212033572	大本	市场营销	2004.5
4				王一铭	女	320411197610073219	中专	市场营销	1998.7
5				张谦	女	601103196903126789	大专	市场营销	1991.7
6				赵勇强	男	231370198605227795	大专	市场营销	2008.3
7				王飞	男	402310198212033572	大本	市场营销	1989.7
8				张谦	女	601103196903126789	大专	市场营销	2007.6
9			技术部	沈琳	女	402310196711084755	硕士	工程机械	2004.5
10				王威	男	320312198506026226	博士	工程电气	2005.6
11			开发部	高俊虎	男	231370198208192574	大本	通迅设备	2008.3
12				刘涛	女	520110198307133444	硕士	软件开发	1989.7
13			人力资源部	王川	女	320312198808027522	硕士	通迅设备	2007.6
14				林梅	女	231370198210103294	大本	软件开发	2004.5

图 6.30　删除重复项的设置(3)

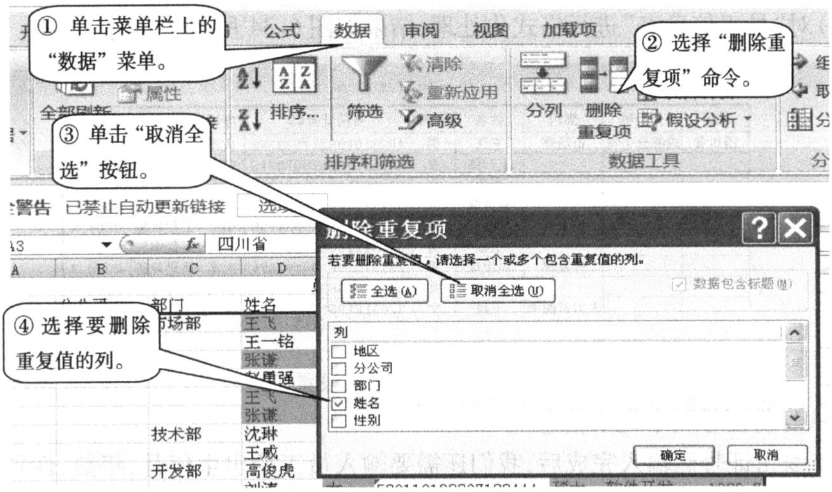
① 单击菜单栏上的“数据”菜单。
② 选择“删除重复项”命令。
③ 单击“取消全选”按钮。
④ 选择要删除重复值的列。
删除重复项
若要删除重复值，请选择一个或多个包含重复值的列。
全选(A)
取消全选(U)
数据包含标题(M)
列
地区
分公司
部门
姓名
性别
确定
取消

图 6.31　删除重复项的设置(4)

Microsoft Office Excel
发现了 2 个重复值，已将其删除；保留了 10 个唯一值。
确定
重复的选项被删除了。

图 6.32　删除重复项的设置(5)

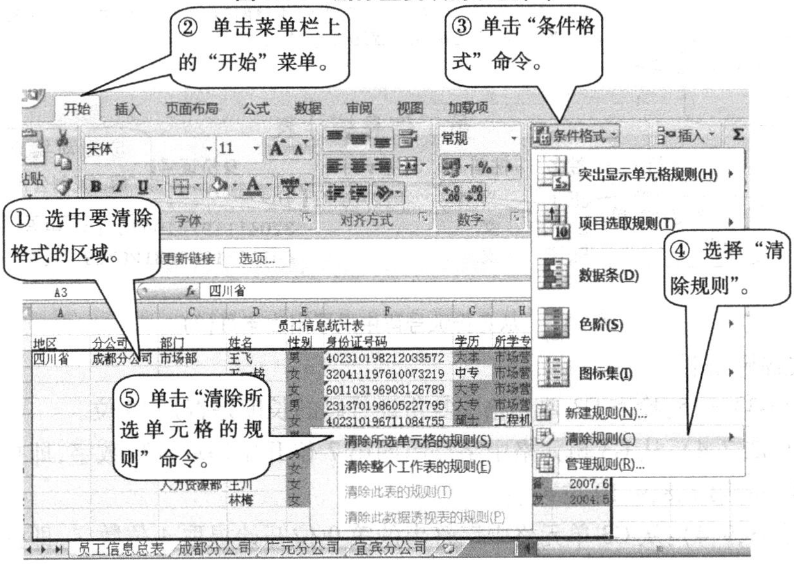
② 单击菜单栏上的“开始”菜单。
③ 单击“条件格式”命令。
① 选中要清除格式的区域。
④ 选择“清除规则”。
⑤ 单击“清除所选单元格的规则”命令。
突出显示单元格规则(H)
项目选取规则(T)
数据条(D)
色阶(S)
图标集(I)
新建规则(N)...
清除规则(C)
管理规则(R)...
清除所选单元格的规则(S)
清除整个工作表的规则(E)
清除此表的规则(T)
清除此数据透视表的规则(P)

图 6.33　删除重复项的设置(6)

(6)对“员工信息表”进行格式化处理,结果如图 6.34 所示。

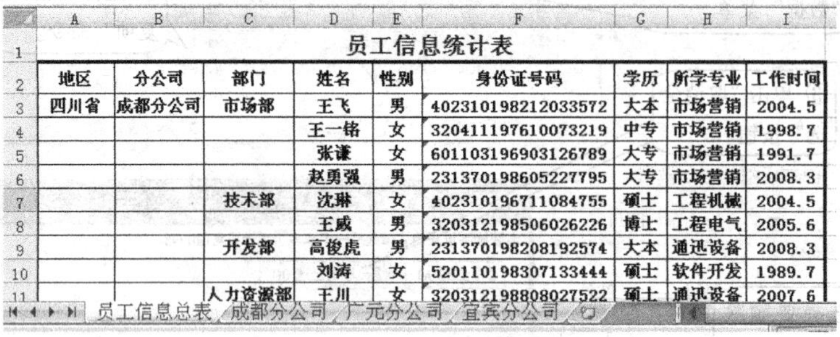

地区	分公司	部门	姓名	性别	身份证号码	学历	所学专业	工作时间
四川省	成都分公司	市场部	王飞	男	402310198212033572	大本	市场营销	2004.5
			王一铭	女	320411197610073219	中专	市场营销	1998.7
			张谦	女	601103196903126789	大专	市场营销	1991.7
			赵勇强	男	231370198605227795	大专	市场营销	2008.3
		技术部	沈琳	女	402310196711084755	硕士	工程机械	2004.5
			王威	男	320312198506026226	博士	工程电气	2005.6
		开发部	高俊虎	男	231370198208192574	大本	通迅设备	2008.3
			刘涛	女	520110198307133444	硕士	软件开发	1989.7
		人力资源部	王川	女	320312198808027522	硕士	通讯设备	2007.6

图 6.34　删除重复项的设置(7)

2)从身份证号码中提取信息

员工身份证号码输入完成后,我们还需要输入员工的出生年月、年龄、性别等相关信息,这些信息我们可以从身份证号码中直接提取出来。

(1)从身份证号码中提取出生年月,操作步骤如图 6.35 和图 6.36 所示。

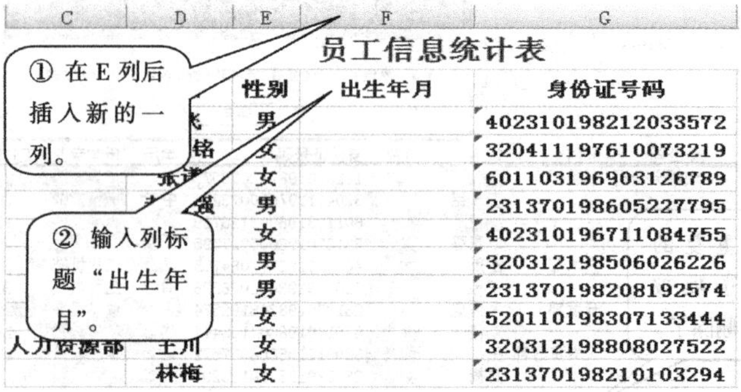

图 6.35　从身份证号码中提取出生年月(1)

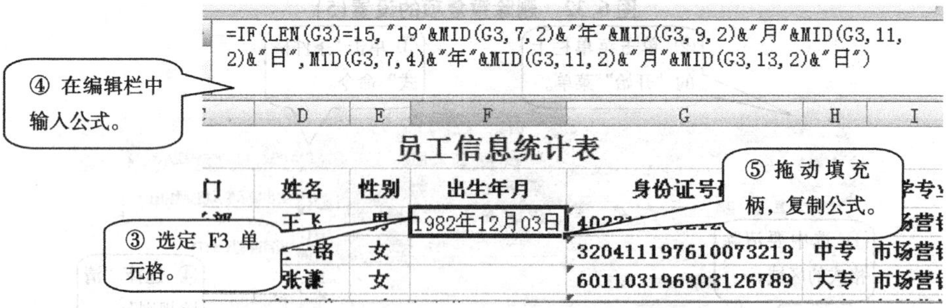

图 6.36　从身份证号码中提取出生年月(2)

公式解析如下。

LEN(G3)=15:检查 G3 单元格中身份证号码的长度是否是 15 位。

MID(G3,7,4):从 G3 单元格中字符串的第 7 位开始提取 4 位数字,即提取 15 位身份证号码的第 7,8,9,10 位数字。

MID(G3,9,4):从 G3 单元格中字符串的第 9 位开始提取 4 位数字,即提取 18 位身份证号码的第9,10,11,12位数字。

IF(LEN(G3)=15,MID(G3,7,4),MID(G3,9,4)):IF是一个逻辑判断函数,表示如果G3单元格是15位,则提取第7位开始的4位数字;如果不是15位,则提取自第9位开始的4位数字。

&为连接符,“”中的字符原样输出。

(2)从身份证号码中提取年龄,操作步骤如图6.37和图6.38所示。

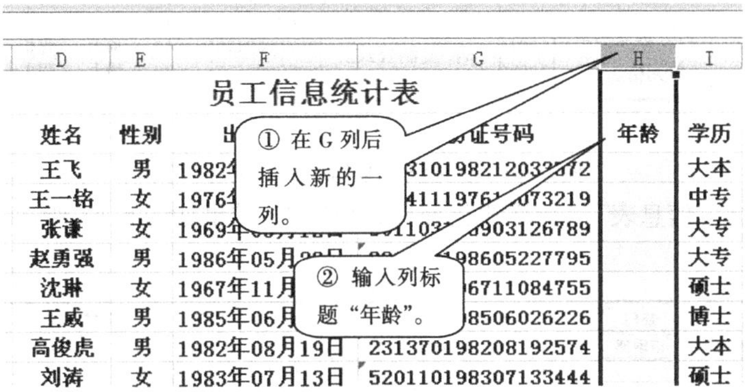
员工信息统计表
姓名
性别
年龄
学历
① 在G列后插入新的一列。
② 输入列标题“年龄”。

图6.37 从身份证号码中提取年龄(1)

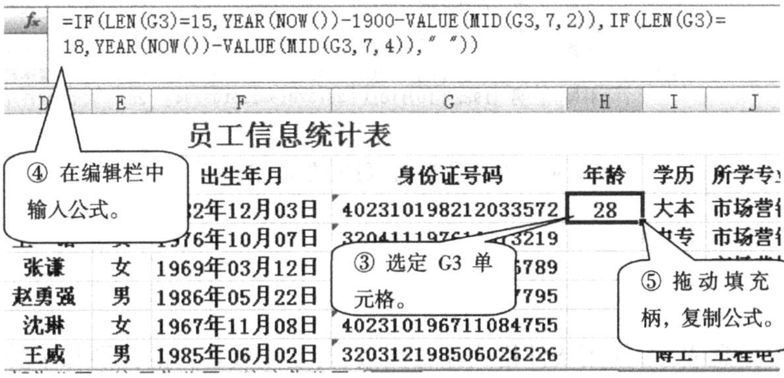
=IF(LEN(G3)=15,YEAR(NOW())-1900-VALUE(MID(G3,7,2)),IF(LEN(G3)=18,YEAR(NOW())-VALUE(MID(G3,7,4)),""))
员工信息统计表
④ 在编辑栏中输入公式。
③ 选定G3单元格。
⑤ 拖动填充柄,复制公式。

图6.38 从身份证号码中提取年龄(2)

(3)从身份证号码中提取性别,操作步骤如图6.39和图6.40所示。

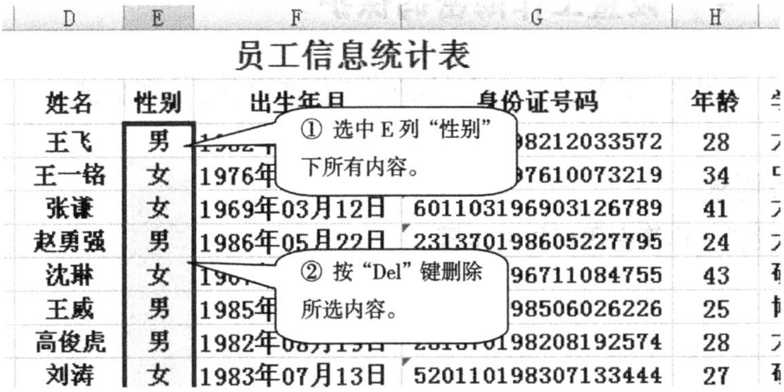
员工信息统计表
姓名
性别
出生年月
身份证号码
年龄
① 选中E列“性别”下所有内容。
② 按“Del”键删除所选内容。

图6.39 从身份证号码中提取性别(1)

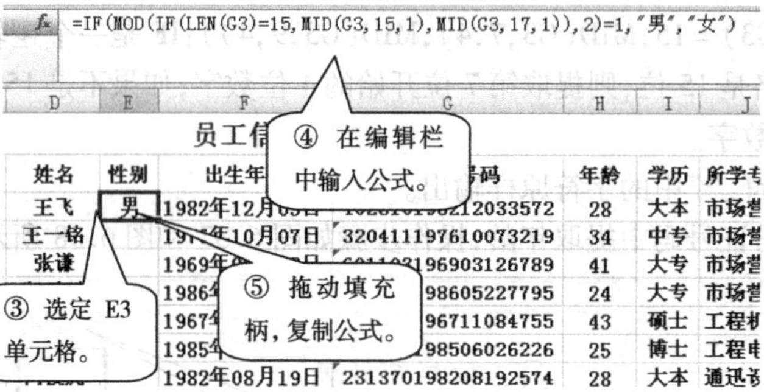

图 6.40　从身份证号码中提取性别(2)

(4)对“员工信息表”进行格式化处理完成制作，结果如图 6.41 所示。

	A	B	C	D	E	F	G	H	I	J	K
1	员工信息统计表										
2	地区	分公司	部门	姓名	性别	出生年月	身份证号码	年龄	学历	所学专业	工作时间
3	四川省	成都分公司	市场部	王飞	男	1982年12月03日	402310198212033572	28	大本	市场营销	2004.5
4				王一铭	男	1976年10月07日	320411197610073219	34	中专	市场营销	1998.7
5				张谦	女	1969年03月12日	601103196903126789	41	大专	市场营销	1991.7
6				赵勇强	男	1986年05月22日	231370198605227795	24	大专	市场营销	2008.3
7			技术部	沈琳	男	1967年11月08日	402310196711084755	43	硕士	工程机械	2004.5
8				王威	女	1985年06月02日	320312198506026226	25	博士	工程电气	2005.6
9			开发部	高俊虎	男	1982年08月19日	231370198208192574	28	大本	通迅设备	2008.3
10				刘涛	女	1983年07月13日	520110198307133444	27	硕士	软件开发	1989.7
11			人力资源部	王川	女	1988年08月02日	320312198808027522	22	硕士	通迅设备	2007.6
12				林梅	男	1982年10月10日	231370198210103294	28	大本	软件开发	2004.5

员工信息总表 / 成都分公司 / 广元分公司 / 宜宾分公司

图 6.41　格式化后的“员工信息统计表”

实践与拓展

在“客户信息表”中使用条件格式配合函数，自动生成客户的性别和年龄。

任务 4　设置工作簿密码保护

为了进一步提高工作簿的安全性，小杨对工作簿设置了密码保护。

■ 任务要求

- 掌握设置工作簿密码保护的步骤。

■ 任务解析

工作簿密码保护就是指打开和修改员工信息表都必须正确输入密码后才能进行。

(1)设置工作簿密码,操作步骤如图6.42和图6.43所示。

(2)确认密码操作,如图6.44所示。

打开工作簿“员工信息统计表”,则会弹出输入密码对话框。只有正确输入密码,才能打开和修改工作簿,如图6.45所示。

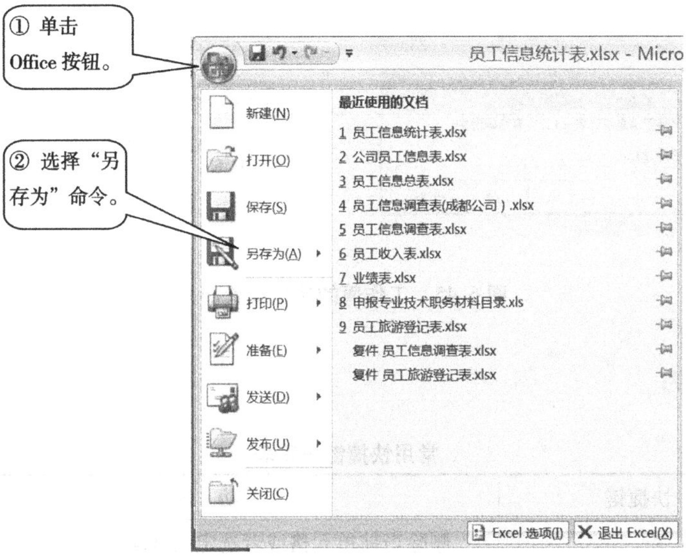

图6.42 工作簿的保护设置(1)

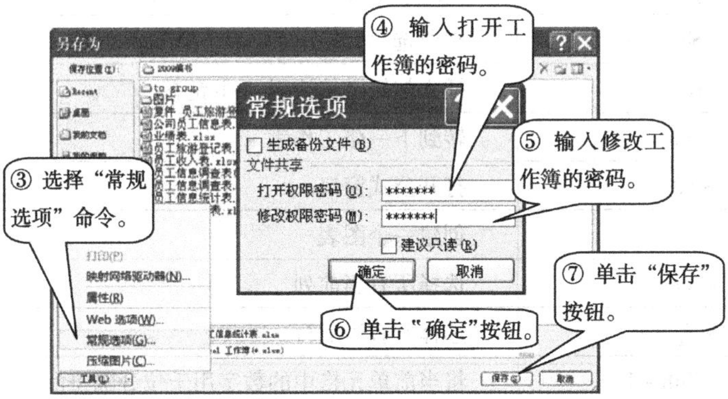

图6.43 工作簿的保护设置(2)

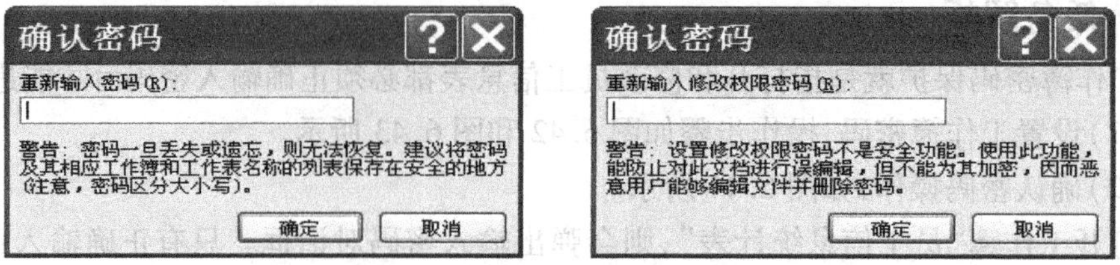

图 6.44　工作簿的保护设置(3)

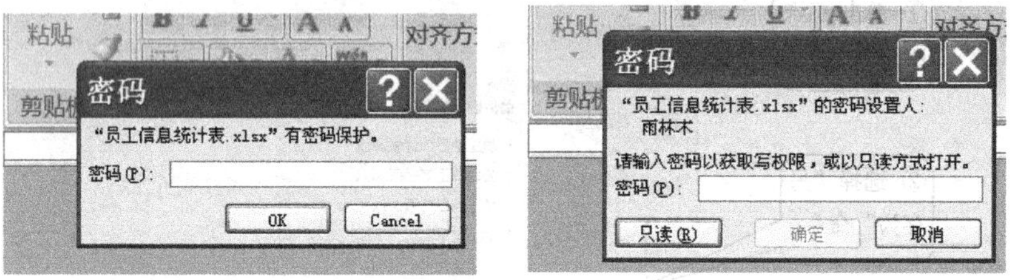

图 6.45　工作簿的保护设置(4)

知识拓展

常用快捷键一览表

快捷键	功　能
Ctrl + -	删除当前单元格或者选定的区域
Ctrl + Shift + +	插入单元格或者选定的区域
Ctrl + ;	在所选单元格中插入当前日期
Ctrl + Shift + ;	在所选单元格中插入当前时间
Ctrl + K	插入超级链接或者 Web 链接
Ctrl + Tab	转到下一张工作表
Shift + F3	打开公式窗口
F11	创建一个图表
Ctrl + Space	选择所有当前列
Shift + Space	选择所有当前行
Ctrl + Shift + 1	将当前单元格中的数字用千位分隔符隔开
Ctrl + Shift + 4	将当前单元格数字类别设置为货币
Ctrl + Shift + 5	将当前单元格数字类别设置为百分比
Ctrl + 方向键	将光标沿着方向键的方向移到下一个被使用了的单元格
Ctrl + F	打开“查找”对话框

实践与拓展

设置“客户”工作簿的密码保护。

案例6.3 利用Excel中的函数进行数据处理

任务1 公司旅游安排表的制作

年终,公司老总为了让辛勤工作一年的员工好好放松一下,决定组织大家出去旅游,但又要根据对公司的贡献大小以作区别,于是让财会人员小杨对本年度每个人的情况做一个汇总表,以便对每个员工的旅游作安排。

任务要求

- 掌握 SUMIF 函数的应用方法;
- 掌握 IF 函数的应用方法;
- 掌握 COUNTIF 函数的应用方法;
- 掌握 SUM 函数的应用方法;
- 掌握多表格数据之间的运用。

任务解析

1. 相关知识

(1)SUMIF 函数语法

=SUMIF(range,criteria,sum_range)

SUMIF 函数能对满足条件的单元格求和。range 为提供逻辑判断依据的单元格区域,criteria 为判断条件,sum_range 为实际求和的单元格区域。

(2)IF 函数语法

=IF(Logical_test, value_if_true, value_if_false)

IF 函数先判断是否满足某个条件,如果满足返回一个值,如果不满足则返回另一个值。

(3)COUNTIF 函数语法

=COUNTIF(range,criteria)

COUNTIF 函数用于计算某个区域中满足给定条件的单元格数目。

2. 操作步骤

(1)打开工作表“市场开发部员工业绩表”,如图 6.46 所示。

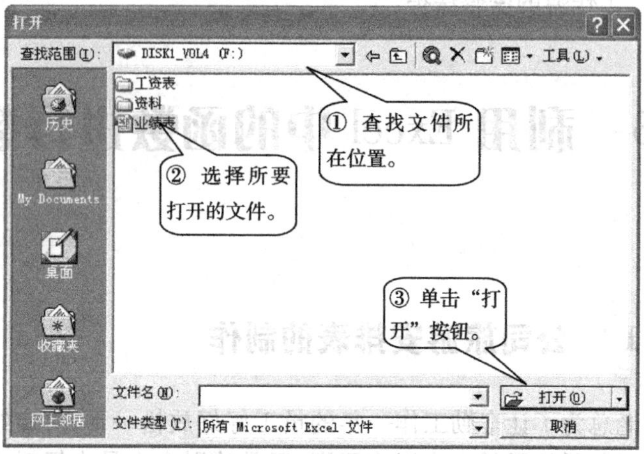

图 6.46　打开业绩表

(2)在业绩表工作簿中新建一个年度业绩表,操作步骤如图 6.47 所示。

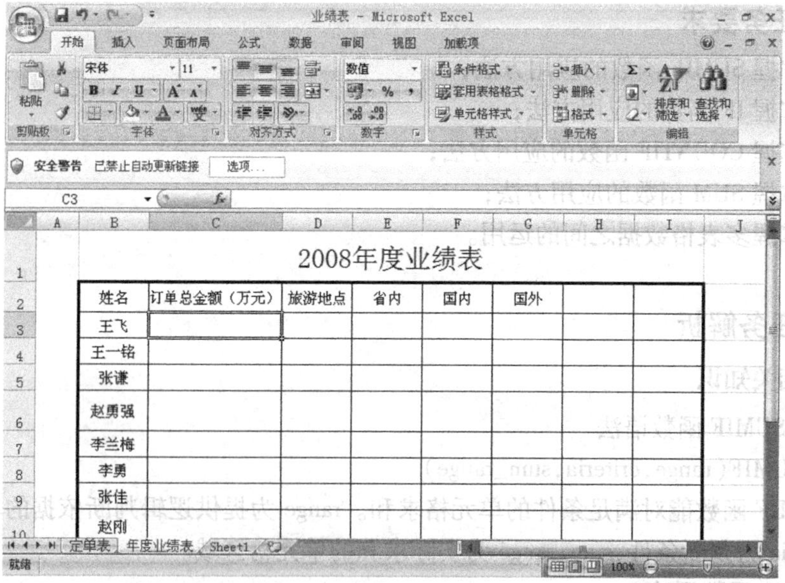

图 6.47　新建年度业绩表

(3)利用 SUMIF 函数计算该部门员工年度订单总金额,操作步骤如图 6.48 和图 6.49 所示。

在计算员工订单总金额时,需要利用订单表中的相关数据,请注意下面是怎样引用其他表中的数据的。

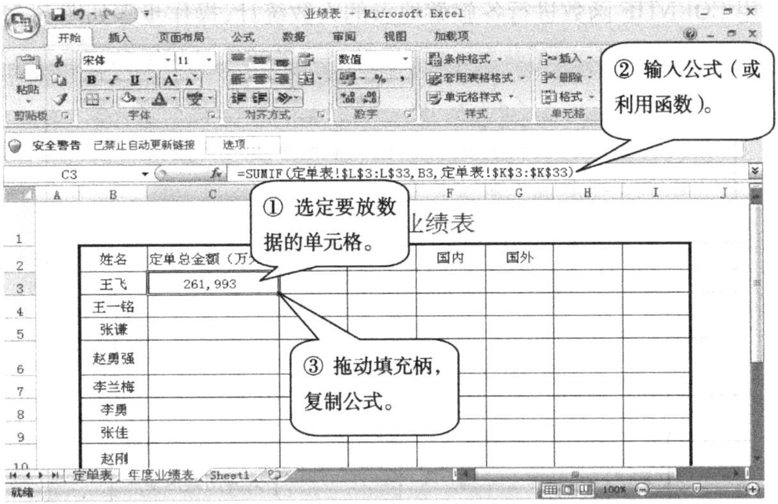

图 6.48 利用 SUMIF 函数计算

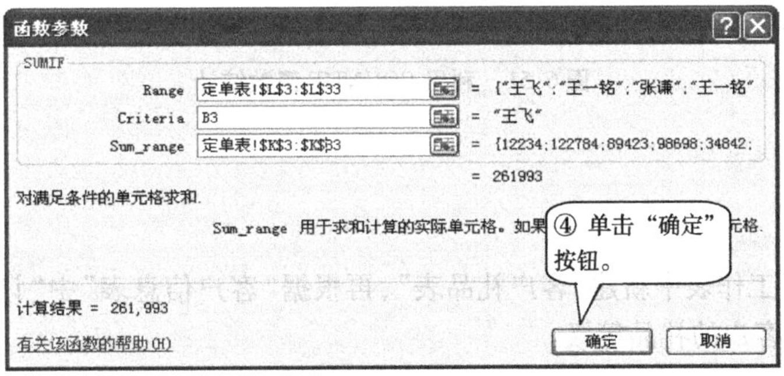

图 6.49 数据选定

(4)根据完成订单总额，利用 IF 函数确定员工旅游地点，操作步骤如图 6.50 所示。

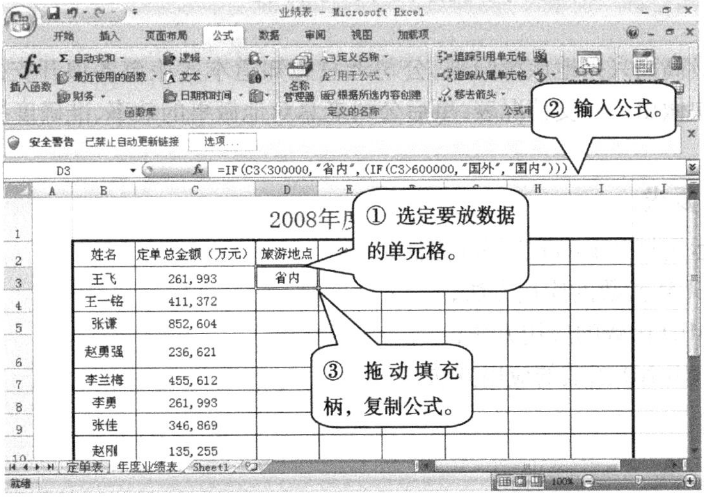

图 6.50 利用 IF 函数计算

(5)利用 COUNTIF 函数进行各旅游地点的人数统计,操作步骤如图 6.51 所示。

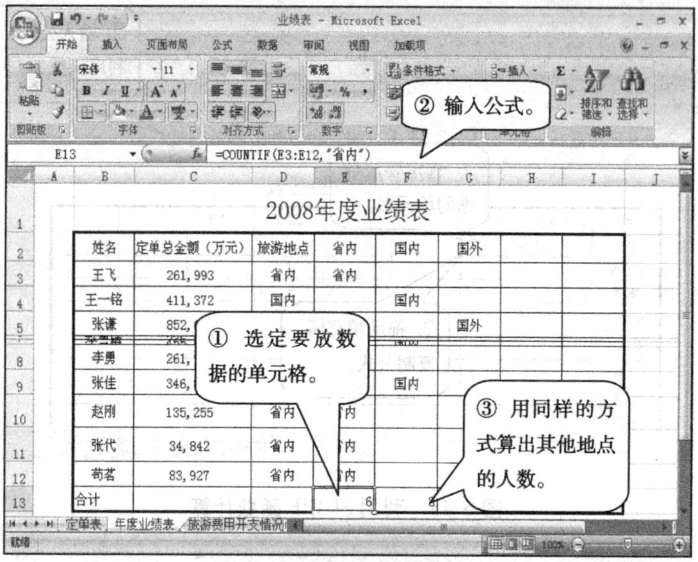

图 6.51 利用 COUNTIF 函数统计

实践与拓展

在"客户"工作表中新建"客户礼品表",再根据"客户信息表"中"订购产品值"这项的金额确定客户的礼品等级。

任务 2 旅游开支情况表的制作

公司人员高高兴兴地旅游归来,公司老总想知道本次旅游各项开支的具体费用,于是小杨很快做出了开支情况表,事后公司老总对他做事的效率、准确度提出了表扬。

任务要求

- 熟练运用打开 Excel 表格的方法;
- 掌握 SUM 函数的应用方法;
- 掌握 MID 函数的应用方法;
- 掌握 ROUND 函数的应用方法。

任务解析

1. 相关知识

(1)SUM 函数语法

=SUM(number1,number2,...)

其功能是计算单元格区域中所有数值的和。

(2)MID 函数语法

=MID(text,start_num,num_chars)

其功能是从文本字符串中指定的起始位置起返回指定长度的字符。

(3)ROUND 函数语法

=ROUND(number,num_digits)

其功能是按指定的位数对数值进行四舍五入。

2. 操作步骤

(1)建立收支情况表,利用求和函数计算出员工旅游总费用合计,操作步骤如图6.52 所示。

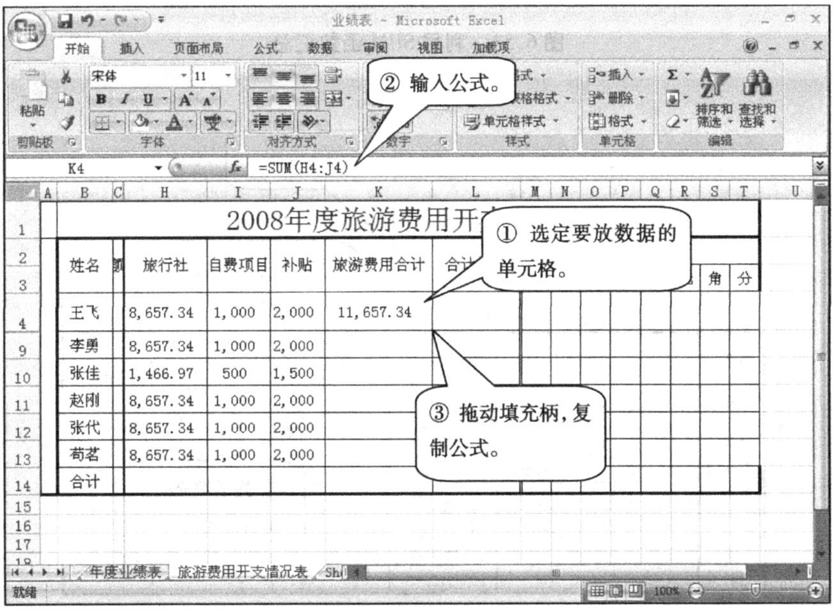

图 6.52　利用 SUM 函数计算

(2)利用 SUM 函数对旅游费用合计进行汇总,操作步骤如图 6.53 所示。

(3)利用 ROUND 函数对旅游费用合计进行四舍五入并取整数,操作步骤如图6.54所示。

(4)利用 MID 函数将费用情况实现金额数字分列,操作步骤如图 6.55 所示。

(5)经过数据处理后形成了下面这个表格,如图 6.56 所示。

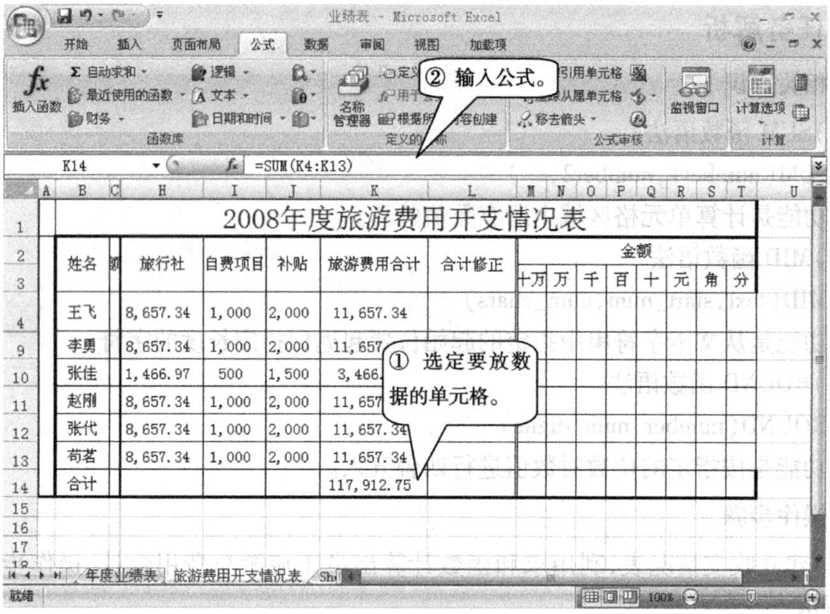

图 6.53 利用 SUM 函数汇总

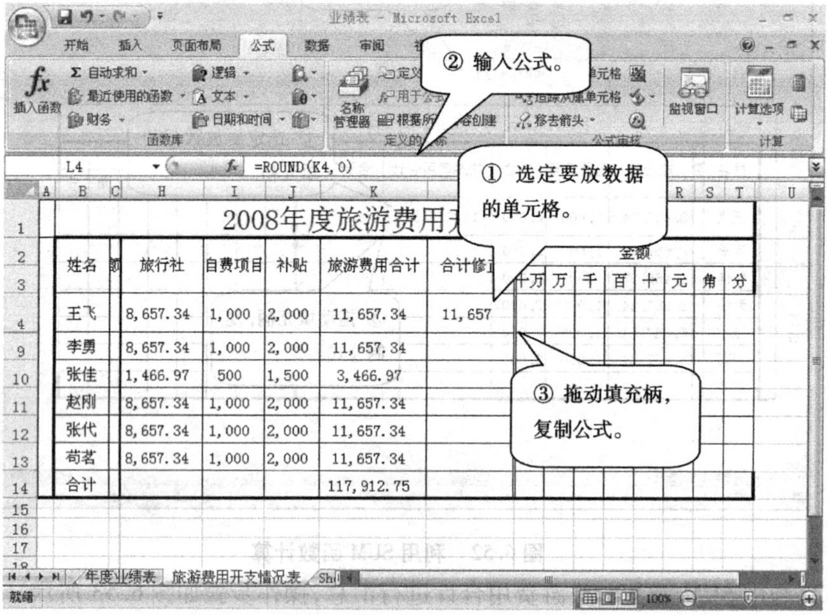

图 6.54 利用 ROUND 函数计算

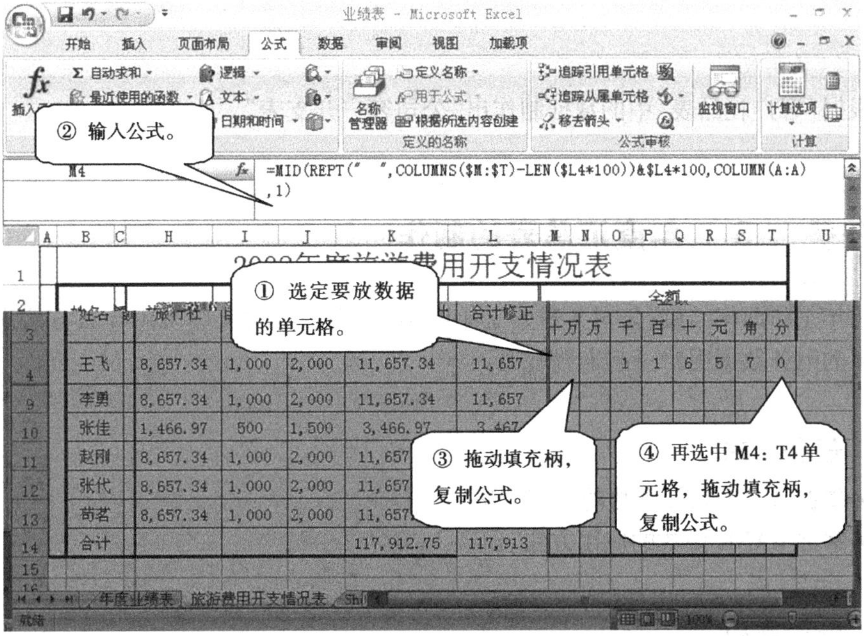
业绩表 - Microsoft Excel
② 输入公式。
M4
=MID(REPT(" ",COLUMNS($M:$T)-LEN($L4*100))&$L4*100,COLUMN(A:A),1)
① 选定要放数据的单元格。
③ 拖动填充柄，复制公式。
④ 再选中 M4：T4 单元格，拖动填充柄，复制公式。

图 6.55　利用 MID 函数计算

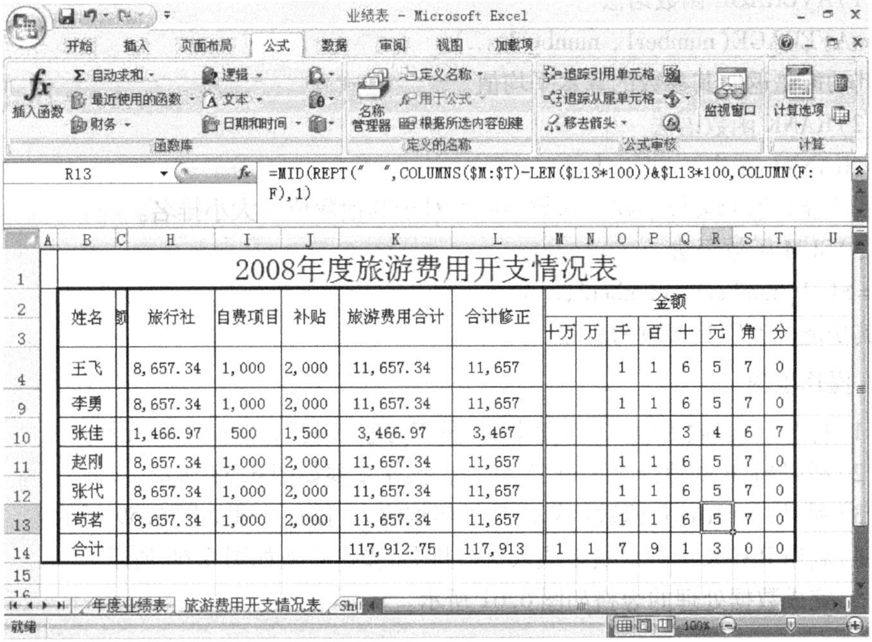
业绩表 - Microsoft Excel
R13
=MID(REPT(" ",COLUMNS($M:$T)-LEN($L13*100))&$L13*100,COLUMN(F:F),1)
2008年度旅游费用开支情况表
姓名 | 旅行社 | 自费项目 | 补贴 | 旅游费用合计 | 合计修正 | 金额：十万 万 千 百 十 元 角 分
王飞 | 8,657.34 | 1,000 | 2,000 | 11,657.34 | 11,657 | 1 1 6 5 7 0
李勇 | 8,657.34 | 1,000 | 2,000 | 11,657.34 | 11,657 | 1 1 6 5 7 0
张佳 | 1,466.97 | 500 | 1,500 | 3,466.97 | 3,467 | 3 4 6 7
赵刚 | 8,657.34 | 1,000 | 2,000 | 11,657.34 | 11,657 | 1 1 6 5 7 0
张代 | 8,657.34 | 1,000 | 2,000 | 11,657.34 | 11,657 | 1 1 6 5 7 0
苟茗 | 8,657.34 | 1,000 | 2,000 | 11,657.34 | 11,657 | 1 1 6 5 7 0
合计 | | | | 117,912.75 | 117,913 | 1 1 7 9 1 3 0 0
年度业绩表　旅游费用开支情况表

图 6.56　数据处理后结果

实践与拓展

根据“客户礼品表”中的数据制作出“公司客户开支表”。

任务 3 年度汇总表的制作

一年工作即将结束,公司又开始了年度结算,小杨这次又会采用什么方法来处理那么多的财务数据呢?一起来看看吧。

任务要求

- 掌握 AVERAGE 函数的应用方法;
- 掌握 RANK 函数的应用方法。

任务解析

1. 相关知识

(1)AVERAGE 函数语法

=AVERAGE(number1, number2,...)

其功能是返回其参数的算术平均值。

(2)RANK 函数语法

=RANK(number,ref,order)

其功能是返回某数字在一列数字中相对于其他数值的大小排名。

(3)SUM 函数语法

=SUM(number1, number2,...)

其功能是返回其参数的总和。

2. 操作步骤

(1)打开“员工收入表”工作簿中的“员工月收入表”,如图 6.57 所示。

(2)利用 SUM 函数计算出员工年收入,操作步骤如图 6.58 所示。

(3)利用 AVERAGE 函数计算出员工年均收入,操作步骤如图 6.59 所示。

(4)利用 RANK 函数对员工收入进行排名,操作步骤如图 6.60 所示。

(5)完成数据处理的表格如图 6.61 所示。

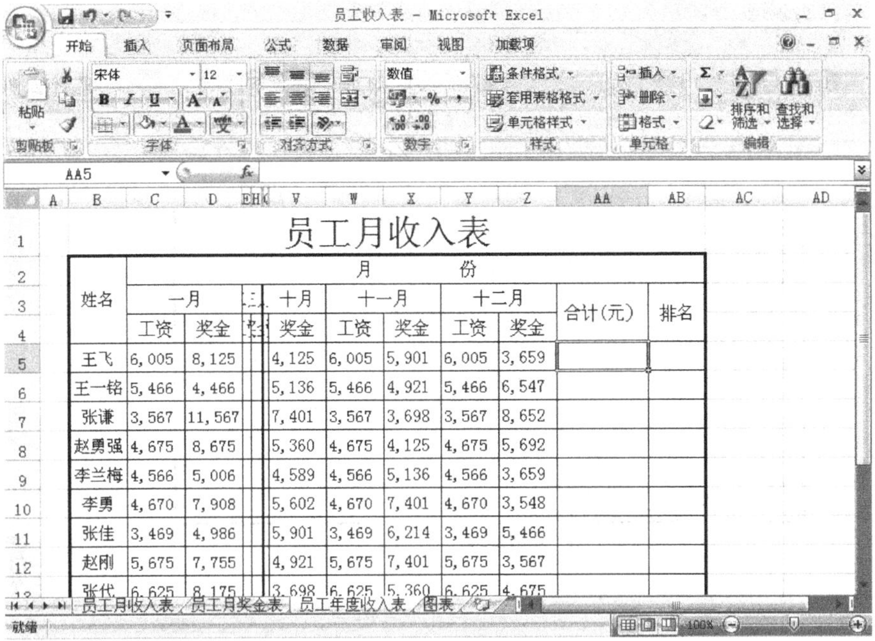
员工收入表 - Microsoft Excel
员工月收入表

图 6.57　打开员工月收入表

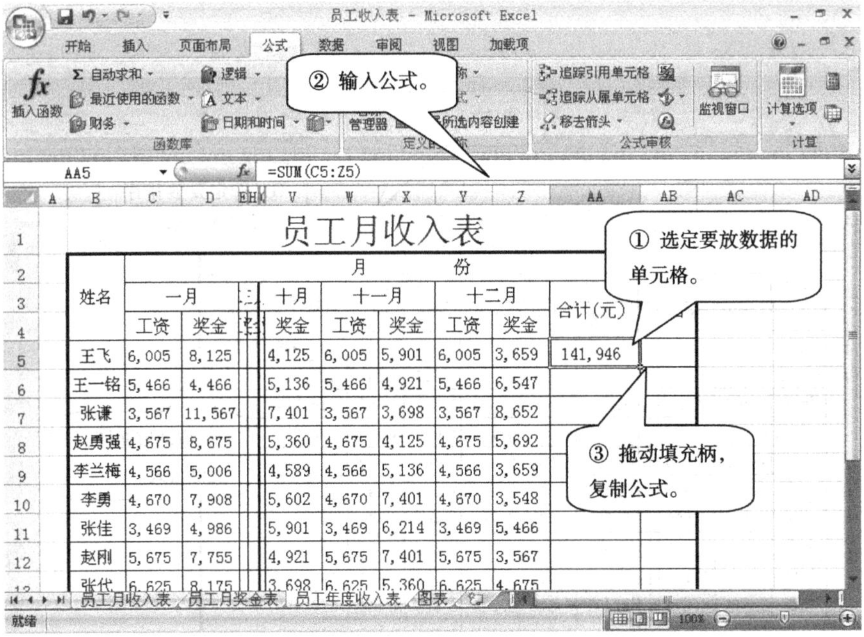
员工收入表 - Microsoft Excel
=SUM(C5:Z5)
员工月收入表
① 选定要放数据的单元格。
② 输入公式。
③ 拖动填充柄，复制公式。

图 6.58　利用 SUM 函数计算

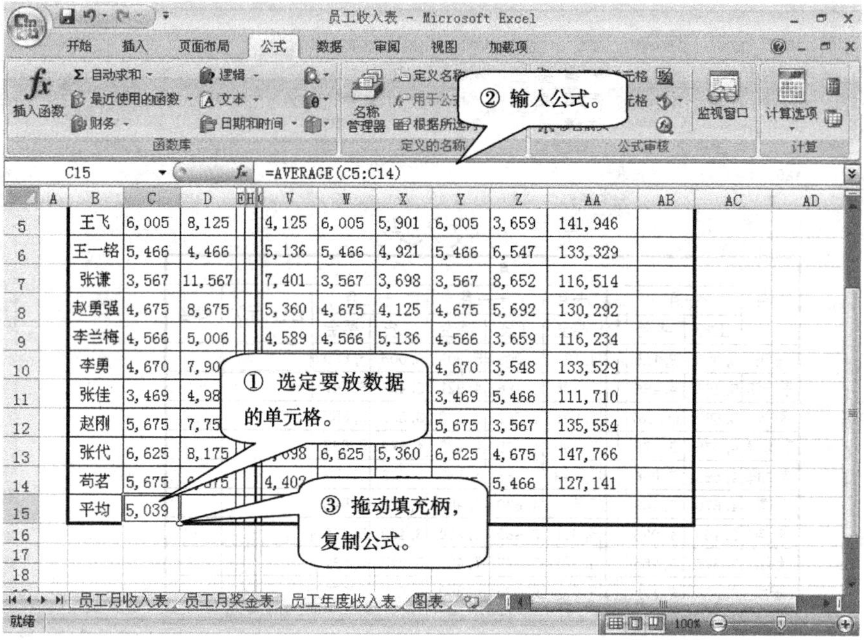
=AVERAGE(C5:C14)
② 输入公式。
① 选定要放数据的单元格。
③ 拖动填充柄，复制公式。

图 6.59 利用 AVERAGE 函数计算

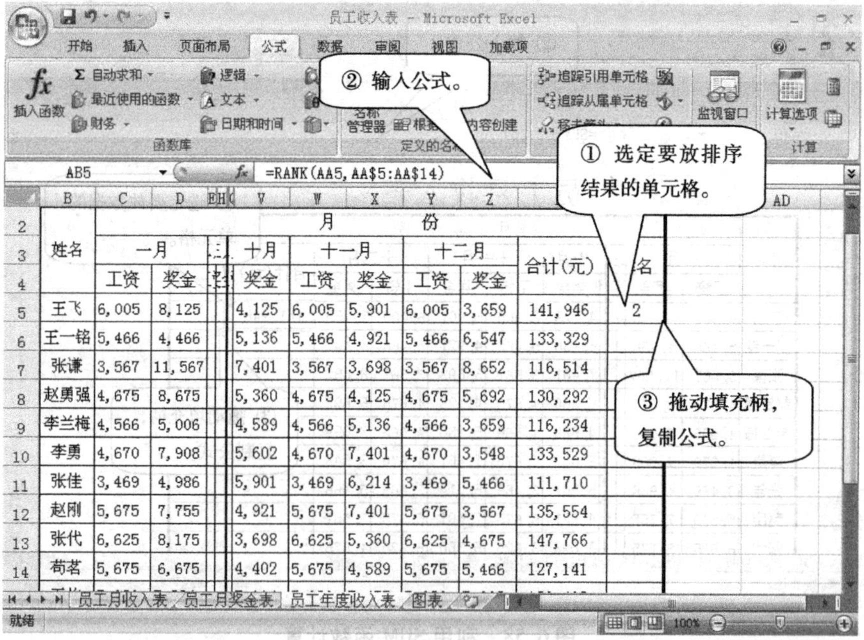
=RANK(AA5,AA$5:AA$14)
② 输入公式。
① 选定要放排序结果的单元格。
③ 拖动填充柄，复制公式。

图 6.60 利用 RANK 函数排序

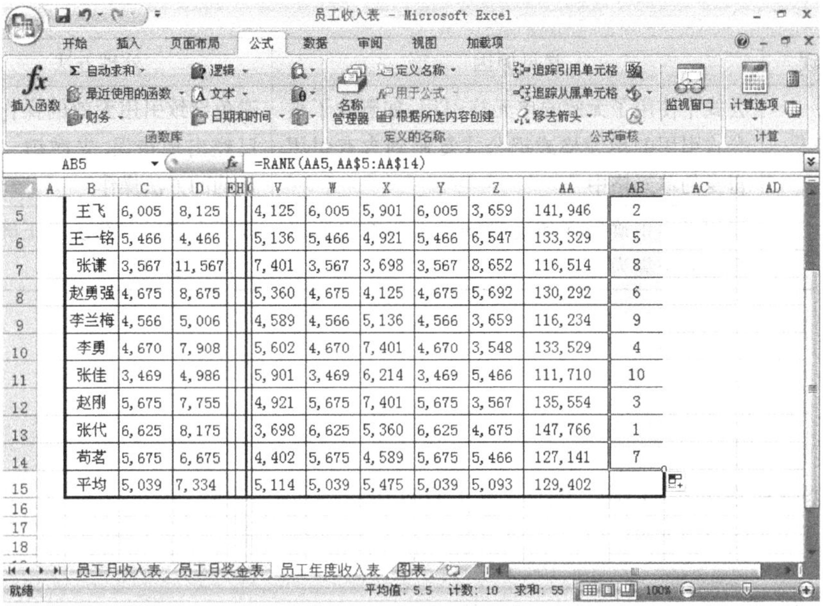

图 6.61　数据处理结果

知识拓展

常见函数错误代码表

错　误	常见原因	处理方法
#DIV/0!	在公式中有除数为零,或者有除数为空白的单元格(Excel 把空白单元格也当做 0)	把除数改为非零的数值,或者用 IF 函数进行控制
#N/A_	在公式使用有查找功能的函数(VLOOKUP、HLOOKUP、LOOKUP 等)时,找不到匹配的值	检查被查找的值,使之的确存在于查找的数据表中第一列
#NAME?	在公式中使用了 Excel 无法识别的文本,例如函数的名称拼写错误,使用了没有被定义的区域或单元格名称,引用文本时没有加引号等	根据具体的公式,逐步分析出现该错误的可能性,并加以改正
#NUM!	当公式需要数字型参数时,却只给了它一个非数字型参数,或给了公式一个无效的参数,如公式返回的值太大或者太小	根据公式的具体情况,逐一分析可能的原因并修正
#VALUE	文本类型的数据参与了数值运算,使函数参数的数值类型不正确;函数的参数本应该是单一值,却提供了一个区域作为参数;输入一个数组公式时,忘记按"Ctrl + Shift + Enter"键	更正相关的数据类型或参数类型;提供正确的参数;输入数组公式时,记得使用"Ctrl + Shift + Enter"键确定

续表

错　误	常见原因	处理方法
#REF!	公式中使用了无效的单元格引用,如删除了被公式引用的单元格或把公式复制到含有引用自身的单元格中	避免导致引用无效的操作,如果已经出现错误,先撤销,然后用正确的方法操作
#NULL!	使用了不正确的区域运算符或引用的单元格区域的交集为空	改正区域运算符使之正确;更改引用使之相交

实践与拓展

根据你所在公司的情况,制作"员工收入表"。

任务 4 工资条的制作

员工需要了解自己的收入情况,小杨使用 Excel 中的函数很快制作出了每个员工的工资条,我们一起来看看吧。

■ 任务要求

- 学会函数 MOD、ROW、INDEX、INT、COLUMN 的使用;
- 学会分析表格中公式参数的设置;
- 掌握 Excel 中公式的填充。

■ 任务解析

1. 相关知识

(1) MOD 函数语法

=MOD(number,divisor)

其功能是返回两数相除的余数。

(2) ROW 函数语法

=ROW(reference)

其功能是返回一个引用的行号。

(3) INDEX 函数语法

=INDEX(…)

其功能是在给定的单元区域中返回特定行列交叉处单元格的值或引用。

(4) INT 函数语法

=INT(number)

其功能是将数值向下取整为最接近的整数。

(5)COLUMN 函数语法

=COLUMN(reference)

其功能是返回一个引用的列号。

2. 操作步骤

(1)新建一个 Excel 工作簿,命名为“工资表打印”。将工资表的原始数据复制到 Sheet1 中,第 1 行是工资项目,从第 2 行开始是每个人的工资,如图 6.62 所示。

	A	B	C	D	E	F	G	H	I	J
1	编号	姓名	岗位工资	薪级工资	补贴	津贴	应发合计	养老金	医疗险	实发合计
2	100001	王飞	640	380	300	180	1500	50	30	1420
3	100002	王一铭	640	380	300	180	1500	50	30	1420
4	100003	张谦	930	420	300	200	1850	50	30	1770
5	100004	赵勇强	930	420	300	200	1850	60	40	1750
6	100005	李兰梅	640	380	300	180	1500	60	40	1400
7	100006	李勇	640	380	300	180	1500	60	40	1400
8	100007	张佳	580	350	300	160	1390	50	30	1310
9	100008	赵刚	580	350	300	160	1390	50	30	1310
10	100009	张代	640	380	300	180	1500	50	30	1420
11	100010	苟茗	640	380	300	180	1500	50	30	1420

图 6.62 制作工资表

(2)在 Sheet2 中设置工资条。工资条由 3 行构成,第 1 行对应工资项目,第 2 行对应一个人的工资数据,第 3 行是一个空行用来方便切割。“工资项目”这一栏位于行号除以 3 余数为 1 的行上,空行位于行号能整除 3 的行上,而“工资数据”这一行的数据必须与 Sheet1 中的数据一一对应,经分析可知“Sheet1 中的数据行 = INT((Sheet2 中的数据行 +4)/3)”。

(3)制作完成工资条,操作步骤如图 6.63 所示。

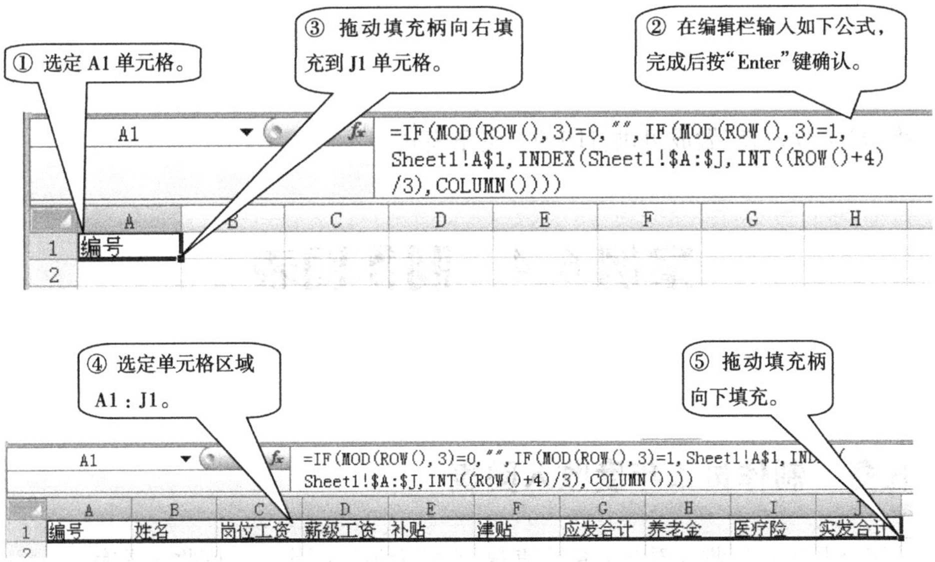

① 选定 A1 单元格。
③ 拖动填充柄向右填充到 J1 单元格。
② 在编辑栏输入如下公式,完成后按“Enter”键确认。
A1
=IF(MOD(ROW(),3)=0,"",IF(MOD(ROW(),3)=1,Sheet1!A$1,INDEX(Sheet1!$A:$J,INT((ROW()+4)/3),COLUMN())))
编号
④ 选定单元格区域 A1 : J1。
⑤ 拖动填充柄向下填充。
编号 姓名 岗位工资 薪级工资 补贴 津贴 应发合计 养老金 医疗险 实发合计

图 6.63 制作完成工资条

(4)对表格进行格式化，操作步骤如图 6.64 所示。

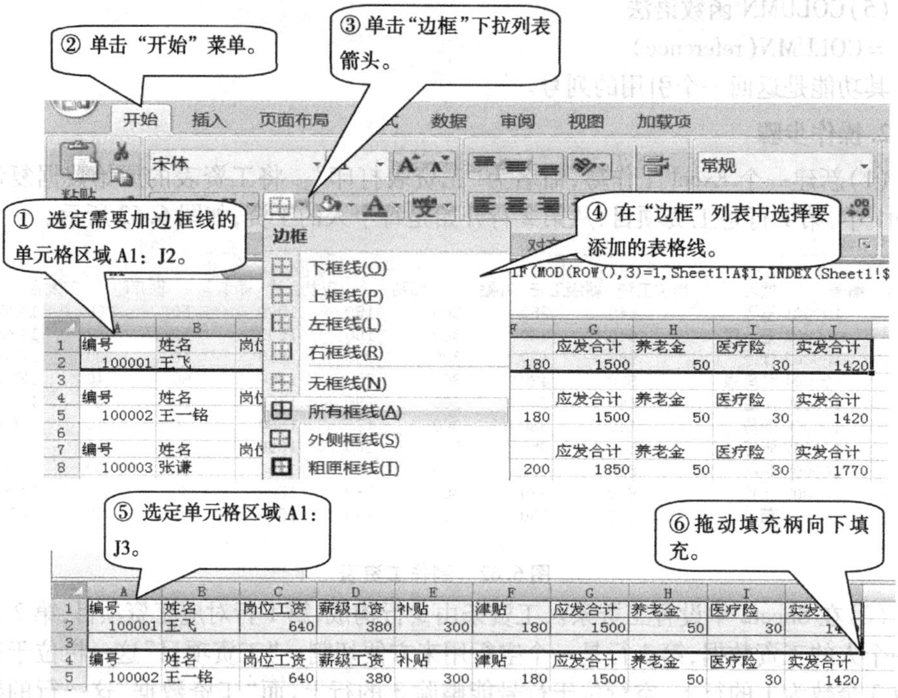

图 6.64 格式化工作表

(5)根据打印纸的大小调整页边距，千万别把一个工资条打在两页上。

实践与拓展

将“员工收入表”做成可供打印的工资条模式。

案例 6.4 制作图表

任务 制作员工年度收入图表

为了让员工年度收入看起来更为直观，小杨为他们制作了年度收入图表。

任务要求

- 熟练运用打开 Excel 表格的方法；
- 掌握生成图表的方法；
- 掌握图表的美化方法。

任务解析

(1)根据文件路径打开员工收入表文件,并建立一个以“图表”命名的新工作表。

(2)在“图表”工作表中建立年度收入图表,操作步骤如图 6.65 ~ 图 6.68 所示。

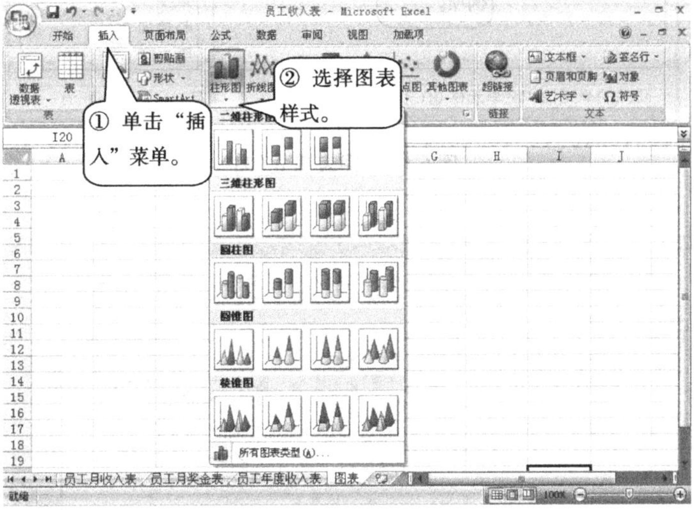

图 6.65 图表建立(1)

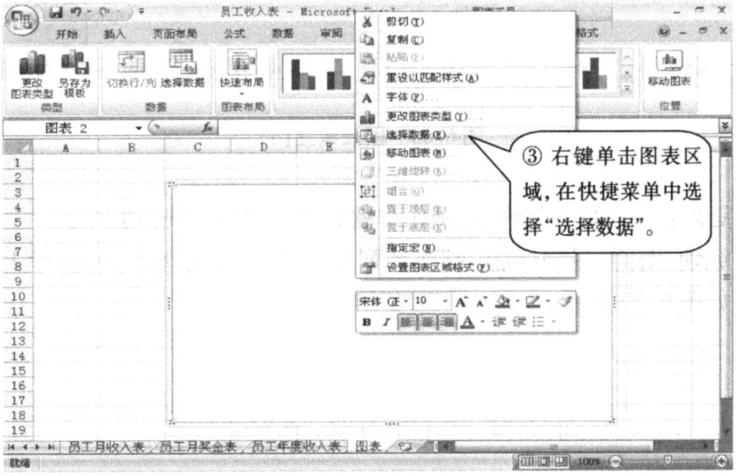

图 6.66 图表建立(2)

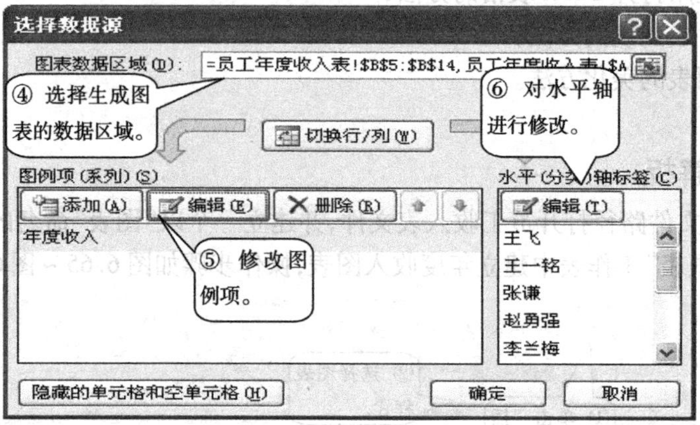

图 6.67 图表建立(3)

图 6.68 图表建立(4)

(3)图表横坐标轴的美化修饰，操作步骤如图 6.69 ~ 图 6.78 所示。

对图表纵轴、图例、图表标题、数据系列格式进行美化修饰，可参考上面的步骤。最终效果图如图 6.79 所示。

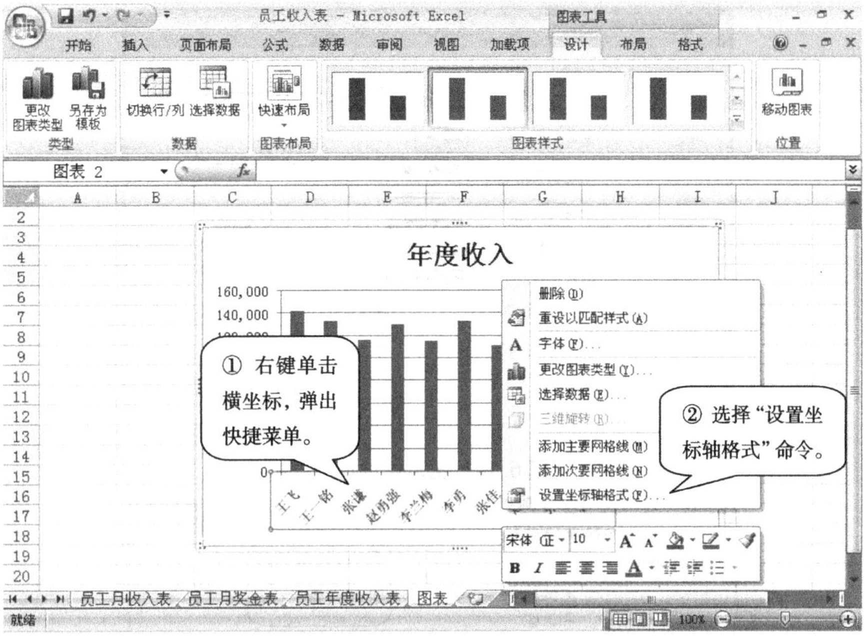
员工收入表 - Microsoft Excel
图表工具
年度收入
① 右键单击横坐标，弹出快捷菜单。
删除(D)
重设以匹配样式(A)
字体(F)...
更改图表类型(Y)...
选择数据(E)...
三维旋转(R)...
添加主要网格线(M)
添加次要网格线(N)
设置坐标轴格式(F)...
② 选择“设置坐标轴格式”命令。

图 6.69　图表修饰(1)

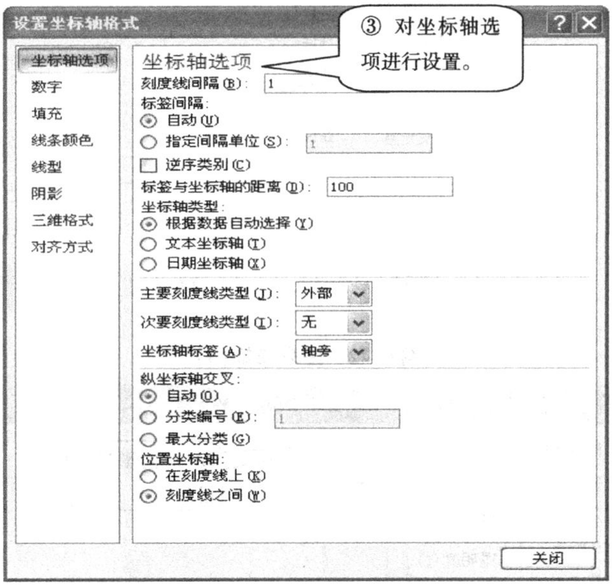
设置坐标轴格式
③ 对坐标轴选项进行设置。
坐标轴选项
数字
填充
线条颜色
线型
阴影
三维格式
对齐方式
刻度线间隔(B):
标签间隔:
自动(U)
指定间隔单位(S):
逆序类别(C)
标签与坐标轴的距离(D):
坐标轴类型:
根据数据自动选择(Y)
文本坐标轴(T)
日期坐标轴(X)
主要刻度线类型(J):
次要刻度线类型(I):
坐标轴标签(A):
纵坐标轴交叉:
自动(O)
分类编号(E):
最大分类(G)
位置坐标轴:
在刻度线上(K)
刻度线之间(W)
关闭

图 6.70　图表修饰(2)

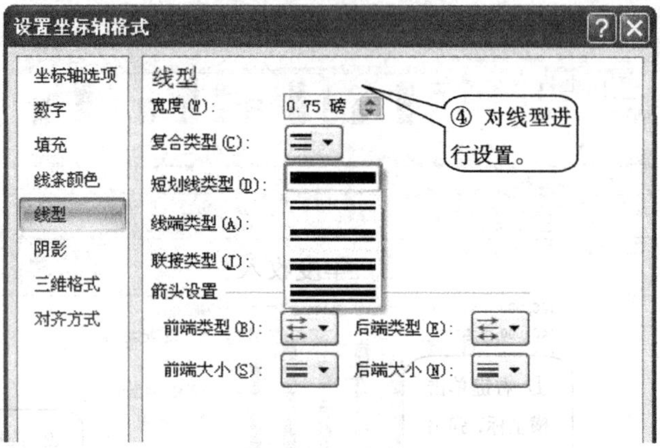
设置坐标轴格式
坐标轴选项
数字
填充
线条颜色
线型
阴影
三维格式
对齐方式
线型
宽度(W):
0.75 磅
复合类型(C):
短划线类型(D):
线端类型(A):
联接类型(J):
箭头设置
前端类型(B):
后端类型(E):
前端大小(S):
后端大小(N):
④ 对线型进行设置。

图 6.71　图表修饰(3)

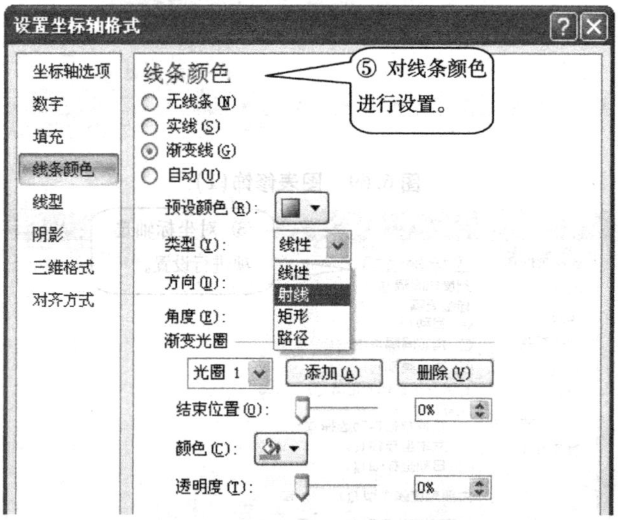
设置坐标轴格式
坐标轴选项
数字
填充
线条颜色
线型
阴影
三维格式
对齐方式
线条颜色
无线条(N)
实线(S)
渐变线(G)
自动(U)
预设颜色(R):
类型(Y):
线性
方向(D):
角度(E):
渐变光圈
线性
射线
矩形
路径
光圈 1
添加(A)
删除(V)
结束位置(O):
0%
颜色(C):
透明度(T):
0%
⑤ 对线条颜色进行设置。

图 6.72　图表修饰(4)

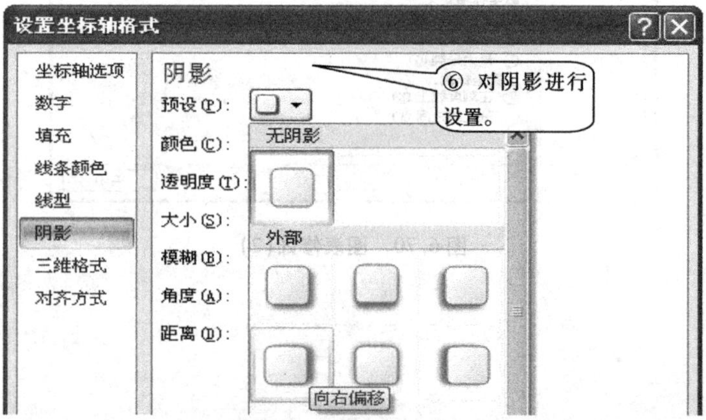
设置坐标轴格式
坐标轴选项
数字
填充
线条颜色
线型
阴影
三维格式
对齐方式
阴影
预设(P):
颜色(C):
透明度(T):
大小(S):
模糊(B):
角度(A):
距离(D):
无阴影
外部
向右偏移
⑥ 对阴影进行设置。

图 6.73　图表修饰(5)

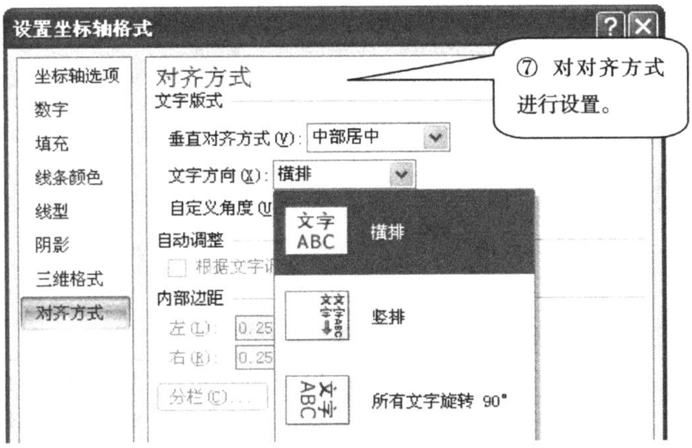
设置坐标轴格式
坐标轴选项
数字
填充
线条颜色
线型
阴影
三维格式
对齐方式
对齐方式
文字版式
垂直对齐方式(V): 中部居中
文字方向(X): 横排
自动调整
内部边距
横排
竖排
所有文字旋转 90°
⑦ 对对齐方式进行设置。

图 6.74　图表修饰(6)

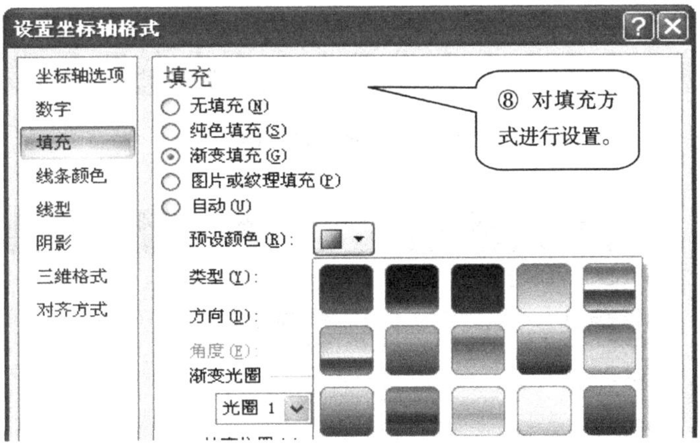
设置坐标轴格式
坐标轴选项
数字
填充
线条颜色
线型
阴影
三维格式
对齐方式
填充
无填充(N)
纯色填充(S)
渐变填充(G)
图片或纹理填充(P)
自动(U)
预设颜色(R):
类型(Y):
方向(D):
角度(E):
渐变光圈
光圈 1
⑧ 对填充方式进行设置。

图 6.75　图表修饰(7)

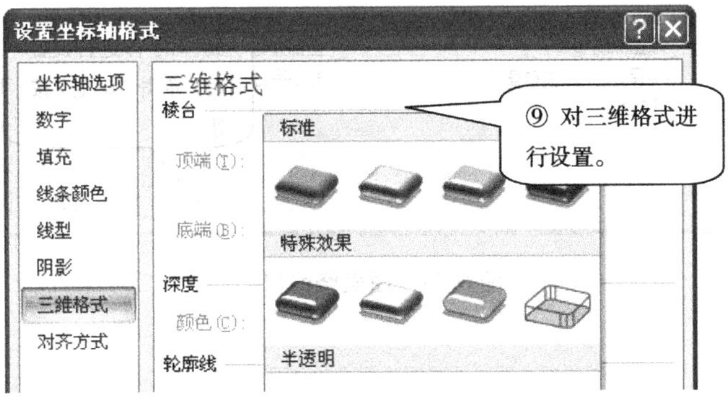
设置坐标轴格式
坐标轴选项
数字
填充
线条颜色
线型
阴影
三维格式
对齐方式
三维格式
棱台
顶端(T):
底端(B):
深度
颜色(C):
轮廓线
标准
特殊效果
半透明
⑨ 对三维格式进行设置。

图 6.76　图表修饰(8)

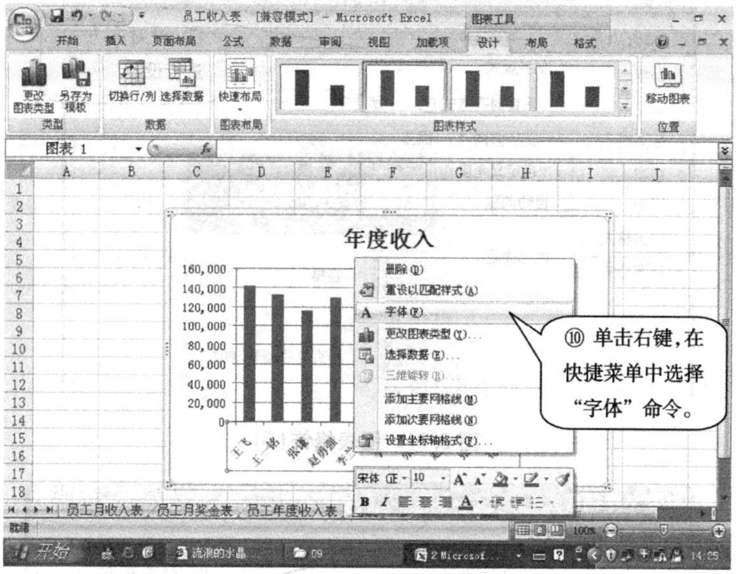
员工收入表 [兼容模式] - Microsoft Excel
图表工具
开始
插入
页面布局
公式
数据
审阅
视图
加载项
设计
布局
格式
更改图表类型
另存为模板
切换行/列
选择数据
快速布局
移动图表
类型
数据
图表布局
图表样式
位置
图表 1
年度收入
删除(D)
重设以匹配样式(A)
字体(F)...
更改图表类型(Y)...
选择数据(E)...
三维旋转(R)...
添加主要网格线(M)
添加次要网格线(N)
设置坐标轴格式(F)...
⑩ 单击右键，在快捷菜单中选择“字体”命令。
员工月收入表
员工月奖金表
员工年度收入表
就绪

图 6.77　图表修饰(9)

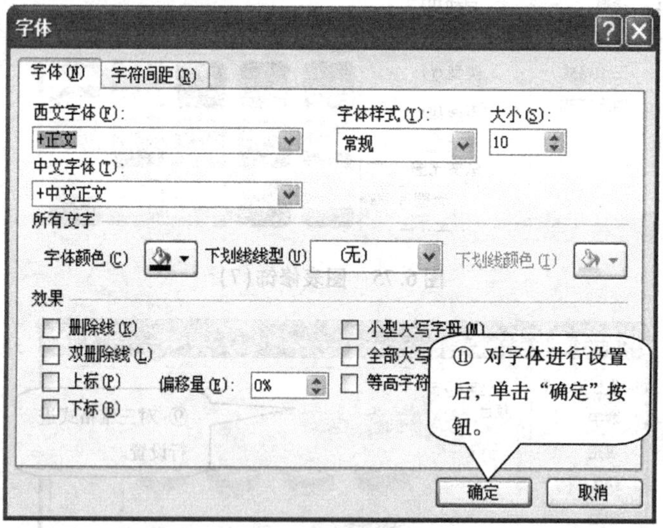
字体
字体(N)
字符间距(R)
西文字体(F):
+正文
中文字体(T):
+中文正文
字体样式(Y):
常规
大小(S):
10
所有文字
字体颜色(C)
下划线线型(U)
(无)
下划线颜色(I)
效果
删除线(K)
双删除线(L)
上标(P)
偏移量(E):
0%
下标(B)
小型大写字母(M)
⑪ 对字体进行设置后，单击“确定”按钮。
确定
取消

图 6.78　图表修饰(10)

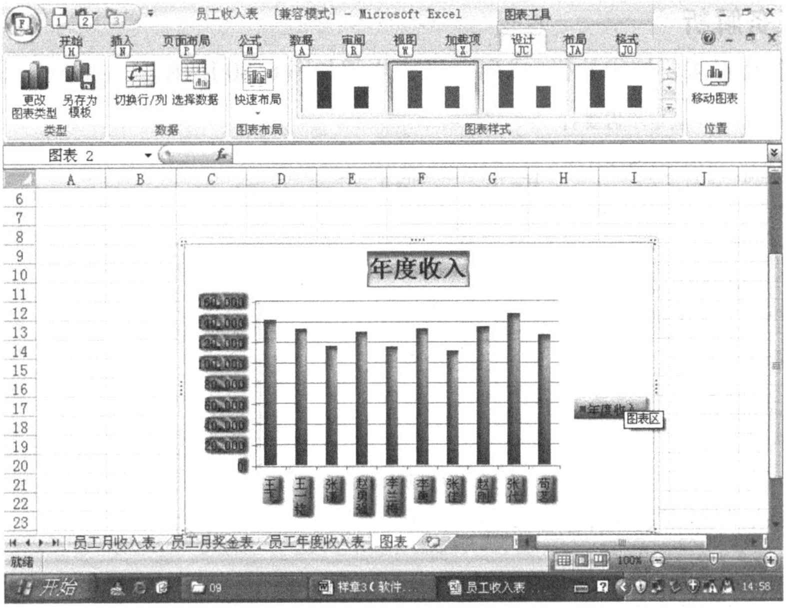

图6.79 图表制作结果

实践与拓展

将自己全年的收入制作成图表,分析自己哪个月的收入比较高。

案例6.5 表格的打印

任务 用“视图管理器”保存多个打印页面

小杨在工作中经常会遇到打印工作表,有的工作表需要打印其中的不同区域,小杨因此想到了使用“视图管理器”。

任务要求

- 掌握视图管理器的操作方法;
- 掌握行、列、单元格以及单元格区域隐藏的操作方法。

任务解析

(1)隐藏不需要打印的行(或列),操作步骤如图6.80所示。

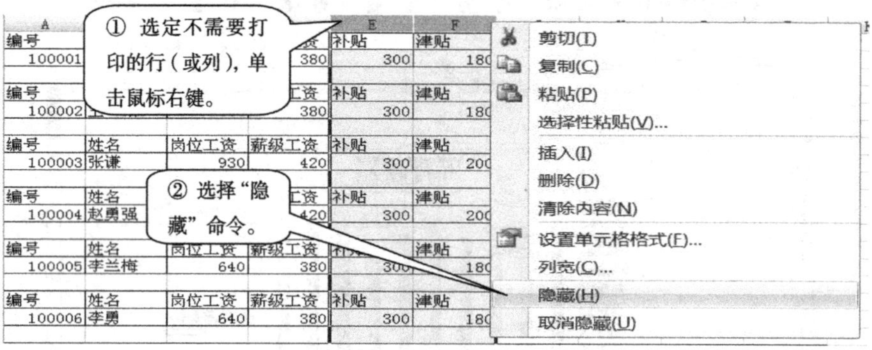

图6.80　隐藏行(或列)

(2)添加“视图”方式,操作步骤如图6.81所示。

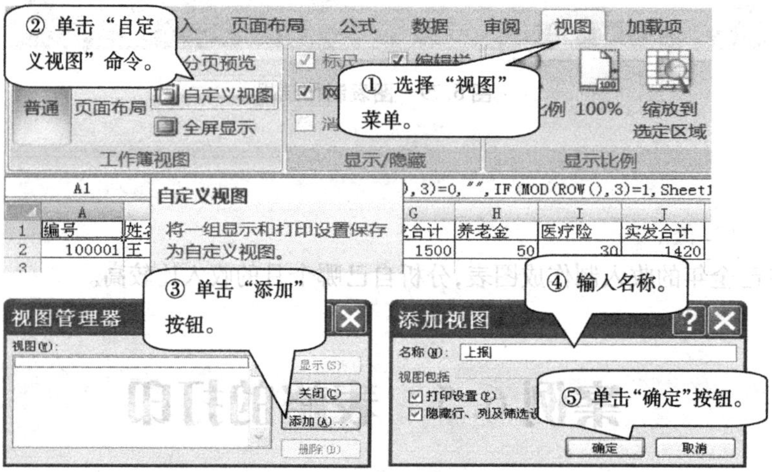

图6.81　添加“视图”方式

(3)将隐藏的行(或列)显示出来,并重复①、②操作步骤,“添加”好其他的打印视面。

(4)需要打印某种表格时,打开“视图管理器”并选中需要打印的表格名称,单击“显示”,工作表即刻按事先设定好的界面显示出来,进行格式化后就可打印了。

实践与拓展

将自己去年每月的收入和开支情况制作成Excel数据表,要求进行以下操作:

①统计出全年工资收入和其他收入;

②统计出全年交通开支、通信开支、水电气开支、物业管理费用开支、购物开支、生

活开支、娱乐开支、其他特殊开支等,用不同的颜色对各项开支进行标示;

③统计出收入最高的月份和消费最高的月份,在表中标示出来;

④统计出全年总收入和开支比例;

⑤将全年收入和开支情况用图表的方式显示;

⑥对该工作簿和工作表中的数据进行加密,防止其他人在无意中破坏表中的数据。

7

其他办公软件应用

在日常工作中常常会应用幻灯片制作软件 PowerPoint、项目制作软件 Project、阅读软件 Adobe Reader。PowerPoint 和 Project 是微软公司出品的 Office系列办软件的组件，主要应用于学术会议、演讲、技术报告、新产品展示、交流活动场合以及工程项目的制订方面；而 Adobe Reader 是一款专业的阅读软件，主要用于打开 PDF 格式的文件。

学习目标

掌握 PowerPoint 演示文稿创建的基本操作；
掌握 PowerPoint 演示文稿修饰的基本操作方法；
掌握 Project 项目制订的基本方法；
掌握 Adobe Reader 软件的基本使用方法；
掌握 Snagit 截屏软件的基本使用方法。

案例 7.1　使用演示文稿软件 PowerPoint

任务 1 制作产品宣传片

公司最近新到了一款手机,销售部王经理想让小丽做一份宣传资料,在营业厅的大屏幕上滚动播放,进行新产品宣传。小丽想,利用 PowerPoint 就可以实现这一功能。

任务要求

- 掌握母版的创建方法;
- 掌握形状的绘制与调整方法,掌握图片的插入与编辑;
- 掌握视屏文件的插入与调整方法。

任务解析

1. 设置幻灯片母版

(1)在 PowerPoint 2007 新建一个空白演示文稿并进入母版编辑状态,如图 7.1 所示。

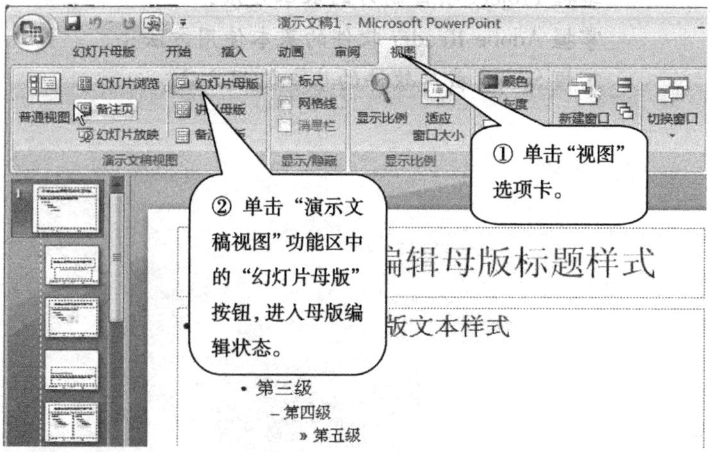

图 7.1　编辑母版

(2)选择母版并插入图片 0,如图 7.2 所示。

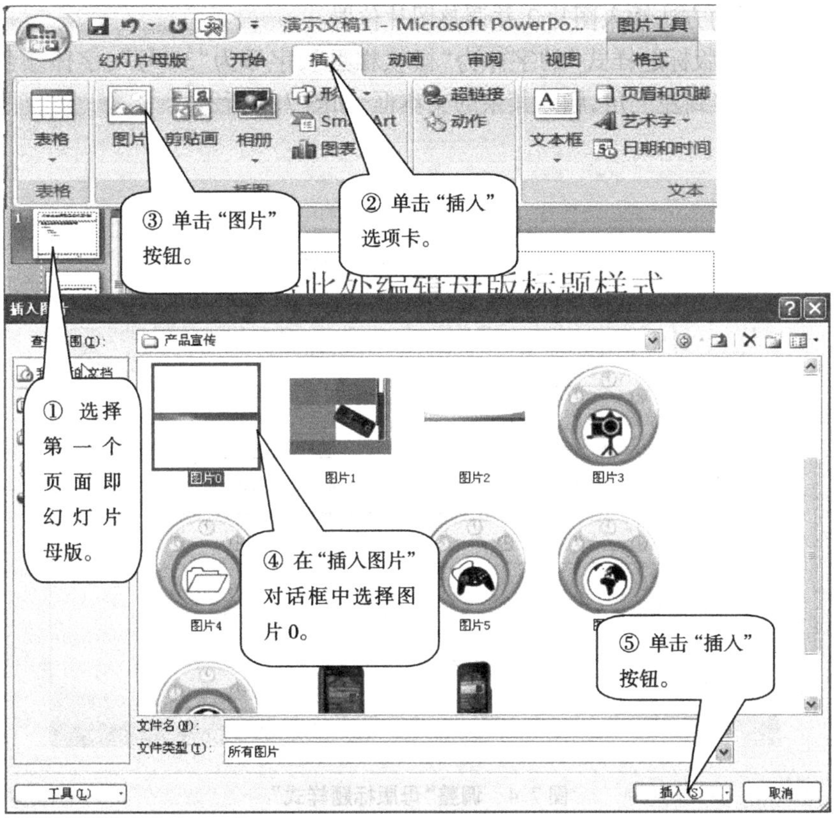
② 单击“插入”选项卡。
③ 单击“图片”按钮。
① 选择第一个页面即幻灯片母版。
④ 在“插入图片”对话框中选择图片0。
⑤ 单击“插入”按钮。

图 7.2　插入图片

(3)调整图片0的位置,如图7.3所示。

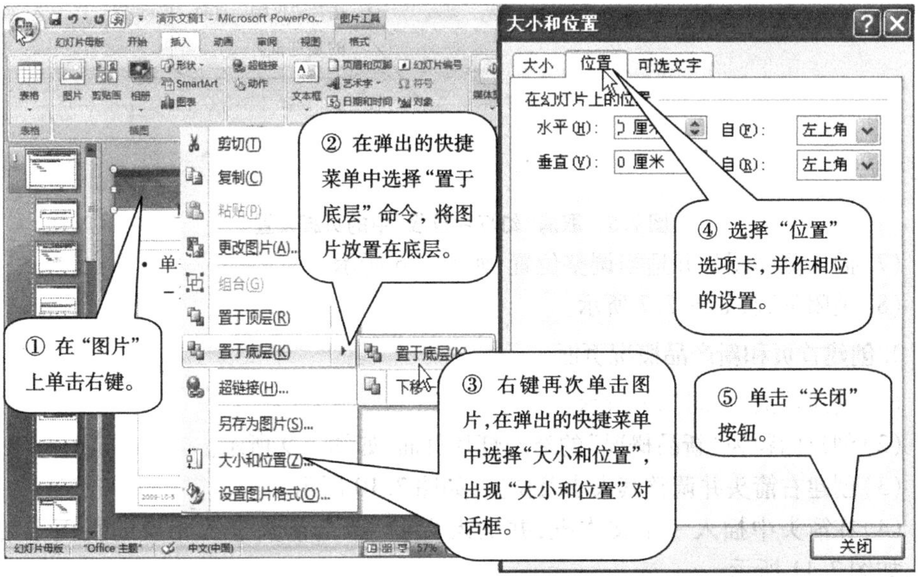
② 在弹出的快捷菜单中选择“置于底层”命令，将图片放置在底层。
④ 选择“位置”选项卡，并作相应的设置。
① 在“图片”上单击右键。
③ 右键再次单击图片，在弹出的快捷菜单中选择“大小和位置”，出现“大小和位置”对话框。
⑤ 单击“关闭”按钮。

图 7.3　调整图片位置

(4)按同样的方法插入图片2并调整图片位置。

(5)设置“母版标题样式”的字体为“微软雅黑”,字号为“32号”,字体颜色为“白色”。并将其调整到左上角,删除其余的文本框,如图7.4所示。

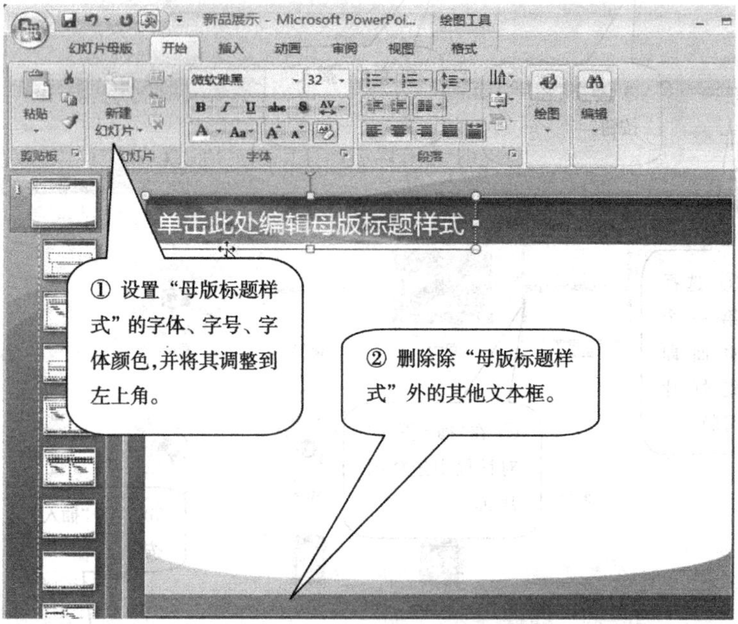

图7.4 调整“母版标题样式”

(6)取消“幻灯片母版”中的页脚设置,如图7.5所示。

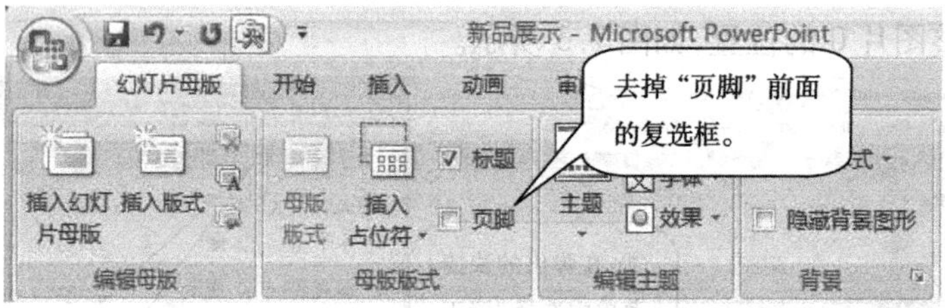

图7.5 取消“幻灯片母版”中的页脚设置

(7)插入侧面图片并适当调整位置,如图7.6所示。

(8)关闭母版,如图7.7所示。

2. 创建首页和新产品概况页面

(1)创建首页,如图7.8所示。

(2)创建标题为“新品概况”的新幻灯片页面,如图7.9所示。

(3)创建右箭头并调整其大小及位置,如图7.10所示。

(4)在箭头中插入一个文本框,并输入文字“单击箭头进入相应的页面了解详情”,如图7.11所示。

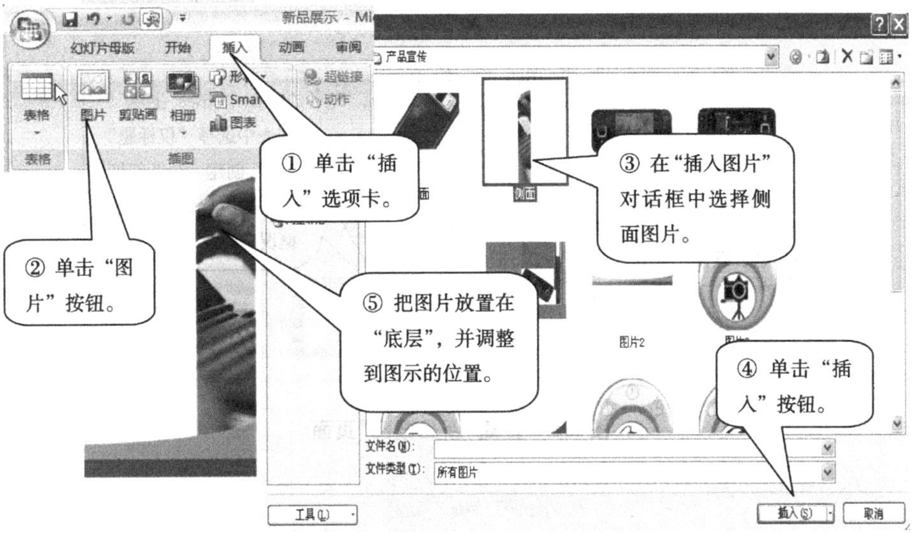

① 单击“插入”选项卡。
② 单击“图片”按钮。
④ 添加“新品展示”字样的标题，并调整到相应的位置。
③ 在“插入图片”对话框中选择侧面图片。
④ 单击“插入”按钮。
⑤ 把图片放置在“底层”，并调整到图示的位置。

图 7.6　插入侧面图片并调整位置

单击“幻灯片母版”选项卡“关闭”功能区中的“关闭母版视图”按钮。

图 7.7　关闭母版

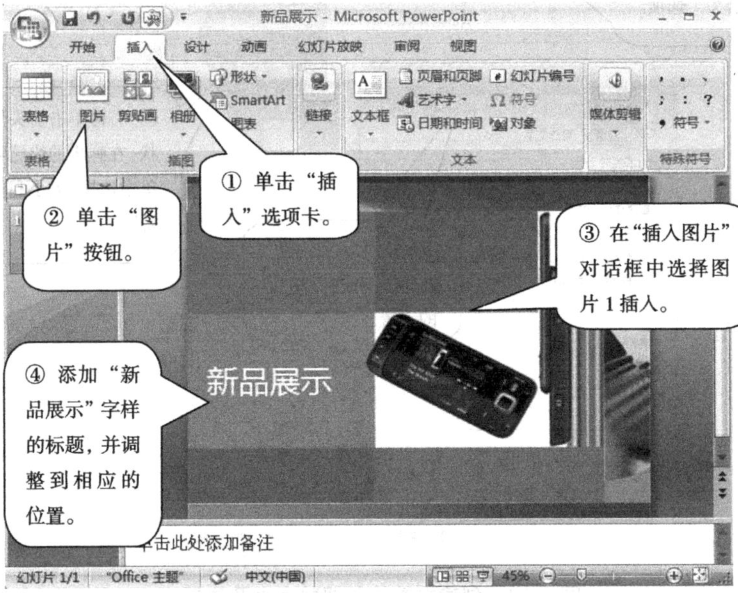

图 7.8　创建首页过程

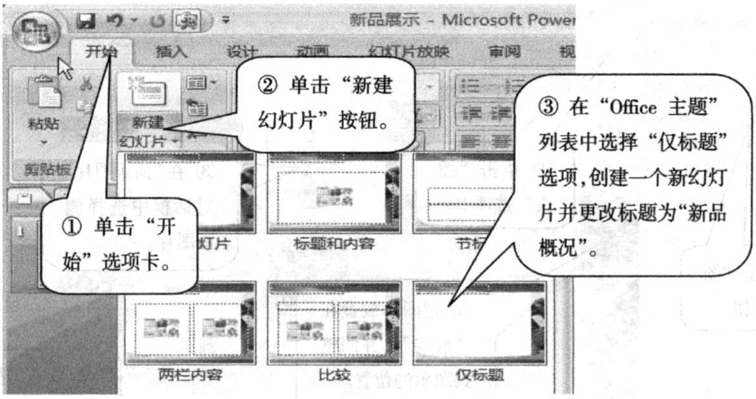

新品展示 - Microsoft Power
开始 插入 设计 动画 幻灯片放映 审阅 视
粘贴
剪贴板
新建
幻灯片
标题和内容
两栏内容
比较
仅标题
① 单击“开始”选项卡。
② 单击“新建幻灯片”按钮。
③ 在“Office 主题”列表中选择“仅标题”选项，创建一个新幻灯片并更改标题为“新品概况”。

图 7.9　创建“新品概况”页面

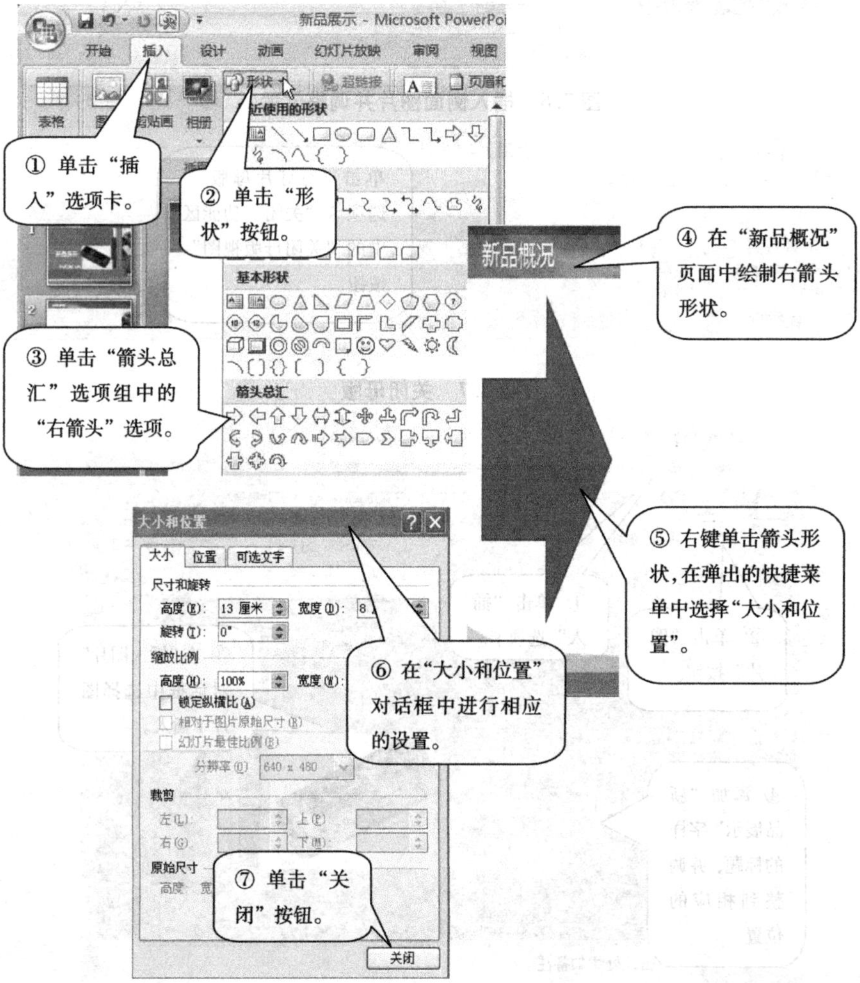

新品展示 - Microsoft PowerPoi
开始 插入 设计 动画 幻灯片放映 审阅 视图
表格 剪贴画 相册
形状
超链接
最近使用的形状
基本形状
箭头总汇
新品概况
大小和位置
大小 位置 可选文字
尺寸和旋转
高度(E): 13 厘米 宽度(D): 8
旋转(T): 0°
缩放比例
高度(H): 100% 宽度(W):
锁定纵横比(A)
相对于图片原始尺寸(R)
幻灯片最佳比例(B)
分辨率(O) 640 x 480
裁剪
左(L) 上(P)
右(G) 下(M)
原始尺寸
关闭
① 单击“插入”选项卡。
② 单击“形状”按钮。
③ 单击“箭头总汇”选项组中的“右箭头”选项。
④ 在“新品概况”页面中绘制右箭头形状。
⑤ 右键单击箭头形状，在弹出的快捷菜单中选择“大小和位置”。
⑥ 在“大小和位置”对话框中进行相应的设置。
⑦ 单击“关闭”按钮。

图 7.10　创建右箭头并调整大小及位置

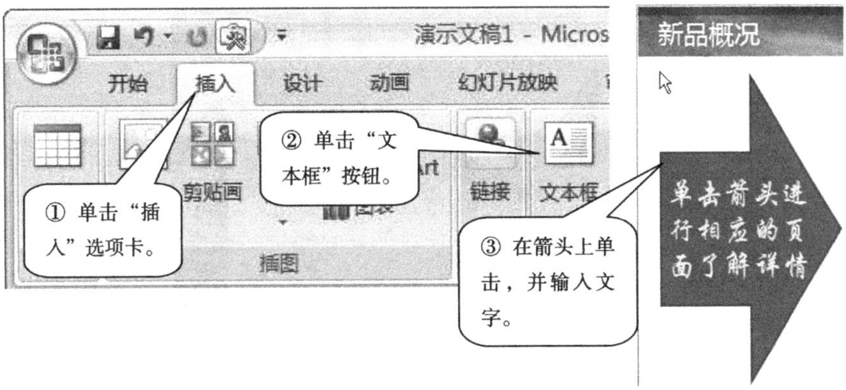

图 7.11　为箭头添加文本

(5)调整“圆角矩形”的“填充”效果,如图 7.12 所示。

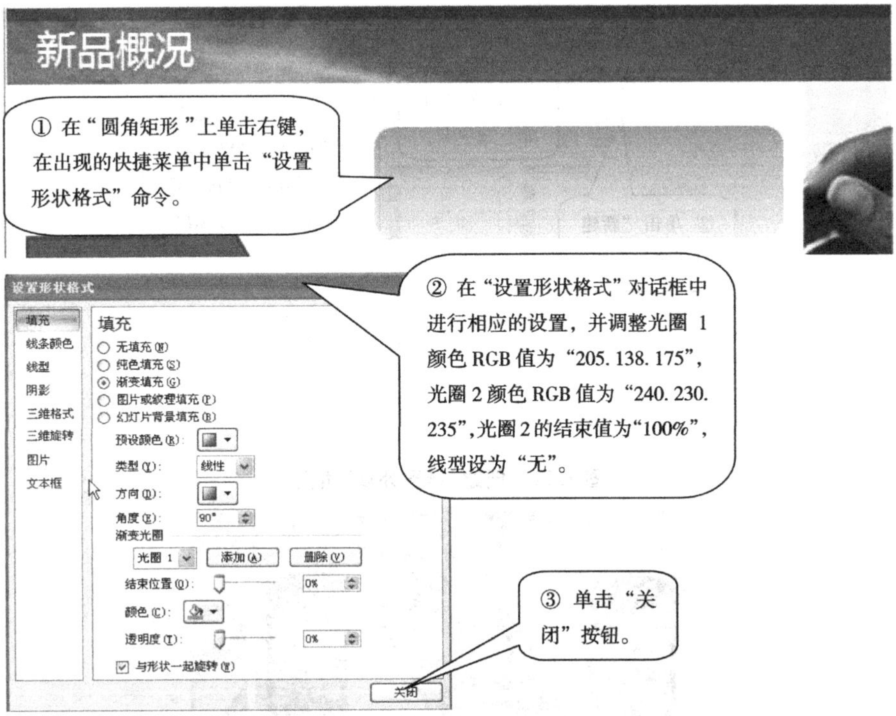

图 7.12　设置“圆角矩形”形状格式对话框

(6)使用同样的方法完成“新品概况”页面的制作,如图 7.13 所示。

3. 创建精致外观幻灯片页面

(1)创建标题为“精致外观”的新幻灯页面,如图 7.14 所示。

(2)在“精致外观”页面中插入名称分别为“正面关”“正面开”“背面”“横面”的图片,并调整它们到适当的位置,如图 7.15 所示。

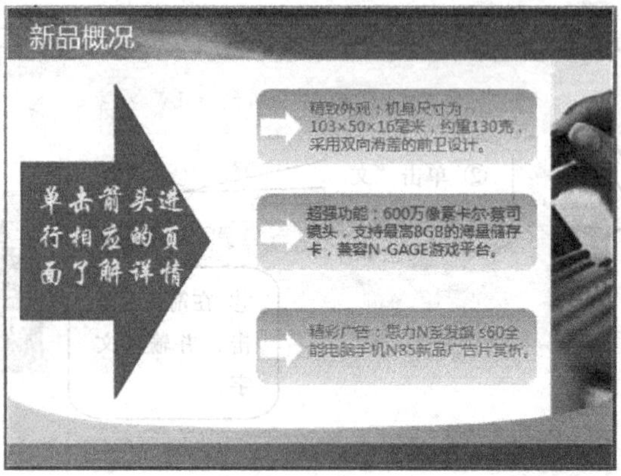

图 7.13 “新品概况”页面的完成效果

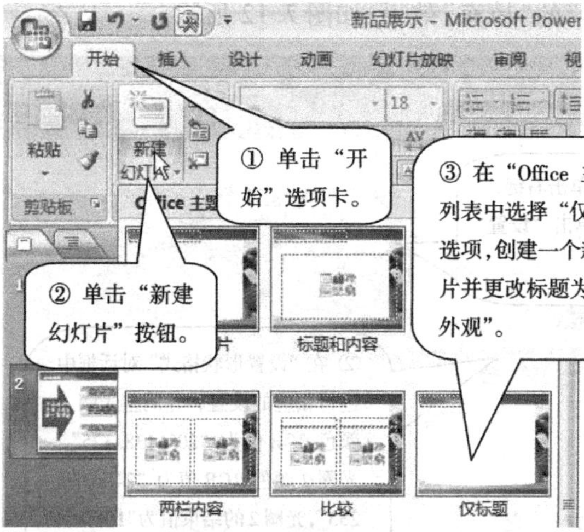

图 7.14 创建“精致外观”页面

图 7.15 插入“正面关”“正面开”“背面”“横面”图片后的效果

4. 创建精英功能幻灯片页面

(1)新建一个幻灯片页面,然后将标题内容更改为“精英功能”。

(2)在“精英功能”幻灯片页面中间绘制一个椭圆,并调整它的位置和大小,如图7.16所示。

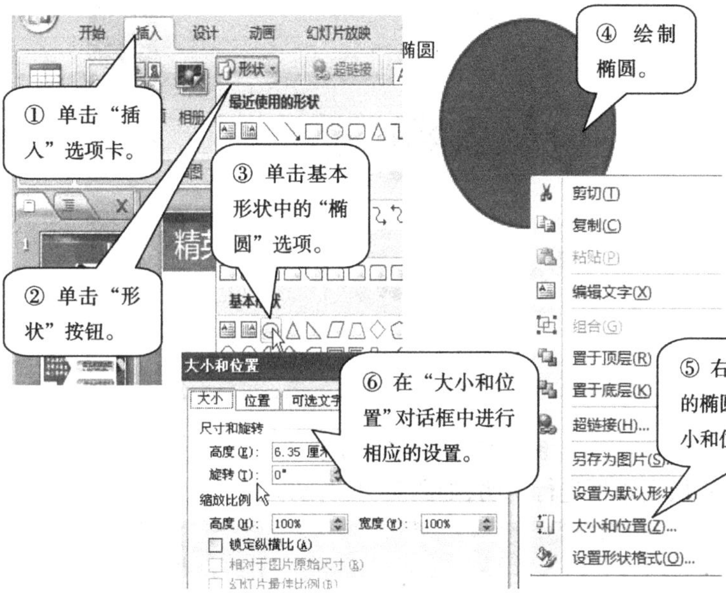

图7.16 绘制椭圆并调整其大小和位置

(3)设置椭圆的填充和线条颜色,如图7.17所示。

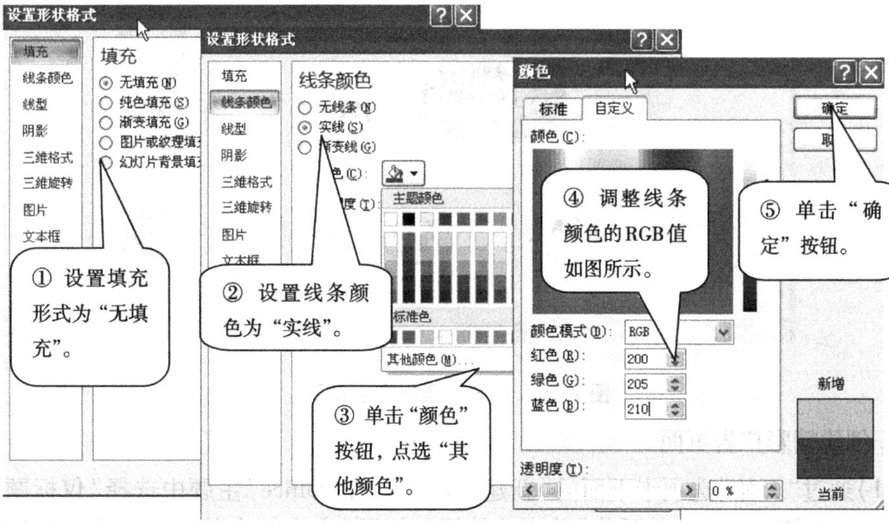

图7.17 设置填充和线条颜色

(4)插入图片,并适当调整其大小和位置,如图 7.18 所示。

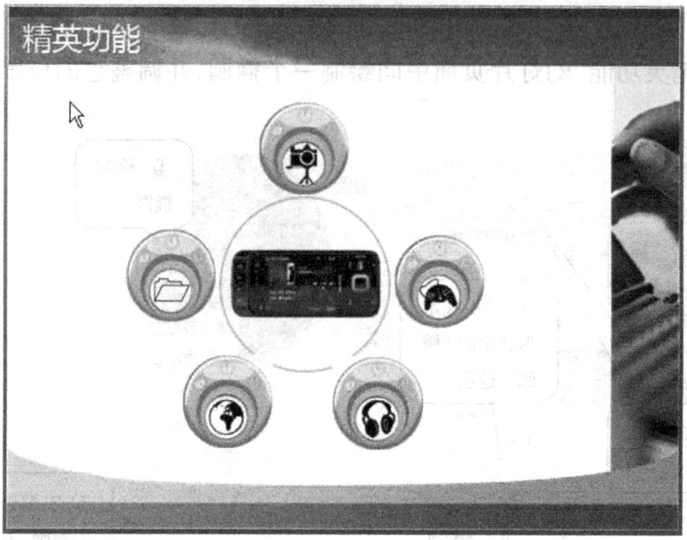

图 7.18　插入图片效果

(5)为各图片添加文本框进行说明,如图 7.19 所示。

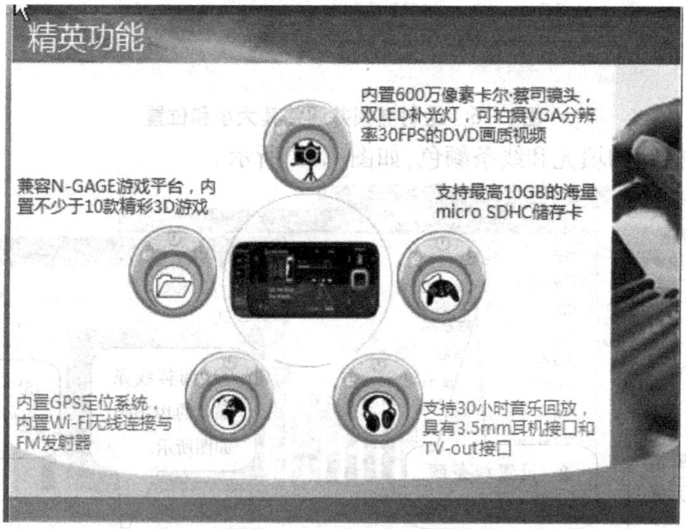

图 7.19　给图片添加文字说明

5. 创建精彩广告页面

(1)通过"开始"选项卡下面的"新建幻灯片",在"Office"主题中选择"仅标题"选项,新建一个幻灯页面。然后将"单击此处添加标题"文本框中的内容更改为"精彩广告",从而新建一个"精彩广告"页面。

(2)插入一段影片,如图 7.20 所示。

(3)保存最后结果,如图 7.21 所示。

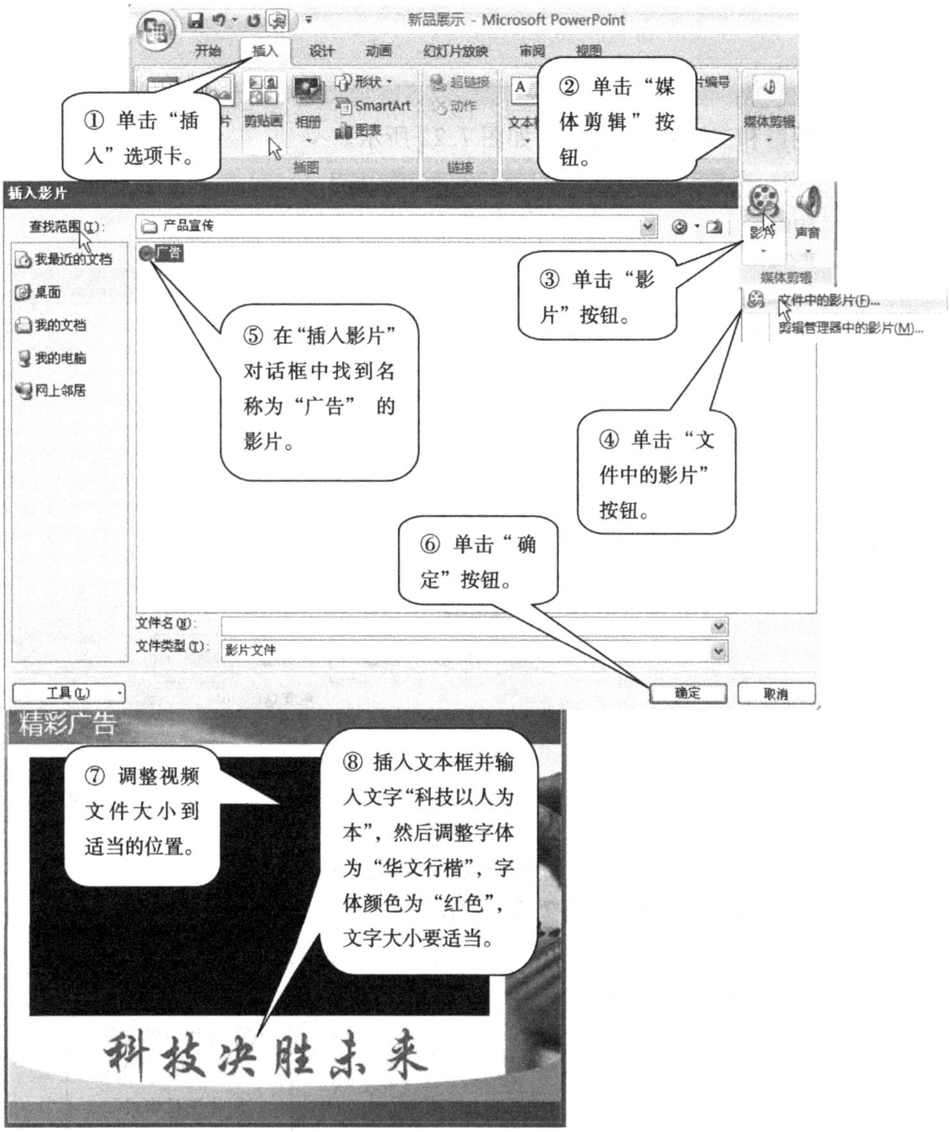
新品展示 - Microsoft PowerPoint
开始
插入
设计
动画
幻灯片放映
审阅
视图
① 单击“插入”选项卡。
② 单击“媒体剪辑”按钮。
插入影片
查找范围(I):
产品宣传
广告
我最近的文档
桌面
我的文档
我的电脑
网上邻居
影片
声音
媒体剪辑
③ 单击“影片”按钮。
文件中的影片(F)...
剪辑管理器中的影片(M)...
⑤ 在“插入影片”对话框中找到名称为“广告”的影片。
④ 单击“文件中的影片”按钮。
⑥ 单击“确定”按钮。
文件名(N):
文件类型(T):
影片文件
工具(L)
确定
取消
精彩广告
⑦ 调整视频文件大小到适当的位置。
⑧ 插入文本框并输入文字“科技以人为本”，然后调整字体为“华文行楷”，字体颜色为“红色”，文字大小要适当。
科技决胜未来

图 7.20　插入一段影片

开始
插入
单击按钮进行保存。
新建
幻灯片
剪贴板
幻灯片

图 7.21　保存结果

知识拓展

(1)图片阴影和三维效果的设置,如图 7.22 所示。

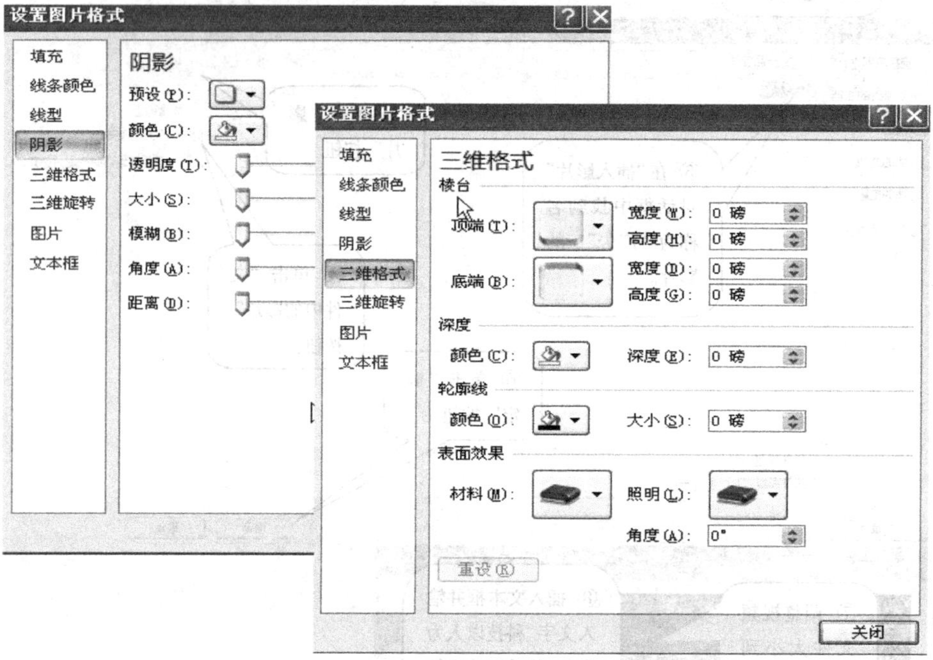

图 7.22　图片阴影和三维格式的设置

(2)图片工具格式的使用,如图 7.23 所示。

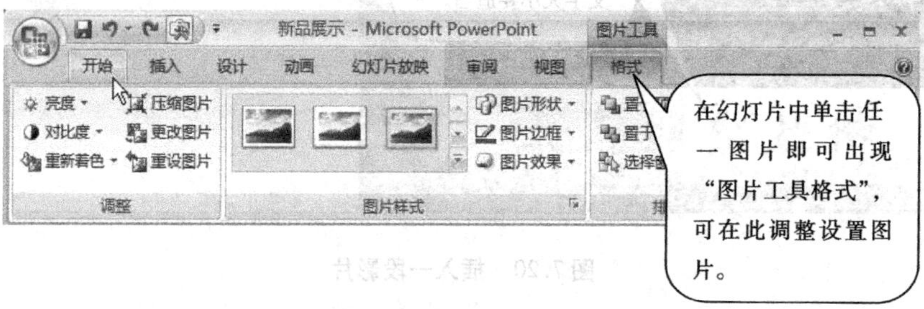

图 7.23　图片工具

实践与拓展

(1)使用 PowerPoint 软件制作一份个人简历。

(2)使用 PowerPoint 软件制作个人相册。

任务 2 修饰幻灯片

小丽经过一番努力,终于完成了产品宣传片的制作,但是在播放时发现幻灯片之间的切换不自然,怎么办呢? 小丽开始学习有关自定义动画和页面间超链接的相关知识。

任务要求

- 掌握自定义动画的方法;
- 掌握设置幻灯片切换的基本方法;
- 掌握超链接设置的基本方法。

任务解析

(1)实现页面间的切换,如图 7.24 所示。

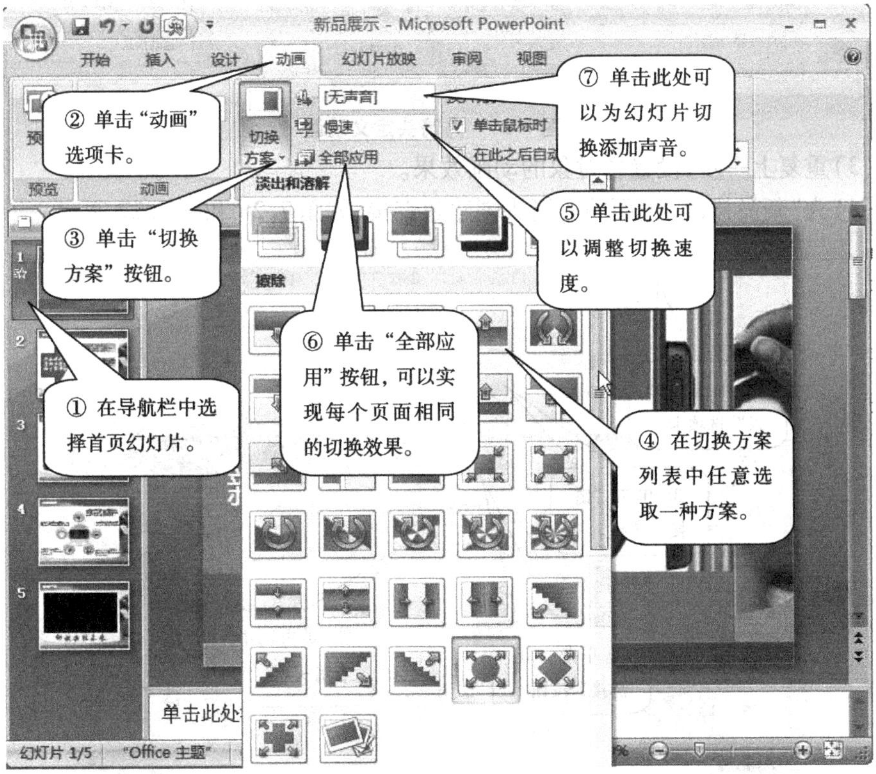

图 7.24 幻灯片页面切换

注意:如果要实现页面之间不同的切换效果,可以分别选中不同的页面进行不同的设置,即可达到效果。

(2)为“新品概况”页面设置自定义动画,如图 7.25 所示。

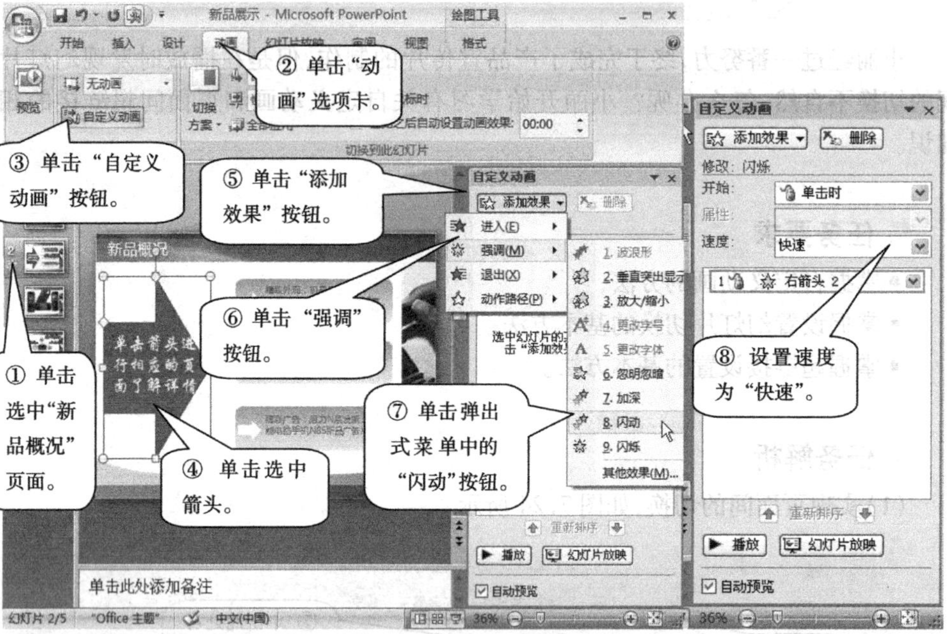

图 7.25　为箭头定义动画

(3)重复上一步,设置各对象的动画效果。

(4)为“新品概况”页面的右箭头创建超链接,如图 7.26 和图 7.27 所示。

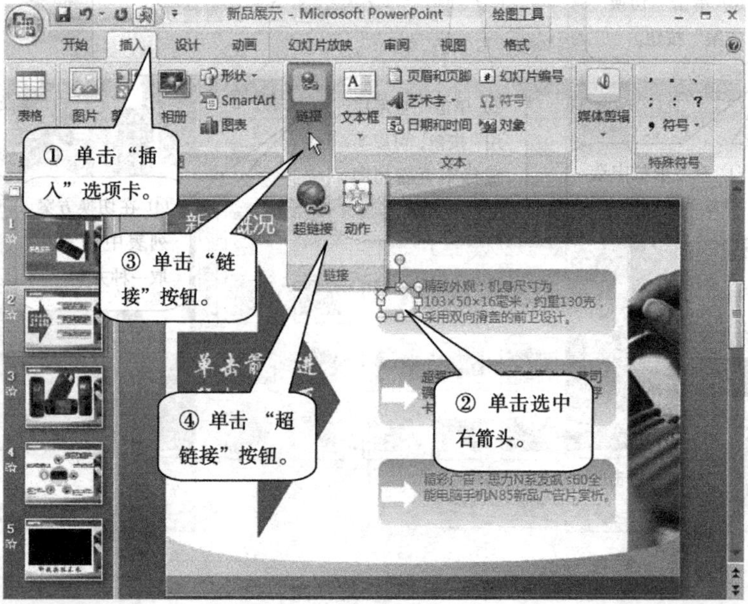

图 7.26　设置超链接(1)

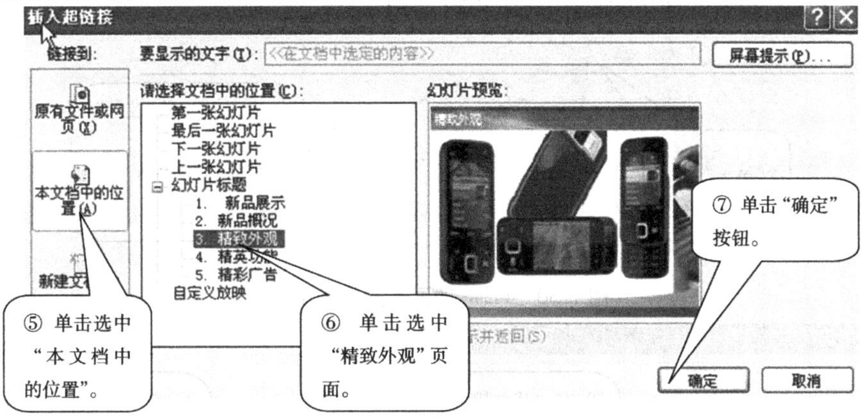

图 7.27 设置超链接(2)

(5)使用同样的方法对各页面中的对象设置超级链接。

知识拓展

(1)演示文稿的放映,如图 7.28 所示。

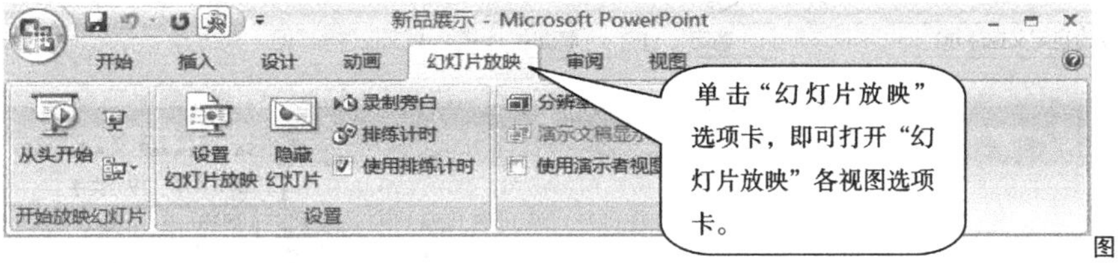

图 7.28 “幻灯片放映”选项卡

(2)放映方式的设置,如图 7.29 所示。

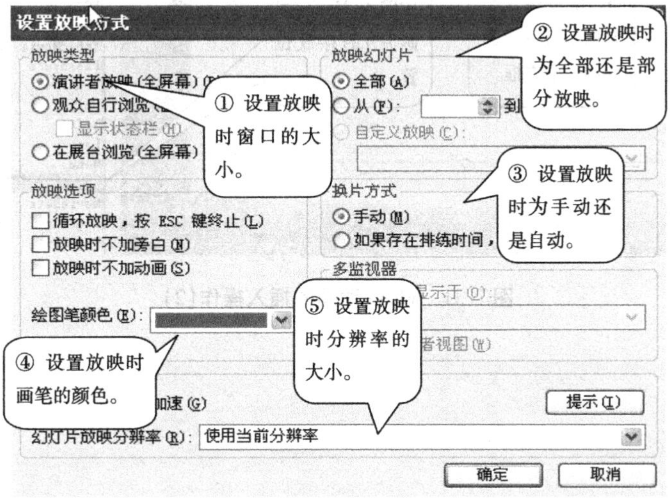

图 7.29 “设置放映方式”对话框

(3)Flash 动画的插入,如图 7.30 和图 7.31 所示。

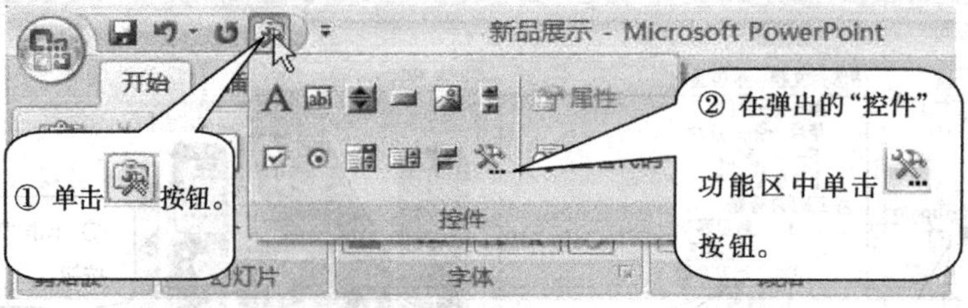

图 7.30　Flash 动画的插入操作(1)

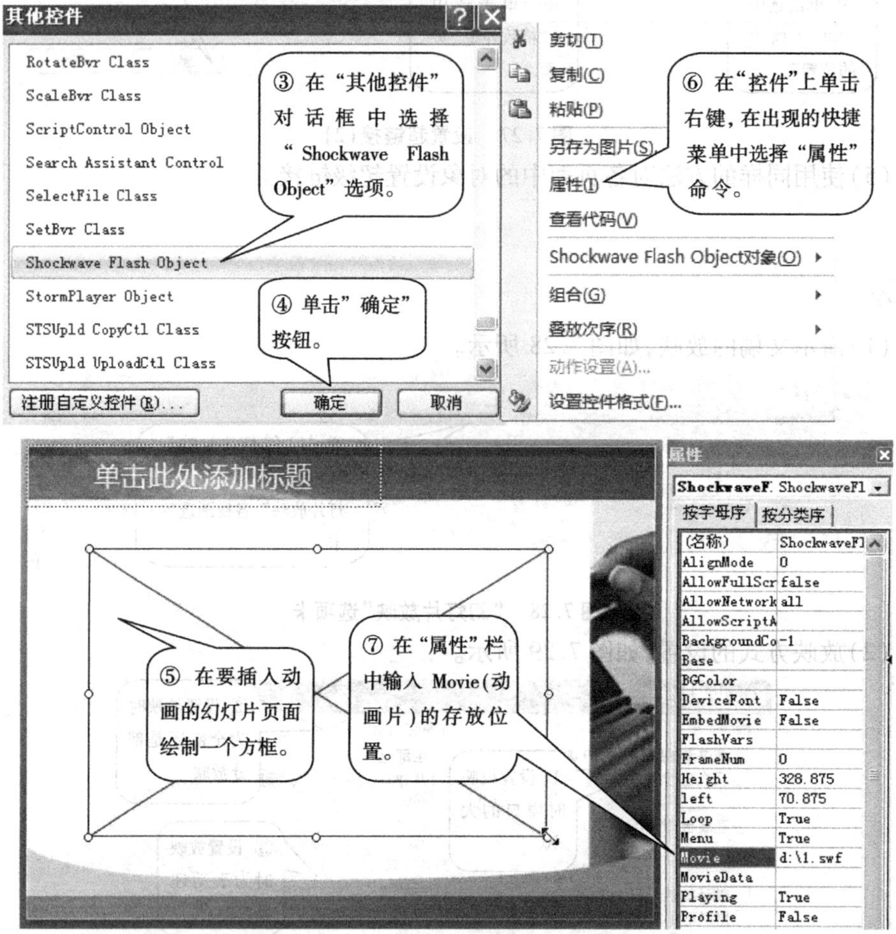

图 7.31　Flash 动画的插入操作(2)

实践与拓展

为创建的个人相册设置自定义动画和适当的换片方式。

任务 3 制作组织结构图

小丽所在的公司要进行招新，李总希望在招聘会上先把公司情况作一些简单介绍，让新员工对公司有一个详尽的了解，使其能更快地融入公司。小丽因此专门学习了公司组织结构图的制作。

任务要求

- 掌握背景样式的设置及主题的应用；
- 掌握 SmartArt 图形的插入方法；
- 掌握组织结构图分支结构的调整。

任务解析

(1)新建空白演示文稿并运用主题，如图 7.32 所示。

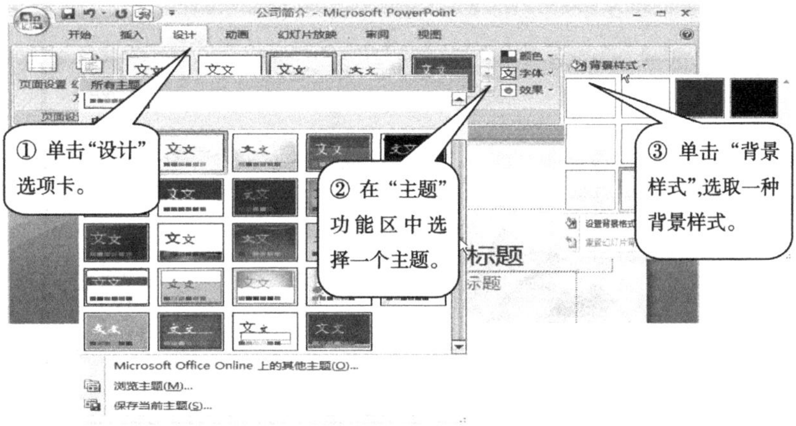

图 7.32 运用主题及背景样式

(2)给首页幻灯片加上标题,如图 7.33 所示。

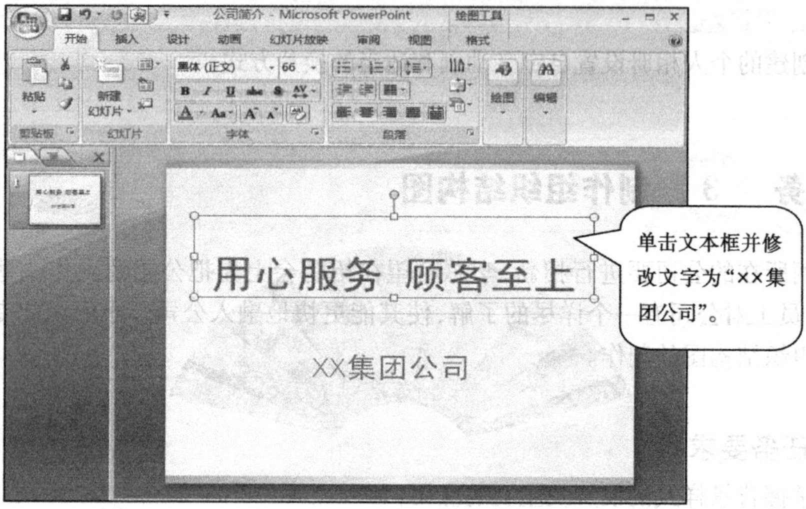

图 7.33　修改标题

(3)新建幻灯片并添加公司概况说明文字,如图 7.34 所示。

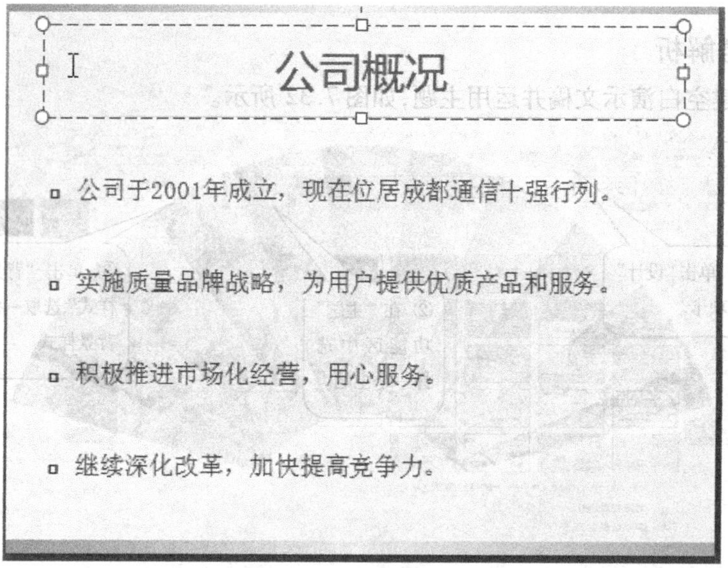

图 7.34　公司概况

(4)创建公司组织结构幻灯片页面,如图 7.35 和图 7.36 所示。

(5)调整组织结构图形状,如图 7.37 所示。

(6)修改组织图中的文本,如图 7.38 所示。

(7)保存结果。

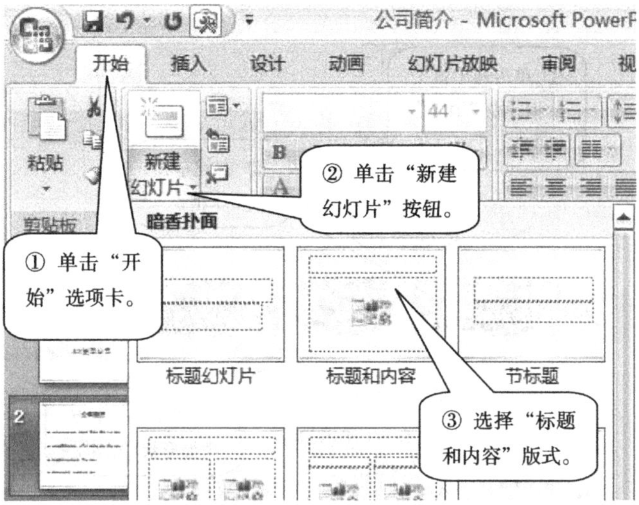
公司简介 - Microsoft PowerP
开始
插入
设计
动画
幻灯片放映
审阅
粘贴
新建
幻灯片
剪贴板
暗香扑面
② 单击“新建幻灯片”按钮。
① 单击“开始”选项卡。
标题幻灯片
标题和内容
节标题
③ 选择“标题和内容”版式。

图 7.35　创建新的幻灯片

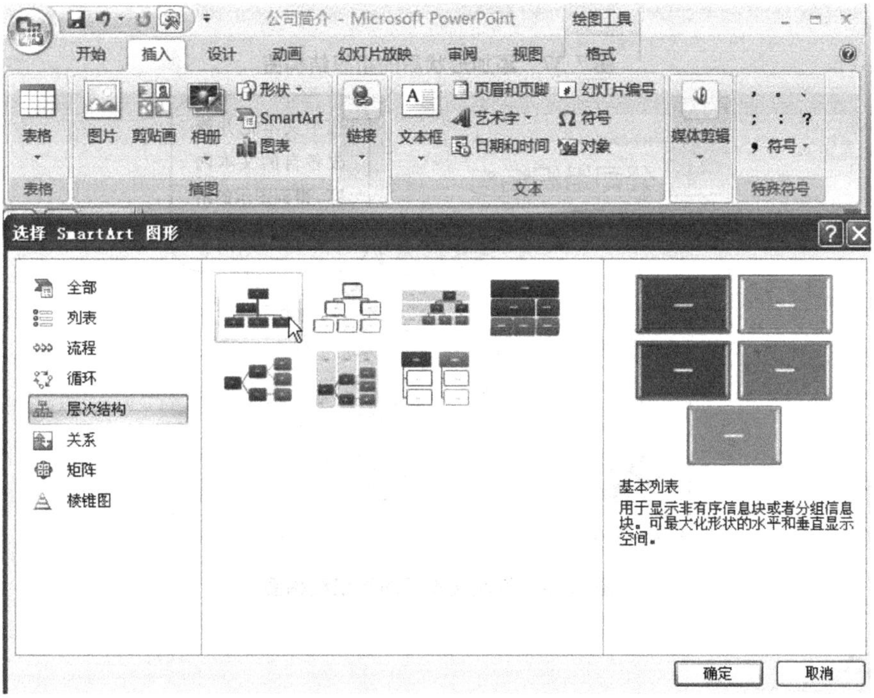
公司简介 - Microsoft PowerPoint
绘图工具
开始
插入
设计
动画
幻灯片放映
审阅
视图
格式
表格
图片
剪贴画
相册
形状
SmartArt
图表
链接
文本框
页眉和页脚
艺术字
日期和时间
幻灯片编号
符号
对象
媒体剪辑
特殊符号
插图
文本
选择 SmartArt 图形
全部
列表
流程
循环
层次结构
关系
矩阵
棱锥图
基本列表
用于显示非有序信息块或者分组信息块。可最大化形状的水平和垂直显示空间。
确定
取消

图 7.36　插入组织结构图

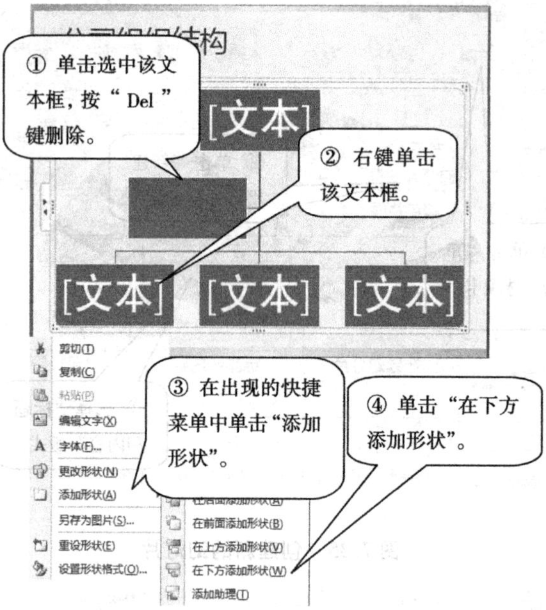

图 7.37 添加形状后的组织结构图

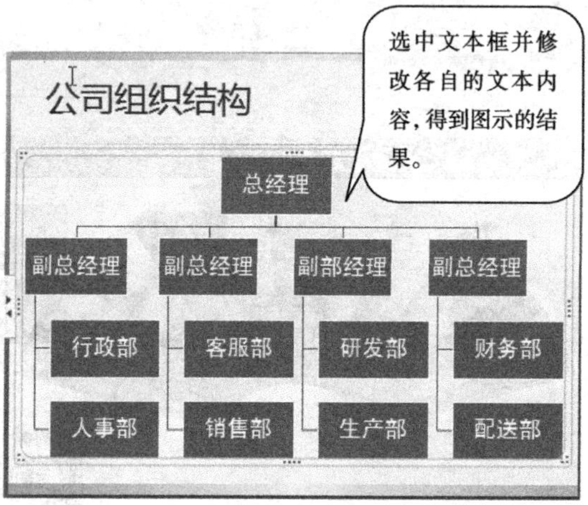

图 7.38 修改文本后的组织结构图

知识拓展

(1)图表的插入，如图 7.39 所示。

(2)其他对象的插入，如图 7.40 所示。

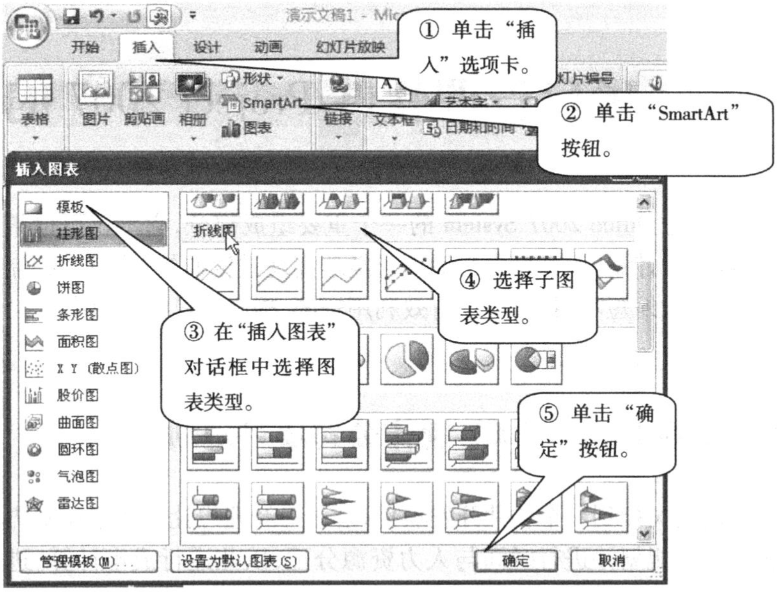

图 7.39　插入图表

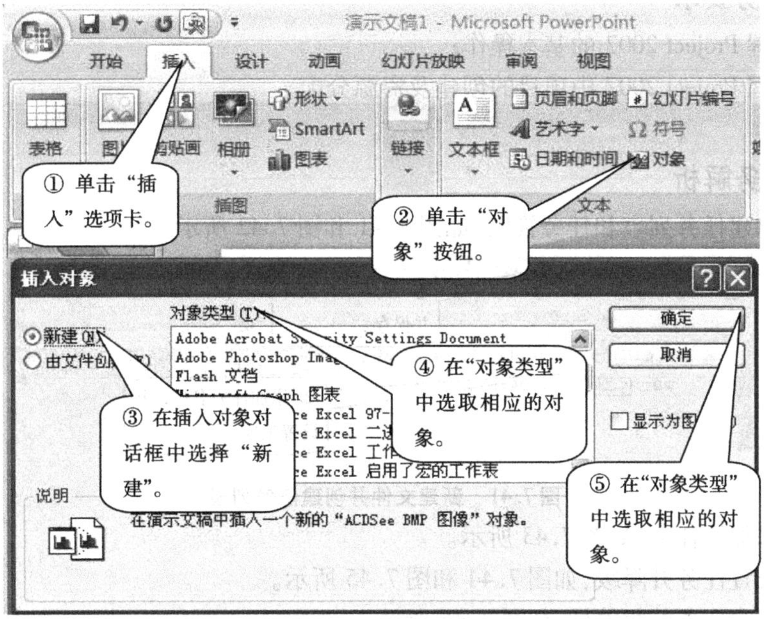

图 7.40　对象的插入

实践与拓展

(1)创建一个自己所在单位的部门结构图。

(2)在 PPT 中插入公司本月销售数据图表。

案例7.2　项目管理软件 Project 2007 的使用

Project 2007 是 Office 2007 System 的一个重要组成部分，它不仅可以帮助用户快速、准确地做好项目计划，而且可以帮助项目经理实现进度监控、成本的控制以及分析和预测，同时能大大缩短项目的工期，有效利用资源，提高项目管理效率。

任务　使用 Project 2007 制作公司项目规划

小丽所在的公司接到一个软件开发项目，公司王经理想让小丽根据对方单位提供的时间来做该项目规划并进行时间与人力资源分配，以此进行成本计算，进一步商谈合作事项。

■ 任务要求

- 掌握 Project 2007 的基本操作；
- 掌握 Project 2007 中项目的创建及资源分配。

■ 任务解析

(1)创建任务列表和任务视图，如图 7.41 和图 7.42 所示。

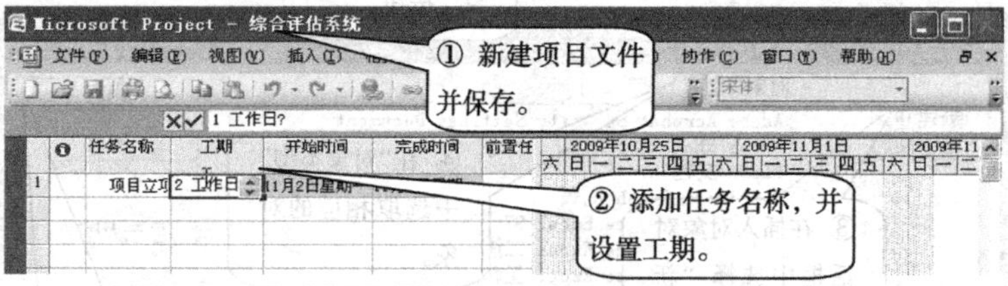

图 7.41　新建文件并创建任务列表

(2)添加子任务，如图 7.43 所示。

(3)设置任务升降级，如图 7.44 和图 7.45 所示。

(4)建立任务的相关性，如图 7.46 所示。

(5)创建资源工作表，如图 7.47 和图 7.48 所示。

(6)为任务分配资源，如图 7.49 所示。

至此，该项目的工时及人力资源分配完毕，可据此预算该项目的成本。

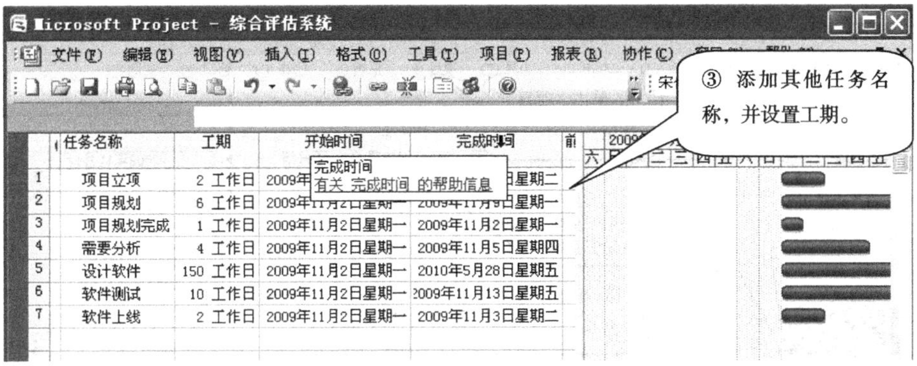
③ 添加其他任务名称，并设置工期。

图 7.42　添加完成所有任务视图

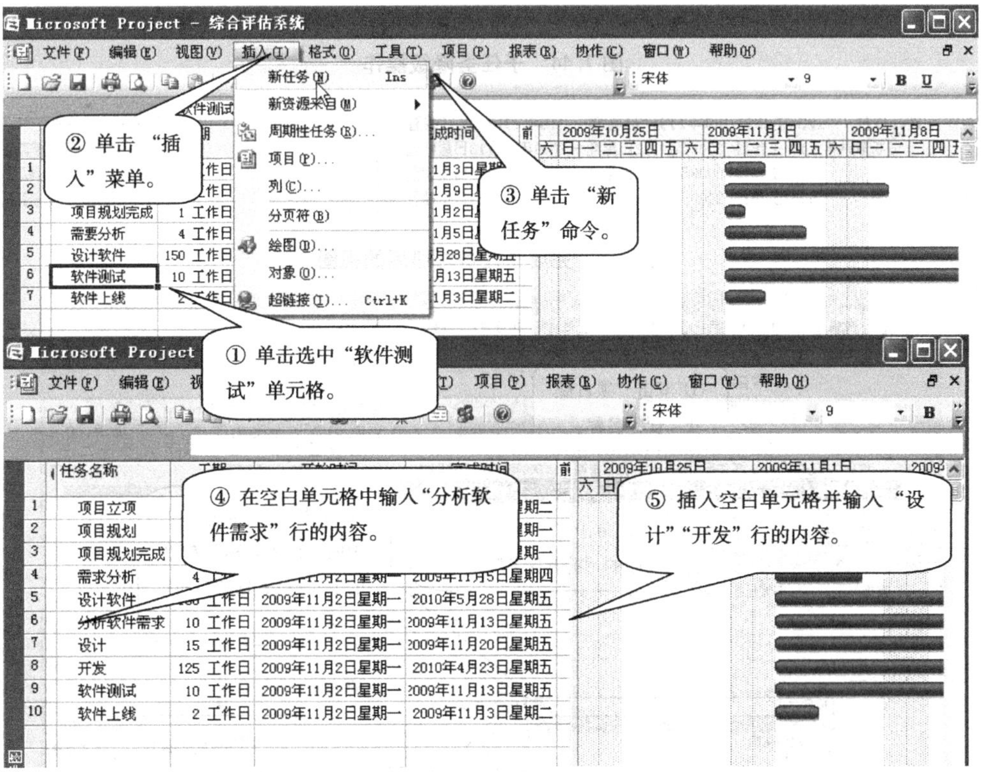
② 单击“插入”菜单。
③ 单击“新任务”命令。
① 单击选中“软件测试”单元格。
④ 在空白单元格中输入“分析软件需求”行的内容。
⑤ 插入空白单元格并输入“设计”“开发”行的内容。

图 7.43　添加子任务

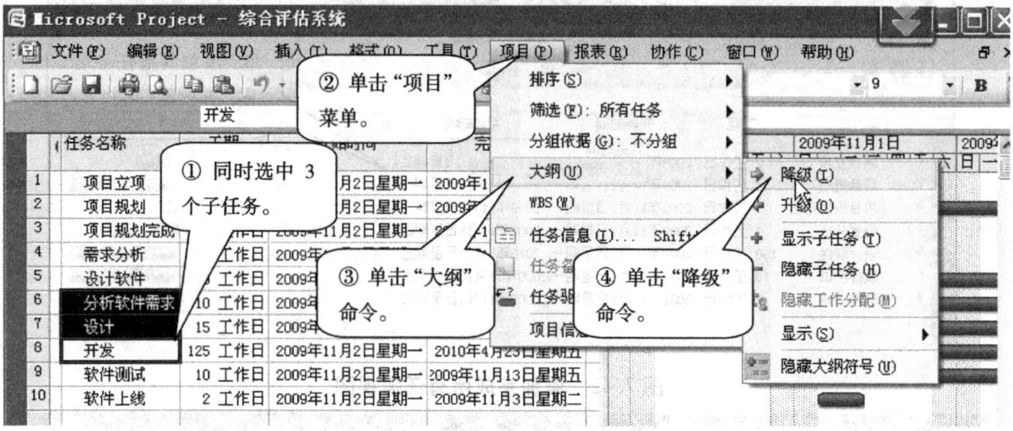

图 7.44　子任务降级操作

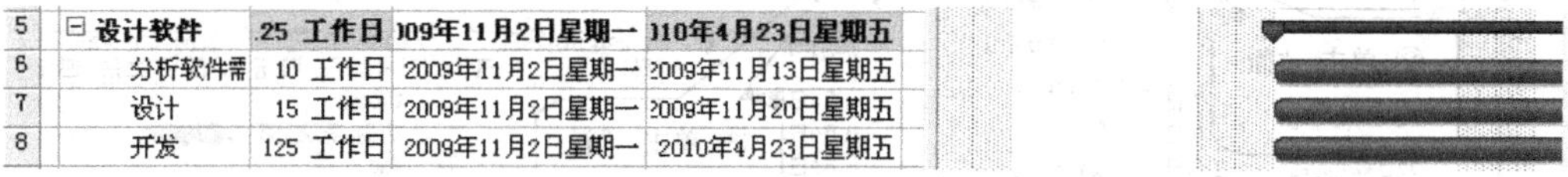
5 设计软件 .25 工作日)09年11月2日星期一)10年4月23日星期五
6 分析软件需 10 工作日 2009年11月2日星期一 2009年11月13日星期五
7 设计 15 工作日 2009年11月2日星期一 2009年11月20日星期五
8 开发 125 工作日 2009年11月2日星期一 2010年4月23日星期五

图 7.45　完成子任务降级后的视图

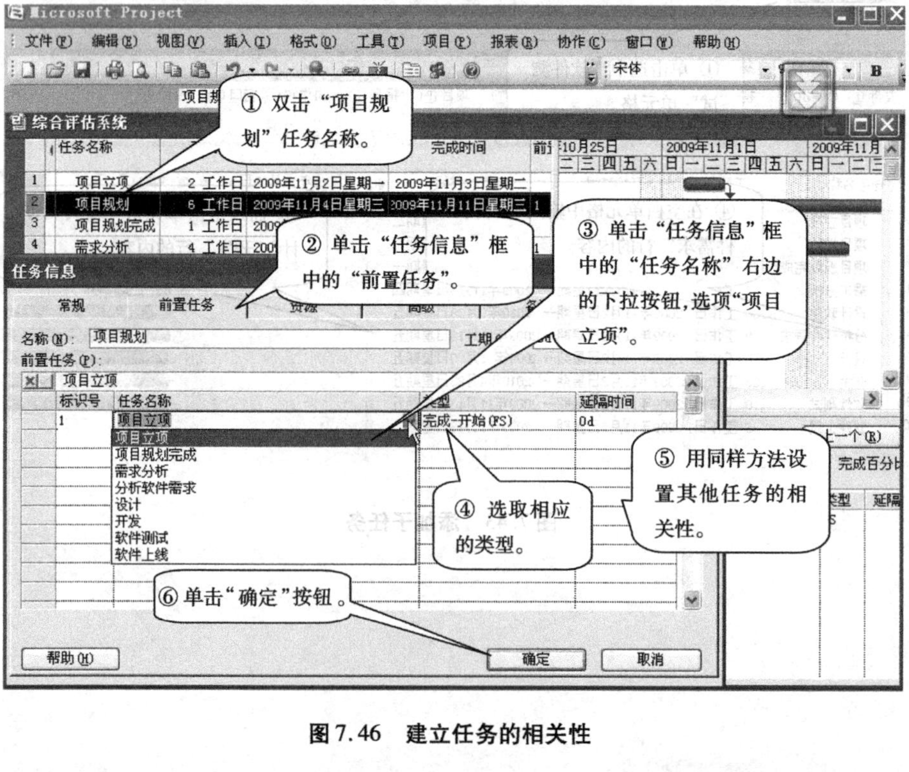

图 7.46　建立任务的相关性

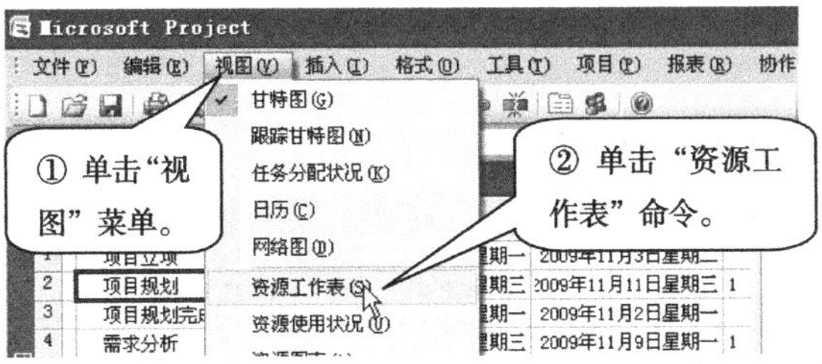

图 7.47　创建工作资源表

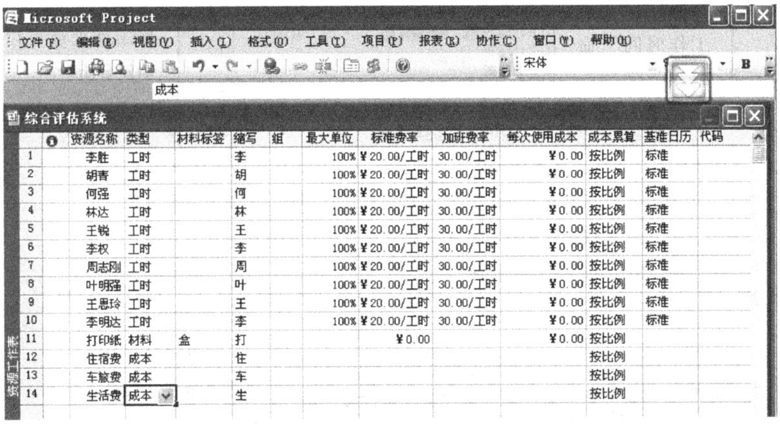

	资源名称	类型	材料标签	缩写	组	最大单位	标准费率	加班费率	每次使用成本	成本累算	基准日历	代码
1	李胜	工时		李		100%	¥20.00/工时	30.00/工时	¥0.00	按比例	标准	
2	胡青	工时		胡		100%	¥20.00/工时	30.00/工时	¥0.00	按比例	标准	
3	何强	工时		何		100%	¥20.00/工时	30.00/工时	¥0.00	按比例	标准	
4	林达	工时		林		100%	¥20.00/工时	30.00/工时	¥0.00	按比例	标准	
5	王锐	工时		王		100%	¥20.00/工时	30.00/工时	¥0.00	按比例	标准	
6	李权	工时		李		100%	¥20.00/工时	30.00/工时	¥0.00	按比例	标准	
7	周志刚	工时		周		100%	¥20.00/工时	30.00/工时	¥0.00	按比例	标准	
8	叶明强	工时		叶		100%	¥20.00/工时	30.00/工时	¥0.00	按比例	标准	
9	王思玲	工时		王		100%	¥20.00/工时	30.00/工时	¥0.00	按比例	标准	
10	李明达	工时		李		100%	¥20.00/工时	30.00/工时	¥0.00	按比例	标准	
11	打印纸	材料	盒	打			¥0.00		¥0.00	按比例		
12	住宿费	成本		住						按比例		
13	车旅费	成本		车						按比例		
14	生活费	成本		生						按比例		

图 7.48　创建各资源后视图

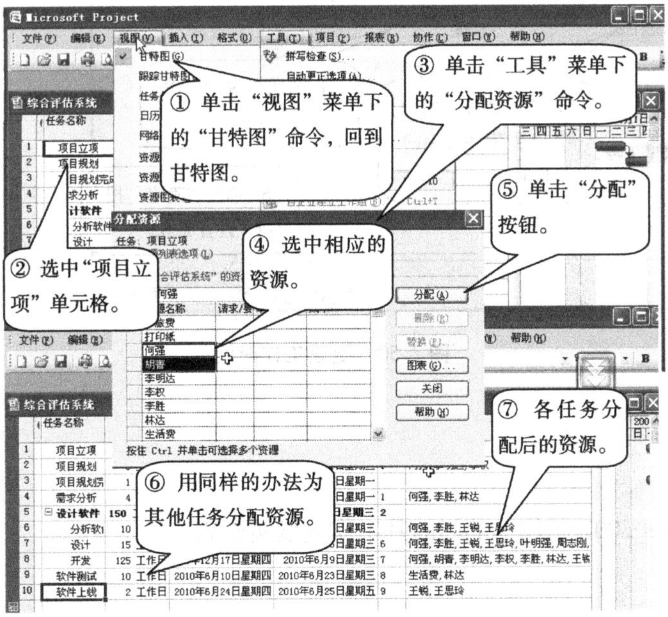

图 7.49　分配资源

知识拓展

工作时间的更改,如图 7.50 所示。

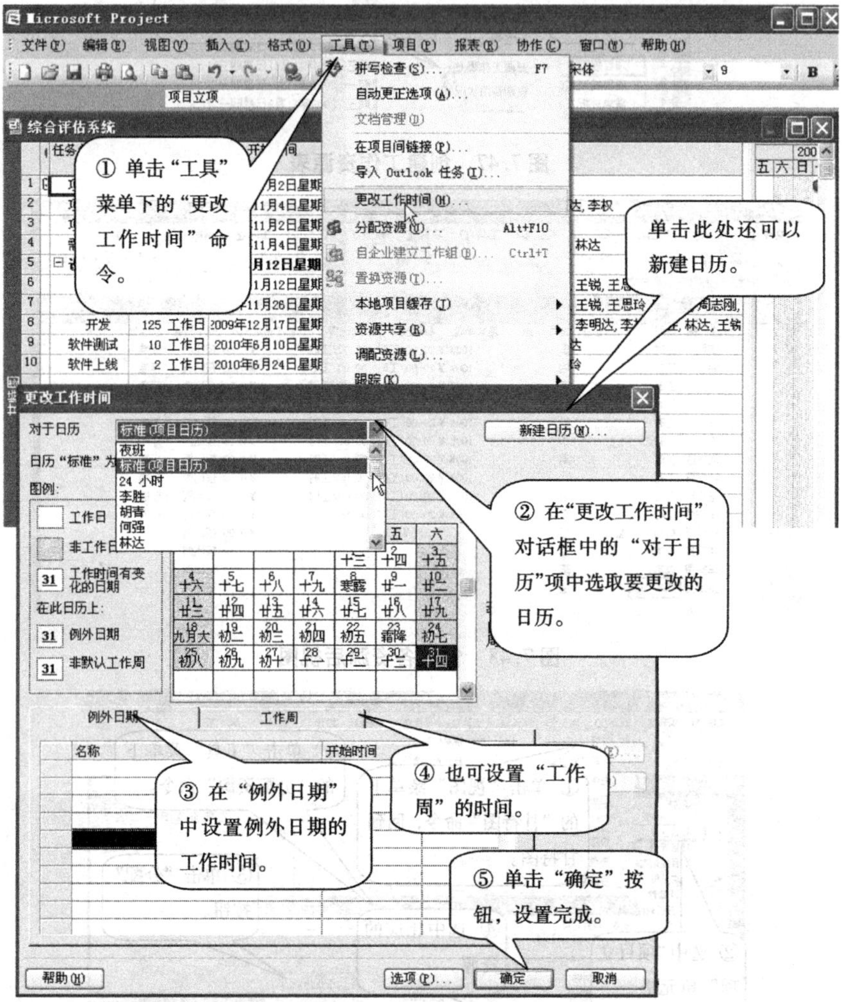

图 7.50 更改工作时间

实践与拓展

使用 Project 2007 制作本部门的月工作进度实施表。

案例 7.3　阅读软件 Adobe Reader 的使用

Adobe Reader 是美国 Adobe 公司开发的一款优秀的 PDF 文档阅读软件。PDF 是一个加密的电子文档,文档的撰写者可以向任何人分发自己制作(通过 Adobe Acobat 制作)的 PDF 文档而不用担心被恶意篡改。

任务　安装并使用 Adobe Reader

小丽所在的公司正与外商进行合作,近日正在商谈合作事项。外商给公司发来了合作意向书,但意向书的格式是 PDF 格式,用普通的文本编辑软件不能打开。小丽下载了专业的阅读软件 Adobe Reader,解决了这一问题。

任务要求

- 了解 Adobe Reader 软件的安装;
- 掌握 Adobe Reader 打开 PDF 文件格式的方法;
- 掌握将 PDF 格式文件打印输出为 MDI 格式的方法。

图 7.51　Adobe Reader 9 软件图标

任务解析

(1)启动 Adobe Reader 软件,软件图标如图 7.51 所示。

(2)打开“合作意向书”文件,如图 7.52 所示。

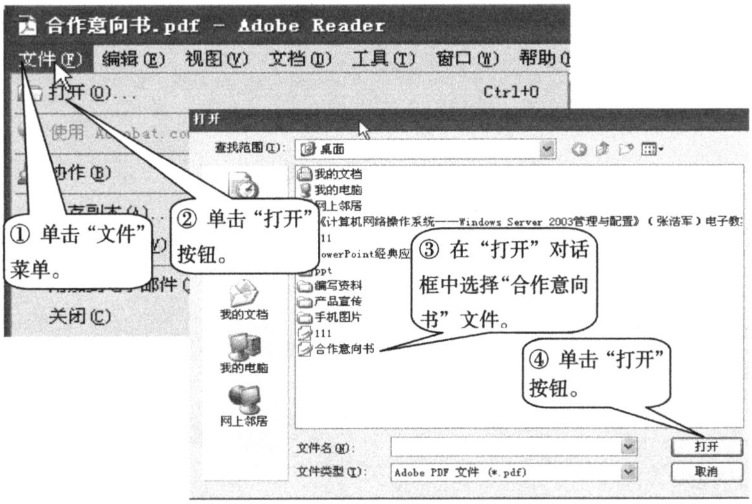

图 7.52　打开“合作意向书”文件

(3)阅读合作意向书,如图 7.53 所示。

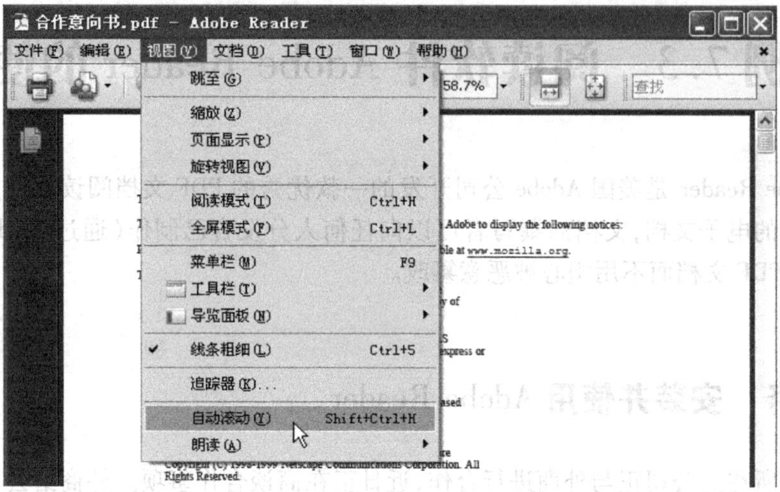

图 7.53　阅读合作意向书

(4)打印输出到文件,如图 7.54 所示。

知识拓展

在 Office 2003 中的组件 Microsoft Office Document Imaging 对 MDI 格式文件进行编辑,并将文件发送到 Word 中,如图 7.55 所示。

实践与拓展

把合作意向书的 PDF 文件转换成 DOC 文件并进行编辑。

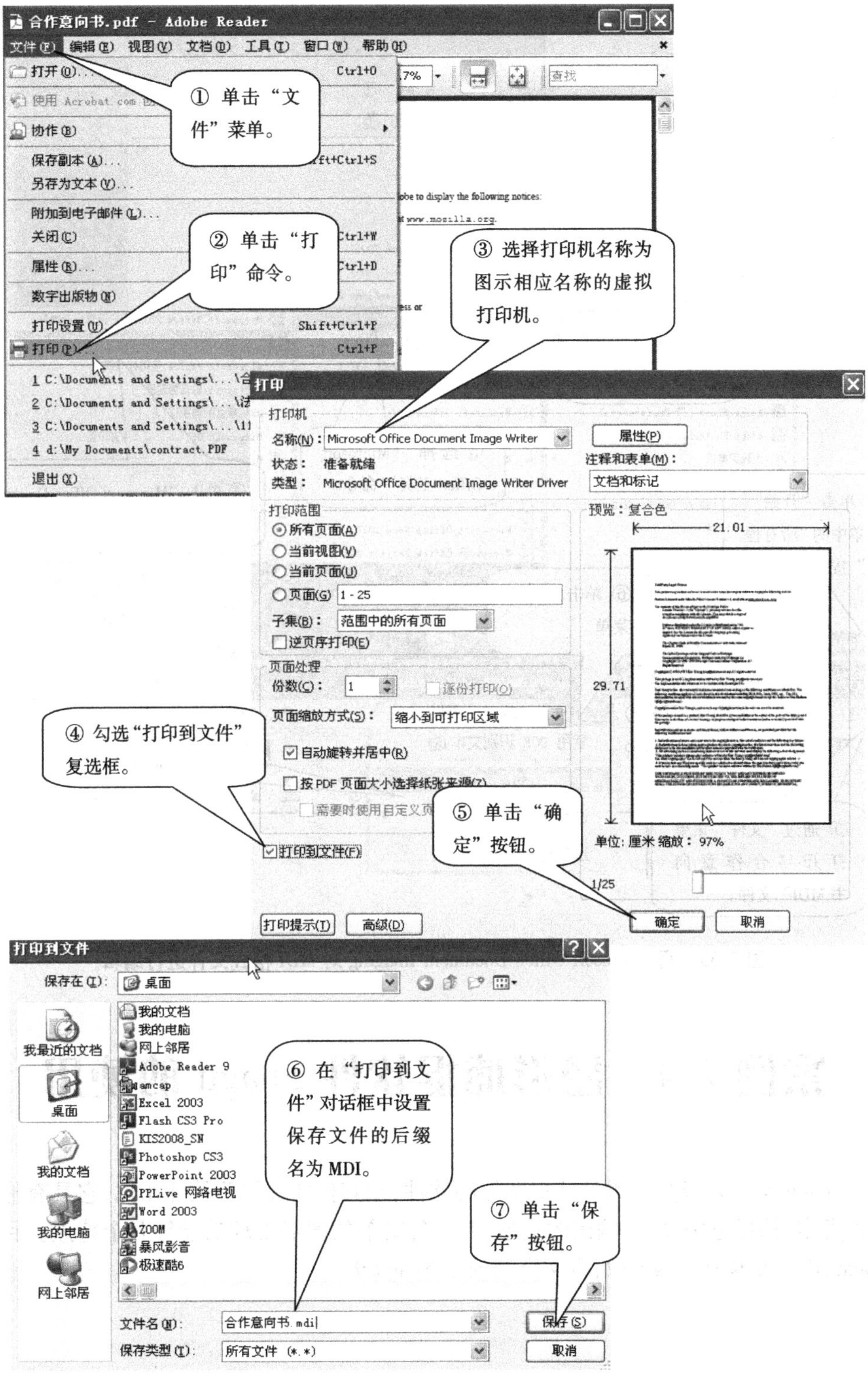
合作意向书.pdf - Adobe Reader
① 单击“文件”菜单。
② 单击“打印”命令。
③ 选择打印机名称为图示相应名称的虚拟打印机。
打印
④ 勾选“打印到文件”复选框。
⑤ 单击“确定”按钮。
打印到文件
⑥ 在“打印到文件”对话框中设置保存文件的后缀名为MDI。
⑦ 单击“保存”按钮。

图 7.54　将文件打印输出为 MDI 文件

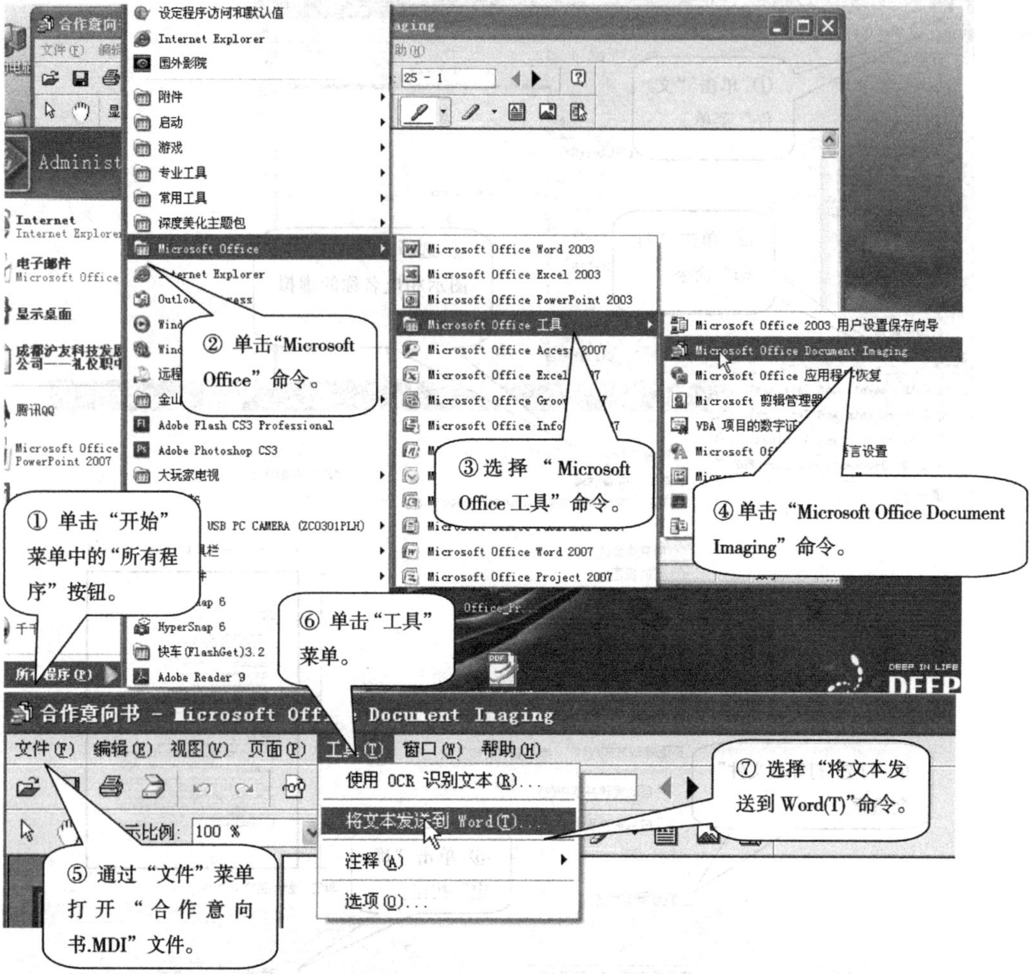

图 7.55　用 Microsoft Office Document Imaging 对 MDI 格式文件进行编辑

案例 7.4　图形捕捉软件 Snagit 的使用

Snagit 是一款极其优秀的捕捉图形的软件，和其他捕捉屏幕软件相比，它具有捕捉的种类多、捕捉范围灵活、输出的类型多、具备简单的图形处理功能等几个特点。目前 Snagit 最新版本为 Snagit 12，本文介绍的是 Snagit 9。

任务 1 安装并使用 Snagit 进行区域捕捉

公司宣传部向小张所在的技术部请求用于宣传的数据资料，但出于公司技术保密的规定，小张不能向宣传部提供原始的数据，而只能将数据生成的图表发给宣传部。怎么将 Excel 生成的图表截取下来呢？小张使用了目前非常流行的图形捕捉软件——Snagit。

任务要求

- 认识 Snagit 软件的图标和软件界面。
- 掌握使用 Snagit 软件捕捉区域图像的方法。
- 掌握 Snagit Editor 软件的基本使用方法。

任务解析

（1）Snagit 程序的快捷图标如图 7.56 所示。

图 7.56　Snagit 程序快捷图标

（2）启动程序，进入 Snagit 运行界面，如图 7.57 所示。

图 7.57　Snagit 软件界面

(3)使用 Snagit 捕捉 Excel 中的矩形区域图表，如图 7.58 所示。

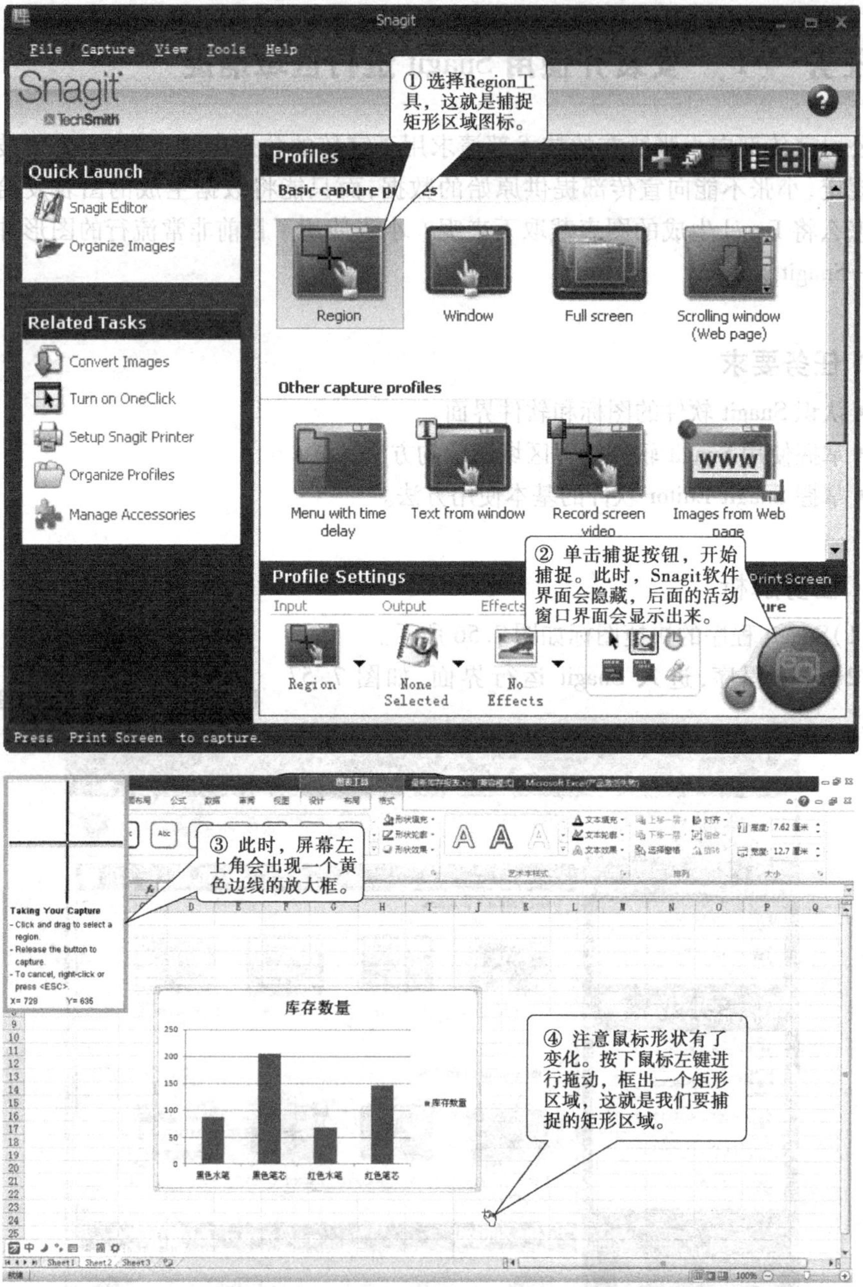

图 7.58　选择“区域捕捉”工具进行屏幕捕捉

（4）捕捉完成后会自动进入 Snagit Editor 的界面，可以进行捕捉图像的处理和保存，如图 7.59 所示。

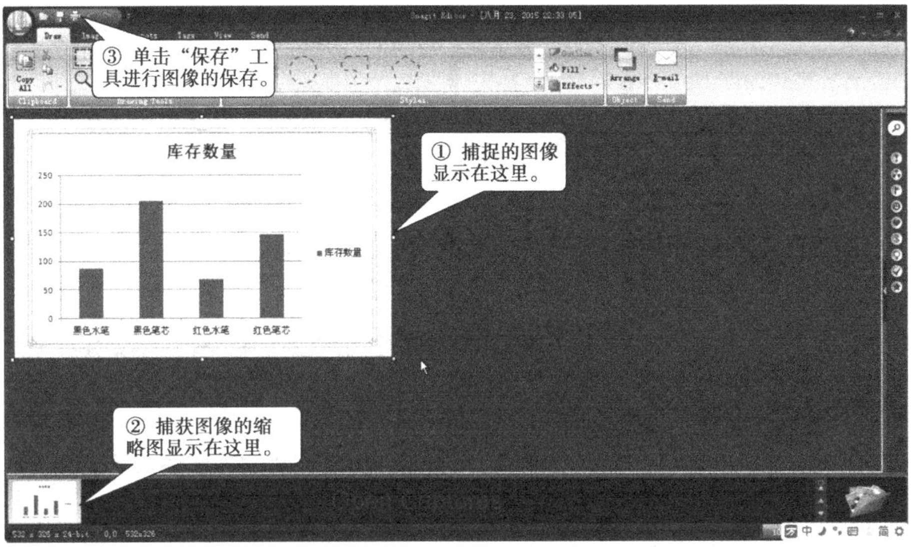

图 7.59　在 Snagit Editor 中编辑捕捉的图像

实践与拓展

将桌面中的快捷方式图标进行区域捕捉。

任务 2 使用 Snagit 进行当前窗口捕捉并模糊处理部分图像

小张需要捕捉 Excel 数据表的当前数据，但由于其中某些数据涉及公司敏感信息而必须进行模糊处理，小张用到了 Snagit 的窗口捕捉功能和 Snagit Editor 的模糊处理功能。

任务要求

- 掌握使用 Snagit 软件捕捉窗口图像的方法。
- 掌握 Snagit Editor 软件的模糊图像处理方法。

任务解析

（1）打开要进行窗口捕捉的 Excel 表格，同时打开 Snagit 软件，选择窗口捕捉工具按钮 Window，如图 7.60 所示。

（2）可以看到，鼠标形状变为手形，并随着鼠标的移动自动框选不同的窗口内容，如图 7.61 所示。

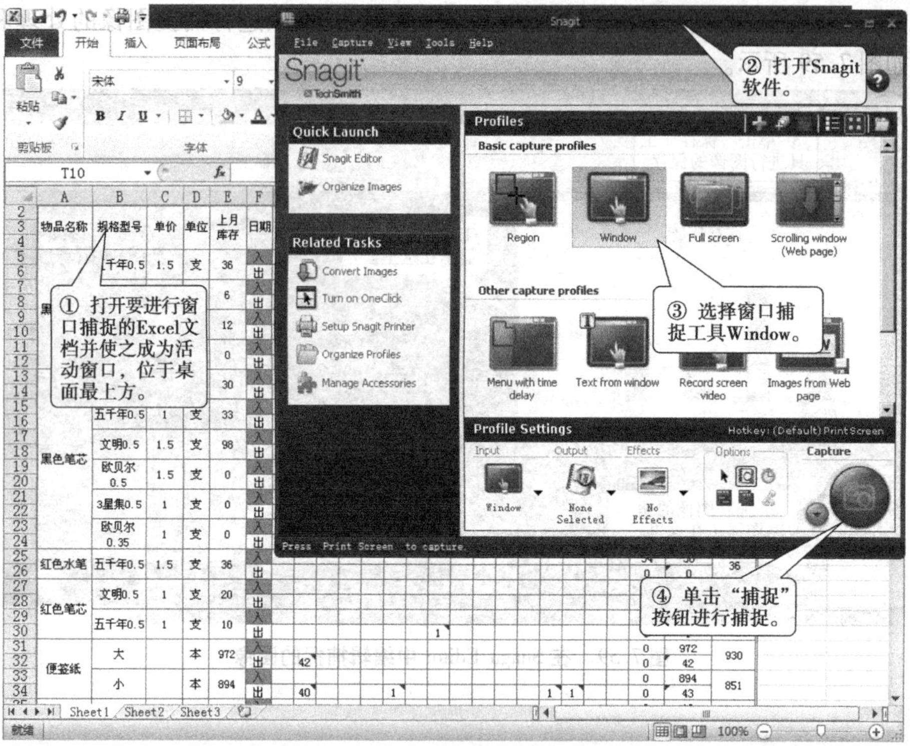
① 打开要进行窗口捕捉的Excel文档并使之成为活动窗口，位于桌面最上方。
② 打开Snagit软件。
③ 选择窗口捕捉工具Window。
④ 单击“捕捉”按钮进行捕捉。
Quick Launch
Related Tasks
Profiles
Basic capture profiles
Other capture profiles
Profile Settings

图 7.60　打开捕捉窗口和 Snagit

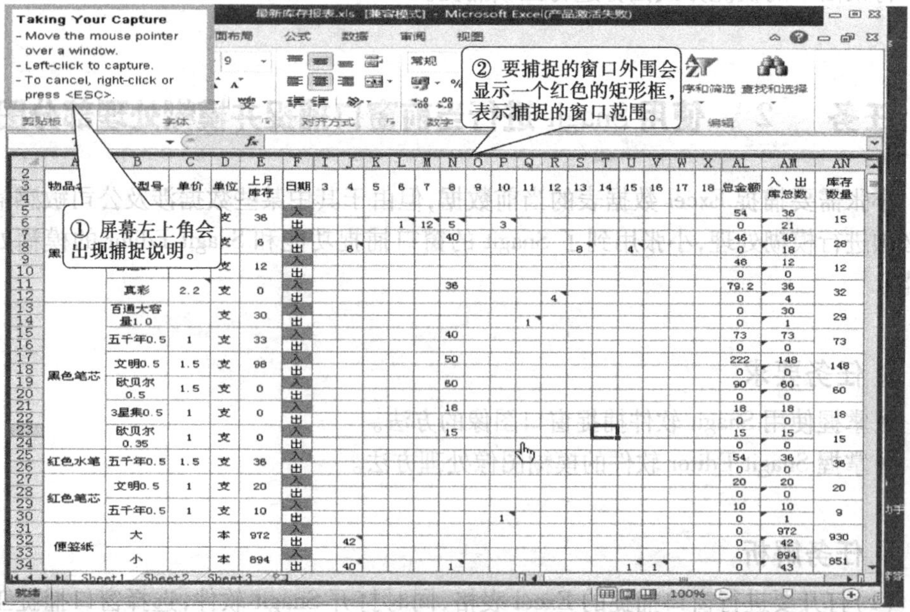
Taking Your Capture
- Move the mouse pointer over a window.
- Left-click to capture.
- To cancel, right-click or press <ESC>.
① 屏幕左上角会出现捕捉说明。
② 要捕捉的窗口外围会显示一个红色的矩形框，表示捕捉的窗口范围。

图 7.61　窗口捕捉

(3)在 Snagit Editor 中对捕捉的窗口图像进行模糊编辑,如图 7.62 所示。

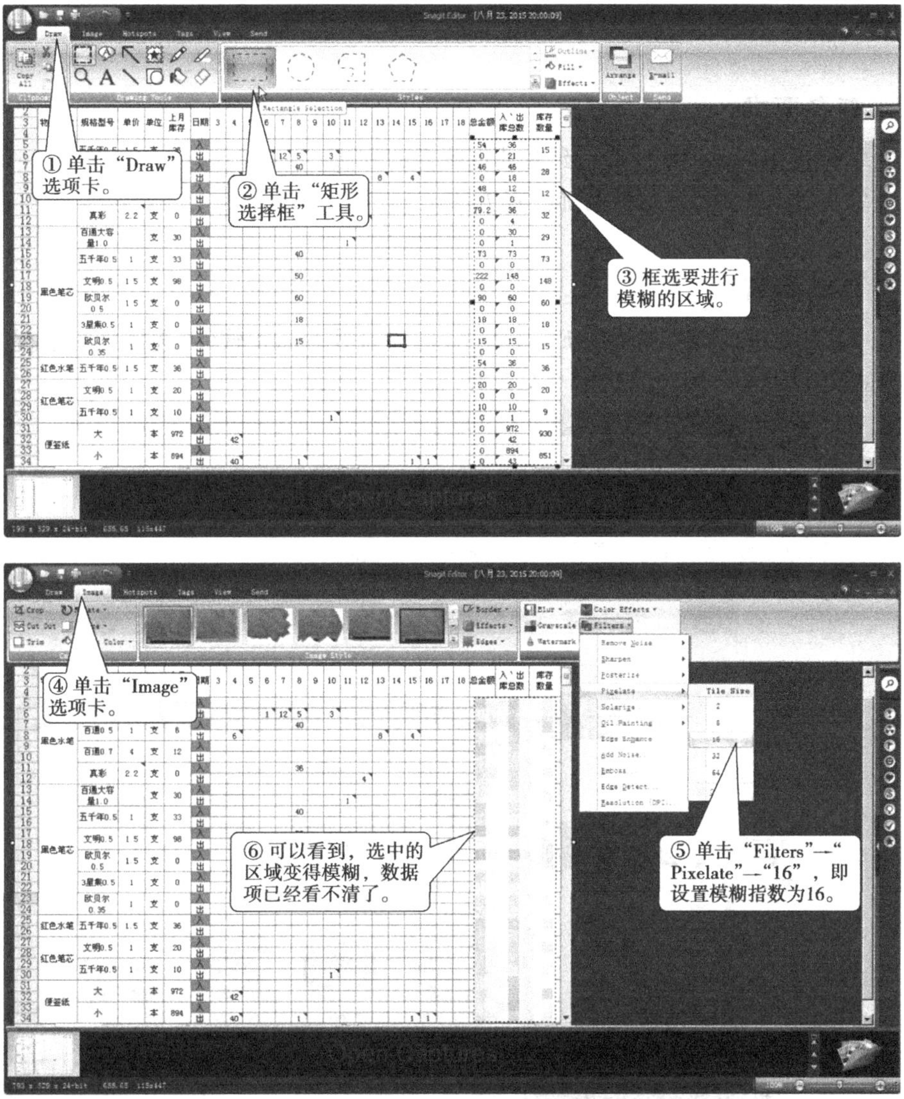

图 7.62　**窗口捕捉区域模糊处理**

实践与拓展

使用 Snagit 进行窗口捕捉“控制面板”。

任务 3 使用 Snagit 进行延时捕捉并为图像加注释

小张需要捕捉关于 Excel 的某些操作步骤并为其加上一定的注释,但使用区域捕捉或窗口捕捉都无法实现捕捉选择菜单操作的步骤，为此，小张学习了 Snagit 的延时捕捉技巧。

■ 任务要求

- 掌握使用 Snagit 软件进行延时捕捉图像的方法。
- 掌握 Snagit Editor 软件的加注释方法。

■ 任务解析

（1）打开要进行窗口捕捉的 Excel 表格，同时打开 Snagit 软件，选择延时捕捉工具按钮 Menu with time delay，如图 7.63 所示。

图 7.63　打开捕捉文档和 Snagit

（2）在 Profile Settings 中，选择延时捕捉的项目为窗口 Window 进行捕捉，如图7.64 所示。

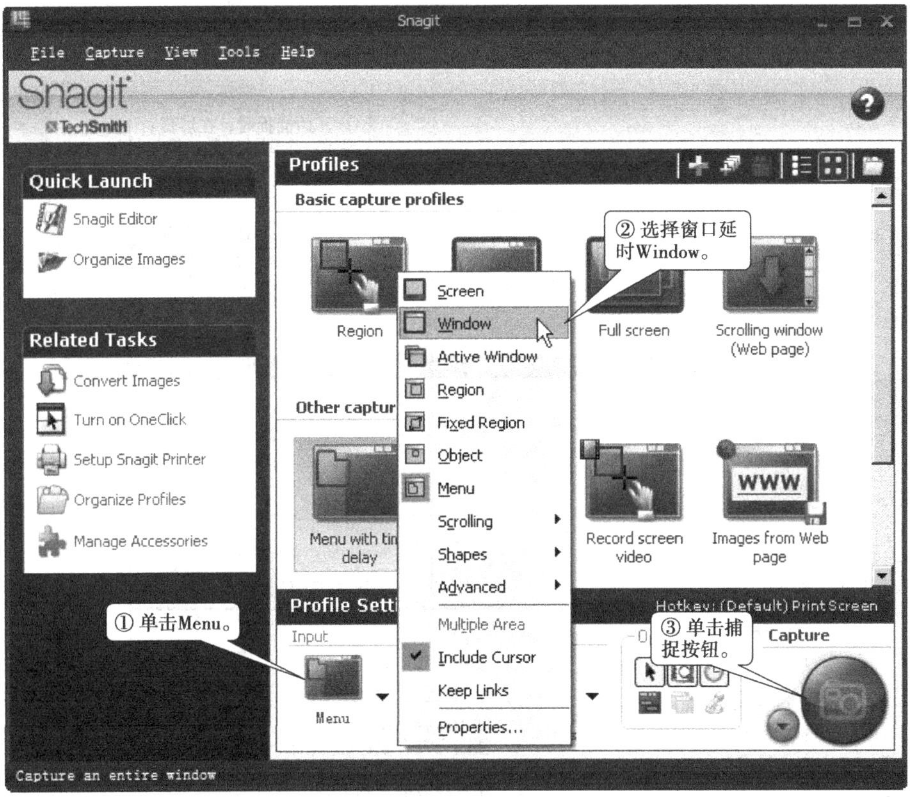

图 7.64　选择延时捕捉窗口

(3)捕捉时,在屏幕右下方会显示一个倒计时数,默认是 10 s。当倒计时为 0 时,开始捕捉,这样,可以利用这个倒计时时间完成选择菜单的操作,如图 7.65 所示。

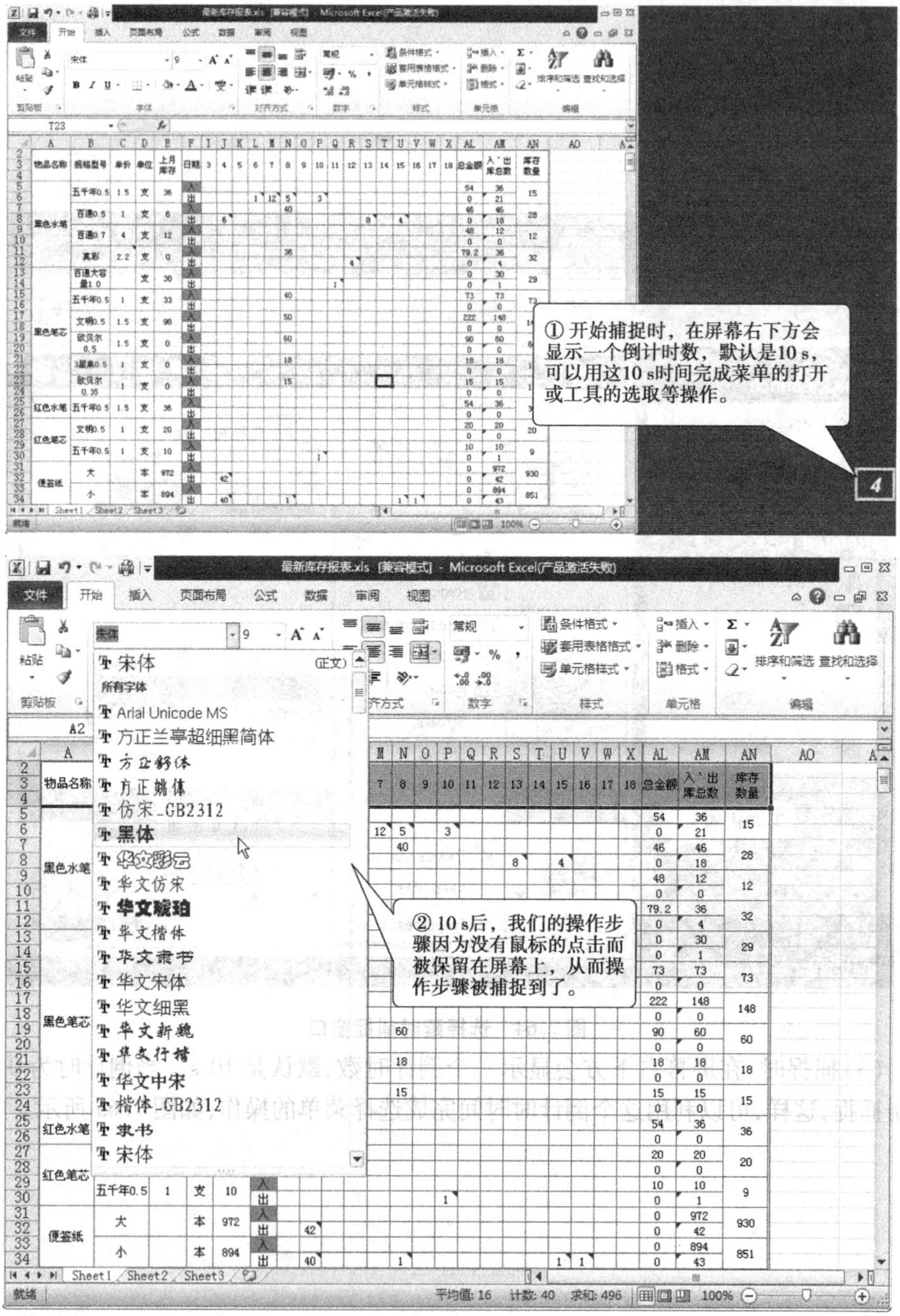
最新库存报表.xls [兼容模式] - Microsoft Excel(产品激活失败)
①开始捕捉时，在屏幕右下方会显示一个倒计时数，默认是10 s，可以用这10 s时间完成菜单的打开或工具的选取等操作。
4
②10 s后，我们的操作步骤因为没有鼠标的点击而被保留在屏幕上，从而操作步骤被捕捉到了。

图 7.65　延时捕捉窗口

(4)在 Snagit Editor 中对捕捉的窗口图像加注释，如图 7.66 所示。

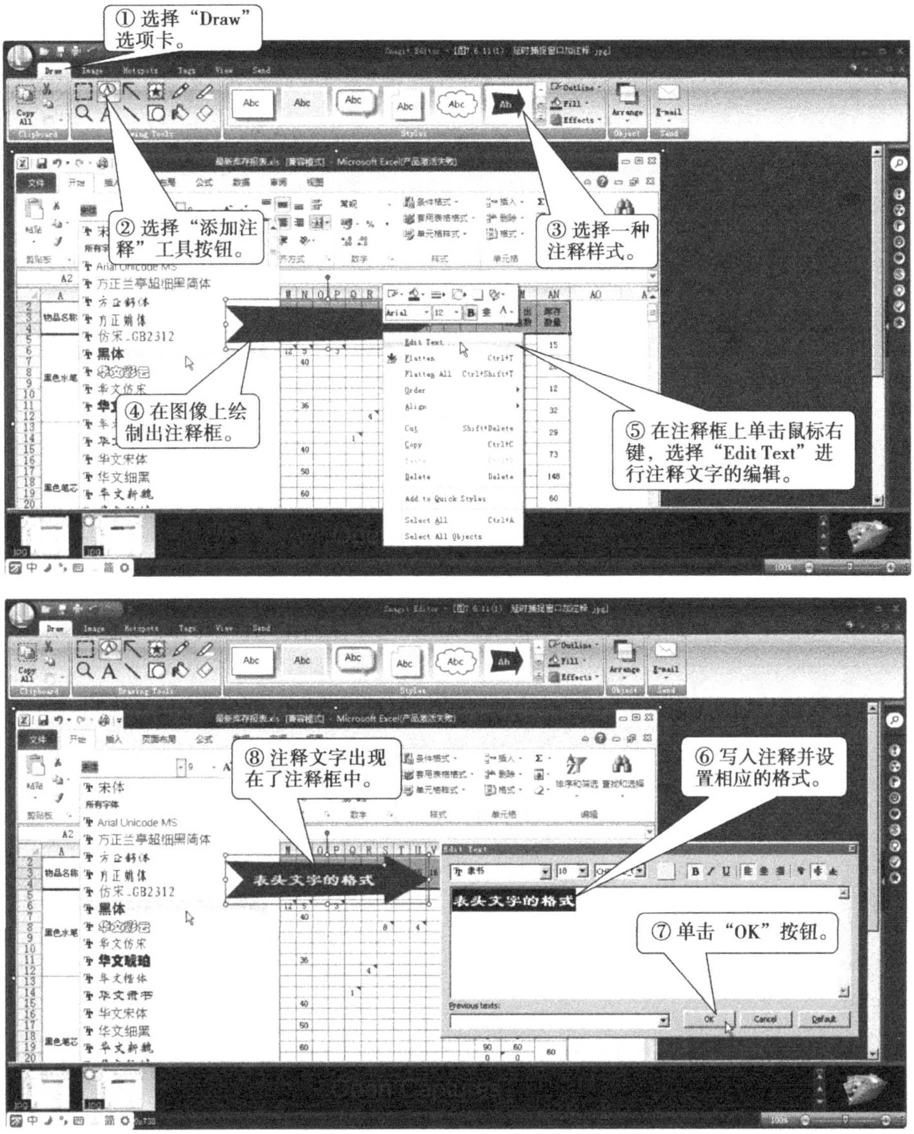

① 选择“Draw”选项卡。
② 选择“添加注释”工具按钮。
③ 选择一种注释样式。
④ 在图像上绘制出注释框。
⑤ 在注释框上单击鼠标右键，选择“Edit Text”进行注释文字的编辑。
⑧ 注释文字出现在了注释框中。
⑥ 写入注释并设置相应的格式。
⑦ 单击“OK”按钮。
表头文字的格式

图 7.66　延时捕捉窗口加注释

实践与拓展

使用 Snagit 捕捉一个菜单并为其加云朵注释。